青年志愿者之歌

剧本（上）

共青团中央
中国作家协会　主编

语文出版社
·北京·

图书在版编目（CIP）数据

青年志愿者之歌．剧本 ：上下册 / 共青团中央，中国作家协会主编．-- 北京 ：语文出版社，2020.12
ISBN 978-7-5187-1162-8

Ⅰ．①青… Ⅱ．①共… ②中… Ⅲ．①剧本—作品综合集—中国—当代 Ⅳ．①I217.1

中国版本图书馆CIP数据核字(2020)第237866号

责任编辑 程艳梅
装帧设计 刘姗姗
出　　版 语文出版社
地　　址 北京市东城区朝阳门内南小街51号　100010
电子信箱 ywcbsywp@163.com
排　　版 河北新华第一印刷有限责任公司
印刷装订 北京市科星印刷有限责任公司
发　　行 语文出版社　新华书店经销
规　　格 787mm × 1092mm
开　　本 1 / 16
印　　张 40.25
字　　数 556千字
版　　次 2020年12月第1版
印　　次 2020年12月第1次印刷
印　　数 1～1,000
定　　价 80.00元（上、下册）

010-65253954(咨询) 010-65251033(购书) 010-65250075(印装质量)

序

面向新时代的志愿文学事业是大有可为的

——“青年志愿者之歌”丛书序

2017年10月，共青团中央和中国作家协会联合发起了主题为“青春志愿行·共筑中国梦”的首届志愿文学征文活动。征文启事在《中国青年报》《文艺报》等纸质媒体和阅文集团等网络平台上甫一发布，应征作品即如春潮泛起，喷涌漫卷，持续不断。在短短的一年多时间里，以广大青年志愿者、青年文学爱好者为主体的投稿者，热情地寄出了3000余份稿件，体裁包括诗歌、散文、小说、报告文学、剧本、日记、书信等，其中不乏长篇小说、大型话剧、长诗等需投注较多心血、进行较复杂艺术劳动的作品。2018年11月23日，志愿文学专题研讨会暨志愿文学征文活动终评会召开，评委们在审读这些优选出来、已印成稿本的作品时，都很兴奋和感慨。兴奋的是志愿文学征文活动有了首批焕发着青春朝气和生活色泽的收获：这是从近些年来全国青年志愿者方兴未艾的志愿活动生活之海上采撷到的跳跃的浪花，它在阳光下反射着生活的、诗意的、感性的光辉，它在月色中呈露着银子一般莹洁温润的波光，让人感到清新、刚健的力的冲击。令人感慨的是，与一般的社会上的观潮者对“文学已在经济大潮冲击下进入退潮期”的普遍估量不同，青年志愿者和青年文学爱好者，怀揣着从事文学创作、追逐文学梦的极大的积极性。这种积极性，一经发现、动员、组织，获得适当的平台、窗口，应和了时代的契机，就会被触动、激发出来，以群体的合力，酝酿成一种文学氛围和文学精神，持续下去，就会慢慢地看到文学的晨曦和未来的曙色。大家都欣喜而自信地感觉到：志愿文学，尤其是青年志愿文学，是向着未来的文学，它是大有希望的！时任共青团中央书记处书记奇巴图在这次终评会上的讲话中提出的“不忘初心，牢记使命，在新时代奋力书写更加璀璨的志愿青春”的号召，既是对志愿文学征文活动的一次总结，也是对广大青年志愿文学关注者、写作者的一次新的召唤。前此的终评，即为新篇的序章。这中间就透露着志愿文学的诞生、发展、繁荣是一个可持续的文学过程的信息。

为了提升已经征集到的优秀志愿文学作品的质量，并将之传播到社会上去，主事者又组织了对这些作品的打磨、润饰、提升工作，并结集出版。对有些较成熟的剧本，还组织了二度创作，在舞台上呈现出来，在观众中产生了较好的反响。这也是2017年12月在成都举行的“志愿文学”论坛上已经达成的共识：志愿文学是对社会负有特殊职责、富于时代使命感的文学。它是广大青年志愿者通过自身审美力的锻炼和使用达到自我提升的一个途径。而真正的文学的创作、美的创作、灵魂的创作，是需要克服困难、不断探索、反复打磨，勇于把作品推向社会，经受读者的检验，得到大众文学生活试炼的！这也是这些作品终于结集出版的缘由。作为曾几次参与志愿文学作品征集、审阅和试评等工作的文学评论工作者，看到这些作品结集成书，我心中的欣悦是难以尽述的。

2013年，习近平总书记给华中农业大学“本禹志愿服务队”回信，肯定他们在服务他人、奉献社会中取得的成绩和进步，勉励他们弘扬志愿精神，为实现中华民族伟大复兴的中国梦做出更大贡献。从那以后，已经在社会上得到一定程度发展的志愿服务活动，提升到一个更加社会化、更重践行性的阶段，更注重精神境界的构建、文化内涵的培育。在志愿服务事业的发展过程中，习近平又多次对志愿活动予以关注，多次给各个领域、各条战线的基层践行者以鼓励，帮助他们总结经验，汇聚共识，渐渐形成有民族特色、国际视野、历史传承和现实观照的新时代中国特色志愿服务文化，也使志愿文学固有的“奉献、友爱、互助、进步”的志愿精神发扬光大。志愿文学也在广泛、多样、富有创造性的践行活动中提升了其精神文化品质。志愿文学的灵魂，更加清扬、丰润、厚实。最近，习近平在教育文化卫生体育领域专家代表座谈会上的讲话中谈到，即将开局的“十四五”时期，“我们要把文化建设放在全局工作的突出位置，切实抓紧抓好”。他指出，“文明是现代化国家的显著标志。要把提高社会文明程度作为建设社会主义文化强国的重大任务，坚持重在建设、以立为本，坚持久久为功、持之以恒，努力推动形成适应新时代要求的思想观念、精神面貌、文明风尚、行为规范”。在对这个文化建设的任务做精细化分析时，习近平又一次谈到志愿文化建设问题，“要深入推进公民道德建设、志愿服务建设、诚信社会建设、网络文明建设，不断提高人民道德水准和文明素养”。这就把志愿服务文化建设的精神性内涵和实践性品格清晰地勾勒出来了。就志愿服务文化的精神层面而言，它属于社会文明、公民道德建设范畴，是构建新时代中国特色社会主义伦理学的重要环节；就其可操作的物质构建层面而言，它的突出特征是以立为本，久久为功，要聚焦老问题和新挑战，拿出建设性的实招硬招，使服务文化建设制度化、风尚化。有的同志提出，志愿服务归根结底是一个实践行为。从“志愿服务建设”的提出和其被放到更加突出的位置来看，这样的看法也是不无道理的。看来，我们培育出来的志愿文学之花，也只有附丽在深植于厚土之中的文化制度的茂盛的乔木枝条上，才会有更加健旺的生机和更加瑰丽的光彩。让我们以坚实的建设者的步履，去扶植培育志愿文学的花树吧，让它迎来更加繁荣滋茂的春天！

最后，我想请大家一起欣赏这次志愿文学征文最早收到的比较好的应征作品之一——麦笛的小诗《昭觉土豆》。这是一首写得像珍珠一样晶莹圆润的小诗，它无意中成了广大在大地母亲怀抱里工作和成长的志愿者的绝妙的自画像：

这里的夜那么黑，那么厚
所以昭觉出产月亮
也出产土豆
大凉山是大土豆
小凉山是小土豆
更小的是
小学校里的阿依木呷

月亮哺育星辰，大路套小路
乌斯河连美姑河
每根藤蔓下都结满了土豆
每个土豆都朴实得让人心疼

嫁接进山来九个月了
志愿者周黎说，自己也变成了土豆
因为在川大读了研究生
所以才叫马铃薯

这是一首感情纯朴、语言凝练的抒情诗。纯净清越的诗的意象里，蕴含了一个叫周黎的志愿者的故事——几乎无事的故事。他到凉山彝族儿女生活的地方去参加支教（也许还兼扶贫）工作。九个月过去了，嫁接进山来的土豆蔓延到大小凉山每一条山川沟谷，每根土豆藤蔓下都结满了土豆，山在感觉中变成了大大小小的土豆。勾勾连连的河流、层层叠套的大路小路，都布满了土豆的踪迹；月亮和星辰看得像了土豆，小学校里那个叫阿依木呷的彝族小朋友也被疼爱成了最小的小土豆，而那个心里满贮着土豆，感觉"每个土豆都朴实得让人心疼"的志愿者周黎，被"嫁接"进了凉山后，因为心的变化，因为情的迁移，更因为爱的投注和牵挂，感觉"自己也变成了土豆"，变成了凉山山区里的土豆——昭觉土豆。于是在一个"那么黑，那么厚"的夜里，诗人浮想联翩，仰望夜空，感到自己变成的土豆飞升了，融入了月亮和星辰，终于在联想与想象中，大月亮浑然成了大土豆，小星星化成了小土豆……告别了这段志愿服务生活，在川大读了研究生的周黎，在诗的联想中猛然醒来，才发觉已经一度融入自己身心的亲昵朴实的土豆之名，它的理性的、确然的学名乃是马铃薯啊。这不无自我调侃意味的一觉，让人想到，昭觉土豆也好，别的什么地方什么作物也好，不过是一种诗的意象，它追求的普遍性，它达到的概括程度，不过是所有的大地之子走向社会、人生起步必经的一种试炼、必答的一份试卷罢了。志愿服务，是有大格局、有民胞物与情怀的志士仁人必上的人生一课！最朴实浑厚、散发着泥土气息的土豆形象，与最清纯莹洁、放射着盈盈清光的月亮倩影叠合在一起，构成了厚重与轻扬并存一体的诗的圆满意象；这是精湛诗艺沉吟推敲的结果，也是濡染于身、浸润于心的一种怀土恋山情愫偶一触发、豁然顿悟的记录。一幅志愿者的自画像就这样出现了，一面清扬挺立的志愿文化精神之旌就这样揭举起来了。于是，我们的志愿文学征文，就收获了它的一颗带着新世纪新时代的独特微光的小星。在稠密的诗的星空里，这颗小星也许微小得不被人觉察，但它还是会被轻轻地记录在广袤无垠的夜空上。

请原谅我用了如许散漫词费的文字，来解释写得如此清淡、如此端凝、如此俭省的一首小诗。我知道这样的解说可能是多余的，但它表达了我对志愿文学、志愿文学创作者的理解和祝愿，也反映出有着广阔未来的志愿文学建设正在切实进行。用它来为这篇写得比较理性、务实的序添加一个美的诗引，这也许会更宜于青年朋友们接受吧。

曾镇南

2020年10月25日—26日

于丹东中联国际酒店

目　录

上

红杜鹃

刘邦琨

主要人物：

袁红韵：支教女老师，坚守在山村，在汶川大地震中，为抢救孩子英勇牺牲。

刘杜鹃：刚刚毕业的大学生，支教老师。

冯庆庆：袁红韵的男朋友，支教老师，中途因父母反对回到大城市工作，后来再次来到山村完成女朋友未完成的事业——支教。

吴思宇：彩虹村支部书记。

许世明：彩虹村主任。

冯　刚：冯庆庆的爸爸。

周诗灵：冯庆庆的妈妈。

陈　佳：女，小学生，有癫痫病，是袁红韵和冯庆庆把她从死亡线上救了过来。

徐琳琳：女，10 岁，父亲失踪，母亲病逝，留下她照顾瘫痪在床的奶奶，一度失学。

周宇桐：男，10 岁，得到袁红韵无微不至的关怀。

胡图贵：反面人物，劳改释放犯，残酷地刺伤袁红韵。后被捕，受到严厉惩罚。

打出字幕：

谨以此片献给那些在汶川大地震中为保护孩子们而牺牲的志愿者老师们！

片头：山村小学　日　外

重重叠叠的大山，逶迤起伏，绵延千里。

远处，雪峰高耸入云。

几只白鹭缓缓飞过画面。

画外音：这里是秀丽的龙门山，这里是红军长征经过的地方，就在这几乎与世隔绝的大山里，有一个普通的村子，叫彩虹村，村里有一所山村小学，叫彩虹村逸夫小学。

镜头推进，出现下列画面：

几间破旧的房屋，一个仅能容纳两三千人的山区坝子。一根旗杆上，一面五星红旗迎着山风飘扬着。

镜头缓缓出现下列画面：房屋陈旧，门窗败色，破旧，水泥脱落，墙体中的砖木已经裸露出来。

画外音继续：如今已经二十余年了，村子里没有经费维修，孩子们十一岁前读书都在这里，上五年级就转到乡上的中心小学住校学习。在这里学习的一至四年级的娃娃都是寄宿制。

镜头转向学校里几株杜鹃花，花朵殷红艳丽，蜜蜂在花间飞舞。画面不断扩展，越来越大，定格。

推出片名：红杜鹃

鲜艳的花朵，幻化出漫山遍野的杜鹃花开的场景。

叠印出演职员表。

袁红韵与孩子们在山间采集植物标本。

一学生使劲采下一株杜鹃花，特写镜头：红得耀眼，仿佛是一朵红灿灿的火苗，十分惹人喜爱。

学生把杜鹃花送给袁红韵：袁老师，愿你像杜鹃花一样美丽。

袁老师接过红杜鹃，笑盈盈的。

画面叠印出：袁红韵和孩子们在山涧里嬉戏玩水的情景：孩子们捧水泼向袁老师，袁老师手捂住额头，向别处跑去。

操场上，袁老师在学校里与孩子们玩老鹰捉小鸡的游戏，袁老师伸出两臂，像个母鸡，身后是一群孩子，左摆右摆。前面，袁老师的男朋友冯庆庆在当老鹰，他左一扑，右一扑，想方设法要叼住小鸡。镜头渐渐推进，定格。

字幕：冯庆庆，袁红韵的男朋友

画外音：冯庆庆当年大学毕业，与袁红韵一起来到彩虹村小学支教。

孩子们嘻嘻哈哈的声音：叼不到我，叼不到我。

袁老师、冯老师与孩子们快乐地玩着老鹰捉小鸡的游戏，欢乐的笑声在山间回荡。

1. 村会议室里　日　内

约二十几名村两委会干部和生产社干部正在开会。

浓眉大眼的中年汉子吴思宇，看了看大家。镜头推进，吴思宇的面容，定格。

字幕：吴思宇，彩虹村支部书记

吴思宇：如果我们村把经济搞上去，适当支付一点报酬给小袁老师他们也是应该的。毕竟好几年了，有谁能够做到义务支教这么久的时间呢！

吴思宇停下，吸了一口叶子烟，吐出烟雾，继续说：当初，乡中心学校分配来彩虹村的教师都因为路途遥远，生活艰难，先后调走了，留下一个空荡荡的学校，村子里的娃娃小小年纪就要到几十里外的中心小学读书，难啊。

其他干部也都面面相觑，无一对答，心里感到难受。

吴思宇：我们村学校的老师都走完了，几十个娃娃要读书，他们找到我，哇哇地哭着，那情景让人难受啊！

（闪回）

2. 彩虹村坝子里　日　外

彩虹村逸夫小学操场上，几十个山里娃，围着大门口拍打着门，喊着：开门，开门。我们要报名读书！我们要报名读书！

一些家长也十分生气：老师哪里去了，都十点钟了，还不来给娃娃开门报名读书，这到底咋个一回事哟？

家长们七嘴八舌，议论纷纷。

一村民生气地说：把吴支书找来，问问他，娃娃读书的事情咋个办？

众家长：走，找吴思宇去。

家长们拉着自己的娃娃就去找吴思宇，嘴里还骂骂咧咧的。

镜头转向对面山上。山上走来了一个人影，家长一看：喔，那不正是吴支书吗？

众家长：吴思宇，老师到哪里去了？都十点钟了，还不来给娃娃报名。

走在路上的吴思宇，一下子想起来了。

画外音：十多天前分管教育的副乡长就对吴思宇说过，今年秋季，乡上没有找到教师到你们彩虹村来教娃娃们读书了，请村上通知娃娃们到乡中心小学报名读书。回到村子里，吴思宇忙着村里的事情，居然把这件事情给忘了。

吴思宇十分自责地说：乡亲们，对不起，乡教委研究决定，让你们到中心小学去报名读书。这件事情，前些天就该通知大家，我给忘了，这是我的责任。要不，我同大家一起到中心小学去报名。

一家长：多少钱啊？

吴思宇：中心校通知，我们每个娃娃都是住校，住校费、伙食费等各种费用加起来，每人每学期二千三百元。

众家长：那么贵的费用，我们不去，交不起钱啊！

我们就要在村上的学校里读书。

我们全家一年的收入都没有那么多，哪里还有钱读书啊？

费用太贵了，我们读不起，算了，带着娃娃回去种地。

如今，我们山里人哪里还读得起书啊？走，回去！

家长们七嘴八舌地述说着难处，很生气。有些家长干脆拉着自己的娃娃转身往回走。可是孩子不愿意，他们哭了：我要读书，我要读书。我不要回去。我不要回去！

家长无可奈何地：到中心校去读书，我们哪里交得起几千块钱啊？

吴思宇：家长同志们，虽然中心校远，但是我们没有办法啊，就是再苦也要送娃娃们去上学读书啊！现在我们村民都是带的一个娃娃，不能让娃娃们输在起跑线上啊！

众家长：吴书记，你说得轻巧，我们哪里有那么多钱给娃娃读书啊！

娃娃们哭着要读书，不走。

家长们看到这副场景也是眼眶润润的。

一家长：吴书记，我们村贫穷，你是知道啊，我们在中心校读不起书啊，你就可怜可怜这些还不到十岁的娃娃们吧，想想办法吧，让娃娃们就在村子里读书啊！

吴思宇十分为难地：这个，这个还真是难啊！没有老师，我们怎么让娃娃们读书啊？

一个家长突然给吴思宇跪下：吴书记，你就想想办法吧，我们的娃娃就在村子里读书。

所有家长都哭了，他们都跪下，请求吴思宇想办法。

娃娃们哇哇的哭声在操场上响起。

镜头扫过家长泪眼汪汪的面孔，扫过哇哇大哭的孩子们的面庞。

吴思宇的眼眶也有些湿润了，他一抹眼眶溢出的泪水，然后大声地说：家长同志们，娃娃们，起来吧，走，到我们村学校里上课去！

娃娃们和家长们陆续起身，跟着吴思宇走向学校。

一群人跟着吴思宇来到学校操场上。走在前面的吴思宇赶紧掏出钥匙把校门打开。家长拉着孩子走了进去。

3. 学校里　日　内

吴思宇给孩子们报名登记。

吴思宇给孩子们分发课本。

教室里，传出朗朗的读书声。吴思宇手拿课本给孩子们讲课。

4. 办公室　下午　内

刚刚下课的吴思宇走进办公室，见乡长、乡党委书记都在里面坐着，脸色严肃。

吴思宇赶紧招呼：乡长、书记，你们好，刚才我在上课。

乡长气愤地说：你是党支部书记，又不是教师，你上啥子课？今天道路垮塌，形成堰塞湖的事情，你知道不知道？

吴思宇：知道。我已经请村主任去协调办这件事情了，我这里脱不开身啊！今年没有老师给娃娃们上课，我只好自己先把课上着，等找到老师，我就去村里办公。

乡长：等到找到老师？要是一年都找不到呢？那不是一年都不去村里办公，堰塞湖会造成多大的危险，你想过没有啊！损失有多严重？你到底晓不晓得！

吴思宇沉默。

镜头放快：

乡党委书记批评吴思宇的镜头。

乡长和书记生气地走出彩虹村逸夫小学的情景。

吴思宇目送乡干部离去，眼里盈满泪水。

特写镜头：一串泪珠从吴思宇眼角滚落下来。

5. 学校　夜　内

晚上，吴思宇给已经睡在床上的孩子盖上被子。

吴思宇坐在松树脂油灯下写检讨书，灯光随着火苗晃悠晃悠的，屋子里光线很暗。

第二天早上，天还没有大亮，一位中年妇女疾步跑到学校，她气喘吁吁地，喊着：吴思宇，吴思宇。

镜头摇进：中年妇女的形象越来越大，定格。

字幕：武秀珍，吴思宇的妻子

学校里的吴思宇听到了喊声，赶紧跑出来，见是妻子，问：你咋跑到这里来了呢?

武秀珍：你这个死鬼，跑到哪里去了，一晚上都不回家，气得我到处找你。原来你在学校里，你才好耍喃！儿子开学就在中学犯纪律，邻居家的同学带信回来说老师请家长去学校！

吴思宇为难地：这个你就去一下嘛，我在学校里走不开。

画外音：经吴思宇再三劝说，他把只有初中文化的妻子武秀珍动员留在学校里教书，自己去处理村上堰塞湖的事情，去处理儿子吴东东犯纪律的事情，这几天简直把吴思宇忙得吃饭的时间都没有呀。他是多么地盼望彩虹村有一位老师来到学校给孩子们上课啊。

叠印出如下画面：

武秀珍上课的镜头。

娃娃打架的镜头。

修补书的镜头。

吴思宇在中学接受老师批评的镜头。

吴思宇带领大伙挖开堰塞湖的镜头。

吴思宇望着彩虹村逸夫小学泪眼汪汪的镜头。

画面渐渐隐去。

6. 彩虹村村部　日　内

字幕：半年后，刚过完春节

一男一女两位年轻人背着行囊来到彩虹村。

女的美丽，浓眉大眼，红扑扑的面庞，喜气盈盈。

男的高大帅气，两道剑眉又黑又浓。

画外音：男的叫冯庆庆，女的叫袁红韵，两人都是四川大学毕业的大学生，他们主动申请到彩虹村担任支教志愿者。

叠印出下列画面：吴思宇热情地接待两位大学生。

冯庆庆和袁红韵向吴思宇介绍自己支教的意愿和想法。

吴思宇激动地分别握住两人的手，感激万分。

镜头放慢；

吴思宇说：两位大学生啊，我们村子贫穷，没有工资付给你们啊！你们要考虑清楚哟。

袁红韵：没有关系，我们是来支教的，我们是学教育专业的，有教师资格证。帮助贫困地区的孩子上学是我们的共同愿望，这个你就放心吧！我们不会嫌弃这里贫困的，也不会嫌弃没工资的。

吴思宇：我们这里只有吃玉米和红薯，山里不出产大米，一年中也很难见到肉哟，生活很艰苦的。

冯庆庆：吴书记，没有关系，我们就喜欢这里的生活，这有利于健康和回归原生态生活。学校没有钱，孩子们没有吃穿，我们自己会在成都去动员爱心人士给山区的孩子们捐献爱心，让山里娃都吃饱穿暖，让娃娃们有一个好的学习环境。我们不会要彩虹村的一分钱报酬的。

吴思宇分别握住两位大学生的手：好人，好人啊。我们天天盼，月月盼，盼望有老师来我们彩虹村教孩子们读书学习，今天总算盼到了救星，是上天开恩，给我们送来了最有文化的大学生啊！

7. 学校里　日　内　外

冯庆庆走进了学校，袁红韵走进了学校，与山里娃打招呼：孩子们，从今天起，我们就给你们当老师了，我们做好朋友，一起搞好学习。

山里娃快乐地围着两位新老师，看啊，笑啊，张张笑脸就像是一朵朵盛开的鲜花。

叠印如下几组镜头：

袁红韵给山里娃洗脸，冯庆庆给山里娃理发。

袁红韵灯下批改山里娃的作业。袁红韵看见作业本上一个个鲜红的对勾，欣慰的笑容。

冯庆庆把自己口袋里的糖果分发给山里娃吃。

山里娃吃糖时，甜蜜蜜的笑容。

袁红韵正在给一位没有听懂课的孩子辅导作业。

中午，袁红韵分别给孩子们送来煮熟的红薯，冯庆庆把自己挖的野菜端到孩子们面前。

孩子们大口地吃着红薯，大口地吃着野菜，孩子们吃饭时幸福的面容。

袁红韵手拿着一根红薯，咬一口，吃着，说：很甜。我已经好久没有吃到这么原生态的食物了。

冯庆庆一边吃着红薯，一边夹着野菜往嘴里送。

（闪出）

8. 村会议室　日　内

吴思宇继续讲着自己代课和小袁老师、小冯老师来山村支教的情景。

吴思宇：两位老师的到来，给山村娃娃带来了希望，我吴思宇至今还感到对不住小袁老师他们。村里穷，没有给老师一分钱的报酬，人家袁红韵老师还从成都的家里带来了衣物、鞋子，送给山里的娃娃穿，请来了一批城市里的人捐助山里的娃娃们，实在是难得呀。

参加会议的人员纷纷表示：对。应该给人家付报酬。

吴思宇：我们村这么穷，这些年来，我们一直在修路、植树，到现在为止，彩虹村通往外界的道路还没有通。我们修路还是做义务工啊。

大家思来想去，还是找不出什么办法来解决两位支教老师的工资问题。

吴思宇：我提议，我们村干把乡上每月给我们的几百元工资捐出来，作为学校教学的支出费用。我带头捐出来，每月由村会计在乡上领回来直接交到袁红韵和冯庆庆老师手中。

村主任许世明：我也同意这么做，毕竟人家大学生主动来我们山村教村里的娃娃们读书，我们不给人家一点报酬，无论怎么也说不过去。

其他参加会议的人员也纷纷表态：我们生产社可以动员村民各家各户每年捐献一百斤玉米，一百斤红苕、土豆，或者五十斤大豆，还有蔬菜，送到学校里来，供老师和娃娃们住校食用。

吴思宇：这个办法好，我们村没有钱，就自已想办法解决教师的工资和师生吃饭的问题，总不能让人家大老远地来到我们山村，我们连饭都管不起人家啊。何况人家义务教我们的娃娃读书，已经垫支了不少费用，孩子们每天吃两位老师双休日去山上挖的野菜。我们村上把这件事情组织一下，坚持下来，这对我们村的娃娃们有利。

众人：好，我们同意！

9. 学校里　晨　外

伴随着国歌声，孩子们在晨曦中举起右手向国旗敬礼。

孩子们有序地进入学校大门，往教室里走去。

操场边，一群人挑着担子缓缓而行，走了过来。

其中有吴思宇，有村主任许世明，还有村会计小李。

吴思宇看见正在往学校里走的袁红韵、冯庆庆，喊道：袁老师，冯老师，等一下！

袁红韵、冯庆庆分别停住脚步，转过头来，看见是村上的干部来了，笑盈盈地说：吴书记，什么事情?

吴思宇：我们村干部会议决定，从现在起，学校里的吃饭问题，不让娃娃的家长单独自愿送到学校里来，我们村上已经把这件事情落实到各社里去了，今天就是第一社送来的粮食，请收下!

袁红韵、冯庆庆无限感激地：太好了，太好了。我们正愁娃娃们没有吃的呢!

村民把几挑担粮食送到厨房里，放下担子，分别把粮食放到指定位置。

冯庆庆握住村民的手：真是谢谢你们啊!

吴思宇：袁老师，冯老师，你们大老远来到我们山村支教，还自己带粮食来，没有工资，却给娃娃们买书本和笔墨，送衣物给娃娃们穿，这让我们非常感动。

袁红韵：哪里，哪里，这是我们现代大学生应该做的。帮助贫困地区孩子完成学业，也是我们应尽的责任啊!

吴思宇：袁老师和冯老师太谦虚了，我们总不能老是这样亏待你们啊。这个月，我们村里筹集了一千多元钱，交给你们，作为你们的工资。

袁红韵：我们怎么能收你们送来的钱呢？我们是支教志愿者，我们心甘情愿来这里支教的。不要报酬，我们计划在这里支教两年。你们这里眼下还比较贫穷，但是村民都很淳朴，我们两年后还要去做别的事情，你把钱留着，今后你们村还要做好请老师的准备的，留着吧!

吴思宇：袁老师，这是我们村两委会做出的决定，今后的事情今后再说，你和冯老师就不必客气了。

袁红韵：我们都是城市里过来的人，我们自己会想办法生活的，这些钱还是你们村上留着自己用吧!

吴思宇：我们村的娃娃们上学，办公经费都没有，这哪里说得过去啊，就当这是我们村里资助学校的办公经费吧！

袁红韵、冯庆庆没有办法，只好收下了吴思宇送来的一千二百元现金。

10. 乡街道　日　外

几排房子，旁边有几根电线杆。

清冷的街道，商铺里很少有人光顾。

袁红韵和冯庆庆背着背筐在街上走着。

袁红韵与冯庆庆走进一家百货商店，两人在商铺里挑选军用胶鞋。付款后，把选中的鞋子放入背筐中。

袁红韵与冯庆庆在一家商铺挑选作业本，买了粉笔、墨水、铅笔等学习用具，与老板结账，付款后，放入背筐中。

两位老师经过一家挂着羊肉的铺子，喷香的羊肉气味随着冒起的热气弥漫开来，冯庆庆闻到了，定睛一看，他笑了，说：红韵，我们也累了，到馆子里去吃碗羊肉汤吧！

袁红韵：吃啥子羊肉汤啊，这点钱还敢吃羊肉汤啊？吴书记把钱交给我们是给孩子们用的，这一分钱都是山民的血汗钱呀。你怎么就这么狠心去吃羊肉汤呢？

冯庆庆自知没趣，只好说：好，好，算了。我们吃早上带的玉米棒子。

袁红韵从包里掏出两个玉米棒子，分给冯庆庆一个。他们两人边走边吃。

11. 学生寝室里　夜　内

孩子们已经入睡。

袁红韵和冯庆庆轻轻推门进来了，他们轻手轻脚地把新鞋子送到每一个孩子的床下。

两位老师把孩子们的破鞋子全部捡起来，送到外面，然后看看熟睡的孩子，笑了，把门关上。

12. 校园里　晨　内

当当的钟声敲响着。

正在睡梦中的孩子们听到了起床的钟声，赶紧穿好衣裤，下床穿鞋。一看，全是崭新的军用胶鞋。一下子闹哄哄的。

谁把我的鞋子拿跑了！

这是谁的军用胶鞋？

大家相互问着，都不知道是怎么一回事。正在纳闷时，寝室门吱嘎一声推开了。

袁红韵和冯庆庆进入学生寝室，看到大家找不到鞋子，不愿意下床，微笑着说：今天，我们都穿军用胶鞋，如果有同学穿着不合脚，可以相互调换一下，这是我们昨天在乡场镇上给同学们买的。

众同学惊讶地：哇——都感激地笑了。

大家开始下床穿鞋。

冯庆庆：同学们，这是用我们彩虹村吴书记送来的钱购买的，我们一定要好好学习，用优异的成绩回报吴书记和乡亲们的关怀。

同学们边穿鞋边赞美这军用胶鞋穿在脚上感觉真好，不大不小，穿在脚上舒舒服服，走起路来平平稳稳、轻轻松松。

13. 操场上　晨　外

孩子们在冯庆庆的带领下跑步。

一——二——一，一——二——一，随着口令声，娃娃们围着操场跑步。

镜头推进：孩子们额头上渗出了汗珠。脸颊红润。

冯庆庆身着背心，脚穿运动鞋，也与同学们在一起跑步。

师生随着一二一的口令声，脚在操场上起步，踏下。孩子们统一地穿军用胶鞋在操场上跑步，这是彩虹村有历史以来第一次。

一——二——一，一——二——一。同学们喜滋滋地跑着步子。

14. 学校里　日　内

袁红韵正在给孩子们讲课。

黑板上板书：我是中国人，我爱自己的祖国。

同学们坐得端端正正，听袁红韵讲课。

镜头经过每一个同学，然后转向讲台上的袁红韵。

袁红韵提问。

同学们举手。一个同学被点名，站起来。他认真地回答问题。

哎哟——旁边一位同学倒在了地上。

全班同学一起转向倒地的同学，教室里闹哄哄的。

袁老师赶快来到同学身边，发现倒地的同学不住地颤抖，慢慢地口边吐出了白沫。

袁老师吓得不知所措，抱住学生，呼喊：陈佳，陈佳……

许多同学都吓哭了，吓得哇哇大哭，教室一下子乱了，孩子们围在老师身边说：我怕，我怕!

娃娃们嗡嗡的哭声惊动了在厨房里做饭的冯庆庆，他听到惊呼声，赶紧跑了过来，一看，娃娃还在不断地抽搐，白沫从口里流了出来：哎呀，是抽风，这是癫痫病突发的症状。

袁红韵：冯庆庆，怎么办呀?

冯庆庆：快放下，躺在地上，我来救他。说着，他跑回厨房，拿起一双筷子，冲了过来，他俯身用一只筷子撬开抽风孩子的嘴巴，把筷子支在上下牙之间。

袁红韵还没有看见过如此吓人的场景，她的眼眶有些湿润了。

冯庆庆：我爷爷是个医生，我曾经亲眼看见过爷爷抢救突发癫痫病的儿童。他就是用这种方法抢救了发病儿童的。

袁红韵：这是什么道理呢？

冯庆庆：孩子突发癫痫病，神志不清，昏迷不醒，很痛苦，他把牙齿咬得很紧，又有白沫吐出，可是牙齿依然没有张开，甚至可以听到咬牙咬得咯咯响的声音。这个时候，我们要救他，只有赶快把他的牙撬开，用一双筷子支着，以保持呼吸畅通。发一会儿，这种病会自动缓解，缓解后就像什么事情也没有发生过一样。

镜头转向地上抽搐的孩子。孩子脸色变得乌青，嘴唇乌紫。嘴上的白沫随着气息的进进出出而煽动着。

昏迷不醒的陈佳，胸部开始起伏着。

冯庆庆站了起来，说：同学们，大家都回到座位上去吧。

围观的同学停止了哭声，纷纷回到座位上，坐下。

袁红韵还在流着泪，在陈佳旁边蹲着，等待陈佳的苏醒。

冯庆庆：不要动他，一会儿就好了。说完就出了教室到厨房里去做饭去了。

地上的陈佳脸色渐渐开始恢复红润，鼻孔上下翕动，呼吸量开始大起来。

陈佳慢慢睁开眼睛，看着眼前的同学。

袁红韵：陈佳，陈佳，好些了吗？

陈佳眼里流出了眼泪。泪水顺着眼角往下流去，经过太阳穴、耳朵，滴在地上。

袁红韵抱起陈佳，走出了教室。

15. 办公室　日　内

陈佳坐在椅子上。

袁红韵把一杯水递到陈佳手中，亲切地说：用水漱漱口，然后喝口水，好好休息一下。

陈佳渐渐地神志清醒过来，他突然站了起来，说：袁老师，我要到教室里去上课！

袁红韵：你先休息一下，落下的课，我会给你补上的。

陈佳：不，袁老师，我没有病。你看我好好的呀！

袁红韵笑了：好，好，你没事就好！

陈佳笑着跑出了办公室。

16. 操场上　日　外

陈佳与其他同学在跳绳，他飞快地跑进甩动的绳子当中，双脚起跳，绳子就从他的脚下穿了过去。有几个同学跑了进来，大家一起跳绳。他们跳着，笑着，仿佛什么事情也没有发生一样。

17. 学校大门口　日　外

冯庆庆和袁红韵两人在观看孩子们跳绳。

冯庆庆：你看，陈佳突发癫痫病，我们的抢救方法得当，他很快就苏醒过来了。这会儿，他好了，不是跟其他同学一样吗。

袁红韵：没有医学知识还真不知道怎么办呢！这次简直把我吓坏了。

冯庆庆：我爷爷是医生，小时候，爷爷教过我一些急救知识，我会教你的。

两人相视，都甜甜地笑了。

18. 星期天　日　外

画外音：双休日，彩虹村逸夫小学的孩子们放假了，孩子们在星期五下午就被家长接回家去了，这时候，袁红韵、冯庆庆两位老师就背着背筐去山上采野菜，给山里娃娃们准备下周的菜。虽然接孩子时，一些家长送来了一些蔬菜，但是不够娃娃们一周吃啊，所以两位支教老师只好自己去山上采野菜回来给娃娃们吃。

袁红韵、冯庆庆背着背筐来到山上，他们一路走，一路看，一路采割。

背上的背筐里装着满满的野菜。

春天的太阳暖暖的，发出金色的光辉，照在大山上。

山上，鲜红的春杜鹃，火红的桃花，雪白的玉兰花，竞相开放。

潺潺流淌的清溪河水里，鱼儿在自由自在地游着。

河里一株株嫩嫩的水草，野菜长在溪边，红艳艳的野花、黄灿灿的野花，还有那紫色的野花争芳斗艳，绽放在清溪河两岸。

镜头渐渐转向远处，高高的雪山白雪皑皑，几朵紫红色的云飘荡在山间。

袁红韵、冯庆庆站在山巅，尽情欣赏彩虹村美丽的景色。

一群白鹤展翅缓慢飞过镜头。

在两山之间，一挂瀑布飞流而下，像银色的带子，更像无数银丝从高山之巅挂起。

山下，飞瀑溅起无数白色的雾气。镜头推进，飞瀑越来越近，透过阳光，形成一道五光十色的彩虹。

袁红韵：冯庆庆，快看，彩虹！

冯庆庆马上转向袁红韵手指的方向：好美啊，彩虹村，真是名副其实的彩虹村。画一样的景色，山花烂漫，飞瀑垂挂，彩虹满天，就连云朵也是彩色的。

袁红韵：我从来没有看见过如此美丽的村庄。我们来这里支教，算是找对了地方。

两人沉浸在无限的遐想之中，脸上都露出甜甜的微笑。

镜头转向山腰、山下。山坡上绿树青青，枝条上的嫩芽黄红或黄紫。

镜头顺着树木下移，岩石边上一窝野菜，嫩嫩的。

袁红韵俯下身子，伸出镰刀去割，嫩嫩的叶子被袁红韵的手抓住，镰刀使劲割动。刀割野菜的镜头，野菜被割断，手流出殷红的血。

袁红韵：哎哟——

冯庆庆：怎么了？

冯庆庆跑过来，见到一股股红的血从袁红韵食指上流下来，滴在岩石上。

袁红韵抓住的野菜已经被鲜血染红，她的手还抓住野菜不放，另一手上的镰刀已经掉落在山崖下面去了。

袁红韵痛苦的表情，身体一仰一俯的，险些摔倒掉下悬崖。

冯庆庆赶紧抱住袁红韵，急忙把袁红韵抱到平坦一点的地方，掏出纸巾，给袁红韵擦拭手上的血迹。说：红韵，你手上负了伤，痛在我心里啊！

袁红韵眼睛红红的，眼泪都要滚出来了，一只手捏住受伤的手，说：庆庆，没有什么。

冯庆庆：红韵，我们这么多天来，都是自己带着伙食来教山里的娃娃，两个月来，你瘦多了。我看，还是回成都去应聘城里的老师吧，你看我们那些大学同学，许多人都留在了大城市里，如今不到一年就有房有车，你何必这样受苦呢？

袁红韵：庆庆，这里空气好，人们热情，但是的确很穷，娃娃们读书都找不到老师，我们有义务在这里教育他们啊。当初在校园里，你是发过誓的，永远跟着我，我到哪里，你就到哪里，海枯石烂永不变心的啊，怎么说变就变呢？

冯庆庆一边给袁红韵包扎伤口，一边劝说袁红韵：红韵，我是看到你两个月来瘦成这个样子，心里难受啊！

袁红韵：我是农村里出来的大学生，什么苦我没有吃过！读高中时，妈妈去世后，我跟着爸爸到成都来学习，后来考上了四川大学教育系，我们才认识并走到一起的，当初你对我承诺过，无论今后上刀山还是下火海，我们都要在一起的，怎么今天害怕起来了啊？

冯庆庆：我担心你的身体，我们结婚后，怎么怀得起孩子。

袁红韵：现在我们还在支教期间，暂时不考虑结婚的事情。你答应过我的，等我们的行为影响了那些有爱心的大学生志愿者，他们来到彩虹村后，我们就回成都去结婚，然后带孩子。

冯庆庆：这……

19. 清溪河边　晨　外

字幕：双休天

天空还是蒙蒙亮，清溪河边，露水盈盈。

在一块水域宽阔的地方，有一对人影已经坐在石头上钓鱼了。镜头慢慢推进，才看清楚，是袁红韵和冯庆庆。

他们每人准备了两根钓鱼竿，横插在岸边的泥土中，钓竿的前段伸向水面。

镜头摇动转向空中。天空中，东边出现了一片红云。渐渐地，太阳冒出了山巅，霎时间，山间变得明亮起来。

镜头转向清溪河边，钓鱼的两个年轻人，他们神情专注地注视着水中的动静，身边放着鱼饵和两只水桶。

突然，浮子一动，冯庆庆赶快抬起鱼竿，往上面一拉，一条活蹦乱跳的鱼儿被钓上来了。冯庆庆惊喜地抓住鱼儿，笑盈盈地说：红韵，你看，有一斤多重呢，这下，我们可以改善一下伙食了，营养营养身体。

正在这时，袁红韵突地把鱼竿向上面一拉，一条更大的鱼儿活蹦乱跳地挂在了鱼竿上，她抓住鱼儿，更是笑得合不拢嘴：这条还要大些，好，好。钓到大鱼了。

冯庆庆把自已钓的鱼放入水桶中，转过头来一看：嗬，好家伙，这下我们可以好好做鱼汤，补养补养身体了。

袁红韵把鱼放到水桶里，又把鱼钩放到水里，说：谁说是补养身体，那是给娃娃们补养身体的。

冯庆庆：是啊，娃娃们身体也瘦弱，需要补充营养，可是我们已经两个多月没有进到一点油珠珠了，也要补养一下嘛。你看你，身体都瘦成这个样子了！

袁红韵：当初你选女朋友不是专找瘦精精的女孩子吗？今天我瘦下来，你不满意了？

冯庆庆：不是，我是担心你的身体受不住。

袁红韵抿嘴一笑：庆庆，不用担心，我这身体，还需要补养吗？补胖了，你就会嫌弃我的。

冯庆庆：我可从来就没有看到你胖起来过，除非，除非……

袁红韵：除非什么？

冯庆庆：除非你怀上我们的孩子，肚子大起来。

袁红韵：你真坏，你真坏！

说着，袁红韵挥拳打在冯庆庆的肩上。两人嘻嘻哈哈地笑着。

笑声在清溪河边的山坳里回荡。

20. 教室里　午　内

玉米糊糊已经端到了教室里的讲桌上，红薯也已经放在了一起。

袁红韵给娃娃们舀玉米糊糊。

陈佳、徐琳琳、杨新雅、刘明明等依次排队经过讲桌前，袁红韵给每人一勺玉米糊糊，拿一根红薯，还有一些蔬菜。

正在这时，冯庆庆把煮好的几盆子鱼汤端了出来，分别放到孩子面前，笑盈盈地说："同学们，这是上周双休日，我和袁老师在清溪河里钓的鱼，今天给大家做了鱼汤，大家小心点吃，鱼刺已经被剔除了，但是，不排除还有漏网的小鱼刺，还藏在鱼汤里。"

众学生嬉笑着，高高兴兴地走到冯庆庆面前，冯老师拿起汤勺，给每一位同学的饭碗里舀一勺鱼汤。

镜头转向教室里吃饭的同学。

大家欣喜地吃着，脸上荡漾着幸福的笑容。

哎哟——杨新雅同学张着嘴巴，啊啊啊地叫着。他手指着自己的嘴。

其他喝鱼汤的同学都停了下来，看着这位被鱼刺卡住的杨新雅同学。

袁红韵明白了，立即来到这位同学身边：杨新雅，我看看。

袁红韵双手捧住杨新雅的头，躬身查看喉咙。镜头推进：杨新雅张大的嘴巴，越来越大，喉管由小渐渐变大，一根很小的鱼刺卡在喉咙处。

刘明明同学说：袁老师，鱼刺卡住喉咙，可以喝醋，我奶奶告诉我的，醋可以把鱼刺化掉。

徐琳琳同学说：赶快请一个化水的阴阳先生来化碗水喝了就对了。

袁红韵：谁说的?

徐琳琳同学：我奶奶那次吃鱼，被卡住了喉咙就是请阴阳先生化水治好的。

冯庆庆：我看看。他一看，哎呀地叫一声，这么小一根鱼刺，卡到喉咙里面去了，不好取哟!

袁红韵一下子想起来了，我们不是带有一把弯尖的镊子吗？快去拿来!

冯庆庆：啊，对，我们是带有一把镊子的。说着他转身跑出教室。

其他同学都吓到不敢喝鱼汤了。袁红韵说：同学们，不要害怕，我们小心一点，一次不要喝得太大口，少少地喝，慢慢地感觉一下有没有鱼刺，如果有就吐出来，如果没有再慢慢地一点点地吞鱼汤，这样就不会被鱼刺卡住了。

冯庆庆来了，手里拿着一把镊子，他说：我来夹鱼刺!

袁红韵：这是细工活儿，还是我来吧!

冯庆庆把镊子交给袁红韵，袁红韵小心翼翼地把镊子伸进杨新雅的嘴里。

特写镜头：镊子伸到喉管处，夹住了一根很小的鱼刺，轻轻一拔，就从喉咙取出了鱼刺，然后给大家看。

同学们看着鱼刺，一根不足一厘米长的小鱼刺，尖尖的，还带着一丝儿的血。

袁红韵：大家小心些吃鱼汤，千万不要再被鱼刺卡住了。

冯庆庆：这次熬制的鱼汤，我用白纱布过滤过的，怎么还有鱼刺啊，看来下次过滤鱼刺还要用更密一点的白布了。

袁红韵问杨新雅：喉咙还疼不疼啊？

杨新雅：不疼了，刚才有些疼。

冯庆庆和袁红韵都笑了。

冯庆庆：大家小心些喝鱼汤。

21. 操场上　日　外

字幕：发成绩通知书

家长们来到学校，按要求站在操场上。袁老师和冯老师在发放孩子们的成绩通知书。

袁红韵：李德贵。

下面一位家长走出队列：有。他来到袁老师面前，接过通知书，走了下去。

袁红韵：古华健。

下面一位家长走出队列接过孩子的通知书，笑盈盈地回到队列处。

叠印画面：

一位位家长从袁红韵手中接过孩子的成绩通知书。

一位位家长从冯庆庆手中接过孩子的成绩通知书。

镜头恢复正常。

家长们喜笑颜开，看着98分、99分、100分的成绩，欢喜的脸上写满兴奋和感激。

一位家长：袁老师，真是谢谢你们啊，我的娃娃能有这么好的成绩，全靠两位老师啊。

袁红韵：娃娃有进步，是他自己努力学习的结果，我们做老师的也为他高兴啊！

其他家长也围拢来，夸赞袁红韵和冯庆庆教得好。

袁红韵、冯庆庆满脸笑容，感谢大家对自己的信任。

22. 成都街头　日　外

字幕：暑假中的一天

成都街头人来人往，热闹非凡。在人民南路广场上，巨大的毛主席挥手的雕塑。镜头从毛主席雕塑缓缓下移。

两个大型的可以折叠的展板正在被袁红韵、冯庆庆展开，他们把彩虹村孩子的照片用展板展示出来，面前摆放着一个红色的捐款箱和一张用大红纸书写的求助信。

许多市民前来围观，他们观看孩子们的照片。照片上，有的孩子戴着红领巾，头发蓬乱，睁大眼睛地看着画外。

有的照片，孩子们趴在山沟里双手捧水喝。

有的照片，孩子身上背上一个孩子，前面挂着一个破旧的书包，走在崎岖的山路上。

有的照片，孩子从地里刨出带着泥土的红薯在啃着。

一个衣衫破烂的孩子在地里劳动，旁边是书本和作业本、铅笔。

一个孩子穿得很脏很烂，趴在东倒西歪的树皮房子前的大岩石上写作业。

一个孩子拄着拐杖行走在山间小路上，背上背着一个又脏又烂的旧书包。

观看的人群中，有人叹息地摇了摇头，从包里摸出100元人民币走向捐款箱，把钱投了进去。

有人看到照片，眼里盈着泪水，也从自己的包里掏出钱，投到捐款箱里。

一位三十多岁的妇女拉着自己的孩子看照片，她指着一幅照片对孩子说：快看看，山里孩子多苦啊，他们连饭都吃不饱，穿得比乞丐还差，人家都在努力学习。你要向人家学习，想想你自己，在家里，有好东西你却不吃，买的新衣服，几天就不想要了，你比人家幸福百倍千倍，要懂得珍惜啊！

旁边的孩子似懂非懂地点点头。

又一妇女拉住孩子，走了过来：你们就是龙门山脉大山里的两位老师呀？

袁红韵和冯庆庆点了点头：对，我们就是，你们看我们在彩虹村逸夫小学上课的照片！

冯庆庆把妇女和孩子引向旁边，来观看照片。

照片上，冯庆庆在给孩子们上课，孩子们衣衫褴褛，头发蓬乱，还有孩子光着脚丫上课。

照片上，袁红韵在与孩子们跳绳，孩子们光着脚丫，衣衫褴褛，地面坑坑洼洼。背后的逸夫小学几个字分外醒目，学校破旧，墙皮开始脱层掉落。远处的村民住房更是东倒西歪的树皮房子，很矮，很旧，很破。

冯庆庆：这里的孩子没有吃过肯德基，没有看过电视，更没有坐过汽车，甚至连汽车是什么样子也没有见过，吃的是红薯、玉米等粗粮，一年四季很少见到荤菜，经常是衣不遮体，食不果腹，可是孩子们渴望学习。是孩子们渴求学习的一双双眼睛把我们吸引到那里去当志愿者的，我们没有工资，我们希望成都的爱心人士帮助帮助这些大山里的娃娃们吧！

有一位妇女已经是泪眼汪汪的了，对自己的孩子说：去吧，把自己的零花钱全部捐献出来，少吃一个冰激凌，少玩一次儿童乐园就可以帮助山区的孩子上学读书。

孩子眨巴着大眼睛，把今天自己要花的两百多元钱全部掏了出来，他缓缓走到捐款箱前，把钱投了进去。

袁红韵：谢谢你，小朋友。你是一位有爱心的好孩子，山区的孩子不会忘记你的。我代表山区的小朋友欢迎你今后有机会到龙门山区大山里的彩虹村逸夫小学来玩啊，到时候，阿姨带你去采野果，去看美丽的红杜鹃，去吃那里孩子吃的红薯、玉米、土豆。

孩子：谢谢阿姨，六年后，我小学毕业，我要爸爸带我到龙门山区，去彩虹村，去看看那里的小朋友。

孩子被妈妈拉着走了，可孩子还不时转过头来恋恋不舍地向袁红韵招手。

袁红韵微笑着向孩子招手，红润的脸庞在烈日下就像一朵鲜花盛开在成都的街头。

成都街头，人头攒动，熙熙攘攘，有的停下脚步过来看展板，有的行色匆匆，头也不回就从展板前走过去。

展板前。冯庆庆：有爱心的成都市民和各位朋友，看看山区的孩子们吧，捐出一份爱心，帮助一个山区的孩子完成学业。有钱捐钱，有物捐物，衣服鞋子帽子围巾都可以，把自己孩子不用的衣服捐献出来也可以，送给山区的孩子，我们都来献上爱心，我们的社会就会变得更加美好……

不少成都市民走到捐款箱前捐出自己一份爱心，十元，五元，两元，五十，一百，纷纷投进捐款箱内。

一件件衣服送来了，一双双鞋子送来了，一顶顶帽子送来了，一双双手套送来了。

袁红韵：请爱心人士留下姓名和电话，便于孩子们今后写信给你们，表达谢意。

捐助者摆了摆手，悄然而去。

袁红韵：请爱心人士留下姓名和联系电话。

许多人像没有听见一样，放下捐献的爱心款或者爱心物品走了。

捐款处，爱心人士捐献的衣物鞋帽等物资堆了一大堆。

袁红韵：看咋个把这么多爱心物资送到彩虹村去！

冯庆庆：我们只有寻找爱心人士来帮我们把这些物资送到乡上，然后，我们分批把它们背回彩虹村去。

23. 公路上　日　外

一辆大汽车装载着满满一车的爱心物资，沿着山区公路向前行进。

两边高耸的山崖。

汽车驾驶室里，司机紧紧地握住方向盘开车，旁边的冯庆庆和袁红韵欣喜地指着前面的一座大山说：快了，快了，很快就要到乡上了。

汽车缓慢地从镜头前经过，向大山里驶去。镜头后摇，汽车在半山腰上的公路上行驶，像一只甲壳虫缓缓而行。

24. 学校里　冬日　内

袁红韵把一件鲜红的羽绒服穿在一个小孩子身上，又把一双手套交给这个孩子，让他进到教室里去。

另一名孩子走过来，袁老师依然给他穿上一件羽绒服。

镜头后推，一排长长的队列，山里娃们冷得打抖，赤着脚，等待着袁红韵和冯庆庆给他们穿上爱心人士送上的保暖衣服。

25. 教室里　日　内

穿着新过冬衣裤的山里娃们坐得端端正正，听老师讲课。

山风透过玻璃窗破碎的口子钻进来，窗口被吹得呼呼地响。

孩子们在教室里上课却感到暖烘烘的，脸上荡着笑意。

镜头下移：一双双穿着棉鞋的脚。

教室里响起朗朗的读书声：

锄禾日当午，汗滴禾下土，谁知盘中餐，粒粒皆辛苦……

26. 山里　日　外

字幕：冬日里的一个双休日

雪花纷纷扬扬地飘洒着。

大山被洁白的雪覆盖，白茫茫一片。

袁红韵身着红色羽绒服，头戴羽绒帽，脚穿雪地靴子，走出了学校。

身边的冯庆庆身穿黄色羽绒服，戴着风雪帽，脚穿雪地靴子，他们来到操场上滑雪。

两人矫健身影在雪地上轻快地滑行着。嘻嘻哈哈的笑声在山间回荡。

笑声惊动了操场旁边树枝上的雪，纷纷掉落下来。

镜头再次推进，红扑扑面庞的袁红韵，呼出的气息在空气中飘散。她幸福地笑着，像山间盛开的一朵红色雪莲。

冯庆庆滑了过来，停在袁红韵身边：彩虹村真美。

袁红韵停下雪橇：大山本来就是一幅俊美的画，一年四季给我们展现它不同凡响的美丽身姿。住在这大山里啊，简直就是一种享受。

冯庆庆：昨天，妈妈来信说，让我们回成都去过春节，顺便也请一下客，把我们的婚事办了。

袁红韵：我们不是定下了规矩，要两年后才结婚吗？现在才一年啊。时间还没有到，不要慌张结婚嘛，支教多有乐趣呀！可以采山花，可以钓鱼，可以滑雪，还可以呼吸清新的空气。

冯庆庆：好好好，我们回成都过春节总是可以了吧。

袁红韵：好吧。

27. 冯庆庆的家中　日　内

字幕：成都

冯庆庆和爸爸妈妈，高高兴兴地准备好了一桌子丰盛的饭菜。

袁红韵的爸爸也来了，冯庆庆的爷爷奶奶也在一起。

大家坐在一起欢欢喜喜地吃着丰盛的饭菜。

冯庆庆夹起一块油炸鸡腿，送到袁红韵碗里。

冯庆庆的爸爸冯刚高兴地说：今天真是高兴，孩子回来了，带回了未婚妻袁红韵，我们做梦也没想到我们冯庆庆能找到这么漂亮的姑娘做伴侣，这真是我们家祖辈修来的福分呀。

妈妈周诗灵：看到两个孩子这么恩爱，我们打心眼里高兴呀。

袁红韵的爸爸说：是啊，我们袁红韵从小失去了母亲，她是一个苦孩子，从小就一个人料理家务，还要读书，她能找到冯庆庆这么帅气的小伙子，我做爸爸的心里也高兴呀。

袁红韵：嗯——爸爸，说什么呢！

冯庆庆的奶奶笑得合不拢嘴：好啊，有能耐，能干，现在的姑娘呀多数都是什么也不会做，我们冯庆庆找到袁红韵这样的好姑娘真是福气，好福气。我这做奶奶的高兴，就盼着你们俩早日成婚，我们也好早日抱你们的孩子了。

冯庆庆：奶奶，不要急嘛，红韵说了，她和我支教两年后就回成都来结婚，带孩子。

周诗灵扳着指头一算：还有一年了，快了，快了。明年的今天，我们就在成都给你们办喜事。

袁红韵红着脸走开了。

冯庆庆赶快追了出去。

28. 成都人民公园　日　外

冯庆庆和袁红韵走在公园里曲折的小路上。

冯庆庆：红韵，我们还是不要再去那个彩虹村了吧，那里实在太穷了。这次回来，我都不敢说那里穷得一年难吃上一次肉，甚至连大米都没有，我们还要去给孩子们挖野菜。

袁红韵：不，我认定的事情就要干到底。

冯庆庆：我们好不容易才熬过了一年，还有一年啊，多么难过的一年。我们已经把过去父母爷爷奶奶给我们的钱用光了，我们哪里还有钱给那里的娃娃们送衣物、送吃喝呢？

袁红韵：这一年来，的确辛苦你了。用的钱也是我们读大学时勤工俭学挣来的，再就是你家里的钱，实在是给你们增加了负担。这些我都知道，我就是见到你这个人心好，我才答应要嫁给你的。还有一年，我们为什么不能坚持一下呢？我们曾经立下的誓言到哪去了？

29. 山路上　日　外

画外音：春节过后，袁红韵和冯庆庆提着行李高高兴兴地搭乘公共汽车，经过一天又一夜的旅行，终于到达白云山中的乡场镇上。

叠印出以下画面：

袁红韵和冯庆庆买好车票，离开窗口向检票处走去。

袁红韵偎依在冯庆庆怀中，坐在公共汽车上在山间公路上行驶。

袁红韵和冯庆庆走下公共汽车，转乘由县城通往白云山深处的红松岭乡场镇的公共汽车。上车，坐好。两人不约而同地望着窗外。

汽车在崎岖的山间公路上缓慢地行驶着。车内，袁红韵和冯庆庆观看着两边白雪皑皑的雪峰和旁边奔腾的岷江水。

路上大大小小的汽车都在缓慢地行驶着，来来往往。

30. 教室里　日　内

袁红韵打开一个大纸包，说：同学们，袁老师今天从成都给你们带回来了水果糖，今天啊，我就要把这些糖分发给大家，但是呢，有一个条件，袁老师要奖励那些学习优秀的同学、组织纪律好的同学、乖的孩子。

大家一下子坐得端端正正，眼睛都看着袁红韵手里的水果糖。

袁老师拿着书本讲课。

孩子们认认真真地听课。

孩子们认认真真地做作业。

袁老师批改作业。

特写镜头：红笔在作业本上画着红对勾。

一个个作业本上，今天的作业全是红对勾。

袁老师十分满意地笑了：同学们，今天大家都表现得很好，老师把这水果糖奖励给每一位同学。

大家笑眯眯的情景。

袁老师拿着水果糖，走到座位前，逐一给同学奖励水果糖。

拿到水果糖的同学都高兴地笑了，还有同学马上剥开糖纸，把乳白色的水果糖喂进自己嘴里，一边吃糖，一边赞美：好甜啊，安逸得很！

另一些同学也纷纷把水果糖剥开，高兴地吃起水果糖来。

袁红韵看到孩子们吃糖的情景也高兴地笑了。

袁红韵问：孩子们，水果糖，好不好吃？

众同学：好吃，好吃。

特别安逸！甜得很哟。

我还没有吃到过这么甜的水果糖呢！

袁红韵：只要大家都认真学习，袁老师今后到成都一定再给大家带水果糖回来吃。

众同学：噢耶——娃娃们举起双手感到高兴。

31. 寝室里　日　内

画外音：晚上，孩子们已经入睡了。袁红韵和冯庆庆进入寝室，也准备入睡。

冯庆庆眼睛红红地走进寝室。

袁红韵看见了，问：庆庆，你怎么了？眼睛红红的。

冯庆庆没有回答，他把一封信掏出来，递给袁红韵。

袁红韵接过信，仔细阅读。

庆儿：

带着无限悲痛的心情告诉你，你奶奶遇车祸去世，请你带着袁红韵火速回来！

爸爸：冯刚

看着这封信，袁红韵的眼睛湿润了，她抬起头来，眼前仿佛看见奶奶春节吃团圆饭时的情景。

32.（回忆）成都，冯庆庆家中

冯庆庆的奶奶笑得合不拢嘴：好啊，有能耐，能干，现在的姑娘呀多数都是什么也不会做，我们冯庆庆找到袁红韵这样的好姑娘正是福气，好福气。我这做奶奶的高兴，就盼着你们俩早日结婚，我们也好早日抱你们的孩子了。

冯庆庆：奶奶，不要急嘛，袁红韵说了，她和我支教两年后就会成都来结婚，带孩子。

（回忆毕）

33. 彩虹村逸夫小学教师寝室里　夜　内

袁红韵：你奶奶真是可惜啊，我心中很悲痛。要不然这样，我在这里教孩子们，你一个人回去。

冯庆庆：爸爸要求我们两个人都回去的啊！

袁红韵：你看，学校里没有其他人，我怎么离得开学校呢？学校里还有几十个孩子啊！

冯庆庆（揉揉红肿的眼睛）：从小就是爷爷奶奶带我的，一直到我上中学。奶奶对我可好了，我不能没有奶奶，我一定要去看奶奶最后一眼。

袁红韵：难得你这么有孝心，也该去看看的。按理说，我的确应该去看奶奶最后一眼，毕竟，我才见奶奶一次面，以后再也没有了机会。

冯庆庆：干脆我们明天去给吴书记请几天假，办完丧事我们再回来上课，学生放假。

冯庆庆说着，袁红韵的眼眶湿润，她用手抹去眼角的泪水，很是悲痛，说：村里，村民都在修路，家里大多没有人，这里四五十个孩子，咋个办嘛？出了事情，才不得了呢！

冯庆庆：哎——

冯庆庆转过身去抹眼泪。

袁红韵难过地：从亲情上说，我的确应该回去啊，我也很矛盾。庆庆，你要理解我啊！

冯庆庆转过来：红韵，我尊重你的意见，还是我，我一个人回去。

34. 逸夫小学门口　晨　外

天刚麻麻亮，冯庆庆背上行囊，在学校门口与袁红韵告别。

袁红韵向冯庆庆招手：小心些！保重身体！快点回来。

行走中的冯庆庆听到袁红韵的劝告，转身向袁红韵告别：知道了。

冯庆庆转过身去，行走在大山的道路上。

袁红韵站在学校大门口看着，又跑到操场边眺望，眼里满含泪水。

35. 彩虹村逸夫小学　夜　内

画外音：冯庆庆在成都见到奶奶最后一面，在办完奶奶的丧事后，没有及时回来，袁红韵不知道发生了什么事情。

袁红韵撑着下颌思考的镜头，她眨着大眼睛思考。

袁红韵的画外音：已经半个月了，怎么还没有回来？当时走的时候不是说好的一个星期就回来吗？怎么没有回来呀？

袁红韵拿起笔，在纸上给冯庆庆写信。

特写镜头：划动的笔尖下出现以下钢笔字迹：

画外音：

亲爱的庆：

回成都两个星期了，怎么还没有回来？大山里的孩子们等着你啊，这些天，我既教书又要给孩子们做饭、洗碗、盖被子，早上带领孩子们跑步，两个人的活儿全落在我一个人身上，累死我了，快点回到我的身边来吧，我需要你！希望你快点从悲痛中解脱出来，回到无忧无虑的山村来吧。

爱你的红韵

36. 冯庆庆家里　日　内

写的信和画外音继续着，渐渐变成冯庆庆手拿袁红韵写给他的信。他读着信，特写镜头：冯庆庆眼眶润润的。

渐渐地，镜头后推，在家里的冯庆庆的画外音：到底去不去呀？

坐在客厅里的冯庆庆爸爸，说：在彩虹村，前不挨街，后不接店，你去那里干什么吗？奶奶走了，爷爷的药铺子正缺少人手，你还是把小袁劝回来吧！这些天，你在药铺干得不错嘛！爷爷夸你是一块学医的料子，你却阴差阳错去学了教育专业，多不值啊！

冯庆庆：爸爸，不要说了，我是看上袁红韵才去学教育的，我很喜欢袁红韵，她有理想有抱负。

周诗灵：傻孩子，你喜欢袁红韵，我们不反对，但是到山村里去当什么支教志愿者，没有一分钱报酬，还得自己掏腰包给山里的娃娃们买吃买穿，现在是经济社会，做什么都要讲经济效益，你怎么就这么傻呀！

爷爷：庆儿，你当初如果学医，说不定已经在医院当大医生了呢？要出国那是经常的事情。就是不去医院上班，在我退休后开的药铺子里帮着我干，也比到那个穷山沟强百倍千倍啊！小时候，你是多么的喜欢医学呀，自从读高中时喜欢上了那个乡下转来的袁红韵，就一个心思地喜欢上了人家，人家报考教育专业，你也跟着去报考。气得你爸爸妈妈多少天都吃不下饭，人都瘦了几圈，哎，事情到了今天这个地步，我看还是回来学医吧，我去找一下华西大学的领导，请求让你回到学校学医。

冯庆庆：爷爷，我不学医，我要跟着袁红韵去彩虹村教那里的孩子们读书！

爸爸生气地：你硬是犟得不得了，爷爷跟你说话，你咋个就这样子呢？爸爸妈妈只有你一个儿子，爷爷也只有你一个孙子，我们都是为了你好啊！你就听一回妈妈爸爸爷爷的话吧！

周诗灵哭了：庆儿啊，到那个穷山沟去受苦，又是何必呢？你看你瘦得干柴棍一样，彩虹村是爸爸妈妈当年当知识青年去过的地方，那里穷得连饭都吃不上，我们在那里已经受够了苦头，怎么还会让你去那里受苦呢？听话，啊，庆儿，就不要去彩虹村了，留在成都，留在爸爸妈妈身边，我们一家人应该团聚才对，就是不学医，你去成都的学校应聘一个教师职位，也比那个穷山沟强百倍千倍呀！

冯庆庆：妈，我舍不得袁红韵呀，她还在那里教山里娃读书呀？

周诗灵：庆儿，你这么帅一个小伙子，还愁找不到媳妇呀。你给袁红韵去封信，看她愿不愿意回成都来，如果愿意，我们给你们两个找工作。如果不愿意，就跟她分手算了，在成都找一个比袁红韵更年轻的大学生还不容易吗？

冯庆庆：妈，我就喜欢袁红韵，我把袁红韵动员回来就是了。

周诗灵：这样也好，你就准备准备，明天去一趟彩虹村，尽快动员袁红韵回成都来。

37. 彩虹村逸夫小学操场上　日　外

冯庆庆背着行李，艰难地来到彩虹村逸夫小学操场上，看见学校大门紧锁着，他疑惑了：这是怎么一回事？袁红韵跑到哪里去了呢？

镜头推进：一双行走的腿在操场上行走着。渐渐地，走到了大门前，冯庆庆掏出钥匙，打开了锁，推开大门，走了进去。

38. 彩虹逸夫小学校园里　日　内

冯庆庆在寝室里查看，一切像以前一样收拾得井井有条，那张两人的合影照片依然放在书桌上。

特写镜头：两人微笑着站在四川大学里，肩并着肩，手挽着手。

冯庆庆来到厨房里，看见一切还是老样子，孩子们的碗筷整齐地排放着，锅灶依然干干净净。突然他看见菜架上没有了菜，他想起了什么似的，自言自语地说：她一定去了山上。

冯庆庆赶紧转身跑出了厨房，跑出了学校，向着大山跑去。

39. 大山上　日　外

冯庆庆：红韵——红韵——

呼喊声在大山里回荡。

冯庆庆爬上开满杜鹃花的山坡，站在山上，把手拢在嘴上，呼喊着：红韵——红韵——，你在哪里——

呼喊袁红韵的回声在山谷久久回荡。

冯庆庆走下山坡，来到山谷的飞瀑旁寻找。

一双穿着登山鞋的脚踩着山石，越过山下的溪流。

冯庆庆寻找袁红韵的身影，冯庆庆站定：红韵——红韵——

镜头从远处的高山，渐渐向不远处的飞瀑，慢慢转向近处的悬崖、溪流，以及彩虹，透过彩虹看见艳丽的太阳。

冯庆庆继续在山间前行：红韵——红韵——

呼喊声在大山里久久地回荡。

40. 山沟旁　日　外

岩石边上，一个人躺在地上。镜头缓慢推进，那人昏迷不醒。

昏迷不醒的袁红韵躺在地上，鲜血还在流着，脸上、额上、手上、腿部都是血污，衣服被剐烂，只有一只脚上穿着鞋子。

不远处，背筐倒在地上，野菜洒落一地。

41. 山沟旁树林处　日　外

冯庆庆大声地呼喊着：红韵——红韵——

画外音：冯庆庆沿着溪边寻找，他知道，溪边的野菜肥美，自己曾经就和袁红韵经常到山溪边采野菜，沿着这条山溪寻找，一定能够找到红韵的。

冯庆庆向前面寻去，突然看见岩石边一个身着红色衣服的人躺在地上，赶快跑了过去。

冯庆庆看清楚了，那是袁红韵：血迹斑斑，衣服破烂，昏迷不醒。

冯庆庆眼泪流了出来，他抱起红韵呼喊着：红韵——红韵——我是冯庆庆呀，你醒醒！

慢慢地，袁红韵的眼睛迷迷糊糊睁了一下，恍恍惚惚中，她看见了冯庆庆，眼角滚出一行泪水来，嘴唇似动欲动，最终还是没有开口，她再次昏迷过去。

冯庆庆的眼泪像断了线的珠子扑簌簌流下来，他抱起袁红韵，快速往学校跑去。

冯庆庆抱着袁红韵飞跑的镜头，越过溪边，踏上山坡，又下坡。

快速奔跑的双脚。

躺在怀里的袁红韵，头发散乱，双手垂在下面，一晃一晃的。

冯庆庆泪眼汪汪，抱着袁红韵飞跑。

一只山鹰从天空中飞过，睁着两只圆鼓鼓的眼睛盯着下面。

42. 龙门山县人民医院手术室外　日　内

一张拉病人的车，医务人员将车快速送进手术室。

跟在后面的冯庆庆被手术室的门挡在了外面。

在手术室外冯庆庆泪流满面。咬着牙，哭泣。

43. 医院重症监护室　日

“重症监护室”门牌上几个字特别醒目。

里面，袁红韵躺在病床上昏迷不醒。

头上、手臂、腿上缠着白色纱布，只留出两个鼻孔和耳朵，还有眼睛和嘴巴，鼻孔和嘴里插着管子，这些管子连接着旁边的仪器。

仪器上，指示灯不停地闪烁。

另一仪器的屏幕上，脉锋线缓缓地划动，发出唧唧的声音。

袁红韵吊着药瓶，药液正一滴一滴往下滴着。

医生戴着口罩，只露出两只眼睛忙忙碌碌，来去匆匆。

44. 重症监护室外　日　内

冯庆庆焦急不安，泪流满面，他小声地自言自语地喊着：都怪我，都怪我，不早点回来……

重症监护室的门开了，一位医生走了过来：袁红韵的家属?

冯庆庆赶快回答：这里，医生，袁红韵的病情怎么样啊?

医生：病人做了接骨手术，恢复需要漫长的时间，走路可能会受到一定影响。腹部的刀伤还算好，没有伤到内脏器官。

冯庆庆：会有后遗症吗?

医生：很难说，她一身多处受伤，手上还有刀痕，胸部也有刀痕，头部可能是碰伤的，但是腿骨被摔断，估计是遇到坏人，曾经搏斗过，然后掉下悬崖的。

冯庆庆：这么严重啊?

医生：病人的情况不太好。如果病人恢复得好，有可能跟正常人一样，这要看她的意志和精神，更需要家人的精心照顾才行，不过这样的概率还是很小的。

冯庆庆痛苦得不能自抑，眼泪扑簌簌地落下来。

医生转身进了监护室，门立即又关上了。

45. 彩虹村逸夫小学　日　外

五十多个山里娃围着吴思宇大闹：我要袁老师，我要袁老师！

吴思宇疑惑地：怎么袁老师和冯老师两个人都不见人影呢？

许世明走了过来：吴书记，我们四处寻找也没有找到。

吴思宇：这就奇怪了，放了双休日，就不见了人影。

许世明：是不是人家嫌我们这里太穷，走了。

吴思宇：应该不会，如果真是离开我们彩虹村的话，应该给我们说一声呀，怎么校门大大打开，寝室门、厨房门也是打开的呀？

许世明：这倒又是。

这时，吴思宇一下子想起来了，问许世明：双休日，袁红韵和冯庆庆最喜欢到哪里去？

许世明：听孩子们说过，两位老师双休日去山里采野菜。

吴思宇仿佛有一种预感：对，采野菜给娃娃们吃。这次会不会遇到了什么不测？

吴思宇突然感到事情有些严重，他吩咐许世明：你在学校里暂时照顾着这几十个娃娃读书，我去安排人到山里寻找。

许世明：好！

吴思宇急急忙忙地离开了学校。

许世明：同学们，进教室，我们读书。

教室里，山里娃坐得端端正正，读课文。

46. 医院病室里　日　内

昏迷不醒的袁红韵依然吊着药水瓶，鼻子、嘴上依然插着管子，接着呼吸机。旁边的几台仪器依然灯光闪烁，脉峰线依然缓慢滑行，仪器唧唧的声音。

47. 大山里　日　外

吴思宇带领的寻找人员正在翻山越岭寻找，他们一路寻找一路呼喊着：袁老师——冯老师——

大山里回荡着呼喊“袁老师—— 冯老师——”的声音。

一路人马在开满红杜鹃的山上寻找，不断地呼喊：袁老师—— 冯老师——

一路人马沿着溪边寻找。吴思宇大声地喊着：袁老师——冯老师——

一村民突然想起了什么似的，说：吴书记，前天，我们好像听到有人在呼喊袁老师。

寻找的人都停了下来，纷纷说：

好像我也听到了。

声音好像是冯老师的，后来就再也没有了声音。

……

吴思宇：啊，记起来了，好像是隐隐约约听到冯老师在呼喊袁红韵的声音在大山里回荡着，当时我在地里干活，也就没有太注意。

吴思宇说完，突然转念一想：不对，如果他们在大山里游玩，一定会回去的，怎么我们没有见到他们的影子呢？走，继续寻找，一定要找到两位老师。

一行人沿着溪边继续寻找，边走边呼喊：袁老师——袁老师——冯老师——冯老师——

呼喊袁老师的声音在大山里回荡着，传得很远很远。

48. 溪水边　日　外

一个村民惊喜地：吴书记，你看！（他手指前面一处岩石旁）

一个背筐倒在地上，野菜洒落一地。

吴思宇书记赶快跑了上去，其他人也跟着跑过去查看。

背筐上有血迹。

吴书记心情沉重，抬起头来，四处观看，水边上，一只鞋子，还有一把割野菜的刀在溪边。野菜撒落更远，稀稀疏疏，地上都是。

其他村民吃惊地望着地上的物品，无言以对。

吴思宇走上去捡起一把野菜，拿在手里，仔细地看着。

画外音：多好的老师啊，我们彩虹村的娃娃们没有菜吃，双休日，两位老师就在这大山里寻找野菜采回去，难得啊，难得啊。

镜头转向一侧，另一队寻找袁红韵的村民找了过来。

一位负责的村民走上前来说：吴书记，我们找遍了彩虹村的山山水水，还是没有找到呵！

吴思宇眼里满是泪水，像一尊雕塑，一动不动。

这位村民看着吴书记手中的野菜，吃惊地：这是——

他再向前面一看，看见了一只装野菜的背筐和一只鞋子。

顿时，他也哭了，其他村民早已是眼眶润润的了。

吴思宇抹一把眼泪，欲言又止。

众村民呜呜咽咽地哭了：袁老师，袁老师——

吴书记，吴书记！从另一侧面传来一个村民的声音，大家都不约而同地把头转向了声音传来的方向。

一个村民手里拿着一把带血的匕首，快步跑了过来，交给吴思宇，说：这是在那边溪边找到的。

吴思宇和所有的人都把目光转向这把带血的匕首。

特写镜头：一把大约五六寸长的匕首，铁锈斑斑，刀口还带着斑斑血迹。

吴思宇的心情更加沉重。

49. 乡派出所　日　内

吴思宇来到红松岭乡派出所，把带血的匕首交到警察手里。

警察赶快用一块白巾把匕首包好。

警察：吴书记坐，坐下，慢慢说。

吴思宇坐下后，眼泪就流了出来，他哽咽着说：袁红韵和冯庆庆老师上山为娃娃们挖野菜，就再也没有回来。今天我们才在山上找到他们使用过的背筐和镰刀，还有一只鞋子。

警察一边听汇报一边记录，还一边安慰吴思宇：不要激动，慢慢说。

50. 溪水边　日　外

几名警察正在查看现场，检查背筐上的血迹。

吴思宇给警察介绍他们发现这些物体时的情况。

一警察咔嚓、咔嚓地对着背筐拍照，然后又对着鞋子拍照……

一名警察抬起头来，看看山崖。

山崖高耸入云。几朵白云飘荡在山巅的空中。

警察把背筐、鞋子和刀，以及野菜都装在一个大塑料口袋里，然后离开了现场。

51. 学校外的一处山坡　日　外

五十多个山里娃哭着，呜呜地哭着。

陈佳抹了一把眼泪，说：袁老师一定在大山里给我们挖野菜，我们一定要找到袁老师。

徐琳琳、周宇桐、杨新雅等同学：对，我们一定要找到袁老师。

陈佳把双手做成圆口状，拢在嘴巴处，向着大山呼喊：袁老师——你在哪里？

刘明明也学着陈佳的样子，把手拢在嘴唇处，向着大山呼喊：袁老师——你在哪里？

众学生也都学着陈佳的样子，把手做成圆口形状，拢在嘴唇处，大声地呼喊：袁老师——你在哪里？

群山逶迤，重重叠叠，绵延千里，孩子们的呼喊声在大山之中回荡着。

52. 医院病房里　日　内

画外音：经过医生的全力抢救，袁红韵两个星期后终于苏醒过来，被转到普通病房里继续治疗。

袁红韵吊着输液瓶，头上缠着纱布，手上腿上都缠着纱布。

慢慢地，袁红韵睁开双眼，她迷迷糊糊地看着这里的一切，痛苦地眨着眼睛。

旁边的冯庆庆凑近袁红韵，呼喊着：红韵，我是冯庆庆！我是冯庆庆啊！看见我了吗？

袁红韵似懂非懂地睁开迷迷糊糊的眼，听到了冯庆庆的声音，嘴角张开，微微说出一声：你怎么才回来啊？（说着，眼泪就滚出来了）

特写镜头：大滴滚烫的眼泪，从眼角冒出来，滚落在两鬓。

冯庆庆拉住袁红韵的手，哭泣着说：都是我不好，都是我不好，我不该走那么长时间，让你吃了这么大的苦头。

袁红韵痛苦的神情，眼泪不住地流着，然后侧头，没有了动静。

冯庆庆：医生，医生，病人，病人！

医生急急忙忙跑了过来，用听诊器听，然后取下，说：病人需要休养，不要大惊小呼的。

53. 县公安局里　日　内

乡派出所所长正在给局长和政委、刑警队长和法医汇报在彩虹村勘察袁红韵被害现场的调查情况。

这时，一警察推门而入：报告，人民医院报告，他们医院住着一位被刺伤的病人，叫袁红韵，已经苏醒过来，要不要我们去调查一下。

乡派出所所长看着来人，画外音：袁红韵老师在医院里？

54. 医院病室里　日　内

冯庆庆、县刑警队员、乡派出所所长等警察围在袁红韵病床前，旁边还有医生和护士等。

袁老师一边述说，一边流泪。

警察一边记录，一边录音，还不断地拍照。

袁红韵：那天是星期六，我背着背筐上山去给孩子们挖野菜，在快到中午的时候，我挖的野菜也快装满背筐了，就沿着山路往回走，在穿过一片密林后……

（闪回）

55. 山间悬崖处　日　外

突然从林中钻出一个人来，拦住了路，他一身破烂，头发杂乱，一双眼睛露着凶狠的光。定格：

字幕：胡图贵，劳改释放犯

胡图贵笑眯眯地说：妹子，往哪走啊？既然来我们这个大山里，就来陪我胡图贵玩玩啊！

袁红韵一看眼前这个人立即意识到他没有安好心，说：我走哪里，关你什么事啊，还不快走开！

胡图贵：嘿嘿，要我走开，简直是白日做梦。来吧，陪我玩玩，在这大山里，没有人会知道咱们在这呢。

说着胡图贵就要向袁红韵扑来。

袁红韵：别过来，再不走开，我就要喊人了！

胡图贵：喊人，没有用的，这几百里大山连个人影都没有，喊人也不会有人的。

袁红韵：你给我走开，别过来啊！

胡图贵嘿嘿地笑着，向袁红韵迈进了几步。

袁红韵退后两步，大声地喊着：冯庆庆，冯庆庆，快来救我，快来救我！

胡图贵冲了上来，无耻地说：我等了一年多了，每次双休日，你都跟那个臭男人在一起，害得我看着你搞不成，今天总算有了这个机会。来吧，我们玩玩。

袁红韵再次后退：卑鄙，无耻。

胡图贵继续向前扑来，抓扯袁红韵的衣服。

袁红韵挥手就给胡图贵一耳光，打得那个男子脸上火辣辣的疼。

胡图贵恼羞成怒，骂道：臭娘们，敢打老子，不要命了。说着，抽出身上的匕首，向袁红韵刺去。

袁红韵向后一躲，胡图贵反转来又是一刀刺向袁红韵的腹部，然后抽出血淋淋的匕首，袁红韵一手护着腹部，袁红韵大声地喊着：冯庆庆，冯庆庆——

胡图贵还不罢休，又是一刀，刺在袁红韵护住腹部的手腕上，再次拔出还在滴血的匕首。

袁红韵忍着剧痛，抬腿就向胡图贵踢去，刚好踢在男子的裤裆上。

胡图贵哎哟一声，他怒视着面前的美丽女子，眼睛血红。

袁红韵痛苦地边跑边喊着：冯庆庆，冯庆庆，你快来呀……

杀红了眼的胡图贵，更加疯狂地挥刀向袁红韵刺去，刺中腿部。

袁红韵身上多处都在流血。她感到天旋地转，口里喊着：冯庆庆，冯庆庆——袁红韵的声音越来越弱。

镜头转向天空：一只雄鹰发现了下面的情况，俯冲下来，一把抓住胡图贵手中的匕首扔到老远。

胡图贵愤怒地骂道：该死的鹰，看我怎么收拾你！说着，他猛然冲向袁红韵：你去死吧——

胡图贵飞起一脚，将站立不稳的袁红韵踢下山崖。

特写镜头：袁红韵浑身血红，连同身上的背筐和野菜在山间掉落。

空中的鹰发现情况不妙，立即再次俯冲过来，伸出鹰爪，抓挠了一下那个男子的脸，然后飞走了。

特写镜头：男子蒙住带血的脸，边跑，边骂：该死的鹰，看我怎么收拾你！

（闪出）

56. 医院病房里　日　内

公安人员握住袁红韵的手，说：谢谢你提供了这么多重要的细节。

冯庆庆早已是泪流满面，痛苦地直捶自己的胸口，边哭边说：我没用，我没用，连自己的最亲爱的人都保护不了。

公安民警劝慰道：冯老师，不要难过，我们一定会把坏人抓住。

袁红韵吃力地说：还有，那男子脸上有一道疤痕。

众民警：啊——

民警吃惊的眼睛。

57. 山洞里　夜　内　外

吃完动物肉的胡图贵把嘴一抹，倒在乱草丛中，就呼呼地入睡了。

隐蔽处的侦察队员看到这一切，其中一名队员向旁边的队员一点头，对方也点头。

他们两人悄悄地爬起来，轻脚轻手地接近睡觉的胡图贵旁边。

火渐渐熄灭了，只剩下一堆木炭发着红光。趁着这点微弱的光，一名侦查队员悄悄地摸到了胡图贵身边，把猎枪拿在手里。

侦察队员把枪往自己身上一背。却不知，那个家伙睡觉时却把枪的背带挎在手臂里，他被惊醒了，叫：干什么的？

另一名侦察队员已经把枪口对准了胡图贵，大喊：不准动！再动，我打死你！

胡图贵浑身一抖，睁眼看见穿警服的人，一下子软了，他放下手中的猎枪带子。

侦察队员甲：把手举起来！

胡图贵只好乖乖把举起双手！坐在乱草堆里，喊着：饶命，饶命。

外面的公安干警听到里面的声音，立即冲了进去，把胡图贵团团围住。

胡图贵看见这么多身着警服的人围住自己，一下子像吓傻了的老鼠一样，垂头丧气地说：我有罪，我有罪，我该死，我该死！

58. 冯庆庆的家里　日　内

妈妈着急地对爸爸说：这个庆儿啊，怎么一去就是一个月，都不回来，也不捎一封信回来。哎，真是急死人了！

爸爸：等一等吧，或许庆儿到彩虹村，还有一些事情需要办理呢！等办完了，他就会回来的。

丁零零，电话响了。

周诗灵赶快跑去接电话：喂，你找谁呀？

袁红韵爸爸的声音：亲家母呀？听说庆庆回来了，红韵回来没有呀？

周诗灵：哎呀，亲家呀，庆儿回来一趟又去了彩虹村，现在已经一个月了，还没有等到他们的消息，真是急死人啦！

话筒里传来袁红韵爸爸叹息的声音。

59. 公安局审讯室里　日　内

戴着手铐的胡图贵被关在隔着铁窗的审讯室里，他坐在椅子上。

一公安干警：你为什么要杀害袁红韵老师？老老实实地讲，把事情讲清楚。坦白从宽，抗拒从严，你已经是二进宫了，想不想出去，就看你老不老实了。

胡图贵战战兢兢地说：我交代，我老实交代——

（闪回）

60. 大山密林处 日 外

袁红韵和冯庆庆站在大山顶上，高呼：龙门山，我爱你——

山洞里一个脸上有一道刀痕的男子正在侧耳朵倾听。

画外音：躲在密林深处山洞里的胡图贵听到了呼喊声，他觉得太美了，自从自己从监狱里出来，这一年多还没有听到过女人的声音，他惊喜地跑了出来，循着声音的方向找去。他看见了袁红韵和冯庆庆。

叠印出如下画面：

胡图贵跑出山洞，沿着山间小路一路奔跑，向着呼喊大山的声音寻去。

穿过密林，胡图贵看见了一男一女，正站在大山顶上呼喊。

镜头推进：站在大山之巅两位年轻人。

胡图贵色眯眯的眼睛盯着袁红韵，红扑扑的面庞，水嫩嫩的肌肤，高挑的身材，简直就是传说中的仙女降临人间。

胡图贵也看到了袁红韵身边的男子冯庆庆，高大帅气，精神抖擞。

胡图贵躲在树林里恨得咬牙切齿，他转身甩出一句话：总有一天，哼！

画外音：胡图贵从此对美若天仙的红衣女子袁红韵老师垂涎欲滴，天天想，夜夜梦，希望有一天能够占有这位天仙一样漂亮的袁红韵。

就这样胡图贵每天都在大山里以打猎为生，天天都要在这个地方寻找袁红韵，可是每次都是冯庆庆和袁红韵在一起，这让胡图贵无从下手。

有几次，胡图贵躲在密林深处，看见袁红韵和冯庆庆在采野菜，他把猎枪举起来，对准冯庆庆，但是他可能是害怕，还是放下了手中的猎枪。

一年后的一个星期六，胡图贵又在山上打猎，他突然看见了袁红韵一个人在挖野菜。

画面叠印出如下画面：

胡图贵睡在山洞里想象着袁红韵美丽的倩影：身着红色衣服，红扑扑的脸庞，水嫩嫩的肌肤，水灵灵的大眼睛。

胡图贵悄悄跟着袁红韵的情景。袁红韵和冯庆庆走到那里，胡图贵就跟到那里，伺机寻找机会。

胡图贵看到冯庆庆，他恨得咬牙切齿，眼睛瞪得汤圆大。

胡图贵在岩石上，用石头刻写着“红衣女人”。

叠印完毕。画面继续出现胡图贵这次出来打猎，并寻找袁红韵。

突然他看见袁红韵一个人在挖野菜，躲在密林深处的胡图贵张开了大嘴，猖狂地笑了：这下，我的机会来了！说着，他轻脚轻手地摸着石头向袁红韵要经过的前面的小路走去。然后躲在密林中的一块大岩石旁边。

袁红韵高高兴兴地背着采满的一背野菜，走在回学校的山路上。

突然从林中钻出一个人来，胡图贵笑眯眯地说：妹子，往哪走啊？既然来我们这个大山里，就来陪我胡图贵玩玩啊！

61. 山洞　日　内　外

胡图贵冲进洞里，抓住猎枪，跑了出来，向天空中的鹰瞄准。

天空中，鹰在盘旋，飞舞，注视着山间的动静。

砰——的一声枪响，天空中飞舞的鹰掉落下来。

地上，放下猎枪的胡图贵露出了复仇后的快感，他哈哈大笑着。

胡图贵飞快地跑向鹰落下的地方，寻找被打伤的鹰。

终于在一处岩石边上，找到了这支受伤的鹰，鹰伏在地上，试图扇动翅膀飞起来，可是动了几下翅膀也没有飞上天空。

胡图贵上前抓起鹰，恶狠狠地说：看你还敢不敢抓我！哼，回去晾干烤起吃肉！

画面渐渐隐去。

（回忆结束）

画外传来打字的声音，画外音起：胡图贵再次犯罪，人民法院以强奸未遂和杀人罪，伤害野生动物罪等数罪并罚。胡图贵被处以极刑。

62. 彩虹村逸夫小学　日　内

吴思宇正在给同学们讲述寻找袁老师的事情：

我们猜测袁老师双休日去山上挖野菜，就派出两个分队的村民去山里面寻找，我们找遍了整个彩虹村的山山水水，最后才在溪边找到了袁老师的一只鞋子和装野菜的背筐，还有散落一地的野菜。

众同学：袁老师到底怎么了？同学们睁大了眼睛不解地问，他们看到吴书记眼眶红了，自己也是眼泪盈眶。

吴思宇：同学们，我们还在山上找到一把带血的匕首。

一个同学大胆地问：什么是匕首呀？

吴思宇：匕首就是刀。

众同学：啊——

吴思宇已经流出了眼泪，他用袖子抹了一下眼眶。

孩子一下子哭了：我要袁老师！我要袁老师！

孩子们呜呜的哭声，悲切动人。

所有的人都在吴思宇的带领下走出了学校，向着袁红韵失踪的方向大哭！

袁老师——

袁老师——

同学们个个泪流满面，呼喊着自己最敬爱的袁老师。

同学们呼唤袁老师的声音在大山之中回荡着，传得很远很远。

63. 医院里　日　外

袁老师坐在轮椅上，腿上头上缠着纱布。冯庆庆推着袁老师在坝子里走动。

冯庆庆：红韵，都怪我，不早点回学校，是我害了你。

袁红韵：别说这些了，你回来了，我就有了依靠，你不能再走了啊，这里需要你，我需要你，山里的孩子们需要你和我。

冯庆庆欲张开的嘴唇又闭合了，他推着袁红韵在医院里的坝子上走着。

袁红韵：庆庆，你答应我，我伤好后就回彩虹村，就去教那些可爱的娃娃们。

冯庆庆流着泪：红韵，我，我，我答应你！

64. 彩虹村逸夫小学　日　内

教室里，同学们正在写作文：《我最敬爱的人》

同学们个个泪流满面，他们都在写袁老师对自己的关怀。

吴思宇在教室里巡视着。

陈佳挥笔写下了：

最敬爱的袁老师，得知你失踪的消息，我们心里万分悲痛，我永远不会忘记你对我的救命之恩。多少次，我癫痫病发作，是你和冯老师，用最有效的办法救了我的命……

吴书记——外面传来一个声音。吴思宇和同学们都把头转向教室外。

身穿警服的两名警察来到学校。

吴思宇：同学们，大家继续写，我出去一下。

吴思宇走出了教室。

警察说：袁红韵老师找到了，已经被冯庆庆老师送到医院救治，那个杀害袁红韵老师的凶手也已经抓住的了。

这消息使教室里的同学们一下子跑了出来，他们睁着大眼睛听警察讲述。

陈佳问：袁老师怎么样了，快告诉我们呀！

警察：袁老师伤势很重，正在龙门山县人民医院接受治疗，全身多处伤痕。

吴思宇：哎——，这么好的老师遭受了这么大的打击，我们心里实在难受啊。

众同学：吴书记，我们要去看望袁老师。

我也要去！

我也要去！

65. 县人民医院病房里　日　内

袁红韵还缠着绷带，躺在床上。

床边的冯庆庆：红，你想吃点什么，我到街上去买。

袁红韵：我好久没有听你吹竹笛了，你给我吹一首曲子吧！

冯庆庆拿出身边的竹笛，吹起了《选择》的曲子。

袁红韵听着冯庆庆用竹笛吹奏叶倩文与林子祥演唱的歌曲《选择》，情意绵绵，袁红韵泪花盈盈。

笛声悠扬，笛声情真意切，隔壁病室里的病友纷纷前来倾听。

突然吴思宇带着五个学生出现在病室里。

吴思宇走上前去：袁老师，我们对不起你，让你吃尽了苦头。

袁红韵：没有什么，都是为了山区孩子能够好好地上学读书。

吴思宇握住袁老师的手说：同学们得知你失踪了，天天到大山里寻找你，呼喊你。前天公安干警来学校告诉我们，你与歹徒搏斗受伤住在龙门山县人民医院，大家都哭了，争着要来看你，今天我带了五名代表来看你！

陈佳、杨新雅、刘明明、朱莉莉、龚新月同学手捧鲜艳的杜鹃花来到袁老师床边，眼泪扑簌簌地落下来：袁老师，袁老师！我们的好老师。

杨新雅同学掏出一叠信件：袁老师，这是全班同学写给你的信！

袁红韵接过五十多封彩虹村逸夫小学娃娃们的信，正准备看信。突然，刘明明同学从书包里拿出礼物——一大堆孩子们的画。

袁老师接过画，打开一幅：全班同学带着鲜艳的红领巾，高高举起右手，上面写着：向袁老师敬礼！

袁红韵眼角泪水盈盈，她看着眼前的同学们，说：谢谢同学们的关心，我的伤好后，一定及时回学校给大家上课。

朱莉莉同学赶快从书包里掏出一包鸡蛋，说：袁老师，我们知道你为我们挖野菜负伤，都很难过，妈妈说，把家里的几个鸡蛋煮熟，今天让我给你带来了，送给你，请你补补身体！

袁红韵望着学生那朴素的面庞，十分感动，眼泪扑簌簌地掉落下来。袁老师接过这几个鸡蛋，抚摸着，仔仔细细地看着，摸着，只有泪水表达着心中有对娃娃们这份感情，对村民的这份感情。

吴思宇：袁老师，我们也给你带来了全体村民的慰问，大家主动捐款共两千六百三十七元八角钱，我代表村民送给袁老师，希望袁老师好好养伤，全体村民和五十多个娃娃都期待着袁老师早日回校上课。

袁红韵不知道该怎么回答，冯庆庆说：不用，不用，吴书记，彩虹村那么贫困，村民要捐出这两千多元钱，需要承受多大的艰辛啊，再说了，我上次回成都，带了钱，暂时不用大家的钱。

吴思宇：袁老师，冯老师，这是我们全村人民的一片心意啊，你们就收下吧！全体村民和娃娃们都盼望着袁老师早日回到学校呢！

好意难却，冯庆庆接过了这两千多元彩虹村人民的爱心款，拿在手里，双手颤抖。

袁红韵更是感动得泪流满面。

袁老师看见几个孩子们手里还拿着语文书，她终于开口说：孩子们，袁老师已经好久没有听到你们朗读课文了，好想听听你们读课文的声音啊！

陈佳抢先说：袁老师，我们就想请你指导我们读课文，看读的是不是标准，是不是有感情。

吴思宇：陈佳，不要打扰袁老师休息。

袁红韵：吴书记，就让孩子们读读吧，我听到孩子们读书，我心里好受些，我听到孩子们读课文，我的伤口就不会疼痛了。

五个同学，打开课本开始朗读：

搭 石

我的家乡有一条无名小溪，五六个小村庄分布在小溪的两岸。小溪的流水常年不断。每年汛（xùn）期，山洪暴发，溪水猛涨。山洪过后，人们出工、收工、赶集、访友，来来去去，必须脱鞋挽裤。进入秋天，天气变凉，家乡的人们根据水的深浅，从河的两岸找来一些平整方正的石头，按照二尺左右的间（jiàn）隔，在小溪里横着摆上一排，让人们从上面踏过，这就是搭石。

病房里传出五个孩子朗朗的读书声。袁红韵、冯庆庆认真地听着孩子们读书，脸上露出久违的笑容。五个孩子继续朗读课文，他们双手捧着课本，深情读着。

搭石，构成了家乡的一道风景。秋凉以后，人们早早地将搭石摆放好。如果别处都有搭石，唯独这一处没有，人们会谴（qiǎn）责这里的人懒惰（duò）。上了点年岁的人，无论怎样急着赶路，只要发现哪块搭石不平稳，一定会放下带的东西，找来合适的石头搭上，再在上边踏上几个来回，直到满意了才肯离去。

其他病房的病人听到这里传出了朗朗的读书声，纷纷前来观看，他们站在病床周围，看着山区的孩子，看到病床上的老师，都露出惊讶的神情。

孩子们的读书声继续着：

家乡有一句“紧走搭石慢过桥”的俗语。搭石，原本就是天然石块，踩上去难免会活动，走得快才容易保持平衡。人们走搭石不能抢路，也不能突然止步。如果前面的人突然停住，后边的人没处落脚，就会掉进水里。每当上工、下工，一行人走搭石的时候，动作是那么协（xié）

调有序（xù）！前面的抬起脚来，后面的紧跟上去，嗒嗒的声音，像轻快的音乐；清波漾漾，人影绰（chuò）绰，给人画一般的美感。

经常到山里的人，大概都见过这样的情景：如果有两个人面对面同时走到溪边，总会在第一块搭石前止步，招手示意，让对方先走；等对方过了河，两人再说上几句家常话，才相背而行。假如遇上老人来走搭石，年轻人总要俯（fú）下身子背老人过去，人们把这看成理所当然的事。

一排排搭石，任人走，任人踏，它们联结着故乡的小路，也联结着乡亲们美好的情感。

孩子们读着课文，表达着对搭石人的敬意，更是对袁老师和冯老师的感激和敬佩，他们看着两位老师，眼泪盈盈的。

吴思宇仿佛也被课文中的描写感动着，他说：我们的袁红韵老师、冯庆庆老师就是彩虹村娃娃们走向光辉灿烂前程的搭石啊！

袁老师流泪的眼睛变得欣喜，脸上露出了受伤以来少有的笑容。

在场的所有人都感动得热泪盈眶。

66. 冯庆庆家里　日　内

字幕：成都

客厅里，冯刚正在看报纸，周诗灵在看电视节目，她按动着遥控器，不断地翻看着。

电视屏幕上，不断地调换频道。

周诗灵干脆把电视关了。

冯庆庆的爸爸冯刚看过一个版的内容，又翻看另一个版的内容。

周诗灵：冯刚啊，庆儿怎么还没有回来呢？已经写去十几封信了，一点回音也没有。已经一个多月了，到底是怎么了？

冯刚停下手中的报纸，说：是啊，我们已经给庆庆找好了一家公司的工作，就等着他回来去上班了，月薪七千多元，应该不错了。

周诗灵：是啊，我们花了那么大的工夫，请老同学帮忙，才找到的这份工作。

冯刚：上次庆儿回来，你不是给他买了一个手机么？给他拨打个电话，问问他是怎么一回事。

周诗灵：哎呀，我咋个就忘了呢，我去给他打个电话。

周诗灵摸出手机，拨了号码，拿到耳边倾听。

电话自动回音：对不起，你拨打的电话无法接通，请稍后再拨。

周诗灵：哎，真是气死人了。

冯庆庆的爷爷从里屋走出来，说：还是让庆儿到我的诊所帮忙吧，每月的收入比公司还要高啊，庆儿对医学有基础，有灵性，他小时候我给他讲医学知识，他一听就懂；要么让他继续到华西学习，我去找一下那个当校长的学生。

冯刚：不论做什么，只要回成都来，我们就高兴。

冯庆庆的爷爷叹息地：哎呀，这个庆儿啊，是被那个袁红韵迷住了，你看他那疯狂的样子，简直就连自己姓什么也不晓得了啊！

周诗灵：不行，我要到彩虹村去，把庆儿接回来。

门铃响了。

冯刚起身去打开门，见一位邮递员递上一封信：你们的信，龙门山县人民医院寄来的。

送走邮递员，冯刚赶快把信扯开，看信；

冯庆庆的画外音：

爸爸妈妈好：

我上次带的两万多元钱已经用完了，请及时汇款十万元急用，儿子求你们了，请不要问为什么，快点寄来！急用！急用！

另，请代我向爷爷问好，别累坏了身体！

爱你们的儿子：庆儿

联系地址：龙门山县人民医院七楼38号病室冯庆庆袁红韵

冯庆庆：哎，出事了，你看，庆儿出事了。你看！他颤抖着把信递给周诗灵。

周诗灵接过信一看，眼泪一下子流出来了：哎呀，我的庆儿！

她扔下手中的信，就往外边跑。

冯刚捡起信忙跑出去。

冯刚的爷爷焦急地：到底出什么事情了？哎——庆儿啊！

67. 龙门山人民医院大门口　日　外

一辆出租车快速开到医院门口，停下。从车里走出了冯庆庆的爸爸和妈妈。两人急急忙忙地往医院住院楼跑去。

68. 病室里　日　内

袁红韵躺在床上，药瓶、吊针、药液，头上、腿上、手上缠着绷带。

画外音：这些天，袁红韵老师的病情加重，已经昏迷几天了。

冯庆庆在袁红韵身边，焦急得流泪，他抹去一把眼泪，说：红韵啊，都怪我，都怪我。

这时医生进来了，对冯庆庆说：病人欠费，请去交费。已经给你说了一个星期了，怎么还没有交费？再不交费，我们就要停药了。

冯庆庆：医生，求求你，给袁红韵继续用药吧，钱很快就会到的。几天前，彩虹村的捐款两千多元已经交了呀！医生，医生，救救袁红韵吧，她是被坏人刺伤的啊，她是从成都到你们县彩虹村没有一分钱报酬的支教志愿者啊！求求你们救救她啊！

医生：两千多元，只够一两天的费用，还差得多呢？病人多次接受手术，全过程需要十多万元钱才够。我们这些天在你们没有交费的情况下，依然在给病人用药，我们已经做到仁至义尽了，现在医院也有困难，我们也无能为力啊！

冯庆庆哭了，他跪在医生面前：医生啊医生，无论如何也要想办法救救袁红韵啊！我上次交了三万多元钱了啊！

医生：还差得远呢！

冯庆庆更是难过地说：我去找钱，医生，救人要紧。我已经向家里去信说明情况，我爸爸妈妈马上就会把钱送过来的。

医生：哎，不是我们不相信你，我们遇到欠费的情况不少，开始都说得好好的，要过些天就交钱，结果呢？几天后，病好了，病人连医院的医药费都没有结就悄悄地跑了，害得我们到处寻找，不但没有要到费用，有的病人家属还放狗出来把医生咬伤。不交医药费用，我们也很为难，医院不给发放药品，不安排手术，我们更无法做手术。

冯庆庆急得团团转：哎，这可怎么办呢？

冯庆庆扑簌簌地流着泪：医生啊医生，救救袁红韵啊！救救袁红韵啊！

医生为难地摇摇头，欲言又止。

病室的门"砰"的一声开了。冯庆庆的妈妈和爸爸进来了，看见冯庆庆愁容满面的样子，妈妈心疼地走上前来拉住冯庆庆的手：庆儿，到底怎么了？

冯庆庆：妈妈，爸爸，上次我回成都，袁红韵留在山上教书，双休日她遇到坏人，在搏斗中，坏人把袁红韵给刺伤了，已经治疗了两个多月，做了几次手术，这些天，因为没有钱，快要停药了。医生正在催促我们交费呢！

周诗灵妈妈看了看昏迷不醒的袁红韵，头上、手上、腿上等处缠着绷带，心疼地走上前去，看了看，说：还差多少？

冯庆庆转向医生，问：医生，还差多少钱？

医生：按照一般情况下，这种病人要恢复到正常水平，少说也得二十万。

周诗灵：医生，我今天带来了十万元，先给交着。

冯庆庆：医生，我们去交费，请及时给袁红韵用药，做手术。

医生：好的。

69. 手术室外　日　内

几名医护人员快速将袁红韵推进手术室，后面跟着冯庆庆和他的妈妈爸爸。

手术室的门“砰”的一声关了。

冯庆庆和爸爸妈妈分别坐在过道里的病人家属休息的椅子上。

周诗灵：庆儿啊，我不是说你，你看袁红韵，她伤成这个样子，就是医好了今后也会留下后遗症，她会拖累你一辈子的，不如现在，趁还没有与她领结婚证，干脆与她分手吧！

冯庆庆：妈，袁红韵是我喜欢的人，无论如何，我也要与她在一起，我不能与她分手，我真心喜欢她，爱她，不然我会跟她到龙门山彩虹村去当支教志愿者吗？这点你还看不出来？

周诗灵有些生气：傻孩子，她受伤了，说不定会留下终身残疾呢？你都需要人照顾，谁去照顾袁红韵啊？

冯庆庆：不，我就要与袁红韵结婚，我不会离开袁红韵的。

冯刚：庆儿啊，你妈妈也是为了你好，我们家就你一个儿子，今后的道路，我们已经给你考虑好了。如果袁红韵的伤病医好后，你喜欢她，我们也不反对，你们两个都回成都来，要么按照爷爷说的，去华西医科大学学医，今后当个医生；要么就去证券公司里面工作，我们也已经给你联系好了。袁红韵愿意，你们两个一起去工作，就是再不行，爷爷说过，就去他开的诊所上班，帮帮爷爷吧！

冯庆庆：爸，妈，待袁红韵伤病好后，我去做做她的工作，再做打算吧，目前最关键的是把袁红韵的病医好啊。

周诗灵：我劝你还是与袁红韵分手吧，我们已经帮袁红韵交了十万元的医疗费用，我们已经对得起她了，袁红韵的事由她自己定吧！

冯庆庆：我不能和袁红韵分手，待她病好后，我就劝她与我一起回成都。

周诗灵：对嘛！

70. 县人民医院里　日　内　外

字幕：十几天后

画外音：由于周诗灵及时帮助交了十万元的费用，医生及时给袁红韵做了最后一次手术，袁红韵得到较好的治疗，伤势恢复得很快，她已经取下了身上的所有的绷带，可以拄着拐杖下地行走几步了，但是还需要冯庆庆搀扶着才行。

叠印出如下画面：

医生给袁红韵取下纱布，袁红韵欣喜的神情。

冯庆庆搀扶着袁红韵在病室里走几步，一下子又摔倒了，冯庆庆赶紧把袁红韵扶起来，抱到病床上。

冯庆庆推着轮椅，车上坐着袁红韵。

袁红韵看看天空，天空中，白云朵朵，鸟儿飞翔。

冯庆庆搀扶着袁红韵一步一步地行走，袁红韵一只手拄着拐杖，一只手被冯庆庆搀扶着，十分吃力地行走着。

（叠印画面毕）

冯庆庆牵着袁红韵在慢慢地走路，样子十分艰难。他们走到一处医院草地旁边的椅子处，坐了下来。

袁红韵问：庆庆，山里的孩子们不知道现今怎么样了啊？

冯庆庆：孩子们是吴书记和许主任，还有吴书记的妻子武阿姨在教，应该不错吧！

袁红韵：但愿如此。

冯庆庆：对了，我想起来，孩子们写来了好多信，几乎每天都有，还没有给你看呢！

袁红韵：怎么不告诉我！

冯庆庆：我担心孩子们的信会影响你的治疗，所以就暂时没有给你。

袁红韵：走，回病房，看孩子们的信。

冯庆庆牵着袁红韵向病室走去。

71. 病室里　日　内

袁红韵拿着孩子们写的信，读着。

敬爱的袁老师：

自从你受伤离开我们，去了县里的医院治病，我们每天都在想你，每当想起你给我们上课的情形，想起你与我们玩老鹰捉小鸡的游戏，和你给我们盖被子的情形，我就流泪了。我希望你早点回来，好与我们一起学习，一起游戏。那次，我生病了，高烧不止，你比谁都难过，你和冯老师，冒着大雨上山采回了草药，立刻熬好，端到我的床边来，让我喝药，我喝了你熬的药，第二天高烧就退了。

但是我第二天高高兴兴上课时，却看到你走路一颠一跛的，我仔细观察，才发现，你昨天晚上冒着倾盆大雨，摔伤了脚，衣服也刷破了。

当时我悄悄地流泪了，袁老师，你是我最难忘的好人，好老师，我永远忘不了你。

双休日，妈妈把我接回家里，她得知情况，也感动了，她说：永远记住袁老师，长大后一定要报答袁老师的恩情！

谢谢你，袁老师，你是我的恩人！

学生周宇桐给你行鞠躬礼！

尊敬你的学生：周宇桐

感动得眼眶润润的袁红韵放下这封信，接着拿起第二封信，打开读起来：

亲爱的袁老师：

你好！今天做完了家里的活，晚上我在桐油灯下给你写信。

袁老师，你给我们挖野菜负伤住进了县医院，我们多少次准备来看你，但是，我们身上没有钱，没有办法乘车，我们也找不到县医院在哪里，所以就没有实现看你的愿望，但是我们全体同学都希望你能够早日康复，回到校园来给同学们上课。

袁老师，我已经不再上学了。还在我两岁的时候爸爸出去打工就再也没有了音讯，家里就只有我和妈妈以及瘫痪在床的奶奶一起生活。家里家外的活儿，都是妈妈一个人做，我很小就跟着妈妈学种地，学料理家务，我看见妈妈那么辛苦地劳动，人十分消瘦，我也不忍心让妈妈累坏了身体，所以有许多时候，我都悄悄地帮妈妈干活。但是当我看见村子里，其他与我年龄相仿的娃娃们都在父母的陪同下高高兴兴地上学时，我只好悄悄地流泪。我好想上学啊，这样的机会终于来了，就是你来到我们村，亲自到我们家动员我上学，你说家里的活儿，双休日，你们一块来帮助我们做，你和冯老师用你们的实际行动为我赢来了读书的机会，我好感激你呀！我清楚地记得，天冷了你把新棉衣给我穿在身上，把新棉鞋给我穿在脚上，你给我们送书，送笔，我作业完成得好，你奖励我吃世界上最甜最甜的水果糖。

就在你离开我们不久，我妈妈由于劳累过度，得病去世了，这下家里的活就落在了我的肩上，我要照顾瘫痪在床的奶奶，还要种地，我只有眼巴巴地看着同学们背着书包上学，自己只有以泪洗面。

袁老师，你多像我的妈妈呀，我每天晚上都会做梦，梦见你给我们上课，你给我奖励水果糖。

好了，就谈到这里。祝愿袁老师早日康复，回到山村来，让我能够经常看到你。

见到你，我才不孤独，心里才会好受一些。

你的学生：徐琳琳

袁红韵再也抑制不住自己的情感，她说：庆庆，明天就去结账，我要回彩虹村，我要去看山里的孩子们!

冯庆庆：医生说，你的病情和伤势，至少还要住院三个月，现在回去，恐怕不行吧！

袁红韵：你已经看到了，孩子们多么希望我回去啊。我在这里心里不安啊！

72. 彩虹村逸夫小学　日　外

字幕：三个月后

画外音：三个月后，舍不得山里孩子们的袁红韵的伤势基本得到恢复，就坚决要求离开医院，回到她热爱的山村、热爱的山里娃娃们中间，袁红韵老师是在冯庆庆搀扶下拄着拐杖回到学校的。

拐杖在地上点击着，袁红韵的脚步随着拐杖的起伏而前行。

冯庆庆背着行李，搀扶着袁红韵向学校走去。

袁老师回来了。

几十个学生蜂拥而出，跑向袁老师和冯老师。

袁红韵微笑着：看到同学们，我心里比看到什么都高兴！

冯庆庆也笑了：大家好，袁老师和我都回来了。走，到教室里去！

一群学生围着袁老师和冯老师向学校走去，个个笑盈盈的。

吴思宇和许世明也出来了，高兴地接过冯老师和袁老师的行李背在背上，大家说说笑笑，十分高兴。

73. 教室里　日　内

袁红韵拄着拐杖给孩子们上课。

孩子们坐得端端正正地听课。袁老师转身在黑板上写字。突然，拐杖掉在了地上，袁老师一下倒在了地上。

孩子们忽地一声围了上来，搀扶袁老师，可是，孩子们力气太小，牵不动。

吵闹声惊动了在厨房里给孩子们煮饭的冯庆庆。冯庆庆跑了过来，把袁红韵牵了起来，扶到讲台前的椅子上坐下。

袁红韵微笑着说：同学们，我们，继续上课。

同学们坐得端端正正地听课。

袁红韵讲着，讲着，说话的声音有些哽咽，痛苦的表情，额上渗出颗颗汗珠。

同学们看到袁红韵吃力地讲课的情景。

陈佳：袁老师，你休息吧！我们能自学。

众同学：袁老师，你休息吧！

同学们都哭了。

袁红韵：我们，我们，继续讲课。

他们认真听课，生怕听漏掉了一个字。

镜头扫过每一位泪流满面的同学。

74. 学校操场上　日　外

袁红韵拄着拐杖，在冯庆庆的搀扶下，一步一步地练习走路，额上浸出颗颗汗珠。

袁红韵吃力地抬起拐杖一步一步慢慢前行，冯庆庆小心翼翼地扶着，十分谨慎。

袁红韵拄着拐杖的手停了下来，她抬手把掉下来遮住眼睛的头发拨向一边，问：庆，我们走了几圈了啊？

冯庆庆：已经八圈了，我看我们先回去，下午再练习吧！

袁红韵：不行！我们再走五圈。

冯庆庆：你都练出一身大汗了，满脸通红了啊，已经足够了。

袁红韵：继续练习，这样对我恢复身体健康有好处。

袁红韵拄着拐杖在冯庆庆的搀扶下继续向前走着。

75. 山坡上　日　外

一个小女孩，站在山坡上，望着学校操场，双眼流泪。

小女孩衣衫褴褛，她焦急而又小声地：袁老师，你快点好呀！她双手合十，向上苍祈祷，泪流满面。

小女孩泪眼婆娑的眼睛、脸庞，她咬咬牙，哭着转身跑了。

画外音：这是上次给袁红韵写信的徐琳琳同学，她失学了，因为母亲去世，她要种地，做家务，照顾瘫痪在床的奶奶。但是她舍不得学校，更舍不得离开袁老师，她几乎每个星期天都要到山坡上去偷偷地看看袁老师回来没有。上次她给袁红韵的信是拜托邻居同学带给吴思宇书记帮助寄出去的。

镜头转向，徐琳琳在山区小路奔跑的背影。

特写镜头：徐琳琳泪流满面地跑着，一边抹泪，一边跑着。

徐琳琳穿过树林，越过清溪河，翻山远去。

76. 学校操场上　日　外

袁红韵在冯庆庆的搀扶下，练习行走，走了几圈，已经是满头大汗了。

突然，袁红韵汗涔涔地，她站住不走了，说：冯庆庆，徐琳琳信上说，她母亲去世了，她失学了，我们还是去看看吧！能够动员回校上课就尽量动员吧！

冯庆庆：你现在身体还没有完全恢复，等身体好后，再去也不迟！

袁红韵：不，学习不能耽搁啊，我们还是现在就去吧！

冯庆庆：不如先写封信，请相邻的同学带去，请她回学校上课。

袁红韵：一个十岁的小女孩，无父无母，还要照顾瘫痪在床的奶奶，太苦了，徐琳琳实在是可怜啊。我们有责任有义务把她动员回学校读书。她就像当年的我，我十岁时，妈妈得病去世，我也要在家里照顾奶奶，是我的老师把我请回到学校上课的，老师给我送来了书本，还有她女儿穿的衣服。后来奶奶去世了，爸爸才把我转到成都来读书的，我永远也忘不了救助我读书的老师。

冯庆庆听着，眼眶润润的。

77. 徐琳琳家院子　日　外　内

徐琳琳读着信，泪盈盈的。她抬头望着天空，天空中，白云朵朵，一群鸟儿从空中飞过，发出呜呜的声音。

徐琳琳回到屋里，看了看瘫痪在床的奶奶，眼里的泪水掉了下来。她把信揣在衣兜里转身出去，扛起锄头，下地干活去了。

78. 徐琳琳责任山上　日　外

锄头在玉米地里除草。

玉米长出大约一尺左右高，地上野草不少。

徐琳琳泪盈盈地除草。

画外音：袁老师，你快来啊，帮帮我吧，我多想回到校园里去上课啊！

附近的山路上，袁红韵冯庆庆拄着拐杖，蹒跚而来。

袁红韵：徐琳琳，徐琳琳。

徐琳琳抬头向声音传来的方向望去。

袁老师拄着拐杖，在冯老师的搀扶下，正向自己除草的玉米地艰难地走来。

徐琳琳一下子没有了主意，扔下锄头跑了。

袁红韵与冯庆庆来到徐琳琳除草的地边，一看：啊，跑到哪去了？

两位老师抬起头来四处寻找。

袁红韵：徐琳琳——徐琳琳——

冯庆庆：徐琳琳——徐琳琳——

躲在岩石边的徐琳琳哭泣着，用手抹一把眼泪，难过的神情。

袁红韵：徐琳琳，你出来呀，老师来看你来了，快出来吧！

冯庆庆搀扶着袁红韵，向周围望去，寻找徐琳琳。

石头旁边的徐琳琳，悄悄地看着两位老师，然后她慢慢地站了起来，她大声地应道：袁老师，我，我在这里。说完，跑了过来，抱住袁老师哭泣。

袁红韵一手拄着拐杖，一手抚摸着徐琳琳同学的头，用手指梳理着徐琳琳凌乱的头发，说：不要哭了，我写给你的信收到了吧？

徐琳琳：收到了。

袁红韵：怎么没有来学校读书啊！

徐琳琳哭着，眨着眼睛，望着两位老师，无语。

袁红韵：这样吧，我们双休天和冯老师来帮助你们家种地，帮助照顾你奶奶。你还是那学校读书吧！

徐琳琳哭着，感激地点点头。

79. 校园寝室里　日　内

冯庆庆搀扶着袁红韵走了进来，坐在床边。

袁老师——一个声音传来。

冯庆庆赶忙起来，走出寝室。

寝室外，杨新雅同学在家长的带领下端着一个钵钵缓慢地走了过来，见到冯老师，说：这是我们给袁老师炖的鸡汤。

冯庆庆：不必这么客气啊。

杨新雅的妈妈：袁老师和冯老师对我们杨新雅这么好，袁老师受伤了，我们应该来看望袁老师，报答老师的恩情。

袁红韵：这怎么行呢？你们山村喂养一只鸡很不容易的。

杨新雅的妈妈：再怎么说，我们也不能忘了袁老师啊，没有袁老师和冯老师，我们的娃娃就无法读书，你们的到来，解决了我们的大问题。这点心意，不用客气。

杨新雅的妈妈：袁老师，你需要补养身体，你就收下吧。不然，我们心里会更加难受的。

袁红韵看着送过来的鸡汤被家长放在了桌子上，香喷喷的，心里有些难过。

杨新雅：袁老师，趁热吃了吧，今天早上才炖好的。

袁红韵：我知道，这只鸡是你们家购买油盐的主要经济来源啊，没有了鸡，就没有了鸡蛋，没有鸡蛋你们今后怎么生活呀？

杨新雅的妈妈：袁老师，你就不要说这些了。赶紧吃了吧！袁老师，你一定要保重身体啊！

杨新雅和妈妈转身走了。

袁红韵和冯庆庆望着杨新雅同学和她的妈妈离去，泪水夺眶而出。

袁红韵的画外音：多好的山民，多好的山里娃啊！

80. 彩虹村逸夫小学校园里　日　内

画外音：后来，袁红韵在冯庆庆的精心照料下，身体很快得到康复，她扔下了拐杖，走进了教室给同学们讲课，那个辍学的徐琳琳同学也在袁红韵、冯庆庆的帮助下回到了学校。

徐琳琳坐在教室里认真地听袁老师讲课。

袁老师精彩的讲课的镜头。

徐琳琳做作业的镜头。

袁红韵批改作业，徐琳琳的作业得了100分。袁老师欣喜的面容。

81. 徐琳琳家　日　内　外

叠印下列镜头：

袁红韵在给徐琳琳的奶奶擦洗身子。

冯庆庆在给徐琳琳的奶奶洗衣服。

袁红韵、冯庆庆在徐琳琳家的责任地里耕地，种菜，除草，浇水，施肥。

徐琳琳在板凳上写作业，袁红韵给指导。

82. 彩虹村逸夫小学校园里　日　外

袁红韵与徐琳琳、杨新雅、刘明明、周宇桐、龚新悦、朱莉莉在一起快乐地玩老鹰捉小鸡的游戏，冯庆庆当的是老鹰，袁红韵担任的母鸡的角色，孩子们担任的小鸡的角色。

冯庆庆展开“翅膀”左边一冲，袁红韵带领的孩子们嘻嘻哈哈地躲到右边，冯庆庆冲到右边，孩子们则在袁红韵的带领下躲到左边。

孩子们快乐的笑脸，快乐的笑声。

83. 寝室里　夜　内

画外音：袁红韵伤好后回到学校，又是一年后的一天晚上。

袁红韵在油灯下备课。

嘭嘭嘭——

袁红韵：请进！

门被推开了，冯庆庆走了进来。

袁红韵抬起头来，看见是冯庆庆，放下手中的笔：有什么事吗？

冯庆庆难为情地，慢慢从衣兜里拿出几封信：你看吧！

袁红韵接过信封，从其中的一封信中抽出信纸，打开读信。

周诗灵的画外音起：

庆儿，又是一年了，估计袁红韵的伤病应该好了。去年，你说你与袁红韵商量好两年后回成都来结婚，现在已经到了两年多时间，请你把袁红韵带回来，我给你们安排婚事，房子都准备好了，一套150平方的大房子，妈妈好想抱孙子了。你想想，你的好些同学都当爸爸妈妈了，你再不结婚生孩子，我们在外面都没有面子，会被别人嘲笑的。庆儿，快点回来吧！

爱你的妈妈

袁红韵读着信，心情沉重起来，她放下信纸，又拿出另一封信，抽出信纸，打开，读信。

周诗灵的画外音继续：

庆儿，我写了几十封信给你，你怎么就不回信呢？是不是袁红韵不愿意回来啊？如果是这样，就请你回来吧，我们重新给你介绍一个女朋友，今年刚毕业的，是研究生，就在妈妈的机关里上班，人家的舅舅就是成都一个局机关的局长，如果你与她结婚，今后一定会很幸福的。妈妈盼望你快点回成都来啊！

这几个月来，妈妈天天都在盼望着你回成都，妈妈盼你回来盼得都生病了啊！

袁红韵抬起头来看着冯庆庆，两人四目相视，眼眶里都闪烁着有些痛苦的神情。

84. 山路上　晨　外

冯庆庆背着行李，袁红韵也背着行李，他们在通往红松岭乡的山路上走着。

画外音：袁红韵和冯庆庆两位知心恋人，经过无数风风雨雨的考验，今天他们痛苦地决定回成都完婚，从此告别贫困的彩虹村，走上新的生活之路。冯庆庆的父母已经给他们两人准备好了一切。

山路弯弯，崎岖不平。

一条前不见头后不见尾的山路伸向崇山峻岭之中。

半山腰的公路上，袁红韵、冯庆庆背着行李在赶路。

两人汗流满面地走着路，边走边回过头来看看曾经生活了两年多的彩虹村。

大山上绿树青翠欲滴，清溪河山泉淙淙，空中白云飘飘，鸟儿在空中自由飞翔，不远处，杜鹃花红得耀眼……

袁红韵：庆庆，要不是你妈妈逼得这么急，我真不愿回成都，今天要离开这里了，我会非常想念这个地方啊！

冯庆庆：我也是，但是，没有办法，两年多的支教志愿者生活已经满期有余了，我们应该去寻找自己的幸福生活。不受这些苦了，还是快点赶路吧！

袁红韵难舍难分地：庆，如果你能够再陪我几年该有多好啊！

袁红韵再次回过头来看看彩虹村的山山水水。

清溪河，飞瀑，杜鹃花，枫树林，逸夫小学，山间小路……

冯庆庆拉着袁红韵：走啊，再不走就赶不上到县城的汽车了。

袁红韵恋恋不舍地跟着冯庆庆又开始在山间小路上行走。

在转过一道弯后，他们吃惊地站住了。

五十多个山里娃，站在路中间，个个泪流满面。

袁红韵：你们……

突然，五十多个山里娃齐刷刷地跪在地上，眼巴巴地看着两位老师。

袁红韵、冯庆庆感到突然，一时不知所措。

徐琳琳终于憋不住了：袁老师，你一走，要什么时候才能回来啊！说着，她站起来扑到了袁老师的怀着，不住地流泪。

冯庆庆：这，这，我们要回成都了，我们还有更多的事情要做，你们回去吧！我们回成都也是不得已啊！孩子们，请理解一下老师吧！

冯庆庆把徐琳琳拉开，可是徐琳琳始终不放手，其他同学一起站起来，围在袁红韵身边，陈佳、杨新雅、刘明明等同学抓住袁红韵，眼巴巴地望着老师，说：袁老师，你不能走，你一走，我们都没有办法读书了。

同学们一边述说，一边流泪。

一双双满含眼泪的眼睛。

袁红韵也感动得泪水盈盈。

此时孩子们的哭声越来越大。

冯庆庆也痛苦地转过头去抹眼泪。

袁红韵抚摸着孩子们的头，眼泪不住地往下流。

袁红韵翕动的嘴唇始终没有张开。她看着一张张熟悉的面孔，稚嫩的肌肤，渴求读书学习的眼睛。好久，好久，袁红韵终于鼓足勇气开口了：孩子们，走，我们回去，上课！

同学们个个笑了，可是每个人都在流泪。

袁红韵正要转身，冯庆庆大声地：袁红韵，你傻了？爸爸妈妈在成都等得好着急啊，请你为他们想一想吧！

袁红韵正要往回走，突然被这个很大的声音镇住了，她看着冯庆庆，两眼泪水蒙蒙。

袁红韵与冯庆庆相视许久，袁红韵开口打破了沉静：你先回成都吧，我过一段时间再回来。

冯庆庆生气地：哼，真是气死人啊！你，你！

冯庆庆背着行李转身走了，头也不回地转身走了。

袁红韵和孩子们望着远去的冯庆庆，心里十分难受。

徐琳琳：袁老师，你回成都吧，我们，我们不读书了，我们不能影响你们回成都。

龚新月：袁老师，你回成都去吧。快去吧！

全体同学再次跪在地上：袁老师，你回成都去吧！

同学们个个泪流满面。

嘭嘭嘭地，从后面传来跑步的声音。

镜头转向后面，吴思宇来了，许世明来了，不少村民也来了。

吴思宇、许世明等气喘吁吁，当看到眼前的情景时，又转向前面。

冯庆庆身背行李，怒气冲冲地走了，头也不 回。

五十多个山里娃跪在地上哭泣着，泪流满面。

众学生：袁老师，你就回成都去吧！

袁老师痛苦的表情。

吴思宇难过地：袁老师，你就回成都去吧，娃娃们读书的事情，我们再想办法。

袁红韵：不，我回彩虹村！

85. 彩虹村逸夫小学校园里　日　内

叠印出下列画面：

学生们坐得端端正正，听袁老师讲课。

袁红韵在黑板上写字：我爱彩虹村

袁红韵和山里娃们跳长绳，个个喜气洋洋的神情。

袁红韵双休日在山上挖野菜。

袁红韵给孩子们洗衣服，晾在校园里。

（叠印毕）

袁红韵收到冯庆庆寄来的信和钱款，袁红韵欣喜地打开信纸，读信。

冯庆庆的画外音：

亲爱的红韵，回到成都，我到了爸爸给我找的一家证券公司工作，月薪七千元，现在给你寄来三千元，做生活费。

不知怎么的，自从离开你，我像掉了魂似的，吃什么都不香，做什么都没有精神，每天晚上，只要躺在床上，你美丽的倩影就在我脑海里浮现，我真的感觉离不开你了。你回来吧！我清楚地记得，你曾说过，你也离不开我，我多想你回来与我结婚啊！

永远爱你的庆庆

袁红韵读完信，思考着。她拿起笔给冯庆庆写信。一张宽大的信纸上，袁红韵的钢笔在写着，

袁红韵的画外音：

亲爱的庆庆：

你离开我后，我也无时无刻不在想念着你……

86. 冯庆庆家里　日　内

无时无刻不在想念着你，离开你的日子真难啊，教孩子们读书，

还要批改作业，给孩子们做饭，洗衣，每当夜深人静时，我总会感叹有你的日子是多么的幸福啊。如今，就只有我一个人在这里当老师。

还好，今年春天，有一位重庆的姑娘刘杜鹃大学毕业，也和我们一样，来到了彩虹村，当起了支教志愿者，现在，学校里有两个老师在一起了，我又感觉到要好一些了。

但是，我认为支教几年，这里已经离不开我们了，我们也离不开山区里的孩子们了，我想再在彩虹村支教三年，三年期满后，我一定回来与你结婚，给你生一个胖小子。

亲爱的庆，不要生我的气了，我三年后，无论如何也会回成都来的，到时候，做什么工作都可以，比如去成都应聘教师职业，应聘公司职员，给你爷爷的诊所帮忙也可以……

庆庆，我知道你生我的气，怪我不跟你走，可是，当时的情景，你是在场的，你都亲眼看见了，几十双眼睛都眼泪汪汪地求我们留下来，我能不答应吗？人心都是肉长的啊。

冯庆庆读着袁红韵的信，眼泪流了出来，他坐在沙发上泪花盈盈。

妈妈从里屋出来了，来到冯庆庆身边，坐下来，说：庆儿，袁红韵不回来就算了，反正你与她也没有办手续，你怕什么呀，我们单位那个肖婷婷，学历比你高，人比袁红韵年轻好几岁，人家的舅舅还是局长，这么好一个姑娘，我们托人去说媒，人家答应与你见面，你已经好多次说没有时间，人家都愿意等着你见面呢！

冯庆庆：不要说这些好不好！我烦，我烦！

妈妈：庆儿，你就去见见人家吧，我保证你会喜欢肖婷婷的。

冯庆庆把袁红韵的信揣在裤兜里，转身向自己的房间走去。

门铃响了。

生气的妈妈马上站起来，走向门边，把门打开。

迎面进来一位十分漂亮的姑娘，手捧鲜花，喜气洋洋的，就像仙女来到这里。定格。

字幕：肖婷婷。

肖婷婷：阿姨，我来看看你。

妈妈一下子高兴得不得了，赶快把肖婷婷迎进客厅里坐下，又是倒茶，又是削水果。

肖婷婷抬头看看四周，客厅比较大，她赞叹地说：不错，这么多字画，真有文化气息的。

肖婷婷：冯庆庆没有在家里啊？

妈妈：在，刚才还在这呢，阿姨正给他说你们俩的事呢。

肖婷婷：那就好！

妈妈：庆儿，庆儿，你出来一下嘛？

冯庆庆的门开了，冯庆庆走了出来。

妈妈：过来，我给你介绍一下，这位就是我们单位的肖婷婷。

冯庆庆心情十分烦闷地瞟了一眼这位不速之客。

肖婷婷特别主动：庆哥，认识你很高兴。说着伸出手去要与冯庆庆握手。冯庆庆站着就像是一根木头，一动不动。

妈妈看见了，赶快打圆场：庆儿，肖婷婷是研究生毕业，学历、工作、人品、相貌都不错。来，这里坐，你们谈谈吧！

冯庆庆坐在沙发上，什么话也不说。

妈妈趁机说：你们好好谈谈，我还有事情，出去一下。说着转身离开了客厅。

肖婷婷：庆哥，你经常很忙，我知道有事业心的人才会把时间安排得很紧，不过，我就喜欢事业心强的人。

冯庆庆终于开口了，说：肖婷婷，妈妈早就给我讲了你的情况，我不能答应你。

肖婷婷：为什么？

冯庆庆：我，我，我有女朋友了。

肖婷婷：我听说了，是不是那个叫袁红韵的姑娘，她在山区当支教志愿者，她喜欢干这个工作，就让她干吧。我不在乎你曾经是不是有女朋友。我还真的喜欢你呢，只要你答应我们在一起，我给舅舅说一声，把你调到他们局里面去。

冯庆庆听了，很不高兴：肖婷婷，我很烦，你先回去吧！我们以后有机会再谈。

肖婷婷起身生气地离开了客厅，夺门而去。

砰的一声，门关了。

妈妈赶快从屋里出来：哎，庆儿啊，你咋这么糊涂啊，人家特地来看你，想与你谈好，你怎么几句话就把人家给撵走了呢？

冯庆庆生气地：妈，给你说了，我的事情，你少管。

妈妈：庆儿啊，你真的要把妈妈气死啊？妈妈是为了你好啊！你，你，你……

妈妈气得昏倒在沙发上。

冯庆庆赶快过去扶住妈妈。冯庆庆眼眶里滚出眼泪。

87. 彩虹村逸夫小学　下午　外

袁红韵教孩子们唱歌。

我们的祖国是花园，花园里的花朵正鲜艳

五十多个山里娃跟着唱一句：

我们的祖国是花园，花园里的花朵正鲜艳

袁老师弹一句，教一句，孩子们跟着唱一句。

一个年轻的姑娘在洗衣服，她浓眉大眼，白里透红的脸庞，两只眼睛水灵灵的，定格。

字幕：刘杜鹃

刘杜鹃正在给孩子们洗衣服，双手不停地搓动着。

刘杜鹃把洗好的衣服拧干，放入空水桶里，提着走向学校里的几棵大树下，把孩子们的衣服晾晒在绳子上，她用手抹了一把额上的汗水，喜盈盈地笑了，像一只鲜艳的花朵。

教室里，袁红韵还在教孩子们唱歌。

教室里，徐琳琳、龚新月、朱莉莉、周宇桐等同学正在认认真真地唱着《我们的祖国是花园》的歌曲。

温暖的阳光照耀着我们，每个人脸上都笑开颜……

突然，教室发出吱吱格格地声响，桌椅板凳左右摇晃。

孩子们吓得大哭的情景。

前面弹风琴的袁红韵一下子反应过来，大声地喊着：快跑，地震了。

徐琳琳、龚新月等同学向教室外跑步的情景。

袁红韵站在讲台上焦急地大喊：快点，快点！

奔跑的同学被这突如其来的地震吓哭了，还有同学站不稳，摔倒在地上，一些同学，完全吓呆了，坐在座位上呆立不动，只有无助地哇哇大哭。

袁红韵赶快把跌倒的同学抱起来，冲向教室外，冲向操场上。

字幕：2008年5月12日汶川大地震发生

88. 操场上　下午　外

袁红韵抱住一个娃娃，放到安全的地方，说：趴在地上，不要乱动！说着转身冲进了教室。

彩虹村村部的树皮房子已经垮塌，吴思宇和许世明刚跑出来，就被强烈的地震摔倒在地上。

吴思宇抬头一看，逸夫小学开始掉落水泥块，学校里孩子们哇哇的哭声，令人心惊胆寒，他来不及多想，大声地呼喊着：快，快，救娃娃要紧！

他和许世明爬起来，冲向逸夫小学。

可是，地上摇动得特别厉害，他爬起来，又被摔倒。

镜头转向逸夫小学。

教学楼被灰尘遮挡住了，看不清房子的轮廓。隐隐约约中，一个人影出现在灰尘里，她拼命地向外跑来。

镜头又推进：

袁红韵抱着两个娃娃从快要倒塌的房子里冲出来，她一身灰尘，头发乱乱的，与平时那个文静美丽的袁红韵判若两人。

袁红韵把娃娃放在坝子里，立即转身再次冒着生命危险冲进正在垮塌的楼房中去救还没有跑出来的娃娃。

镜头转向地面：拱动的地面把袁红韵摔倒，她爬起来，再次冲进教室，连滚带爬，没有半秒停留。教室在噼噼啪啪地掉落砖头、瓦块、水泥板，袁红韵全然不顾。

逸夫学校教学楼最上面的一层瓦房已经垮塌了大约一半，灰尘覆盖了学校，危险还在继续发生着，那些刚才没有倒塌的房子已经完全斜倒着了，不少椽子一头落在地上撑住地面，一头搭在墙上，时不时传来断裂、掉落、倒塌的声响。

教室里，还没有逃出来的娃娃哇哇地哭声，凄惨，悲切。

救命！救命！

救救我！救救我！

袁红韵再次抱住一个孩子冲出了正在垮塌的教学大楼，放在地上。

地震终于停止了，吴思宇、许世明冲到学校，袁老师抱住一个孩子冲出来。

几秒之后，地面再次开始震动，霎时间，逸夫教学楼上面一层一瞬间消失在地震的灾难中——垮塌了，砖头、瓦块、水泥块四处散落。接着下面一层房子左右摇摆，像是玩具一样震动着，渐渐地也开始大面积垮塌，巨大的水泥板掉在了地上，水泥板断裂的声音再次把吴思宇的心撕碎。

此时，地震刚停了十几秒钟又开始发威，在这仅仅十几秒钟的时间里，袁红韵硬是把又一个娃娃抱了出来。袁老师放下手中的孩子，再次冲进教室去救娃娃。

地震就像可怕的魔鬼，反反复复疯狂地震动着，间隔几秒十几秒，再次震动几十秒，甚至一分钟。同学都在往操场上逃生，乱跑着，被地震一次次摔倒，有的趴在地上哭着，有的爬起来又被摔倒在地上。

大地在断断续续地颤动着，一会儿左右摇晃，一会儿上下抖动，一会儿地面如波浪起伏，地面上的物体被抛起来。

远处的逶迤起伏的山峰，在灰蒙蒙中隐约可见，就像无数巨龙舞动，摇头摆尾，颠簸着，摇晃着。

远远近近的山坳里，隐隐约约可以看见，村民的房屋大面积倒塌，一声连着一声剧烈的声响，仿佛要吞没这个山村。灰尘比刚才还要大，弥漫在逸夫学校上空，看不清哪里是教室，哪里是操场，更分不清办公室在那个方向。

89. 垮塌的教学楼　下午　外

刚放下被抱出的一个孩子，满头灰尘、满脸流着血的袁红韵，一抬眼看见了，二楼还没有倒塌的另一个教室的走廊上，一个孩子哭着大喊：救救我，救救我，袁老师！

水泥块不停地掉下来，眼看就要垮塌了。袁红韵不顾一切地奔跑着，三两下就冲上了二楼，轰的一声，二楼的楼梯垮了，再次腾起满天的灰尘。

袁红韵所在的二楼，楼板已经出现极大的裂缝，正在左右摇晃着，上面的水泥块和砖头接连砸下来。大呼救命的同学连续不断地承受着水泥块的打砸，满脸是血。

袁红韵奋起一冲，抱起孩子，几乎就在同时，后面的墙垮塌了，自己旁边的走廊栏杆的水泥也垮了，袁红韵来不及多想，向旁边纵身一跃，跳了出去。

轰——轰——二楼的教室彻底坍塌了。

90. 学校操场上 下午 外

操场上大约有二十余个孩子被老师、村干部、村民救了出来。

孩子们蹲在地上，林老伯时刻不停地招呼着：不要起来，蹲在地上，蹲在地上。

哇哇大哭的孩子们，一边抹眼泪，一边喊着：我要妈妈，我要老师。

刘杜鹃红肿着双眼跑了过来，许多孩子一下站了起来，围着刘杜鹃：刘老师，刘老师。

他们抓住刘老师的手和衣服：我怕，我怕!

刘杜鹃：同学们，不要怕，大家看，操场上的红旗还在飘扬，红旗在，就一定会有人来救我们的，解放军一定会来救我们的!

孩子们依然哭着：我怕，我怕。

刘杜鹃说：同学们，站起来，我们手拉着，一起唱国歌。唱着国歌，我们就不会感到害怕了!

大家站了起来。相互拉着手望着五星红旗。

刘杜鹃首先领唱起了国歌：起来，不愿做奴隶的人们，把我们的血肉筑成我们新的长城……

孩子们泪流满面地跟着刘老师唱了起来：起来，不愿做奴隶的人们，把我们的血肉筑成我们新的长城……

在场的所有人都望着红旗，唱起了国歌。

泪水在每个人脸上流淌着。

吴思宇、许世明、刘杜鹃、徐琳琳……都站定，人人灰尘满面，衣服破烂，许多人头上腿上还在流着血，人们望着红旗唱起了国歌。

灰尘弥漫的校园，操场上，五星红旗迎风飘扬。

地震再次袭来，红旗被摇得哗哗地响。

孩子们被摔倒在地上，哇哇地大哭得厉害，凄惨的哭声震撼着每一个在场的人的心。

刘杜鹃：同学们，快蹲下，快蹲下，我们在一起。

同学们马上蹲下，坐在地上，哭着，哇哇哇的哭声在山间回荡着，回荡着。

吴思宇突然想起了什么似的，大声地说：同志们，袁老师还在废墟下面，我们去救袁老师，还有娃娃们被埋在废墟里，我们去救娃娃们。

吴思宇、许世明，还有几个村民一起冲向倒塌的教学楼。

91. 废墟处　下午　外

吴思宇摔倒了，他赶紧爬了起来，冲进废墟里。

山风呼呼地吹着，残垣断壁的教学楼发出哗啦啦地倒塌声和掉落水泥块的声音。

特写镜头：

学校成了废墟，灰尘弥漫。

在操场上的刘杜鹃，抓住逃出来的孩子的手，安慰着哭泣的孩子，她突然想起袁红韵，她大声地呼喊着："袁老师，袁老师……"

吴思宇一下子清醒过来，他放下抱着的孩子，喊着："袁老师，袁老师！"

可是，呼呼的山风夹杂着砖瓦落地的声音，还有幸存的孩子的哭声，根本就听不到袁红韵的回声。

吴思宇一下想起来了，刚才看见袁红韵抱着孩子向屋外跑的时候，地震得厉害。房子倒塌了，她和孩子被埋在了下面。

吴思宇奋不顾身地冲进房子，在垮塌压着袁红韵的地方寻找着，翻开一层层砖头瓦块和木头柱子、椽子，与许世明一起继续呼喊着"袁老师"，焦急地在废墟里面寻找。他们一层又一层地寻找，把砖头扒开，把木头扒开，把瓦片扒开寻找，掀开水泥砖头的墙，掀开钢筋水泥柱子。

十多分钟后，附近的村民也陆续赶来了，他们冲进废墟寻找娃娃，帮助抢救废墟中的孩子。学校里哭声喊声响成一片，整个山村都在哭泣。

吴思宇、许世明与村服务店的林大伯一起在废墟中寻找袁红韵，最后他们终于在砖头下面找到了已经停止了呼吸的袁红韵。

袁红韵手里还抱着一个娃娃，当时正向房子外面跑去，娃娃在她的怀里。袁老师的腿已经被水泥柱子砸断，腰部也被水泥柱子压断，多可怜的袁红韵啊，鲜血正从断掉的部位咕咕流着。

看到这幅场景，吴思宇泪如泉涌，在场的所有人无不泪水夺眶而出，都自觉地站在袁红韵身边，默默致哀。

92. 操场上　下午　外

地震终于停止了。

吴思宇抱着袁老师缓缓走向操场。

许世明抱着与袁老师一起遇难的同学的尸体走向操场。

他们分别把老师和同学放在一起。

操场上一排已经在地震中失去生命的孩子。他们和自己的老师紧紧地在一起。

几十个满身灰尘和泥土的书包，也放在了孩子们的身边。

刘杜鹃从一个书包里，取出一本语文课本，“山花香”几个字，让刘杜鹃痛苦不已。她把书装进书包，静静地走到躺在地上没有了呼吸的山花香同学的旁边。向这位在地震中去世的同学鞠躬。

操场上已经围了不少赶来的村民，他们个个都流着泪，也像刘杜鹃一样向在地震中牺牲的袁红韵和遇难的孩子们鞠躬。

一些家长找到自己已经遇难的孩子，抱着尸体哭得死去活来。

93. 某防震棚里　夜　内

字幕：成都

冯庆庆焦急地对妈妈说：这么大的地震，不知道袁红韵怎么样了啊，彩虹村就是地震中心，我担心啊。妈，我要去，我要去彩虹村找袁红韵。

妈妈：地震后，到处都不通路了，你听，收音机里不断地播放，请大家不要驾车去灾区，以免影响解放军和武警救援队前往灾区救灾，你去干什么嘛！就在成都待着吧！

冯庆庆：听说，今天下午，温家宝总理都到灾区了。我们怎么还不去呢？

冯庆庆的爸爸冯刚：傻孩子，现在最要紧的是，赶快去献血，8.0级地震，伤亡肯定严重，多献一份血，就能够多救活一个在地震中受伤的人。

冯庆庆：好，我去华西医院献血。

94. 华西医院防震棚献血处　夜　内

无偿献血处已经排起了很长的队伍。

许多工作人员正在给献血者抽血。

一根钢针扎进冯庆庆的血管里。冯庆庆咬着牙。血液从针管缓缓流向血液袋里。

95. 彩虹村雨棚里　夜　内　外

雨在哗哗地下着。

不时传来巨大的大山垮塌的声音。

大地一会儿又余震几分钟，所有人都在恐怖之中苦苦地等待着，熬到天亮。

刘杜鹃抬手看看手表：10点20分。

她望望天空，焦急地对吴思宇说：吴书记，大山里太危险，这些娃娃是山村的希望，我把孩子们带出大山去找政府，去找解放军。

吴思宇：这里是太危险了，可千万要保护好山里的娃娃们啊。

许世明：刘老师，一百多里路，一定要小心啊。见到有人就请求帮助。

刘杜鹃：好的。

刘杜鹃：孩子们，这里太危险了，我们必须冲出死亡谷，去大山之外寻找人民政府，去找解放军！大家站了起来，跟着刘杜鹃，冒着大雨向黑夜中的山外奔去。

吴思宇：同学们，大家不要慌，村里还有几百人没有出来，我们必须等到天亮，去寻找幸存的山民，把埋在废墟中的村民和孩子全部救出来。

众村民：好，吴书记，我们听你的！

96. 山路上　黑夜　外

刘杜鹃拉着孩子们在山道上跑着。

大个的孩子在跑着。

雨哗哗地下着。

道路被一堆堆垮塌的山石堵塞。

刘杜鹃：停下！

所有的同学都停了下来，望着眼前黑夜中的道路被乱石堵塞。

刘杜鹃：同学们，手拉着，我们沿着边走，她第一个在乱石和泥土中慢慢地行走，用脚踩出一条可以通行的道路。

孩子们慢慢地往前走着，一个个，哭泣着。

刘杜鹃站在乱石和泥土当中，扶着孩子们慢慢过去。

雨哗哗地下着，不时传来泥石垮塌的声音。泥石流哗哗地下落，掉下万丈深渊，发出巨大的声响。

一道闪电袭来，把大山照得透亮，高山一绺绺地垮塌，形成光秃秃的溜槽。道路多处被泥石流堵塞。

刘杜鹃乱蓬蓬的头发和雨水流下的脸。

孩子们浑身湿透的衣服和哭泣着的脸，惊恐的脸。

刘杜鹃带着孩子们前行：快，我们往乡上走，到了乡上，就有人接应我们了。

孩子们哭着跑着，一双双跑动的小孩子的脚。

一张张布满分不清是泪水还是雨水的孩子们的脸。

哎哟——一个孩子摔倒在地上。

刘杜鹃听到叫声，停止了跑步，回来抱起孩子就走。

刘杜鹃与孩子们跑步向前。

97. 清溪河　黑夜　外

清溪河水发出怒吼般的狂叫，浪花奔腾着。

河中，一块块巨大的山石，挡在河中间。正好可以作为过河的踏石。

刘杜鹃：大家等着，我一个一个地抱大家过河。

孩子们惊恐地站在清溪河边。

刘杜鹃抱着两个孩子，快速跳过清溪河上那一个个踏石，来到对面。

刘杜鹃：不要乱跑，就在这里等着。我去抱其他同学。

刘杜鹃放下孩子们，转身回去，跳过一个个踏石，再次抱起两个孩子，冲向对面。

刘杜鹃抱着孩子在清溪河上的岩石上跑着。

刘杜鹃回来跑得更快，脚在岩石上跑着。

嗨哟——

只听到扑通一声，刘杜鹃栽倒在清溪河里。

两岸的学生吓得哭出了声：刘老师——

刘老师——

刘老师——

孩子们不住地抹眼泪，呼喊着自己的老师。

河水翻滚，咆哮着向下游冲去。

一个人影在河水中扑腾，被洪水卷走了。

刘杜鹃在水中扑腾着的微弱的声音：跟着公路走，走!

刘杜鹃被洪水越冲越远。

画外音：后来，刘杜鹃被洪水冲到了一个浅滩处的岩石边，她挣扎着爬起来，忍受巨大的伤痛来到哭泣着不知所措的孩子们身边，再次带着孩子们向大山之外逃生而去。经过两天两夜的奔跑，二十多名幸存的孩子终于找到了前来营救的解放军，师生们获救了。此时刘杜鹃的男朋友——空军飞行员张宇航，也正在大山之中营救被困群众，他们都在相互盼望中寻找对方。

画外音中出现下列画面：

刘杜鹃带领孩子们在废墟上穿行。

刘杜鹃带领孩子们穿过垮塌的山路前行。

刘杜鹃抱着孩子们在洪水中艰难地行进，两岸的孩子哇哇地大哭着。

前来营救的解放军看到了刘杜鹃和孩子们，他们越过洪水，快速奔了过来。

孩子们和刘杜鹃见到解放军都哭了，他们倒在解放军怀里，失去了知觉。

解放军抱着师生快速飞跑。

孩子们被送上救护车，救护车快速奔跑。

迷迷糊糊中，刘杜鹃呼喊着男朋友的名字：张宇航，张宇航，你，你在哪里？你，你在哪里？

天空中，一架直升机飞向大山之中的地震灾区。

飞机上，一名飞行员，焦急地向山下瞭望，口中呼喊着：杜鹃，杜鹃，我来了，我来救你来了，我来救你的学生来了。

飞行员泪眼迷蒙，几滴泪水滚落下来。

98. 华西医院急诊门口　日　外

急救车的警笛声连续不断地响着。

急救车闪着蓝色的灯光，不断地开进来。

一辆汽车鸣笛快速开进来，停下，白衣天使们抬出地震中的伤员快速送往医院内。

冯庆庆看见了，冲上前去，问：是彩虹村出来的吗？

医生把冯庆庆推向一边，立即将车上下来的伤病员抬上担架车，快速推进了急诊室。

冯庆庆：袁红韵啊，我的袁红韵啊，你到底怎么样了啊！说着泪水扑簌簌地流下来。

99. 华西医院门口　日　外

一辆急救车疾驰而来。

有人广播：快让开，龙门山县彩虹村地震中心运送来的伤病员。

冯庆庆听到彩虹村，一下子冲上前去，不顾医生的推挡，不停地问：看见袁红韵没有？看见袁红韵没有？

一位家属泪盈盈地说：袁老师，她，她——

他说不下去了。

冯庆庆：快说啊，袁红韵她，她，到底怎么了？

彩虹村民：袁红韵老师在抢救娃娃时，被倒塌的教学楼压在了下面。

冯庆庆：哇——袁红韵，袁红韵，我一定要去彩虹村找到袁红韵。

彩虹村民：你是去不了的。那么远的路，又有没有公路，地震把路都阻断了。

冯庆庆：你们怎么出来的呢？

彩虹村民：是空军把我们救出来的。要去，快跟着救护车，到机场，乘坐空军的飞机去！

冯庆庆马上爬上一辆救护车。

救护车快速地开出华西医院，去飞机场接震区伤员。

100. 飞机场 日 外

直升机起起落落，运送着汶川地震灾区来的伤员。

机场一片忙碌的景象。

急救车来来回回，运送着震区伤员们。

一辆急救车停在了刚刚降落的飞机旁。

冯庆庆快速跳下急救车，直奔马上就要起飞的直升机。

一位空军军官拦阻了冯庆庆。

冯庆庆：求你们了，我是去彩虹村救我的未婚妻的，她在那里当支教志愿者多年了，帮帮我吧，让我去吧！地震已经两三天了，没有她的一点音信。就让我去吧！求求你了，解放军同志啊！

说着，冯庆庆给解放军跪下。

空军指挥官被感动了，他一指：上！

冯庆庆立即站起来，很麻利地爬上了飞机。

飞机起飞了，飞往汶川地震灾区的龙门山县，飞往地震最严重的彩虹村。

101. 彩虹村 日 外

直升机缓缓降落，停在了操场上。

冯庆庆第一个跳了下来。

吴思宇跑来了，握住冯庆庆的手，说：冯老师，节哀吧。

冯庆庆早已是泪流满面，他握住吴思宇的手不停地颤抖，说：袁红韵在哪里？我不相信！我不相信，她会这么早就离我而去！我要见她，我要见她。

吴思宇也是泪水盈盈地，他带着冯庆庆老师来到防震棚里。

冯庆庆一眼就看见了那个躺在鲜花丛中的盖着白布的袁红韵。他疯了一般地掀开白布，看见了已经去世了的袁红韵。他哭了，号啕大哭，撕心裂肺般地大哭。

冯庆庆跪在地上使劲地摇着袁红韵的遗体，可是袁红韵永远地闭上了眼睛。

冯庆庆：红韵啊，你说过，今年暑假就回成都来结婚的，怎么就丢下我走了啊——红韵啊，你没有走，没有走，我不相信你会走得这么突然，我已经把结婚的房子和家具都准备好了啊，你不能抛下我走了啊——

哇哇的哭声让在场的解放军也为之动容。

解放军劝他：不要难过，要冷静。

吴思宇也过来劝道："冯老师，不要难过，村里在地震中死了很多的人，袁红韵老师是在抢救学生时英勇牺牲的，我代表彩虹村全体群众谢谢袁老师……"话还没有说完，冯庆庆挥起拳头就向吴思宇砸去："就是你让她留在村里，今天……，她……，还我袁红韵，还我袁红韵！"

特写镜头：袁红韵闭着的眼睛，突然滚出一串泪水来。

在场的人都清楚地看见了这一奇特的现象，惊讶地说：袁老师，还活着，袁老师还活着。

冯庆庆像发了疯似的：红韵还活着，红韵还活着。

冯庆庆抱起袁红韵，就往外跑！

冯庆庆快速冲到正要起飞的飞机上。

102. 天空中　日　外

飞机起飞了，发出巨大的声响。

飞机在天空中飞行。飞机穿云钻雾。

103. 飞机内　日　内

冯庆庆抱着袁红韵，为她抹去额上的泥土和污迹。

袁红韵静静地躺在冯庆庆怀中。

飞机载着冯庆庆、袁红韵和彩虹村其他伤员向成都飞去。

104. 彩虹村　日　外

正在忙碌着开展抗震救灾的吴思宇和全体村民，还有解放军将士。

彩虹村逸夫小学一片废墟。

解放军正在用运来的挖掘机清理现场，营救被埋在废墟下的学生。

一学生娃娃被解放军抬了出来，血淋淋地，已经没有了双腿。

又一具尸体被清理出来，被几名解放军盖上白布。

105. 龙门山县红豆树下

字幕：2009年2月14日

地震后那颗红豆树，傲然挺立，枝丫伸得很宽，遮住了一亩方圆的天地。树下，巨大的台子温馨而醒目，红色的地毯，粉红色的写真背景画，矗立在红豆树下。

龙门山县隆重举行“抗震救灾英雄集体婚礼大会”。

100对参加抗震救灾的海军、空军、陆军英雄和武警、公安消防、医务人员、志愿者，他们在雄壮的婚礼进行曲中，走上婚姻的红地毯。

刘杜鹃披着婚纱打扮得特别漂亮，像一朵盛开的鲜花，张宇航身着军装，精神抖擞。他们牵着手缓缓走上红地毯，脸上带着微笑，带着幸福，接受灾区人民美好的祝福。

刘杜鹃和张宇航走上了主席台，主持人介绍道：这对新人，女的叫刘杜鹃，她也是前年在重庆大学毕业来到我们龙门山县彩虹村支教的老师，地震发生后，她和三名女同学被垮塌的教学楼埋在了下面。在村民的帮助下，刘杜鹃老师顺利脱险。地震让孩子们害怕，大雨不停地下着，刘杜鹃老师带领孩子们唱起了国歌，战胜地震灾难，战胜黑暗和暴雨。更为可敬的是，晚上，余震不断，大雨不断，她冒雨带着二十多名幸存的孩子，战胜无数难以想象的困难，经过两天两夜的艰难前行，终于冲出了死亡谷，找到了前来救援的解放军。

全场再次响起热烈的掌声，更多的人流下的热泪。

主持人继续介绍：刘杜鹃的男朋友是黄继光英雄团的机长，接到前往灾区抗震救灾的任务后，他驾着飞机直接飞到彩虹村，把两百多名重伤员运到成都，把许多救灾物资运到我们龙门山灾区。

刘杜鹃和张宇航都是我们灾区人民心目中最美的英雄！我们祝贺他们今天结为连理，幸福永远。

主持人鼓掌，台下许多人都鼓掌祝贺。

刘杜鹃和张宇航相互望着，幸福地微笑着。

张宇航亲吻着刘杜鹃。

全场再次响起热烈的掌声。

一对对新人走上红地毯，接受灾区人民的美好祝福，他们在这里举行特别的婚礼。

五彩的纸屑飞起来，闪着点点银光。

代表吉祥的泡沫射向一对对新人，射向空中。

会场上响起雷鸣般的掌声。

一个特殊的青年走在新人中间，他帅气，英俊，双手捧着一张照片，已经是泪流不止了。镜头推进：袁红韵笑眯眯的照片，披着婚纱。捧住照片的是冯庆庆，他一路走来，一路哭声。

五色纸屑飞落在冯庆庆头上、袁红韵的照片上。

白色泡沫飞落在冯庆庆和袁红韵的照片上。

观众无数双吃惊的眼睛，看着冯庆庆。

主席台上，主持人精神抖擞，喜气洋洋，当他看到冯庆庆捧着袁红韵的照片出现在集体婚礼的现场时，神情变得凝重起来。

他宣布：这就是彩虹村的两位志愿者老师，男的叫冯庆庆，女的叫袁红韵，五年前来到我们龙门山县彩虹村支教，不要村上的一分钱，还把自己家里的钱用来给孩子们购买衣物和学习用具，双休日到山上挖野菜帮助彩虹村的每一个孩子。不幸的是，当5·12地震发生后时，袁红韵老师从废墟中救出了13名孩子，而她自己却在最后一次抱着一名孩子快要冲出来时，教学楼坍塌了，袁红韵老师，永远地离开了我们。袁红韵和冯庆庆原本是大学同学，是共同的理想让他们在大学毕业后选择了来龙门山支教当志愿者，他们相知相爱，今天，我们就为袁红韵老师追办婚礼。

所有的人都哭了，所有的人都激动，他们用掌声表达着对抗震救灾英雄的敬意。

106. 彩虹村防震棚里　日　内

吴思宇拿着一纸通告生气地说：袁红韵和刘杜鹃评选抗震救灾英雄落选了。

许世明等：怎么回事？

吴思宇：教育局说，他们两人不是龙门山县的正式教师，不在册，他们的关系不属于龙门山教育局，她们是没有人管的志愿者。他们解释说：志愿者就是一切与政府无关，一切行动都是自己的行为，一切行为都是自己承担责任。

所有的人都气愤地：这到底是怎么回事？真正的英雄却评不上！

吴思宇：没有关系，国家还没有这方面的法律法规，志愿者是这几年才出现的事情啊，他们不评，我们不能忘了两位志愿者老师。

许世明：对，我们要为志愿者树碑立传，永远记住他们的恩情。

吴思宇：我建议，原来的逸夫小学地震遗址不要动，我们村的学校异地选址再建，请对口援建的北京市，帮助我们建一座防震的牢固学校，漂亮学校。

参加会议的干部们点头。

吴思宇继续讲解：我们把这个遗址保存起来，让我们的子孙后代永远记住袁红韵老师和刘杜鹃老师。没有他们，我们的娃娃去哪读书啊！在地震遗址前塑一座袁红韵老师抢救学生的雕塑。让彩虹村的人民永远纪念他们，他们是我们彩虹村人民心中最值得尊敬的英雄。

掌声响起。

107. 板房学校　日　内　外

教室里，二十多个山里娃听刘杜鹃讲课。

有的坐在轮椅上，有的坐在板凳上，还有的孩子旁边放着拐杖。

在教室后面的几位同学，坐在轮椅上听课，有的娃娃没有了一只手，有的娃娃缺少一条腿，或者完全失去了双腿，还有一名同学没有了双手，他在用牙咬着笔写字，还有坐在桌子上的一位失去双手的同学，她用一只脚在写字。

这些地震中的伤残儿童都在用自己的方式学习着。

刘杜鹃在教室里巡视着。

看看这位孩子，又转向另外的孩子继续观看，脸上露出甜甜的微笑。

丁零零——三三两两的孩子们走出教室，或跛着脚，或拄着拐杖，更有同学推着轮椅上的失去双腿的同学出来。

刘杜鹃走出板房教室。

一记者走上前来：刘老师，我们是记者，请你介绍一下地震中你们是怎样抢救孩子们的？

听到地震，刘杜鹃眼泪汪汪，她只有一句话："不要再提那恐怖的时刻。"说着泪水就簌簌往下掉。

记者再问：希望能够得到更生动的细节。

刘杜鹃已经说不下去了，那是她永远的伤痛，二十几个朝夕相处的孩子和我们敬爱的袁红韵老师，在这次特大地震中永远地离开了山村，离开了他们热爱的这个鲜活的世界。

刘杜鹃泪水盈盈，只有嘴唇还在微微地颤抖。一下子，她火了：再问，地震的时候，你为什么不来现场抢救学生！

冯庆庆来了，抱着袁红韵的骨灰盒泪流满面地来到山村，来到袁红韵曾经工作多年的彩虹村。

画外音：冯庆庆清楚地记得袁红韵曾经向他说过：山村贫穷，山村的孩子需要学习，用知识改变命运，把山区的孩子们送出大山去学习，今后他们回来改变山村面貌，是她心中的美丽梦想。

冯庆庆抱着袁红韵的骨灰盒继续向前走来，泪水涟涟。

画外音继续：为了这个梦想，袁红韵在这里坚守着，从来没有向当地政府提出过任何要求。她说：保护山里娃是自己的责任，爱山里的孩子是自己一生不变的追求。是党培养了我们这批80后的大学生，我们就有责任肩负起党赋予自己的责任。

想起这些，冯庆庆就泪水涟涟，他把袁红韵送到彩虹村来，就是为了实现袁红韵生前的心愿和梦想。冯庆庆深爱着袁红韵，他决心来到山村，继续完成袁红韵没有完成的事业，留下来继续教育山村里的孩子们。

他和刘杜鹃一起坚守在这个地震灾难后重建的山村里。

吴思宇走了出来，看见了冯庆庆，他喊着：冯老师。

几步走到冯庆庆面前，看着眼前的骨灰盒。骨灰盒上，一张小小的袁红韵的照片镶嵌在上面。袁红韵笑眯眯的，向着孩子们微笑。

冯庆庆：吴书记，袁红韵深爱着这片土地，就把她安葬在大山里，让她看着山村里的孩子长大，让她陪着失去生命的孩子吧，在天堂里，才不会孤独。

吴思宇：接过袁红韵的骨灰盒，心中有说不出的感激和感动。他泪盈盈的。

108. 彩虹村操场上　日　外

字幕：两年后

画外音：彩虹村经过灾后重建，变得十分美丽，曾经的彩虹村逸夫学校和彩虹村部被规划为地震遗址，这里的一切完全保持着地震时的原貌。

叠印出如下画面：

蓝天，白云，飞鸟。

雪峰，青山，麋鹿。

美丽山村，山花烂漫，杜鹃艳丽。

清溪河流水潺潺，远处银色的瀑布飞流而下。

宽阔的水泥路在奇山秀水之间蜿蜒盘旋，两旁鲜花争奇斗艳。

汽车在路上来回穿梭。

栋栋灾后重建的楼房拔地而起。

崭新的学校。

逸夫小学残垣断壁。

一块立在原地的倒塌一半的墙，墙上的还没有完全破裂的墙面和倒塌的黑板上清晰可见几个醒目的字：彩虹美丽，我爱彩虹。

东倒西歪的残砖乱瓦，参差的水泥板斜着，倒着，断裂着躺在地上……

（叠印画面毕）

镜头扫过逸夫小学地震遗址：整个遗址被村民用木栅栏围着。在倒塌的房屋墙前面有一座比较大一点的新坟，新坟上一块石碑写着："袁红韵老师之墓"。几个大字特别醒目，坟墓周围是一束又一束鲜花，那是援建者和解放军官兵献上的鲜花。

新坟的后面是一排小一点的坟墓，那是在这次地震中死难的二十一名少年儿童。他们的坟前依然摆放着鲜花、书本、乒乓球拍和苹果，那是志愿者从很远的地方赶来献给在地震中失去生命的孩子们的礼物。

在新坟的前面，一尊大理石塑像还有些模糊，但看得出那是因抢救学生而牺牲的袁红韵的塑像。她抱着娃娃正冲向屋外，她神情凝重，衣服已经被剐破了，脚踩在废墟上，头上、手臂上还在流着血，她只有一个念头：救出孩子。

塑像下面，几名雕塑家正在精心地雕刻着，不时停下手中的活儿，退后几步，看看雕塑，再拿出图纸进行比对，之后又抬头瞧瞧，还有的拿出照片对照，雕塑是不是能够表现袁红韵老师抢救学生时的英雄形象和精神面貌，看看还有哪些地方雕刻得不像，几个人研究着，指指点点，再进一步修改，雕刻。

吴思宇给雕塑家们讲解着地震时，袁红韵抱着娃娃冲出来的一个个精彩的瞬间，雕塑家们点头称好，然后修改作品。

画外音：刘杜鹃每年5月12日这天，都要到曾经的学校所在地来祭奠在5·12地震中失去生命的孩子，向因抢救学生牺牲的袁红韵老师默哀。她的身边又多了两位来山村支教的年轻志愿者：一名是冯庆庆老师，另一名是刚毕业的大学生，地震时在彩虹村做志愿者的洪彩姑娘，他们手中也拿着鲜花，前来敬献。

冯庆庆矗立在女朋友袁红韵的雕塑前，举起左手宣誓："袁红韵，你爱山村，爱山里的孩子，在地震中，你的伟大精神感动了许多人；你走了，我决心沿着你的道路前进，自愿留在山村，陪伴着你；教育孩子们读书学习，完成你未完成的事业。我自愿当一名志愿者，为实现中华民族的伟大复兴努力奋斗，坚定信念，永不言悔！"

肖婷婷缓缓地走来，站在了冯庆庆的身边，举起了右手，跟着宣誓。

镜头摇动：彩虹村小学美丽的校园。红墙碧瓦，廊桥楼宇，台轩庭榭，古色古香的建筑，宽阔的操场，高高飘扬的五星红旗。

鲜花盛开的校园，绿树簇拥的校园，国旗是那么鲜艳，孩子们是那么欢欣，唱着甜甜的歌，在刘杜鹃、冯庆庆、肖婷婷和另两名志愿者带领下做着各种有趣快乐的游戏。

师生张张笑脸像鲜花一样灿烂。

笑脸幻化出孩子们快乐舞蹈的舞台：

"……继往开来的领路人，带领我们走进新时代……"

一群天真烂漫的孩子，身着彩色的衣裳，随着歌声的响起，边唱边舞，跳起欢乐的舞蹈。

画外音：他们是多么幸福，多么豪迈。舞蹈的孩子们就像无数盛开的花朵，把山村打扮得十分迷人。

鲜花开满校园，绿树青青的松林，杜鹃花红艳艳的，蝴蝶在花间飞舞。

满山的红杜鹃，蓝蓝的天空，白白的云朵。

一群大雁飞过。

云层中渐渐幻化出袁红韵笑盈盈的面容。

字幕：剧终

山　韵

陈曦震

煦圻彰彻

主要人物：

祖母（土家族）

山嫚儿（土家族）

冉壮（土家族）

苗青（苗族）

姆妈（土家族）

爸（汉族）

【幕启——

（如果是一旋转或能升降换景的舞台尤佳。）

【天幕上——五彩流云泻群峰，远山如浪般叠重。

【沉雄的莽号（土家族乐器）声托起咚咚喹（土家族乐器）俏皮的音响，在山峰峡谷中滑翔、穿逡、腾越……

【天幕作背景，映出剧名及（序）——

《山韵》

——谨以此剧为志在建设家乡而奉献青春芳华者造像

（序）

景：

【春末夏初的时候。

【平畴横陈板板桥，山腹掩映吊脚楼。

【远耸云岫，近绕山岚。

【虽无花团锦簇的春韵，却是夏收时节的序曲。

物化成小精灵的演员们踩着咚咚喹的节奏，机械而本能地跳着摆手舞。

山神如裹一团嫩黄色的风球滚出——风停——山神冷峻。

【歌声：

野伙伙——

摆手哟摆

野伙伙——

摆手哟摆

摆过了老苞谷

摆来了黑荞麦

摆过了野山芋

摆来了苦蕨苔

野伙伙——

野伙伙——

摆手哟摆

摆手哟摆

摆过了冷兵器血染山河

摆来了黑火药声震世界

摆过了世世代代打冤家

摆来了天上地下旗如海

野伙伙——

摆手哟摆

野伙伙——

摆手哟摆

【歌声中——

山神抛出长袖。长袖翻飞飘逸，指挥、调教着小精灵们的舞蹈——

稍后……山神的长袖卷走小精灵——

麦穗成队成阵，顾盼自雄地在山神的示意下，此起彼伏——

队形交错变幻，使人眼花缭乱——

一株麦穗的独舞——

一组麦穗的群舞——

山神舞袖如云，舞蹈的麦穗便蹑足归阵——舞蹈着成了祖母的背景——

年轻时的祖母寻觅而上。她在寻觅往日的欢爱，但却只捧得眼前的惆怅。她在寻觅过去离人的踪影，可却只望见一座孤立的坟茔。（不知不觉中，山神已幻化成了一座古墓）

【歌声：

回想起那时

你的聘礼就是——你

你成了我火塘上的吊罐

不论春夏秋冬

都冒着憨呼呼的热气

我的嫁妆就是——我

我是你一模仿就会哽咽的童趣

你是我千里之外也要赶回家相守的除夕

没想那年打冤家哟

你被山上飞落的滚木礌石打翻在地

没法躲过一队奔驰而来的马队的铁蹄

从此后啊……

我成了你刀耕火种后的荒地

你没成我精耕细作相伴一生的春犁

顾影自成双

相约在梦里

【歌声中——

年轻的祖母似乎发现了什么——

她分开麦丛——

麦阵反卷。麦丛中推出一株（夸张的）油菜。果荚晶莹的枝尖上的最后一朵油菜花上，有一只紧紧粘住的枯蝶。

她循着油菜花和枯蝶慢慢地摆动双手——

麦穗化成姑娘为她伴舞——

那株油菜化成一汉族青年与她同舞——

他兴奋。他追她，追得火辣辣——

她羞涩。她躲他，躲得情绵绵——

他采撷油菜尖上的余花——

她呵护那只春末的枯蝶——

他给她菜花——

她回他枯蝶——

他拥着她在地上欢滚。情到浓处——姑娘们舞过来将他俩挡护着——姑娘们的群舞写意般的诠释出他俩此时的情愫。

姑娘们渐渐舞开去——

小精灵们分成两队从左右冲上……对峙——

小精灵们相互械斗——

械斗中的小精灵们两败俱伤——

年轻的祖母已有些苍老，她舞蹈着——随后便独自盘坐于地，双手合十。

幸存下的小精灵们围着她——模拟地跳起摆手舞。

【场暗——天幕上——映出油菜花与枯蝶的剪影。迭现——第一章“血祀”

第一章　血祀

景：

【山地贫瘠而凸凹，崖影嶙峋而狰狞。

【呈鱼肚白的东方天空。

【剪影——

爸戴着斗笠，前倾着身体急匆匆爬上坡顶。他弓指刮汗，一口长嘘——

爸朝着来的方向，深深躬下腰……躬下、躬下，终于，他跪了下去，继而匍匐下去……

祖母握着弯镰，在麦丛中缓缓站起来——从背后注视着爸——

爸以头撞地，双手拍地，最后五体投地。

祖母漫过去，拉起伏地的爸。

爸跟着祖母沉重地走了几步，又决然返身——

祖母以镰啄石（火星闪烁），爸停步。

祖母捧起一束麦穗向爸诉说……（麦收后有粮了啊——）

爸推过。他在地上刮、刨……他捧起一捧砂土——（他在抱怨这红砂地的瘠薄、酸涩）

红砂土在爸的指缝中洒落……

爸僵直地向祖母跪下，伏在祖母的脚上。

爸哭泣得背部急起急伏。

祖母挥镰向天穹呼号。

爸匍匐着离开祖母——后退着。忽地一跃而起，戴上斗笠——

祖母踉跄跌倒，抱住爸落后的右腿。

姆妈腆着肚子爬上坡来。

爸扶起祖母。拍土。

姆妈要过祖母的弯镰，艰难地蹲下，用弯镰啄地——（不时冒出火星）

姆妈捧起啄松的砂土，放进爸的衣袋。

爸拥抱着姆妈，百感交集……

爸扯起一束只有一尺高的麦株，穗儿只有半寸长——“这能养活几口人啊！”猛地将麦株狠掷于地。

姆妈推他。扳他转过身去，又轻推一下——

姆妈像似依靠又像阻拦地倚着祖母。

【歌声：

不是我要走

少一个人少张口

眼下虽然是麦收

可一亩只能收半斗

怎能度冬秋

我也不想走

我也有血有肉有骨头

砂地没我皮肉厚

我骨头硬不过山石头

何必苦苦求

你们不走我要走

少一碗水羹也稠

让你们一家三口老和幼

多口麦面熬日头

【歌声中——

爸走了，走了……头却一直回望着她们——

爸的身影越来越矮小……他下山去了……

【歌声：

不是我要走

少一个人少张口

啊……

呜……

呕……

多口麦面熬日头……

姆妈用手撑膝，尽量将身子放低，吃力地用弯镰去啄松麦株根部……

祖母非常迟缓地拔着根部松动的麦株。

……

姆妈突然单腿跪地，侧手撑着沉重的身子……终于，她支撑不了，继而仰翻在地……

【姆妈隆起的腹部像冒出地平线的半轮黑色的太阳——

祖母仍独自奋力地拔着麦株——再将它们打成捆……

姆妈憋足气后的一声撕心裂肺的长叫——

【犹如声控的效果，顿时，彩霞满天——

祖母急摔下已扛上肩的麦捆疾跑过来——

姆妈隆起的腹部慢慢扁平下去——

祖母在姆妈身下抱起一血红女婴：山嫚儿。

没有啼声的山嫚儿让祖母焦急万分。

姆妈双手伸向天空摇晃——她在呼唤着自己的孩子。

山嫚儿仍哑然不啼。

祖母用最原始的方法——将山嫚儿倒提，以掌击拍山嫚儿脚心——山嫚儿吐出一口秽物，开口啼哭——仅只一声——

祖母欲再重复这一原始动作，以促婴儿吐出喉头秽物——

姆妈要过山嫚儿，口对口地吸着山嫚儿堵塞喉头的秽物……

姆妈吸出秽物——但她几乎被憋得窒息——

姆妈终于咳出了秽物——

（同时——

山嫚儿啼声洪亮——

声震群山，四岭回应。

啼声唤出一轮冉冉升起的朝日。

姆妈脱衣，祖母脱衣，给山嫚儿包裹。

山嫚儿哭声又起。姆妈解衣喂奶。

无奶——山嫚儿哭声更甚——

【歌声：

啊——嗯——咿——

山泉无源水常枯

锅炊常断乳难积

大山中怀上孩子的妇女

哪能有饱满双乳止婴啼

苦荞、山芋、蕨苔的那点养分

早化作热汗落了地

苞谷、红苕、野菜的那点热量

早凝成冷泪若苦雨

哪有存恤酿琼浆

山里娃出生落下地

有几个亲近过母乳的香气

有几个吮尝过奶汁的甜蜜

不是吧咂着干瘪的乳房哭闹

就是空吮着自己的手指抽泣

山嫚儿用哭声号啕问天

养家活口的男子汉啊

你让我来到这人世

我生活的道路在何方

我生存的空间在哪里

在哪——里

【歌声中——

姆妈将麦穗在掌心揉、吹，将麦粒放进嘴里咀嚼。

祖母点燃几株麦穗——

祖母扑灭火——

祖母伏地吹——

祖母将烧过的麦粒捧在手上倒着吹——

祖母试咬一粒——碜得牙疼——

祖母因牙不行，倒给姆妈——

姆妈和着生麦粒，一起咀嚼祖母烧熟的麦粒。

祖母摘来一片桐叶，递给姆妈，接过山嫚儿，折一段麦秆，将桐叶上的麦浆吸起，送入山嫚儿口中。

山嫚儿的吧咂声。

姆妈拖着虚弱的身子向山口爬去——她想看看他走了多远，是否听见女儿的哭声——

姆妈过处，遍地猩红——那是姆妈的血液——天红了，山红了，土地、麦穗都红了！

【歌声：

女儿他爸呀

你走了多远

你是否听见女儿的哭喊

你看看

你回头看一看

这天这地这山这穗都是什么色

这色是用什么染

你若是个男子汉

你敢不敢——

你敢不敢回头看——

把这遍地猩红看一眼

姆妈抓起一把砂土掷出去——伸手向着爸去的方向——

渐渐地，姆妈抬头眺望、伸手向前的造型，渐渐融进这一片砂地中……

砂地渐渐隆起一个硕大无朋的土墁——

祖母悲呛至极。她抱着山嫚儿跪在姆妈倒下的崖口……

也许是苍凉凄楚的音乐，抑或是祖母悲愤的呼号，唤来了四周的土家人。

土家人用喜丧的程式——“打绕棺儿”演绎着他们旷达的传统习俗——

抑或是他们的悲伤太多，太多，只有用“丧事喜办”的传统习俗来增添一丝慰藉。

土家人跳起摆手舞，好像是在为摆脱了缠身苦难的姆妈致以欣喜的告慰。

响器敲击出“打绕棺儿”的旋律；人们长声吆吆着咏叹——

响器：崩崩壮——崩崩崩壮——

崩崩崩壮崩壮崩崩壮——

歌唱：人世受尽千般苦，

响器：车——崩车——崩壮——

歌唱：天国去享万种福；

响器：车崩崩车崩车崩壮——

歌唱：来生投家好人户，

响器：车——崩车——壮壮崩壮——

歌唱：老少团聚衣食足。

响器：车崩崩车崩崩壮崩崩壮——

响器：崩崩壮——崩崩崩壮——

崩崩崩壮崩壮崩崩壮——

歌唱：“黄金归窖”[①]留后福，

响器：车——崩车——崩壮——

歌唱：子子孙孙财用足；

响器：车崩崩车崩车崩壮——

歌唱：撒下一合[②]“黄金米”，

响器：车——崩车——壮壮崩壮——

歌唱：带去天国富亲族。

响器：车崩崩车崩崩壮崩崩壮……

……

【舞台随着渐弱的响器声渐次的朦胧起来……

【一支束光仿佛是带来这份朦胧的圆月。

【朦胧中——

土家人仍在舞蹈着。只不过悄悄地增添了苗族和汉族的男女老少。

【束光中——

一只高冠彩羽、爪壮身硕的雄鸡引吭高歌——（出光圈）

【束光中——

祖母篾麦、春麦——（出光圈）

①［黄金归窖］土家族葬老人叫“黄金归窖”；将大米调和雄黄成金色，谓其名为“富贵米”，撒进墓坑内，为死者陪葬物；祈祷死者在天国富有，并有赠送亲族之物。

②［合］量词。旧制，十合为一升。

【束光中——

山嫚儿在破絮和包谷壳的兜里偎着——祖母的一只脚伸进光圈摇着山嫚儿的兜——

祖母伸手端过火塘塘沿上冒着热气的碗，给山嫚儿喂麦汁。

【灯光交替分割——

祖母背着山嫚儿扛锄下地。（祖母背着山嫚儿夏锄的舞蹈——朦胧区内群舞烘托——）

【群舞区内灯光渐次明亮——

土家、汉家、苗家在跳着欢庆秋收的舞蹈——（灯光渐弱、朦胧——渐次明亮——）

祖母背着一捆秋粮，颈上用粗布条（或藤蔓）将山嫚儿吊在胸前，双手抱着山嫚儿，艰难地在山路上踉跄着（灯光渐弱、朦胧——）

【群舞区内灯光渐次明亮——

他们在雪花翻飞的天气里或追逐嬉戏，或情侣相携，或背枪唤犬出猎。（光渐弱，朦胧——渐次明亮）

祖母肩上挑着一担干柴，手里提着被粗布条或藤蔓“兜”着而在地上“走”着的山嫚儿。祖母的舞步有些趔趄失重，但全是为保障山嫚儿“脚步”的平稳。

祖母放下柴担，坐在背风处的石上歇息——山嫚儿坐在祖母脚上，双手抱着祖母的腿，让祖母打“翘翘儿”——祖母边打着“翘翘儿”边梳理着散开的长发——

【歌声：

啊——雪花——雪花

空山飞舞的雪花

一片一片融入地下

滋养来春的新芽

【雪花飘飞的天幕映出祖孙俩的身影。

【祖母长发飞拂作背景。映出——第二章“站立”

第二章 站立

景：

【在姆妈和祖母曾经劳作过的山地。

祖母在地里劳作——

山嫚儿在地里爬行——有蜻蜓飞来——

山嫚儿“呵呵”着扬手抓捉蜻蜓——

突然，山嫚儿颤颤着立起，“摇摇欲坠”般晃向蜻蜓、扑下、再起——

祖母看着山嫚儿，边将长发挽了个简便的发髻，边随山嫚儿扑下和站立的动作牵动。她几次想过去帮助山嫚儿，但都忍住了：她要让山嫚儿自己站立起来！

山嫚儿“咯咯”地笑着，蹒跚着，挥扬着手抓捉蜻蜓；摇摇晃晃，但没倒下去。

山嫚儿的每一趔趄，每一次摇晃都牵连着祖母的神经——祖母也处于“学步”的状态中了。

山嫚儿走得渐稳。祖母舒心地笑了。

祖母从后腰取下弯镰，跟在山嫚儿身后，用弯镰在山嫚儿脚后割划——要为山嫚儿割断无形的羁绊！（这是民俗：俗称给学步小儿“割绊石儿”）

祖母一边割划，一边合掌祈祷。

山嫚儿终于抓住了蜻蜓。

祖母慈爱地将山嫚儿搂进怀里。

祖孙俩在石上小憩。

山嫚儿扶着祖母，绕到祖母身后，“咯咯”地笑着抓散了祖母的发髻。

祖母以手代梳，梳理着长发。

山嫚儿在抓弄祖母的长发。她从祖母黑黑的长发中，拈出一根银丝——是一线耀眼的银光——一丝夸张的白发——山嫚儿握着白发戏弄——祖母迁就——（祖孙酣戏的甜舞）猛地，山嫚儿一个趔趄，扯下了那丝白发——那丝夸张的白发在山嫚儿手指尖迎风飘舞……

音乐弦崩，舞姿凝固——发飞依然——音乐渐起——

【歌声：

满头黑发一丝银
一缕银丝染霜痕
黑发银丝披风月
也见青丝送芳魂
这一丝啊
是岁月的印证
也是生命的抗争
啊
青丝如墨
白发似银
自然赐予的滋润
生命刻下的里程
人生的短暂时空
流逝在秒秒分分

【歌声中——

祖母如雕塑般造型，纹丝不动。

山嫚儿随歌声起舞——先颤颤地——逐渐稳健——飞跨、旋转——翻滚、亮相——戴着红领巾的山嫚儿。

【灯光切换出：春的嫩绿。夏的火红。秋的金黄。冬的银白。

山嫚儿在不同的季节里生活：上学、打草、拾穗、摘野果、追逐小动物……

【赤橙黄绿青蓝紫诸色分割舞台——不时闪烁切换。

扎着“马尾”发型的山嫚儿腾越横贯、旋转环绕于五光十色的光区中——

【闪电——雷鸣——阵雨——初晴——

【碧空如洗，七彩光色叠虹若桥。

山嫚儿从山上下来了——

虹桥好像是她才走过的花径——

山嫚儿被雨浇得曲线毕露，婀娜娉婷——

【山嫚儿的一段轻柔的舞蹈，迎来了晴朗的天空——

山嫚儿长发飘逸、光彩照人——

长大了的山嫚儿，若出水芙蓉般在光影中摇曳，若带絮杨柳一样在和煦的春光中飘拂——（山嫚儿采蘑菇的抒情独舞）

山嫚儿采蘑进山——

【灯光切换——

头发花白的祖母用高竹背背着一背腐殖质、拄着打杵上山来。

祖母侧身倒出竹背中的腐殖质。

山嫚儿提着锄头、空竹背从对面过来。她扶祖母坐下。祖母怜爱地抚弄山嫚儿的长发。

山嫚儿举着采来的一株带花的野蔓，跳跺着，要祖母用它为自己绾上长发。并摘下一朵野花插上祖母发髻。

山嫚儿挥着锄头挖地——锄下不时冒出火星。

祖母抛撒腐殖质——

【彩虹在天幕上幻化成一袭晚照作背景——映出——第三章“反思”

第三章　反思

景：

【这是祖母抱起山嫚儿的山地——羊肠山路，弯环九曲。草枯禾萎，土色朱赤。

山嫚儿若有所思地在收拾麦桩，连同杂草一起收拢，星罗棋布地堆于瘠薄的砂地中——

她边走边摇动着手中的纸捻——纸捻冒着烟——

她握着冒烟的纸捻舞蹈着——

纸捻的烟越来越浓——

她舞过之处，散布的草堆便逐一被点燃。顿时，浓烟如雾，漫卷砂冈——（所谓“火不烧山地不肥”的原始耕作方法抑或只有这条件）

山嫚儿渐隐……

【小精灵们在烟雾中雀跃——

【衬字歌起：

野伙伙——

野伙伙——

【风起。烟雾渐淡。风向不定，烟随风向移动。

【歌声：

砂地是愚昧的战火把理智烧碎

红土是无辜生命的鲜血板结

内讧争斗千次万次

刀耕火种千回万回

谁曾有过毁剑铸犁的醒悟

谁曾酿过穷则思变的春醅

啊

血汗的质朴只能催酣原始的沉醉

时代的文明才能催绽生命的蓓蕾

【歌声中幻景——

一场残酷的械斗接近尾声——

身影酷如山嫚儿的古典的土家女子握镰把麦立于土坡上。

一佩剑着盔恍若苗青的伟男子魔幻般从烟雾中立起——他一挥剑——旗倒下了——蹄声稀落远去——他缓缓向土坡移动——

他围着她卖弄地舞着剑。舞下斜坡。在稍平缓处，他将剑舞出一团白光，将自己罩在白光里面——（剑舞）

他收剑。上坡。将剑跪奉给她——这是他给她的定情信物——

但她——拒绝了。

她缓缓地漫下坡来。她逐一地捧起被战火烧焦、被马蹄踏碎的稼禾、花木、被鲜血浸透的板结的砂土、带血的破衣、残缺的兵器。

她用无声的肢体动作控诉拼争械斗带来的恶果，哭泣人民的凄苦日月。

他仍固执地向她单腿跪献那象征权力、寒光刺目的冷剑。

她逃避——

他拦截——

……他终于将她搂住了——他夺下她的弯镰、麦把，抛掷于斜坡，将身沉沉地压下去。

她先是撑拒，继而像死人样垂手垂头——

他惊惧她的泰然与漠然——

他仍搂住她。他将剑平指——

剑指处——火光即起，旌旗飞动，人群突奔，蹄声得得。

他剑指四方，处处皆如是。

他扶定她。他骑马桩式双手执剑面对她。

她接过剑——

他解下剑鞘递给她——

她只提剑纵下斜坡——

她秉剑四方跪拜（亦刚亦柔的剑舞）——如一道白光刷向土坡——

在剑舞中，她倏然自刎了……（定格）

【背景：落日西沉——

【音乐渐起——

【歌声：

碧血溅处

一片花茵

她想用宝贵的生命

去驱散兵灾的阴影

她企望滚烫的鲜血

能覆盖铁骑的蹄痕

她以为夭折的青春

可泯灭愚昧和残忍

她但求短暂的人生

会复苏人道与人性

啊——

落日已沉

月儿未升

【背景：星光熠熠——

他跃上土坡，抱起她——

她抬手指着天边刚露出的如镰的山月——

他拾起弯镰放入她举起的手中。

她僵直。握镰的手却直直地竖着，弯镰如若一个问号；像一句问天的哑语。

旗倒下。马蹄声稀落远去。

他抱着她在四方展示——是痛惜亦是醒悟。

他跪下，将她放于斜坡——又举起麦把——

他弃盔解甲，赤膊挥剑。

他将剑插入土中，使劲撬动。在撬动土块的时候，不时舞出一两个剑花。

【山月渐淡——

……后来，剑花就没有了，只剩下纯粹的“刀耕”的姿势了。

在纯粹的“刀耕”姿势中——

【背景闪幻——

立春了——

夏至了——

立秋了——

冬至了——

【东方渐明——

他须发皆白，握着那柄已磨成匕首一样的“剑”立在坡上。他身后是一座坟——坟头竖有如弯镰的图案。

他仰天长啸，山鸣谷应。突然，他返身喷出一腔鲜血——染红了东天的鱼肚白——朝霞绚丽。他轰然倒下——在他倒下的地方，倏地冒出一座悬着黄幡的乱石垒成的坟堆。

【红日含山——

【川流不息——

一队又一队的船队驶过：有的立桅悬帆，有的装载如山；有的是纤夫喊着号子匍匐而过，有的是舟子合力击水行船。

一批又一批的背着高竹背、背着高背夹、提打杵的沉重的背夫，一步一步“磨”过。

【烟随风漫——

【悬崖下——

土家老幼相互拥抱换位——对错往返——

一队人沉重地蠕动着——

夹着虎啸猿啼——

【风卷烟移——

【幻景淡去——

【衬字歌再起：

野伙伙——

野伙伙——

山嫚儿在渐渐淡去的烟雾中被小精灵们围困着舞蹈着——她在困惑中挣扎、寻求，像一只正欲破茧而出的蛾子。她要摆脱困扰，要寻找解放自己、改变现状的新的途径。

终于，山嫚儿豁然开朗，她的独舞酣畅淋漓地抒发自己找到突破点的新的构想的喜悦。

山嫚儿将小精灵们在土台上组成象征科技的球形图案——球形图案转动起来，缓缓升起，闪射出金色的光柱，投射到烟雾翻卷的天幕上，映出——第四章“图新”

第四章　图新

景：

【山嫚儿的家：一排老土屋，侧有独立的小茅棚。背景是高高的悬崖。

【《春天的故事》的音乐变奏，如仙乐般缥缈在天际、隐隐约约在山峰之巅回荡——

祖母提着蜡染包袱，由山嫚儿扶着走出土屋来。跨过为矫正倾斜的老土墙而“扳牮”的木杆，将包袱放在茅棚门口。

山嫚儿正要过去“扳牮”，被祖母拉住。

祖母为山嫚儿讲述着老土屋的故事：

【舞台烟雾弥漫——

【歌声娓娓，如泣如诉：

三间老土屋

半架吊脚楼

风风雨雨人几代

代代男丁难久留

说什么一家人亲生骨肉

怨只怨改不了荒山野沟

人人都爱山水秀

个个男子有骨头

有劲难使空生手

青春力壮枉苦求

亡命奔平坝

死也不回头

生也风流

死也风流

【歌声中：（灯光分割——或舞台旋转）

老土屋的四个门洞各走出一男性：一壮三幼。壮男挂了包袱，跪拜。含泪惜别三位幼小的男孩。牛肋窗口中，站着神色木然的女人——（灯光切换）

门洞走出一壮二幼。壮男挂了个小包袱，跪拜。他欲抱一幼男同行，但二幼男紧紧相抱不松。壮男挥泪而去。二幼男进屋。

牛肋窗口中，靠着头发花白的女人——（灯光切换）

门洞立着一壮一幼。壮男连包袱也没有了。他只披了件破旧的蓑衣。他走了几步，转过身，将蓑衣缓缓脱下，披在幼男身上，劈下两张芭蕉叶子，顶着走了。

牛肋窗口中，呆立着头发花白的女人——（灯光切换）

已长大的唯一的男子扛上锄头。他已是满脸胡须。他在门外徘徊……最后，他把锄头倚在挂着破旧蓑衣的土墙上……他茫然四顾……他劈下两张蕉叶顶着，沮丧着走了——

牛肋窗口中，倚着满脸皱纹的女人——（灯光切换——束光）

束光中的蓑衣和锄头如一幅水墨画（或油画）贴在墙上，静静地渲染着凄惶和荒凉。

原木做的门槛上，坐着傍在门枋上的女人——（烟消雾散）

【灯光随着音乐的情绪切回——

山嫚儿戴着斗笠，背着蓑衣，吧嗒着烟袋，学着男子模样在祖母面前做既像木偶又像卡通的舞蹈，逗出了祖母的笑容。

从山的两侧上来了两队人：

一队背着“科技”的背篓。

一队挂着“扶贫”的挂包。

两队人相汇的联欢。

他们和山区的祖孙俩如久别重逢的亲人般亲热、喧叙、欢跳。

欢跳中，队员们就组成了一活动书架。一队员将科技书籍上架，山嫚儿上前翻捡。

书架变幻组合，山嫚儿循序翻捡。

山嫚儿没有找着她需要找的书。

突然，几个滑稽的音符将两本书从书丛中弹出，正面立起在书架上——一本《栽桑》，一本《养蚕》。

山嫚儿刚刚取过，“书架”立即拼出一组有栽桑养蚕内容的挂图（示意图）。

一科技人员向山嫚儿讲解示意图，并为她翻找、对应、参照她手中书里的内容。

祖母端出核桃、板栗来。挂图上方便次第冒出各种夸大了表情的人头来。

人头被科技人员讲解的竹竿逐一“弹压”下去——但那“按下葫芦浮起瓢”的效果着实令人忍俊不禁。

山嫚儿却已把注意力转到了书上。

“挂图”散开，悄聚于全神贯注于书的山嫚儿的背后。忽然，她像醒悟了什么，猛地一伸臂——“挂图”便散开，嬉闹着围向祖母。

队员们齐刷刷地将手伸向装核桃、板栗的竹盖，被扶贫领队示意制止。队员们便如“排排坐，吃果果”般毕恭毕敬地排着滑向祖母，接受祖母分发山果。

山嫚儿将书捧着，在一旁发呆。

扶贫领队示意大家注意山嫚儿。

队员们整齐划一地边走边抛着核桃。在与山嫚儿并排的时候，便将核桃一个传一个地传到山嫚儿捧着的书上。最后传于山嫚儿怀中的是一纸“扶贫资金”。

（音乐大作。小提琴飞扬出《走进新时代》的盎然，“咚咚喹”在这个旋律里欢腾，莽号的煽动力叫人无法抗拒，圆号则把这份欢乐传送得很远，铺垫得很厚。木叶声声，在音乐的缝隙中穿梭）

山嫚儿在音乐中欣喜若狂，她用肢体语言向大家倾诉她已久的期盼；感谢大家的雪中送炭。

山嫚儿同祖母共享这份欢乐。

【歌声：

啊——

这是穷苦家寒夜的火盆

这是探路人山夜的星灯

祖孙俩向大家表示由衷的感激。

队员们向祖孙俩告别。

队员们用核桃敲出节奏，踏着犹如小快板的节奏欢快下山。

山嫚儿和祖母立在地坝边相送。山风吹动祖母的头发。山嫚儿发现祖母的白发多了许多……

【歌声：

时光如水逝

岁月催人紧

祖母拂着头发唏嘘——

山嫚儿捧着祖母的长发感慨——

祖孙俩毅然决然地步向“扳垈”的木杆——祖母颤颤地拾起茅屋门口的包袱，置于地坝边沿；又将套在杠杆顶端的绳挂在肩上，山嫚儿搭手——但老土屋的土檐只晃了几下。

山嫚儿示意祖母退开。

【音乐升腾……翻滚……

山嫚儿牵着绳头，翻腾，跳跃，像一只要挣脱缚套的母豹。

山嫚儿腾空转身，落地如纤夫背纤。

山嫚儿奋力蹬腿，人即伏地——

【鼓点骤若暴雨击瓦，继如狂风压林般催着音乐升腾到最高处戛然而止。

土屋倒下——嚣尘腾空——

【没有声音，只有隐隐约约的轰隆的回声——

【灯光急切——

【束光罩着匍匐于地的山嫚儿——

一脸灰尘的山嫚儿。长发零乱，昂着头，挺着胸，双手撑地——像一只刚捕获到猎物的山豹。

【衬字歌起——

野响野伙伙——

野响野伙伙——

【优美的音乐旋律伴随束光，嚣尘中的束光将山嫚儿送进茅棚——

【场渐暗……

【灯光分割——

——祖母在倒散的泥墙堆中蹒跚——不时颤抖着双手捡起一块墙泥——

——祖母捧起一块老墙泥，心中翻起阵阵酸楚——几代人住过的老土屋啊！

【茅棚内剪影——

【木叶声声，旋律优美——

山嫚儿划燃一根火柴——寻着油灯——点亮——

茅棚内透映出山嫚儿成熟丰腴的身影——

她舀水入盆。淅淅沥沥洗涤着身体上尘埃——

【歌声：

柔娆婀娜

袅窈娉婷

若荡漾于水波中莲蕾的倒影

如动画中的幼芽正破土萌生

尤似随风起伏于绿丛中隐隐的山茶

宛然是那躁动于母腹内蠕蠕的赤婴

【这是一组强烈的对比：灯光、音乐、形象、内涵的反差——山嫚儿弃旧图新的青春活力；老祖母依依惜别的哀哀情思。

——祖母将老墙土拾起，放进高竹背里。

——山嫚儿将十字镐套进木把，举试。

——祖母进了茅棚。

——山嫚儿将祖母扶坐，而后伏上祖母的背脊——

【一声疲惫的午夜的鸡啼——

【灯光渐暗。

【在姆妈逝去的山地——（剪影）

【歌声：

一镐下去哟火星飞迸

二镐下去舍砂石裂纹

三镐下去嘛镐头锲进

四镐下去啰砂蹦石崩

五刨六掏嗨七撬八锛

九镐一个窝嘿

十镐成了那个坑

【歌声中

山嫚儿和祖母背着高竹背沉重地走着——

山嫚儿用十字镐深深挖坑——火星飞溅——

祖母将竹背里的老墙土一块一块地填进山嫚儿挖好的坑中——

祖孙俩的劳动重复着……

【天幕上——弦月如钩。映出——第五章“邂逅”

第五章　邂逅

景：

【清晨。山脚。平坝。

【吊脚楼依岩而建。板板桥横溪而卧。小溪绕台侧，叮叮咚咚；绿竹掩砖房，隐隐约约。橱窗商品列，煤灶炊壶坐。几张石桌，半盘石磨。桌摆台左，磨斜右角。牵船摆渡，凭根竹索。溪边插牌：水泥有货。另一木牌上书——筑路民工，免费摆渡——

【柜台上的收录机放着流行音乐的调调儿。

苗青一身时髦装束、修饰。哼着流行歌曲，掸身、擦鞋、擦橱窗、收拾桌椅——

有人喊渡——

苗青急去把索摆渡，接人上岸。

过客置钱于桌。去——

他捅燃煤灶，置小型鼓风机于灶口——

煤烟四散——

山嫚儿喊渡——

他下溪摆渡。他望着喊渡人，故意放慢，边拉索边端详着对方，其间有几个下意识的招呼动作——他认出她是他儿时的同学。

船近山嫚儿，苗青热情招呼。

山嫚儿报以淡淡的微笑——她似乎习惯了这种常见的异性通病。

苗青发呆地站着，忘了把索摆渡。

山嫚儿似有所觉，自己把索拉船。

他情不自禁地拍了山嫚儿一下——

她有些愠怒，回头剜了他一眼。

苗青故意踩着船，船左右摇晃起来。

山嫚儿稳稳地站在船上。她脸上露出一丝不易察觉的微笑——她要教训这样的人——

山嫚儿紧拉几把——船飞快滑行，猛地，她转过身，冷冷地与苗青对视。

苗青顿觉尴尬——

船飞快抵岸——船的惯性把正处于难堪而无思想准备的苗青推向山嫚儿。她急伏身于船——苗青踉跄几步——接着一个“虎跳”跃过山嫚儿，再反弹起来，人就在岸上了。

山嫚儿止住笑，提起背篓矜持地信步下船。

苗青微笑着立在那里。山嫚儿想绕过他。

他拦住山嫚儿，伸出手，用拇指同食指、中指捻了几下——要过河钱。

她比拟着力争：我自己拉的船，还给钱？！耸着鼻嗤了一声，昂着头径直向前走去——

他让过——

她一甩长发，发梢扫了他的眼睛——

他一仰身——几乎倒下小溪去——

她急拉他一把……他乘势拉住她的手——

她生气地甩开他。掏出钱，拍放桌上，急步离去——

他只好双手括口，喊出她的名字——四周山峰的回声也若呼唤——

——她转身迷惑地看着他——

他请她坐下，并告诉她：我们是同学——他去将收录机按了几下，里面便播放出《让我们荡起双桨》的旋律——

【回忆——

他和她同桌，背着手听讲。

她做作业，肘伸过“三八”线。他用掌劈她的肘——她疼得跳起来，又急忙坐下——老师在训她——她狠踢他一脚——他跳起来——老师罚他——出位立正——她暗笑。

下课了，二人踢毽子——单踢，对踢，前踢，后踢，踢出高难动作，踢得花样繁多。

二人跳绳——单人摆绳二人跳——二人摆绳二人跳——眼花缭乱的绳舞。

——渐渐地，苗青搂住了她的腰——

山嫚儿惊回现实——

山嫚儿做了个鬼脸，巧妙地摆脱了他那双手——

那双手慢慢地由虚到实的左右握在了一起——

他摇着头，尴尬地站在原地——

山嫚儿用“矮子功”绕着他，学他儿时“打横捶”——揩鼻涕、垂着手、缩着脖、斜着肩、罗圈着腿的邋遢相。

二人终忍俊不禁。

他用西方的礼节请女士坐下，掏出那张买渡钱折叠、比画。将钱折如指头大小。表演：钱从手背穿透手心；钱在指缝间滑动；抛向天空不知去向；顺手一抓就又在手中；双手捏掐，一吹，纸屑飞舞——

她鼓掌夸他——

他向她躬身施礼——立身时却手捧着鲜花；一闪，鲜花变成那张纸钱——他还她买渡钱——

她婉拒、起身——

他急去将收录机点了几下——响起《同桌的你》的音乐旋律。

他解开衣扣，内衣上印有“广州”二字。略一沉吟，他急去货柜中取出一顶印有“志愿者”的帽子戴在头，并整理帽檐——

苗青向山嫚儿倾诉自己在外打工的快节奏生活、繁重的体力劳动、严格的管理、身不由己的烦躁，等等。最后，他捶着后腰哀叹自己吃不消就回来了。

他接着向山嫚儿炫耀他挣下的这份家业、固定的收入、舒心的日子……

苗青问她的近况。

她告诉他，她仍住在山上。她捋了一把长发——提起背篓笑着摊开双手：表示自己一无所有。

他邀她搬下山来，与他一起管好这店、这渡口……他向她暗示——要山嫚儿嫁给他——

【男声的歌——苗青的表述：

一颗黄豆圆又圆

推成豆腐赚大钱

平坝一月小生意

胜你岩上背朝天

野伙伙——

两三年

【女声的歌——山嫚儿的此时心态——

一盘石磨挡住眼

随着磨孔望着天

天穹深深若秋水

单凭肉眼望不断

野伙伙——

看不穿

【男女声对唱，山嫚儿同苗青的舞——

【男声：

流水推磨不用扳

水豆成浆自有缘

【女声：

豆腐成形不见水

好汁融进心里边

野伙伙——

沥不干

苗青从柜中取出一心状饰物，欲与山嫚儿挂在颈上，被其力拒……

推让间——

有人喊渡——苗青正要去摆渡，忽有一姑娘从板板桥上吆喝着过来——在柜前喊买东西。苗青稍有踌躇——便返身去柜前与买东西的姑娘百拿不厌的服务起来。

山嫚儿见状，便去下河摆渡。

姑娘试着新妆，款款洽洽。

苗青跟在左右，哼哼哈哈。

渡船靠拢，冉壮上岸——山嫚儿相继上岸。

苗青急跑过来。

冉壮将渡钱交给山嫚儿——

山嫚儿示意：交给苗青——

苗青接过钱，讪笑着返身与买衣女周旋。

冉壮看着柜台，手却去拍苗青的肩：要买东西——

苗青虚与委蛇——

冉壮见状，自去柜内取物，掷钱于桌；苗青忙过来斤斤计较，买衣女则提着长裙在一旁照镜子——

二青年相互讥讽，锱铢必较着——充分表现出青年人血气方刚、好在漂亮女性面前不甘示弱，甚而故意卖弄以炫其能的通病。

山嫚儿视若不见，自将背篓放好，进屋连抱了两包水泥来放上背篓。

山嫚儿将买水泥的零钱递与苗青。苗青接钱，数钱，找补。

冉壮翻检着选的物品，摇着头将所选物品放进柜内。

姑娘拉苗青到镜子跟前牵着裙装说长道短——

苗青却故作深沉，大度地看看物品，看看冉壮手中欲付的钱，冷笑着摇摇头，自顾自地将姑娘后背的拉链拉开——拉拢——拉开……

山嫚儿蹲身背水泥。冉壮帮扶山嫚儿。

山嫚儿背起水泥，用打杵撑住，微弯着双腿闪了三下——向冉壮示谢，然后下溪上渡——

冉壮毫不迟疑地上船为她把索拉船——

船缓缓行向对岸。

姑娘生气地脱下长裙掷给苗青——腾越而去——

苗青站在溪边望着渡船——从苗青的表情和情不自禁的动作中，可以想象出对岸的情形与他的愿望相去甚远。

他略一思索，便去提了刚才冉壮欲买的物品来，站在溪边，向对岸的冉壮摇晃，呼渡——

随着苗青的眼神，渡船靠岸——

二人十分友好地表现着——实是做与溪对岸的山嫚儿看的——敬烟、点火。略一交谈，冉壮便去屋里抱了水泥出来——苗青急取了竹背过来——冉壮又抱了两包水泥在竹背上——接过苗青左手递来的打杵，推了他右手递来的欲买物品，递过钱。脱去外衣，内衣露出字样——“优秀筑路民工”——正中一个“奖”字。

苗青接过水泥款，清点……

苗青清点完钱，抬头见冉壮内衣有“优秀筑路民工”“奖”的字样，便从手中数出钱，退给冉壮——

冉壮一脸迷惑——

苗青指指“筑路民工免费摆渡”字样的木牌，又一字一字地点过冉壮内衣上“优秀筑路民工”“奖”的字样——

冉壮以手加额向苗青敬礼——任苗青将退回的钱放入衣袋中——

冉壮蹲身——背起水泥——跪地——起身——下溪上渡。

苗青欲去为冉壮摆渡，却被买衣女又跑来缠住——

冉壮“站桩”于船，一手用打杵撑好背篓，一手拉索；船缓缓游动——

苗青提了壶搪塞着买衣女，望着对岸——

苗青发现冉壮和山嫚儿竟是同路而行——他俩从伸向舞台的“门闩石”形岩壁的小路环绕而上——（这就是山区“一声喊得应，三天走不拢”的路况。）

苗青仍提着壶仰头呆望在溪边——

远处山腹，进山公路的开山炮鸣响——

烟飞尘起——惊鸟扑天——

苗青一惊，壶落下砸在脚背——

苗青单着脚跳了几下，而后坐在地上——

买衣女笑得前俯后仰——而后用尖酸的表情鄙视着苗青——继而“拂袖”而去。

【场渐暗——

【束光——

【束光中——

苗青抱出一包水泥，放上竹背。用双手端着试了试；又去抱了一包水泥来放上竹背。苗青蹲下欲背竹背，却将竹背碰倒，被后倒的竹背拉翻——手脚抓天。

【切光——

【灯光渐明——影影绰绰的人影渐渐明朗起来——

一队人在运送房檩。有二人抬的，有一人扛的。房檩上都用红纸写有

"村民委员会捐助"字样——走过——

一队人或挑或担或扛着木板。板上红纸黄字写着"村党委及全村党员捐助"字样——走过——

一队人有的背着河沙，有的挑着红砖；有的背着水泥；有的写着"相互支援"字样；有的写着"山上山下一家亲"的字样——走过——

四个青壮汉子，抬着一根又粗又长的大梁，吼着号子，踩出节奏；梁上正中一朵大红花。花前红纸上大书：一花报春万花开——花后大书：引领千姿百态来——四人齐步踩着快节奏而过——

一队人身着印有"乡农技站"的内衣，挑着青瓦和房椽——舞蹈走过——

【二幕外——（或舞台旋转——）

一群山里人背了高高的竹背下山——

一声吆喝——一齐打杵让路——（因山路狭窄而岩壁又陡，为了安全，让路时必须有一方停住）——一队人背着沉重的竹背上，侧身踮脚而过——有人闪失，被让路人拉住。

山嫂儿和冉壮稍停后，也相继跟过——让路人一一友好地给山嫂儿搭手相扶。

一声吼，下山的结队下山去了。

上山的人群逐渐分路，各自走散——

山嫂儿和冉壮仍走走歇歇——上岩了——

【二幕开——

【夜色渐溟——

【山嫂儿的老土屋处已砌起半堵红砖墙；四周空地分放着红纸还在的檩、梁、椽、板及砖、河沙，水泥则被塑料布盖着——

正收工的工人们陆续路过与他俩打着招呼——

那队着印有"乡农技站"字样内衣的人，从屋檐散出，迎向山嫂儿，先是比画着说什么，继后有人递给山嫂儿一张印有"通知书"字样的纸；

然后逐一地和山嫚儿道别——离去——

【空地上的小桑树下，老墙泥土还未化散开，但已裂碎了。

祖母放了手中的活计在茅棚侧审视着冉壮——她眼中隐隐露出凭多年经历而形成的对男性的戒备——特别是靠近孙女的男性——

而刚刚有点成熟的山嫚儿则流露出对异性的某种希冀和热情——

他俩将水泥堆好、盖好。

祖母为他俩端来水盆。拧帕递过——

二人推让——祖母将帕分开——是两张帕拧在一起的——（祖母有着某种暗示）

……二人将用过的帕同时去水盆里搓洗——两人的头相碰了——

祖母离去——

洗完，二人将水浇于桑树根部。

祖母为冉壮端来一碗荷包蛋——推让——山嫚儿接过——递他——山嫚儿提盆去了茅棚侧；祖母去了茅棚后——山嫚儿来接过冉壮的碗——他乘势将她的手拉住——

祖母及时地擎来火把——送客的意思——祖母将火把递给冉壮，却被山嫚儿接过——

山嫚儿举着火把将他送到岩口，将火把递给他，他推谢——从挂包里取出一支手电——

【场渐暗——

一组手电光柱和火把的舞蹈——

手电光柱下山——

火把在路口摇曳——

手电光从山下摇晃着又上山来——

火把同手电光同时在空中交错——

火把舞成一条火龙滚下山去——

山嫚儿持手电在路口将手电直射下山——

【手电光渐淡——

当手电光再次闪闪烁烁的亮起后，山嫚儿正用手电光照着看那张“通知书”——山嫚儿慢慢抬起“通知书”，又慢慢抬起亮着的手电；手电光对着“通知书”——光柱将“通知书”投射到天幕上，字迹模糊，后逐渐清晰，显现出字样：通知山嫚儿同志：经研究决定，通知你参加镇“蚕桑班”的培训；请你接到通知后，速到镇农技站报到。先学习理论知识，经考试择优到县蚕桑基地实地实习。修建蚕房的一切事务，由镇派出的驻村干部代为监管……

【束光——

山嫚儿在束光中捧着“通知书”笑出一对醉人的酒窝。一旁的冉壮眼神流露出羡慕，随后便有些怅然若失的神情——

【灯光渐暗——

当手电光再次闪烁的时候，光柱根部是山嫚儿迷茫的脸庞——她已坐于桑树底下“玩”着手电——她在体味这邂逅异性的感觉——她将手电顶住下颚——再照射自己的脸——做着鬼脸，时开时关着手电——左右两边的桑丛中，不时稍纵即逝地闪现出冉壮和苗青各种神态的头像和身影——

她将手电立在桑树下，独自想自己的心事——手电光从桑枝间透向天空，显得支离破碎而有梦幻般的意境——

山风过岭，桑枝摇动。光点不定，梦幻的意境在游弋——山嫚儿的一段滚地的柔舞：她用肢体语言诠释自己复杂的心态；吐露萌动的情思——冉壮和苗青的身影、神态在桑树间时隐时现，点染山嫚儿的思绪。

【手电光透过桑枝，射向天幕，陆离的桑枝影中映出——第六章“茧象”

第六章　茧象

景：

【在山嫚儿出生、姆妈倒下的砂地——

【露如珠撒，雾若云漫，舞台如空灵虚幻的仙境，一个任思维自由驰骋的空间——

山嫚儿在浅浅的桑苗丛中捧起一捧猩红的砂土，任砂土洒落——她思绪万千——有成功的憧憬，亦有失败的忧虑——（一组阴柔的独舞）

山嫚儿奋发，努力。她捧起还未化散的老墙泥块，揉碎——培上桑苗——（刚劲的独舞）

山雾弥漫，淹没了整个舞台——山嫚儿种上桑苗的砂地——

绿桑姥渐渐茁起，像一株百年古桑。一摇动——如女性向后甩动长发——宛若女神——酷似姆妈的女神。

绿桑姥一身华贵的裙裾几乎覆没了整个舞台，华光四溢。

一群树精、花魂、小精灵，她们从绿桑姥硕大的翠绿的裙裾中陆续冒出。

她们一边嬉戏舞蹈，一边将裙裾拉开，铺满了整个舞台——山地——连两侧的焦黑的岩石也被渐渐地温暖，颜如青碧。

绿桑姥飘然蜕出裙裾——

她通体雪白晶莹，行动柔弱飘逸，若软体动物——

裙裾上萌出些新枝、嫩黄芽苞。小精灵们在新枝间或独自，或捉对，或成群舞动——（后作绿桑姥的独舞的背景）

绿桑姥蜡漩雪涌的独舞。她舞过之处，新枝上便挂上、留下缕缕白丝。小精灵们便兀自将缕缕白丝缠身滚动……

绿桑姥终有些疲惫，舞姿显得滞涩起来。

火红的太阳（男饰）清冽的月亮（女饰）追逐着、盘旋着，他俩在绿桑姥面前演绎着种种世态风情……

日月精华焕发了绿桑姥的精神——她更加奔放激越起来——

太阳和月亮循着绿桑姥滚动。渐融为一体，若阴阳结合的太极图，缓缓漫到裙裾前。

绿桑姥几个腾越大跳，踏着太极图腾起，而后便徐徐落入裙裾套中——身后拖着一缕不绝的白丝。

恍若梦中的山嫚儿循着白丝飘然而至。她左环右绕，循着绿桑姥的行踪，终于，山嫚儿找着了白丝的源头……

【灯光急切——

【束光中——

山嫚儿捋着白丝抬臂，像捧着一个硕大无朋的雪白的蚕茧——

山嫚儿欲亲吻她似捧非捧、银光熠熠的蚕茧——

【束光放大——

山嫚儿捧着的是祖母的——头。

一束光中，祖母正埋头挑竹盖中的血茧。

一束光中，三大竹盖堆尖的雪白的蚕茧。

一束光中，蚕笼堆放一角。

三支束光急速重叠于祖母的“选茧图”中——祖母银白色的椭圆的头顶，像一个大大的闪着银光的蚕茧。

山嫚儿感喟万分地将脸贴上那“银茧”——那是祖母几十年低头求土而习惯低伏的如白圭无玷的——头！

【歌声：

经历了——

如水岁月的磨洗

恩爱情仇的愁困

繁霜密雪的浸淫

寒露瘴雾的积渗

还曾有——

如刮如篦的山风

如刀如斧的冰凌

如泌如筛的月滤

如炙如烙的日熨

就这样——

漂净了青丝上的润

绞尽了黑发中的青

祖母低伏求土的头啊

才白得雪亮

白得纯净

白得没半丝儿纤尘

【束光渐淡——天幕悠远——

一对蛾子在束光中破茧而出，扑上天幕，刚排几粒蚕卵，便化如血黄斑迹浸渍天幕——

【天幕叠映出——第七章血茧

第七章　血茧

景：

【新修的一字形的红砖房。左为蚕房：六（五）面雪白光亮，两（一）窗对流通风。右为偏房（俗称“一铺水”）是祖孙俩的卧室：砖墙粗陋，铺设简朴。相近的茅棚仍在。桑已高。

祖母正将几张碎纸片——抑或是山嫚儿当年的课本、作业本逐一的粘连起来，用手卡量，端详……

祖母将挑出的拒收的血茧剪开——祖母将纸片剪成一件中式女衣（满襟）贴上木板，靠墙，端详——再将血茧片一一贴上纸模、修补。

山嫚儿兴高采烈地爬上山来。

她背着高高的竹背，提着锃亮的打杵。

她以为祖母会像往常一样，在岩口——地坝边上接她或在暗处“瞄”她。所以，她步步警惕着……她先发制人地几次扑空后，便四处寻找——时而像成熟老练的侦察兵，时而像顽童“逮猫猫”……

在又一次的先发制人中，山嫚儿的手指被断枝划破。她吮着受伤的手指，放下竹背、打杵，她猛然醒悟……她蹑近屋旁——进屋。

祖母正低头用针线连缀粘在纸模上的血茧片，时而将针在头上“擦”。

山嫚儿在祖母身后做虎状“哇”了一声。

祖母以“骤然临之而不惊”的成熟心态微微点头——表示知道她回来了。

山嫚儿伏在祖母后背撒娇——

祖母反手拍拍搭在肩上的山嫚儿的手。

山嫚儿非常夸张地缩手作十分痛苦状——

祖母没有丝毫反应——她沉浸在某种沉痛里，一时难以自拔。

山嫚儿边吹着伤指，边蹲下将伤指吹着送到祖母眼皮底下——

祖母怜爱地拿起山嫚儿的手，动身去寻找一个适合伤指的血茧。山嫚儿调皮地伸着手指，依赖祖母给她收拾——祖母打量山嫚儿，她便装着痛苦得像严霜后的菜花；祖母去挑血茧，她则洋洋自得像阳光下的山茶。

祖母将剪去两端若戒指状的血茧给山嫚儿的伤指套上——然后想去连缀她的血茧片——山嫚儿撒着娇拉她去隔壁偏房——祖母一脸慈爱，听任山嫚儿的摆弄——山嫚儿将祖母扶到床上，并给祖母盘好腿。

山嫚儿取来今日卖茧的钱，放到祖母面前。又取来储钱的木匣。

【音乐反映出两代人此时不同的心境，演绎着两代人不同的感情思绪。

祖母将钱清理好，放进小木匣——神情中只有对山嫚儿的怜爱，此外没有更多的喜悦。

祖母下床——

山嫚儿挽住欲离去的祖母，捧出一个古朴的陶罐——里面装着硬币。

山嫚儿摇着陶罐，仿佛是与音乐伴着的“沙锤”；尽管音乐和山嫚儿的舞蹈都十分动人动心，但仍没逗出祖母的欣喜之情。

山嫚儿将罐中的硬币“哗哗”地倒上床。

祖母急转身跨出偏房——越是高兴的时候，那份沉重的思绪越揪她的心呐！

祖母飞快地连缀着血茧片。山嫚儿惶惑地逡巡——既怕惊动祖母，又怕伤害了祖母。

【音乐若一根苦涩的藤萝，缓缓牵出歌声：

病蚕血茧梦难圆
剪成片片针线连
猩红斑斑
殷红点点
尤其是姆妈血未寒
拼成衣一件
化去暖九泉
再待来年春风起
绿染群山
丝被层峦
送与姆妈补妆奁

【歌声中——晚霞淡然，夜色渐浓——

山嫚儿在歌声中似乎明白了祖母那件“衣”中有老人某种情愫的寄托。

祖母完成了血茧片的连缀，以齿断线。提“衣”端详。撕去纸模——血茧衣晶莹剔透，熠熠闪光，仿佛一件微型的鸡血玉片连缀而成的价值连城的宝衣。

祖母脸上露出一丝苦笑。她捧着这件蕴含寄托的血茧衣，抒发着埋藏在心中的已久的情感——那撕心裂肺的往事和日渐好转的现实，怎不叫饱经沧桑的老人百感交集！

山嫚儿处处策应着祖母情感的宣泄。她找出香烛纸钱，捧到祖母面前——祖母因为激动后的疲惫，显得有些趔趄。山嫚儿把她扶到门外。

燃烛——

点香——

焚化纸钱——

烧血茧衣——

祖母合掌祈祷——

山嫚儿朝西天跪拜——

【音乐如泣如诉，诠释出两代人不同的心声：

——祖母倍感悲伤的是这片土地几代人都没能留住男人；更为时运不济的女人们哀叹；也为今日有如此的生机而高兴；亦为今后的日子而焦虑——山嫚儿不能永远没有男人！而哪里有可以长相厮守的男人啊！（祖母的独舞）

——山嫚儿既有艰辛的回忆，亦有成功的喜悦，更多的则是对未曾蒙面过的父母的想象、思念、祈祷……（山嫚儿的独舞）

祖孙二人（双人舞）舞蹈着，寄托哀思——

山风微微，火光骤然增亮、飘忽——

手电光横空出世。随即一声沉雄的喊山声——野伙伙——岩口忽地跃上一个人来——

冉壮背着被卷，一手提着提包，一手提着衣服，欲腾身扑火，但脚跟前燃着的香烛纸钱使他明白了——这是在祭奠——他急蹲伏下去。

祖孙俩抬起头来：

"你！夜里赶来干啥？！"

"天哪！怎么会是你？"

【半月上山，朦胧恍然——

祭火渐暗，烛光摇曳，灭。香火点点。

冉壮尴尬，歉意地立着，接受审视。

他放下背卷。

冉壮忙从提包中取出"停电宝"摁亮，以打破当下的尴尬。

他告诉祖孙俩：

（独舞）自己是来学艺的，要拜山嫚儿为老师；并从挂包里取出一张刊登山嫚儿典型报导的彩色报纸——报上有她的照片。随后取出《养蚕和蚕病防治》《桑树的育苗嫁接修剪》两本书来。

祖母和山嫚儿表现出不同的心态：

山嫚儿显得有些漠然——真正成熟的山嫚儿对异性是不轻易相信的。

祖母仍在审视——这难道就是她企盼的、能与山嫚儿长相厮守的男人么？

他褪下外衣，露出“优秀筑路民工”“奖”字样。他提过山嫚儿的竹背、打杵；他将打杵有节奏地杵地，四山回应——（冉壮的竹背打杵舞）

【歌声：

土家山水秀
打杵更风流
山里土家人
一根打杵撑背篓
沟里背出山山秀
城里背起座座楼
再背公路盘山纽
连起城乡好统筹
木打杵贴身走
山里山外写春秋

土家山水秀
秀在吊脚楼
像我土家人
双脚一挺入云头
脚下踩着风雨走

放眼云天沧海流

唱起摇滚跳摆手

学习城乡搞统筹

吊脚楼开窗口

山外风光楼里收

【歌声中——

他向祖孙俩表白：（独舞）

自己是诚心诚意来山上学艺的；也诉说他在外打工的经历和来此建设改造山区的决心——他送上一个存折，提起被卷表示：自己的全部“家当”都带来了！

稍停，冉壮在若有所思之后，打开被卷，从被卷中取出一顶印有“志愿者”的帽子戴在头上，正过帽檐，回环腾越着抒发自己——一个“青年志愿者”的意愿、心情——

冉壮的腾越在山嫚儿祖孙前戛然停住，而后将存折再一次送过去——

山嫚儿本能地躲在祖母身后——

祖母挡过存折，将他让进蚕房——

冉壮指指墙上的“守则”将“停电宝”送进偏房，自提着被卷进了茅棚。

【天云遮月——

【场暗——

茅棚内，灯亮。冉壮收拾着、铺陈着——冉壮健美般伸展着肌腱隆突的双臂的身影——（灯暗）

束光中的祖母和山嫚儿倚在蚕房门枋上。

【束光渐淡——

【天幕上满天星斗——星斗化着——第八章“双宫”

第八章　双官

景：

【翠山环抱，青葱葳蕤；雪瀑飞垂，薄如蝉翼；桑树枝叶摇曳，潭水波光潋滟；小径纵横连贯，桑树行间等距；紫葚甜熟，桑叶肥腴。

（桑、径皆为人饰：顺随冉壮、山嫚儿的舞蹈改变小径的曲直走向和桑树的行距变换——

——远山隐约飘来《走进新时代》的变奏曲。

【两侧绝壁狰狞，远崖峭峭凄迷。

（这一场是山嫚儿和冉壮的抒情舞蹈。抒真挚的友情，抒朦胧的爱情，抒炽烈的亲情。而他俩感情的递进和加深，则大都和桑与径的转换相关——

山嫚儿和冉壮背着竹背采桑叶。

他俩在采桑的过程中有目光的对视，有手的触碰，有竹背的相撞，有身体的接触。

他俩的每次触碰之后，先是急速地避开对方，后来是慢慢避开对方，再后来就有点故意让对方接触或主动触碰对方了。

他俩每次避开后，桑树的行距、小径的走向，都很快地自由组合，迅速调整成他俩必须又要再次触碰的路径——先是曲里拐弯，继是一个大弯环，再则就若铁道岔道处“扳道”样，不觉就“撞上”一条道。

他俩先是自己往自己竹背里放桑叶，后来是帮对方压紧竹背里的桑叶，再后来就是把采下的桑叶直接往对方竹背里放，压紧。

是一枝长长的新枝将他俩“挑”到一起的——

她抓住那长长的新枝，采了满满一大把桑叶，她并不知道桑树和小径正在活动——

她放开那枝新枝，新枝弹回去，枝尖的嫩叶刚刚扫着被小径“活动过来”的他的脸上——

他（借机）急捂住脸——而后迅速将手滑上眼。

她急跑过去——

他俩慢慢蹲下。桑树遮住了他俩。

渐渐地，人们从露在桑树根部的两双脚的姿势，似乎发现了什么细节——桑树慢慢散开——她却是双腿跪着在给伸直双腿坐着的他吹他眼里——或许根本就不曾有的——沙尘——她越吹他越故意把脸往前凑——她故作生气，将手松开——他装瞎眼人伸手胡抓乱摸——她发现他是在装瞎，便狠狠地给他已伸到她胸前迟疑犹豫的手掌一个手心！

【歌声：

小姑采桑进桑园

采得桑葚染指尖

照水方觉唇也染

羞捡石子打野潭

野伙伙——

小蛮蛮

不似当年麦熟初

暗借波光画葫芦

山风不解红湿处

悄然一露小桃酥

野伙伙——

小姑姑

【歌声中——

她跑下——他追下——她跑上——

他再次追上时，手上捧着紫葚。

他俩先是很文静地吃着桑葚。后来就吃出花样来了——相互把桑葚掷进对方口中；十枚桑葚为一局……她抛起桑葚，他用口接——

第一局，他胜。

——他用紫葚将她画成蛾眉仕女。

第二局，他抛桑葚，她用口接；她胜。

——她则用紫葚将他画成傩戏中的傩神。

他兴犹未尽，又去采摘桑葚……

她见他下场，急将自己的竹背藏于桑林之中——造成自己先回家了的假象——

桑树急速形成疏密有致的屏障——在稀疏隐约的遮掩下，山嫚儿宽衣纵身跃入水潭之中——水声轰隆，水花飞迸……

他捧着桑葚，四处寻找山嫚儿——

他以为她先回家了，他怅然若失。他背上竹背往回走——但桑树拦路，小径回环，牵引他又返回——

忽然，桑树慢慢疏散——现出山嫚儿的竹背，现出碧绿的潭面——

小径徐徐伸展，牵引他的步履和沉重的视线——

山嫚儿的身影——飞瀑下，她正游出水面，跃进薄如蝉翼的山瀑中——

一幅美轮美奂的鲜活的图画——

在薄如蝉翼的山瀑里，她若一枚吐丝的亮蚕般柔韧、晶莹——她左右婉转、臂绕腿曲、臀翘头昂、胸挺腹含、发飞腰柔、横斜舒卷……

空气仿佛凝固了。

时间仿佛凝固了。

冉壮仿佛凝固了。

剧场仿佛凝固了。

没有一丝风，没有一个音符。

只有淅淅沥沥的水声……

山嫚儿重新跃入水潭的声音，打破了所有的凝固——恍若清风吹皱一池春水。

冉壮转身欲离去。稍有迟疑，便把山嫚儿的竹背提起，反扣在自己的竹背上。略一回视，便急遑遑离去——（下）

桑树围护，小径恭迎——

山嫚儿扭拧着湿发探头窥视。

桑树让路——山嫚儿寻找自己的竹背——小径延伸——将山嫚儿送到岩边——

【桑树叠层，如一座翠绿的山峦——既喻示山嫚儿已下山，更为掩护换景。

山嫚儿边走边打望……她望见了山路上的冉壮——她急打量自身，露出羞涩。

山嫚儿随着弯曲凸凹的山路回家（下）

小路的另一端走出冉壮——

【送山嫚儿下山的一端小径迅速蜿蜒至桑林前——或舞台旋转——

冉壮至处，桑林散开，散置为丛——这是山嫚儿的家和蚕房。

【原来住人的偏房也做了蚕房——扩大了基业——原茅棚已是新建的很有特色的土家吊脚楼。背景是一片高高的悬崖。

祖母正在吊脚楼上望。见冉壮，急下楼。

冉壮将身一躬，一伸，双手一举，取下了山嫚儿的竹背——提放到阶沿。

山嫚儿跑上，正迎着祖母——祖母将毛巾递与山嫚儿——山嫚儿将毛巾掷给已换上白色消毒服的冉壮——山嫚儿上楼换了西装下楼——她俩很不自然地给蚕儿添桑叶——除蚕沙——

——他俩在层层的蚕架间穿梭、换叶。

——他俩都在窥视对方的心思：

——他是否看见了水潭的我？

——她是否发觉我看见了水潭中的她？

【天色渐晚——

祖母下楼，进了蚕房，拧开停电宝——

祖母发现他俩的情绪不对——

祖母发现了一只亮蚕——借此招呼他俩。

本来就是虚设的心理防线，被蚕儿吐丝结茧的喜悦击溃了！他俩拱着祖母手中那只亮蚕，把喜悦和视线交融在一起。

他俩去摆放蚕笼，不时有亲热的触碰和会心的交流——都因了这共同的成功。

祖母故意捶着后腰称累——她送祖母上楼——祖母挥手示意：不用——

他俩排放蚕笼，捉亮蚕放上蚕笼——

二人并排躬身，看蚕儿结茧。

他的手忘乎所以地搂住了她的腰——

……她终于推开了他那越来越不老实的手——顺势亮出一把剪子来——他故作害怕——她却去把旧报纸揭起、抖净桑砂，飞快地剪衣片模型——但几次都不像——她揉碎抛却——

冉壮从挂包里取出一张崭新的《中国青年报》递给她——再脱下上衣——鼓励她照着上衣再剪——

她打量着他，复又打量自身——

她脱下西装上衣，让他分手提着，自己对着西装剪着衣片模型——

山嫚儿发现他在偷偷打量她曲线毕露的身材，便让他把上衣高高地提起，遮住他的视线。

她剪得飞快——

她很满意自己的手艺——

她找来竹盖，放在空架处，将衣片模型摆进了竹盖内，招呼他——

冉壮仍高高地举着西装上衣呆立在原处。

山嫚儿夺下西装上衣拉他去欣赏她的杰作。

他俩一起去捉亮蚕来放在衣片模型上。

她提来停电宝与他一起欣赏蚕儿随着模型吐丝编织——

晚风微微，停电宝灯光渐暗（电已用完）她打了个寒噤——点亮油灯。

他脱下上衣给她披上——

他取出mp3，和山嫚儿一人戴个耳塞。

他情不自禁地模仿起蚕儿左右婉转吐丝的动作来——

山嫚儿也受到感染——

他俩纠缠着，翻滚着，交错回转，仿佛要把对方织进丝网之中。

【晚风穿山过堂，油灯火头飘忽不定——风终于吹熄了油灯——

【管乐缠绵得死去活来，如泣如诉，弦乐若一缕游丝在空谷中缥缈。人们好像随了这缕游丝飘动，只留下被抽剩的躯壳。

【山风走云，圆月悬空。月光从通风的窗口探进多情的蚕房，辉照吊脚楼下的神秘。悠悠月光荡起如水歌声：

啊

蜂儿惜花期

采花酿成蜜

蚕儿尽天职

食桑解作丝

牡丹富贵艳若斗

花期一过是空枝

啊——

埋头食桑叶

婉转吐白丝

只为清白事

一生无所期

叶青丝白无矫饰

朝朝暮暮自促织

朦胧的月光里，蚕房仿佛已不存在。满台都是蚕儿在圈中吐丝结茧——晶莹透亮的白色软体在左右婉转。前后回环——

他和她在一硕大透明的茧状物内——仿佛是从窗外投进的月光中——既像蚕儿吐丝结茧，又若情人的深情缠绵——

因茧状物的滚动，他和她的体位交错，横斜叠竖，牢牢地牵引着剧场内所有的视线——

【这是一幅恰当准确地表现奔放青春、生命活力、向上人生的图画，给视线投入者以无法抵御的震颤，心灵的撞击。

星隐云层——

月走峭崖——

【歌声：

知趣的月儿悄悄绕道走峭崖

懂事的星儿静静躲进了云层

蚕儿在女式西装纸片上倾情吐丝

人儿在乳白色的月光中吐思倾情

【慢切光——

【天幕上映出女式西装上衣纸片模型，一群蚕儿在衣片模型上吐丝铺陈，在开领的下方第一颗纽扣处，两只蚕儿在上面摇头吐丝——同结一个双宫茧——薄薄的双宫茧内，隐约着两只蚕儿相互吐丝结茧的同时，又相互纠缠的影像。以此作衬底，映出——第九章“丝祭”

第九章　丝祭

景：

【在姆妈大苦大难生活的山地，在山嫚儿哑坠的地方——

【被修剪后的桑树尤具沧桑感——

【如海苍山，如血残阳——

祖母捧着香烛纸钱，披着那丝质西装——

山嫚儿提着竹篮，内有酒、杯、“刀头（一方猪肉）”。

冉壮挟着一捆修剪下的桑枝——肩挂一支火铳。

如一组塑像——一组活动的雕塑——

【他们站的那个土包在旋转——

他们把带去的东西一一摆在地上，等待太阳下山。

祖母给山嫚儿梳理长长的黑发——

冉壮在四周的峭崖壁上寻找野花——

山嫚儿给祖母梳理长长的银发——梳理中，山嫚儿发现银发中有根黑发。

山嫚儿拈起那根黑发：一根夸张了的黑色长丝——像拨动独弦琴，像弹起了铜琵琶。

【歌声：

满头银发一丝青

一缕青丝抗霜凌

银发青丝傲岁月

也见白发驻芳魂

这一丝啊

是经霜犹未白

也许是白后又返青

啊

青丝如墨

白发似银

求过岁月的印证

有过命运的抗争

短暂的有限时空

也矗立铮铮永恒

【歌声中——

山嫚儿把祖母的长发盖在自己的头上——她仿佛成了白发老人——

她把自己的黑发盖在祖母的头上——祖母仿佛回到年轻时的光景——山嫚儿将头顶着祖母的头——长发下垂，黑白分明；晚风过时，撩得黑白相间。

山嫚儿甩着长发——是她认识岁月残酷的反应和要只争朝夕的迫切心情。

祖母若雕塑立在那里，一任山风将满头银丝吹得飞舞——这是她回答无情岁月的诤言。

周围的苗家、汉家、土家的男女老幼漫上山来——

他们都各自捧着祭祀之物——

【太阳落山了——

冉壮为山嫚儿和祖母分别挂上他采撷编织的野藤花环——

他带头点燃香烛——

摆好祭物——

酒过三巡——

点燃纸钱——

祖母解下丝质西装上衣——盖上纸钱——再压上桑枝——

仿佛燃起了一堆圣火——

【歌声在圣火般的火焰间缭乱、滑翔——

一件丝衣酬夙愿

千缕万缕织回环

洁白缣缣

银光灿灿

尤似白发经霜寒

化灰沃荒甸

催绿润晓岚

欲借山风传远信

山脊已暖

乡情正酣

问讯阿爸何时还

冉壮举着火铳连放三铳——仿佛三束礼花，绽在夜空，分外璀璨。

铜器铿锵，鼓点激越，号音袅袅。群情十分活跃——

人们跳着祭祀的舞蹈——

漫山燃起点点星火——

——舞影婆娑……

守夜的人们围着火堆拨弄，火星飞溅……

——四处犬吠。

——林间惊鹊。

——山腹鸡鸣。

——流星划过。

【夜雾渐起——

【“一件丝衣酬夙愿”的歌声又起——

祖母捧起“热灰”一处处点放——山嫂儿捧起“热灰”从指间流泻，随风而去——冉壮酹酒于地，洒酒于天，继而和乡亲们捧起“热灰”抛撒、抛撒——

【不知是滚卷的山雾还是飞扬的“热灰”，在天幕上如显影液涂过——凸露——第十章“山韵”

第十章　山韵

景：

【同第八章后场景。只是偏房已加高、扩宽，正面一溜三大间蚕房，上挂“小蚕供育室”牌子。背景中的悬崖上吊挂着一排冰柱，其中一挂硕大无朋。

几名电工正在给蚕房拉线装灯——

一名电工将一圈电线从吊脚楼窗口抛向蚕房——

山嫚儿翻着挂图给土家、苗家、汉家的姑娘、媳妇们讲着养蚕的技术、知识——

跟来的孩子们在玩游戏。

祖母给大人摆弄火盆，给孩子们山果——

冉壮带着一群小伙子上来，他们或扛或挟或抱着修剪下的桑枝——

山嫚儿抽答——姑娘、媳妇举手——

答对——

鼓掌——

小伙子们也跟着鼓掌——

姑娘、媳妇们的注意力分散——

山嫚儿巡视——集中她们的注意力——就近时，狠剜了冉壮一眼——

冉壮先是“顾左右而言他”样视而不见——

但一侧脸，随即暗示小伙子们修剪屋前屋后的桑枝——

冉壮穿梭着指导——

山嫚儿喊“下课”——全场沸腾——

一片从“春天”走进“新时代”的盎然生机……

突然，从电杆上跳下一小伙子，反复向大家做个“请安静”的手势，人们才陆续静下来。他向蚕房内外的电工招呼之后，一劈手——对方合闸——电灯亮了！

满台雀跃——

请大家安静的电工是苗青。他到院坝边上吹响木叶，山下便鼓乐齐鸣——

他舞蹈着从桑树间穿过，电工装就变成了燕尾服——

礼帽一挥，手中便擎着一红色纸牌，上书“独家赞助”四字——

他夸张着表情，到院坝边上，领着从岩口上来的姑娘小伙。

他们簇拥着一红绸盖着的音响设备，吹吹打打，舞蹈着若抬新娘。（欢乐、热烈的土、苗、汉各族人们轮番表演的群舞）

有俩姑娘若“连体人”一样，用三只脚跳着舞；在舞台中央，二人猛地分身，从相反方向旋转——腰间缠裹的红绸解开，红绸缓缓地展示出一横幅——上书：“山下志愿者倾情支援山上志愿者”的字样——

冉壮见是苗青的“独家赞助”，一股醋意上脸——

他抛了手中一束修剪下的桑枝——

他分开欢跃的人群，微眯着眼，讪笑着脸，甩甩摆摆，摇摇晃晃地学着吊儿郎当的架势舞向苗青——

他身后跟着的那群学修枝的小伙子，如线串木偶般和他同步动作——

正紧要处，冉壮忽地停住——身后的小伙子们的动作也同时定格——

原来——山嫚儿带着姑娘和媳妇们捧着一面锦旗舞过来了！——她向苗青示谢——锦旗上书“感谢无私援助”，姑娘们将锦旗送给苗青——

苗青接过，将锦旗一抖，却又是另一面锦旗，上书：山上山下同发展，城乡统筹创和谐——

冉壮借机上前——先以手加额敬礼，后弯腰鞠躬，接过锦旗——

苗青向山嫚儿做了个西方绅士“请——”的姿势——带山嫚儿去揭开组合音响上的红绸——

人们围着组合音响舞蹈——

冉壮带着小伙子们接线、插线——

冉壮向苗青做出滑稽的敬礼、请的姿势——

山嫚儿带着姑娘拉着红绸过来——

姑娘们将盖音响的红绸牵开，然后又理顺，再捏成一把——排开——成剪彩的模式——

山嫚儿将剪刀递给苗青，请他剪彩——

苗青扶过祖母——请祖母剪彩——

祖母一直颤抖着双手，在苗青的帮助下完成剪彩——

苗青请祖母按下组合音响的键——

【歌声：

老祖母的这双手啊不知该怎么办

这双老手啊真不知道该怎么动弹

是扳还是掀

是抱还是端

是摇还是用膀撼

是背还是双手牵

是用木棍使劲敲

还是手指轻轻弹

是要八人抬着颠

还是大伙推着旋转

是用两手紧紧按

还是一指指尖点

她一脸苦望山嫚儿

——我该怎么办?

我该怎么办？！

祖母没摸过从未见识过的组合音响——她颤抖着的手不敢伸出，求救般望着山嫚儿——

山嫚儿过来，捧着祖母的手——

她百感交集，以祖母的手为轴心舞蹈着。

【歌声：

把老祖母的手捧在胸前

一股热流暖透了灵犀一线

就是祖孙俩这双手啊

打破了封闭的篱樊

拆除了穷困的栅栏

让希望把大山的未来渲染

让生活的色彩从此焕然

让志愿者的芳华把大山绿遍

让青春脚步不再有弯环

携起乡亲们同旺炊爨

留住了山中大小儿男

还招来山外人的惊羡

共同创造大山的明天

山嫚儿扶着祖母的手，伸向组合音响，放在键上——

山嫚儿松开手——

人们击掌、跺脚为祖母加油——祖母颤抖着手将键按下——

【音乐大作——

老祖母一脸惊叹，乡亲们满院蹁跹——

【歌声：

一个沉睡的旧梦

却被志愿者的青春故事打动

千年凝固的沧桑

换了崭新世纪的时空

啊——双手铸青铜

啊——群情唱大风

这方古老的山水哟

化着永恒的祝颂——

每一轮新鲜的太阳

都是我们新时代的大吕黄钟

【歌声中——

天空，春云渐稀，红日已然中天，却像刚从大山深处的山巅升起——

悬崖上那挂硕大无朋的冰柱，被欢乐融下深涧——轰——

所有冰柱带着音乐的旋律依次融下深涧——组成人们舞蹈的音乐前奏——

土家族——苗族——汉族——人们都各自用不同的舞蹈酣畅淋漓地轮番展示自己……

（大幕——徐徐落下）

夏河的第一场雪

王小泗

主要人物：

章志成：汉族，男，25岁，夏河藏族福利学校支教志愿者。

杨安妮：汉族，女，23岁，夏河藏族福利学校支教志愿者。

丁显：汉族，男，56岁，河南大学美术学院教授。

南杰：藏族，男，45岁，夏河藏族福利学校校长。

加措：藏族，男，36岁，夏河藏族福利学校教导主任。

孙芳：汉族，女，29岁，夏河藏族福利学校老师。

多杰：藏族，男，30岁，夏河藏族福利学校老师。

央金：藏族，女，28岁，夏河藏族福利学校老师，擅长藏汉英语言，是多杰老师的女友。

白玛：藏族，女，28岁，因另有发展离开学校的老师。

才旦：藏族，男，12岁，五年级，留守儿童，家中只有爷爷，十分淘气。

扎西：藏族，男，约7岁，弃儿，被喇嘛捡到送来学校，插班在一年级，被章志成领养为义子。

强巴：藏族，男，16岁，五年级，孤儿，与奶奶相依为命，读书勤奋，成绩优异。

旦知草：藏族，女，15岁，五年级，丧父，家中有妈妈、哥哥、弟弟共四口人。

万德：藏族，男，16岁，五年级，单亲家庭，生活贫困。

淡入：

字幕：根据浙江绍兴志愿者章懿清支教故事改编。

1. 空镜

高原辽阔，群山逶迤，甚是苍凉，阴郁的天空中，淡灰色的云层缓缓移动。在天与地的交接处，一片亮光在高原的尽头投下一片金色的光芒。

远景：一辆面包车孤独地行驶在高原上。

2. 车里　内　日

章志成坐在司机后面的位置，把头转向车窗外。开始回忆。

3. 河南大学教育科学学院　外　日

章志成手拿书本走过校园。

画外音：夏河藏族福利学校位于甘肃夏河的一个小乡村，由一位当地喇嘛募缘筹建，校舍是一座60年代的旧粮仓，学校现有学生98名，支教老师7名，学校不收学杂费，所有资金来自社会捐赠。目前师资力量缺口较大，我们热诚欢迎全国各地的有志青年老师、毕业大学生前来支援贫困地区的教育事业。

4. 河南大学美术学院教授丁显家　内　日

章志成和他老师丁显、师母在一起吃饭。

吃到中途，丁师母：（河南话）志成，看你最近老不带劲儿，咋了？

章志成把想去支教的打算说了出来：丁师母，我已经办完了毕业手续，这几天一直在仔细考虑一件事，我打算去夏河藏族福利学校支教，正想问问丁老师的意思。

丁师母沉默。

丁显矜持，放下碗，沉思片刻：（河南话）那地儿俺好像跟一期杂志上见过，是藏区，可穷啊！那个苦你吃得消么？可不要冲动啊。

章志成：丁老师，我已经做了充分的思想准备，趁现在还年轻，想多走走看看。

丁显：（河南话）嗯……这事儿，俺不反对也不支持，还是听你爹妈的意思吧。

章志成：嗯。

丁师母给章志成夹菜，三人继续吃饭。

5. 高原上 日 外

天空阴郁，云层厚重，一派肃杀。

远景：车停在荒野里。章志成背着画板，拉着行李箱从车上走下来。

近镜头：章志成迫不及待地做了一次深呼吸，并疏松了一下筋骨。而后茫然四顾。

远景：一位虔诚的朝圣者在大地的尽头一起一伏。

6. 一组镜头

苍凉阴郁的天空下，雄伟的藏庙闪着玄冥的佛光。

经幡飘荡。

画外音：经声缠绵袅绕。

南杰喇嘛一手盲杖，一手钵盂，伫立在苍茫的高原上，袈裟飘拂，两眼意志坚毅，望着高原深处。

7. 夏河藏族福利学校 日 外

远景：一面鲜艳的五星红旗在高高的旗杆上飘扬。

一片破旧的房舍孤独地矗立在荒凉的山下。

一组镜头

破败的篮球架，

简易的单双杠，

用水泥抹面的乒乓台已经起了壳。

滴水的水龙头。

一位校工正在用锄头平整操场。

画外音（章志成）：受南杰喇嘛事迹感染，2013年3月，我只身来到夏河藏族福利学校支教，那是一段十分特殊的经历。

师生们身着节日盛装，在操场上跳起加了现代时髦元素的藏族锅庄。

章志成被大家簇拥在中间，学生旦知草将一条洁白的哈达戴在章志成脖子上。

画外音（章志成）：师生们以最热烈的方式欢迎我的到来。

8. 牧民家　夜　内

画外音（章志成）：由于学校房屋正在维修，我被学校临时安排到附近牧民家居住。

住处环境：室内摆了一张简易的陈旧木桌，旁边一把木椅，已经没有了靠背，床是由几块砖垫着的木板。被子是新的，是专门为章志成买的。

章志成洗过脸，刷过牙，在脸上抹过护肤霜。走过来安置行李，见行李被人翻过，章志成不禁一愣。

章志成拿起半开的小木匣子，发现里面的毛笔断成两截。

章志成十分生气，重重地将小木匣子拍在桌上。

9. 河南大学美术学院办公室　内　日

章志成和老师丁显一起喝茶。

丁显：（河南话）爹妈那儿说通了么？

章志成：老爸没有什么了，就是老妈还有点保留，基本没啥事儿了。

丁显：（河南话）中，既然你做了决定，老师也就莫啥可说的。读万卷书不如行万里路，去艰苦的地方磨炼磨炼对以后还是有好处的。

丁显转过身，将放在旁边的一个精致的小木盒拿过来交给章志成。

章志成接过：丁老师，这是？

丁显：（河南话）临走也莫啥给你的，其他你也用不着，这是俺收藏的毛笔，可稀罕，就送你了。

章志成：您收藏的，这么贵重，我怎么能……

丁显：（河南话）哎……收下吧，留个念想。

章志成：谢谢老师，我会好好珍藏的！

闪回结束，

章志成：是谁干的？

章志成感到身体不适。

章志成整理床铺。

铺下面垫的全是野草。

10. 空镜

黎明前淡红色的天光把山头的一棵树映在天幕上。

11. 夏河藏族福利学校　日　外

四周静寂，漆黑。

学生们陆续起床，来到室外水龙头处洗漱。

才旦和万德相互争位置。

天色渐渐明亮起来，同学们一一走出房门，提着凳子，低头向站在门口的教导主任加措行礼。

学生们借着晨光开始早读。

12. 教室里　日　内

教室里十分混乱，有的在相互追逐，有的在看书，靠后的座位上几个同学围在一起看什么，并窃窃私语。

才旦：听说这个老师是浙江的，你们知道吗？那里人说话怪怪的，每一句后面都要带上“娘希匹”三个字。

说完，有模有样地在巷道里学起来：万德你不好好学习，对得起谁呢，娘希匹……

章志成拿着教材和粉笔盒向教室走来。

看到教室里乱哄哄一派混乱，章志成在门上敲了两下。

学生们看到老师来了，连忙回到座位上，学生才旦连忙把舌头一吐，脑袋一缩，赶紧回到座位将一张地图塞进抽屉里，还是被章志成发现。

章志成：那位同学你在藏什么东西呀，拿出来给我看看可以吗？

才旦慢吞吞地从桌子下面拿出一张地图。

章志成：你们这是在干什么？

才旦展开地图，准确指出了章志成家乡的位置，并露出纯真的笑容。

才旦：老师，你的家乡是不是在这里？

章志成一看，果然是自己老家的位置：（非常感动）是的，是的，你们能找到老师的家乡，我很感动，谢谢你们！好了，同学们，现在我们开始上课。

班长强巴：起立。

众同学：老师好！

章志成：同学们好，请坐。

同学们说的同时近镜头展示“众生相”：同学们的破衣服、破裤子、破鞋子、冻伤过的脸庞、小手、耳朵、挂着鼻涕的样子……

章志成拿起粉笔，转身，在黑板上书写“章志成”三个字。

13. 学校办公室里　日　内

孙芳、央金、白玛在办公室里办公。

多杰一身运动装靠在央金办公桌边，看央金办公。

央金：滚开，也不看看是什么地方，丢人现眼的。

孙芳：什么时候吃你们的喜糖啊？

央金：谁看上他了，不看看长的什么样儿，跟猪似的。

孙芳：央姐你就不要糟践自己了，你的眼光有那么差吗，谁不知道多杰是你们草原上有名的美男子，恐怕你前脚一走，后面就会有大批的靓妹把我们的这位大帅哥抢走。到时哭都来不及。

央金：你把他说成跟唐僧似的。

多杰在旁边得意。

孙芳：嗨，新来的那位怎么样？

央金：什么怎么样？

孙芳使了一个颜色：听说还是刚从大学毕业的呢。

多杰：高文凭不等于高水平，现在内地的孩子从小就娇生惯养，一家人围着一个孩子转，把孩子都快宠上天了。哎哟喂，你们听到过没有，有个大学生，博士都读完了，但他的日常生活还是要他母亲给他打理，离开他母亲半步就无法生活。如果遇上这样的人，怎么办？我觉得加措主任对他的安排有些草率。

央金：我觉得也是啊，脚都没有站热，就把五年级这么重要的班交给他了，还兼了其他班的体育和美术。

加措板着面孔走进来。

大家一下安静下来。

加措：多杰，你今天没有课？

多杰：一、三、五年级的体育课让那个新来的老师占了，我去做什么？我正等你给我安排新的工作呢？

加：（藏语）人家来自发达地区，又是大学毕业，能够主动来这里工作，我们已经很感动了，再说人家的能力总比你多杰强吧。

多杰：主任，你不要这样夸人好不好，就不怕打击我的信心吗，我看那人就是来镀金的，待不了多久，就会离开。

加措：多杰，你越说越没边了，你现在除了继续教几个班的数学课外，把思想品德课抓起来。

多杰：（不标准的英语）OK，讷破了碰！（no problem）

孙芳、央金憋着暗暗发笑。

14. 教室里　日　内

章志成指了指黑板上的字。

章志成：以后大家可以叫我“章老师”，我很高兴担任你们的汉语文老师。下面，请大家介绍一下自己的情况，谈谈长大后的理想，让老师先好好认识一下你们，好吗?

众同学：好。

章志成：好，谁先来?

众同学举起手。

章志成：刚才喊起立的这位同学你先来。

一同学站起来：老师，我的名字叫强巴，是五年级的班长，今年十六岁，在班里我最黑，他们都叫我“非洲人”。我的家在下巴沟乡，我很小的时候就没有了爸爸和妈妈，今年爷爷也去世了，奶奶很老，身体也不好，我在家的时候一直帮奶奶干活和放羊。家里没有吃的，只有晚上能吃到一些馍馍。奶奶听说这个学校可以吃到土豆和肉，就把我送来了。

章志成：强巴，你长大后有什么理想呢?

强巴：我长大后的理想是当一名老师，帮助那些上不起学的娃娃。

章志成：好，强巴说得很好，下面哪位同学再来说说。

一位同学站起来：老师我叫旦知草，今年十五岁，我的家在卓尼，家里有妈妈、哥哥和弟弟，妈妈和弟弟身体不好，哥哥说他会照顾家里，让我来读书。我要好好学习，长大当一名医生，把他们的病治好，让他们过上幸福快乐的日子。

章志成：旦知草的理想是当一名医生。嗯，不错，老师和医生都是非常好的职业。来，下面这位同学你接下去。

一位同学站起来：老师我叫万德，今年十六岁。我的家乡在迭部，那里鸟语花香，风景很漂亮……我没有妈妈，爸爸听说这里有所不收钱的学校就把我送来了。以前学校条件不好，后来有了好心人的帮助，我们的生活越来越好了（镜头移到他身上又脏又破的衣服）。老师，我的理想是当一位歌手，把美丽的家乡用歌声唱给外面的人听。

章志成：好，万德说的也不错。

才旦在桌子下面玩篮球。章志成看了看才旦。

章志成：那位同学，你也来说说吧。

才旦磨磨蹭蹭地站起来，用手挠头发：老师，我的名字叫才旦，今年十二岁，我的家在甘加，那里有很大的草原，有很多的牛羊，还有爷爷。我的爸爸妈妈在我很小的时候就出去打工了，以前他们每月寄来一点钱，但一直没有回来，现在……（挠头，沉默片刻继续）我很想他们。我喜欢打球，我的愿望是当一名球星，可以上电视，这样爸爸妈妈在外面就能看到我，嘿嘿。

章志成：呵呵，你的理想很好，但是首先得好好学知识，知道吗？

才旦点点头：好的，老师。我跟球都会好好学习的！

章志成：别胡说，球是拿来玩的怎么会学习呢。

才旦转身指向教室角落处的篮球：老师，我没胡说，它在那儿跟我一起听着课呢。

同学们笑了起来。

才旦刚坐下，万德就拿出一个橡皮筋套在手上，将一个纸疙瘩打在才旦的脸上。

才旦：啊。

才旦跑过去，扭住万德打起来。

章志成：怎么回事？

才旦：老师，他用橡皮筋打我。

万德：我没有，我没有，我没有.....

章志成把二人分开。

加措和孙芳、央金、多杰、白玛出现在门口。

加措：（藏语）怎么回事，章老师？

央金赶快翻译汉语：怎么了，章老师？

章志成：两个学生不遵守课堂秩序，打架。

加措：（藏语）课堂上打架，这是从来没有过的事情。

央金：（汉语）课堂上打架，这是从来没有过的事情。

章志成十分尴尬，站在一边。

央金、多杰、白玛，用不屑的目光看着章志成。

加措：（藏语）你们两个跟我来。

才旦和万德低着头跟在加措身后走出教室。

央金、白玛、孙芳摇头而去。

多杰：会叫的不一定是天上的雄鹰。

多杰说后轻蔑地看了章志成一眼也走了。

15. 学校食堂　内　日

食堂里，众老师和学生祈祷。

众：（藏语）甜美的幸福生活啊，感谢让我遇见了你，这些善良可爱的人，是你们给了我丰盛可口的食物，祝愿你们也拥有甜蜜的幸福生活。

章志成不清楚祈祷内容，只有跟着做动作。

师生们开始吃饭。

看着糌粑。章志成面露为难之色。

章志成学着其他人的样子吃起糌粑。

学生们笑章志成不会吃。

旁边的藏族老师多杰：你看要这样，学着点。这里虽然落后，但一方一俗，够你学一阵子的。

章志成：知道了多杰老师，初来乍到，人生地不熟，望多杰老师以后多多关照。

多杰：以后有什么需要就找我吧，我的课没有你讲的好，但我喜欢帮人。

章志成：哪里话哦，多杰老师。三人行则必有我师嘛，以后大家共同进步。

多杰：那是，那是……

章志成没吃多少就觉得不太适应，表情痛苦，吃不下去。

孙芳把一个白馍馍拿给章志成：章老师，多杰是个直性子，虽然嘴杂，但他是一个热心肠，最爱帮助别人。你先吃这个，这里的条件就是这样，不比你们那里有名的江南鱼米之乡。

章志成接过白馍馍：谢谢，来这里就是准备吃苦的。

画外音：哎哟，哎哟……

从窗户看过去，操场上加措用戒尺打才旦和万德。

16. 学校操场　外　日

操场上，加措用戒尺打才旦和万德。

才旦干号了几声，变为啜泣。

才旦捂着手，侧过头咬牙切齿地看着万德。

章志成：主任，没有维护好课堂秩序是我的错，你干吗打孩子呢？

加措：（藏语）这两个东西一向调皮捣蛋，我看不打是不会改的。

章志成听不懂藏语，愣愣地看着教导主任加措。

路过这里的旦知草马上翻译汉语：章老师，加措老师说他们调皮捣蛋，不打不改。

章志成：不能体罚学生，这是教育法的规定。

加措愣愣地看着章志成：（藏语）教育法只有你知道，我不知道吗？切！

旦知草：（汉语）加措老师说他知道。

章志成一怔，不好再争下去。

加措：（藏语）你自己问问他们两个，你的毛笔是怎么回事吧。

旦知草同步翻译。

说完，加措气愤地离开操场。

章志成：万德，你说说这是怎么回事？

万德用手向才旦一指：是他。

才旦低下头，看着地，不说话。

闪回：

才旦路过办公室，看到了章志成没合上的行李箱，就溜进去翻看行李。

才旦把一支装在精致小木盒中的毛笔拿出来挥舞，不慎打中桌子，断成两截。

才旦紧张地把毛笔放回小木匣中，匆匆离开。

闪回结束。

章志成：知道错哪儿了吗？

才旦：知……知道。

章志成：既然你喜欢毛笔，那我以后教你画画，好吗？

才旦点点头。

章志成把手里的馍馍给才旦和万德一人分了一半。

17. 章志成住处　夜　内

章志成拖着疲惫的身躯回到住处。

章志成一下倒在床上，不曾想到床被压垮。

章志成坐在地上，低着头，长时间一动不动。

章志成慢慢抬起头，看桌子上一块没有吃完的馍馍。

章志成走过去，拿起来，一点一点掰下来塞进嘴里。

一只老鼠从墙角跑过。

章志成拾起一只鞋子向老鼠砸去。

章志成：怎么了，你也来欺负我了。

章志成睡在地上，两眼看着窗外的夜空。

18. 学生宿舍　夜　内

主任加措打着手电查房。

学生们睡姿各异，加措不时帮助孩子们纠正睡姿，盖上被子。

19. 空镜

山影黑黛，黎明前淡红色的天光把山头上的一棵树映在天幕上。

20. 学校办公室　内　日

办公室里，老师们正在议论白玛老师离开的事情。

孙芳：可惜白玛老师走了。

多杰：这里终究是留不住人的。

孙芳：本来今天晚上给她开欢送会的，想不到她昨天夜里竟然悄悄地走了。

多杰：她也是不想连累大家……到时娃娃们舍不得哭闹起来，又走不了了。

章志成拿着教材和粉笔盒走进办公室，在自己的办公桌前坐下。

章志成：你们在谈论什么?

孙芳：白玛老师昨天晚上走了，章老师，你也不会待很久的吧?

多杰：现在的人为了捞取资本什么事都做得出来，来我们这个贫困地方走一圈，回去履历表上就多了一项政治资本，无论是提干，还是考公务员都有用处。

章志成：多杰老师，我不同意你的说法，其他人我不敢妄言他们来这里的真实目的，我也不敢保证我自己能够在这里待多长时间，但我敢保证我来这里就是真心支教，我会把我知道的毫不保留地告诉这些孩子，只是我现在刚来，还没有适应这里的气候和饮食，做得不够好。

孙芳：章老师，你多心了，多杰老师说的是个别情况，他没有针对你的意思。

多杰：我就是说的他，怎么了，你看看，你看看，眼前这个人，白白净净的，头发光光的，你看，你看，脸上竟然还抹了油，这样的人像做事的吗？

章志成“嚯”地一下站起来，与多杰对视一阵：你，你，你太过分了。

章志成拿着教科书和粉笔盒出了门。

孙芳：多杰，你也太不给人家面子了。总得有个过渡期吧，人家还没适应呢。

多杰：我就看不惯娘娘腔，哪像个汉子？

21. 教室里　日　内

教室里，学生们个个死气沉沉，很不开心。

章志成走进教室，也没有人喊“起立”。

章志成：你们这是怎么了？

班长强巴站起来：老师，你不会离开我们吧？

章志成：唉，怎么又是这个问题，不会。

教室里一下欢腾起来。

才旦：这下好了，我们不会再换老师了。

22. 空镜

夕阳下的学校，静谧安详。

学校旁边巍峨肃穆的藏族寺庙经幡飘荡，熠熠闪光。

画外音：经声缠绵，法音缭绕。

校长南杰身穿藏红色袈裟站在高处俯瞰大地。

23. 章志成宿舍　内　日

画外音：键盘敲击声。

镜头特写：

两只手正在笔记本电脑键盘上快速打字。

输入标题：夏河藏族福利学校支教日记。

旁白（章志成）：今天，在这里坚持了一年的支教老师白玛离开了，因为她的离开，学生们变得更加焦虑起来，他们担心有朝一日没有老师站在讲台上给他们讲课。其实他们的需求是那样的简单……

窗外天色渐渐暗下来。

24. 南方某市　夜　内/外

南方某市繁华的夜景。

一家歌厅里，人声鼎沸，音乐强劲，人们近乎疯狂乱舞，杨安妮和她的男友也在其中。

男友：热死我了，出去透透气。

杨安妮：这环境我也不习惯，好，出去走走。

杨安妮和男友走出歌舞厅。

25. 大街上　夜　外

杨安妮和男友走在滨江大道。

男友：烦，烦，烦，我最近好烦，什么时候才是我的出头之日啊？

杨安妮：你在烦什么，看你成天不是在网上找小鲜花，就是在大街上寻觅新目标。

男友：还不是那个毕业论文，把我搞得差点精神失常。安妮，你的毕业论文方向确定没有？

杨安妮：还是原来那个方向，贫困地区的教育问题。你写得怎么样了？

男友：我啊，写一点删一点，到现在还是个题目在电脑里。

杨安妮：为什么？

男友：没有第一手资料啊。

杨安妮：没有第一手资料写出来的东西是空洞的，没有说服力。我也十分苦恼没有这方面的资源。我想我应该到老少边穷地区走一走，看一看。

男友：什么？你真的要去实地考察？

杨安妮：当然啦，否则怎么会有亲身感受呢！

男友拿出手机：吃猪肉非得自己养头猪吗？等等，我手机里正好有篇文章。你看，网站首页就是这篇关于“夏河藏族福利学校”的文章，王老师也在朋友圈转发了。你参考一下不就行了吗？

杨安妮接过手机，仔细看了起来。

男友：你看这所学校，里面说它是由一位喇嘛化缘修成，收留了百余名贫困生和孤儿，因为不收任何费用，学生和老师都没有固定的生活来源……

杨安妮看得入神。

杨安妮坚定地：嗯，我决定了——要去实地看看！

男友：啊？

26. 章志成住处　夜　内

章志成在床上已经入睡。

床边桌子上的笔记本电脑闪着蓝色的荧光。

不停响起“嘀嘀嘀”的消息提示音，许多网友纷纷留言。

画外音：

声音甲：你们学校的详细地址是哪里啊？我想寄些东西给这些孩子们。

声音乙：这些孩子看着真让人心疼。

声音丙：如果情况属实，我也想寄些东西来。

声音丁：孩子们加油！老师们加油！

画外音：忽然外面狂风大作，狂风卷着沙子让章志成住处的窗扇左右摇摆不定。

章志成赶快起床，迎着风侧着头，关上窗户。

关好窗后，章志成重新回铺睡觉，但他刚睡下去，又一骨碌翻身下了床，立即穿好衣服，拿起手电出了门。

插入镜头：狂风肆虐，教室里的一扇窗户打得啪啪乱响。

27. 野外　夜　外

章志成打着手电，跌跌撞撞，急急忙忙地向学校赶去。

狂风使他直不起腰，他只能踌躇向前。

章志成好不容易来到学校。经过几次努力才把一扇窗户关上。

加措、多杰、央金、孙芳陆续赶到学校和章志成一道关窗户，压屋顶。

孙芳：哟，没想到章老师赶在我们前头了。

章志成：我是睡不着，风来时，才记起教室的窗户没有关上。

多杰：还像个汉子。

央金：住嘴，你不说话会死人啊。章老师，你住在校外，还惦记没有关上的窗户，让我们这些住在学校里的人感到羞惭啊。

章志成：这里的风真大，我们那里从来没有刮过这么大的风。

多杰：真是少见多怪，这点风算什么，上次屋顶都被掀翻了。

插入镜头：

两束雪亮的光束从黑夜里向学校这边驶来。

不一会儿出现在学校大门门口。

孙芳：校长回来了。

28. 学校操场　外　日

晨光照在远处的山顶，天空蔚蓝，沙尘暴后的学校一片狼藉。

章志成和其他老师带着一群男同学打扫、收拾。

孙芳：我们这里气候干燥、土壤松散，一起风就容易刮起沙尘暴。

多杰：还好损失不大。

孙芳：今天周六，不上课，大家慢慢打扫，注意安全。

不一会儿，打扫完毕，男同学们蓬头垢面。

章志成：瞧你们一个个脏的……趁现在太阳开猛了，老师带你们去洗洗，走。

同学们就像鸭子似的跟在章志成后面向河边走去。

29. 学校外河边　外　日

学校外夏河边，章志成带着一群光屁股男孩在河里洗澡。

章志成穿着短裤，给一位学生抹肥皂。

大同学给小同学洗头，擦背。

才旦和其他同学打水仗。

万德在给大家唱着藏语歌曲……

30. 学校食堂　内　日

校长南杰手捻佛珠巡视了一下校园，随后走进食堂。

负责后勤的厨师正在准备午饭，孙芳在帮忙。见校长进来，连忙低头行礼：校长。

南杰：（不太流利的汉语）没事，忙你们的吧。

校长南杰一一查看正在准备的饭菜（土豆面片）。

南杰：面粉还有多少？

厨师：（看了一下袋子）大概还够两三天的。

南杰：土豆白菜呢？

厨师：还有一点，也不多了。

南杰：娃娃们有多长时间没有吃肉了。

厨师：应该有七八天了。

南杰：哦。娃娃们正在长身体啊！这么长时间没有吃上肉可不行。

厨师：（勉为其难）这……

南杰：没有你的事，是我的失职。

31. 学校操场　外　夜

校长南杰从食堂出来，走过操场。

章志成带着学生从河边回学校，二人正面相迎。

章志成低头膜拜。

南杰：（不太流利的汉语）章老师，前几天我去外面参加佛事活动了，昨天晚上才回来，没能在第一时间接待你，请多包涵。

章志成：校长，您太客气了，您为学生做的一切让我十分感动。就是受了您的感召才来到这里的。

南杰：这里生活艰苦，条件不比你的家乡，你要有思想准备啊。

章志成：我来之前就做好了充分的思想准备。这点请校长放心。

南杰：我们学校没有资金保障，所有物质都是靠社会爱心人士的捐赠，时有时无，很不稳定，学校的各种开销大，每当接济不上时，我还要出去化缘。我刚才查看了一下食堂，面粉蔬菜即将用完，娃娃们已经七八天没有吃上肉了，唉……我打算明天一早就出去，不然娃娃们要饿肚子。在这儿委屈你了，章老师。

章志成：校长，明天是周日我没有值班任务，就让我也去吧，或许能帮上点忙。

南杰点点头：好吧。

32. 甘加草原附近村庄　外　日

清晨，阳光照在山野。

校长南杰身穿红色袈裟走在前面，章志成跟随其后，沿途偷偷拍下照片。

南杰敲开一户农家的门，一位藏民老妇探身而出。

南杰：扎西德勒。

老妇：（藏语）阿克校长你好，很久不见，你们又遇到困难了吗？

南杰略显紧张，欲语还休：（藏语）是的，不好意思，现在……

老妇转身进屋，拿出半袋面粉给校长南杰。

南杰转手交给章志成。

画面叠加：

南杰、章志成二人一前一后走向人家，寺庙乞讨

……

章志成：校长，我们可以给娃娃们申请低保啊。

南杰：去过了，有的娃娃家里已经申请上了低保，但家里仍然比较困难，学校又不收学费、食宿费，所以还要另外再想办法。

章志成陷入沉思，一语不发。

画面转换：

南杰、章志成二人一前一后，背着东西，（向东）走在夕光玄冥的山岗上。

33. 学校食堂　内　日

夕阳下山，晚饭铃声响起。

老师和学生们双手合十，做饭前祈祷。

食堂工作人员往每个碗里分发羊肉片，学生们非常高兴。

章志成端着碗跟学生坐在一起，夹出两块肉片给旁边的小同学。

小同学吃得一点不剩，并拾起散落在桌上的饭粒。

34. 章志成住处　夜　内

一盏灯开启，打破黑暗，章志成坐在电脑前，将一天的见闻和学校情况、急缺物资写成长文，并配图，发在公益网站。

35. 学校教室 内 日

教室里闹哄哄一片。

章志成走进来给学生上课。

才旦的座位空着。

章志成放下课本：才旦呢？有谁知道才旦怎么没有来上课？

万德：是不是尿了裤子，不好意思来上课了。

章志成：万德你去寝室看看他在干啥？

万德站起来，欲往外走。

强巴：老师，才旦不是尿裤子，是昨天下午课外活动时，被一个老爷爷接走了，才旦不走，那个老爷爷硬把他拽走了。

章志成：你是怎么知道的？

强巴：当时我们一起打篮球。

章志成：知道了，同学们，大家先自己看书，我出去一下就回来。

36. 学校办公室 日 内

章志成急匆匆地跑进办公室。

教导主任加措一看：（藏语）有什么事，章老师？

章志成（这个时候能够勉强地听懂一些简单的藏语）：我们班有个学生被一位不明身份的老爷爷带走了。

教导主任加措：（藏语）上课打架，学生失踪，章老师你是怎么搞的，你要知道这些娃娃有的没爹，有的没娘，有的一生下来就是孤儿，我把这个班交给你，你就给我弄成这样。你如果觉得这里艰苦，不想在这里，那就请早点离开吧。

旁边办公的央金见章志成听不懂加措的藏语，便主动当起了翻译，当她翻译到“如果觉得这里艰苦，不想在这里干了，那就请你早点离开吧。”这里时改了词：“这里是比较艰苦，你得用心啊。”

章志成：谢谢主任，我这就去把他找回来。

37. 学校里　日　外

章志成从办公室出来，见一辆摩托车停在不远处，骑上摩托走了。

多杰从教室出来发现摩托不见了，是谁骑走了我的摩托，是谁，是谁？

央金：你吼什么呀，可能是章老师骑走了。

多杰：他骑我摩托干什么？

央金：找他的学生呗，刚才挨批评了。

多杰抬头看了看天色：这天马上就要变了，他人生地不熟的到哪儿去找啊？

央金：知道关心人了，还不去帮他找找。

多杰：唉。

38. 甘加草原　外　日

茫茫草原上，章志成开着摩托车。

插入镜头：

强巴：才旦把那个老爷爷喊爷爷。

章志成：他的家在哪里？

强巴：在甘加草原东南……

章志成和摩托车一下摔在草原的坑里。

多杰骑一匹枣红马跑过来。

多杰：不问清方向，这么大的草原你知道哪里是他的家？

章志成坐在地上：就是找到天边我也要把他找回来。

多杰：快上来吧，大雨马上就要来了。

章志成：摩托车。

多杰：摩托车是我的，等下回来再开，在这草原上是丢不了。

忽然天空中下起大雨。

远景：

多杰骑着马，驮着章志成疾驰在雨中。

39. 空镜

动车穿行在城市乡村，平原大山之间。

杨安妮坐在窗口心驰神往。

闪回：

杨安妮和她男友在冷战，双方互不搭理。

男友：你如果真的要去，我也没办法，只怕到时你回来时，我已经去了另一个城市。

杨安妮：你威胁我，我杨安妮最不怕的就是威胁。

男友：我知道你心里看不起我，我懦弱，小家子气，没有高远的目标和格局，不像男人……

杨安妮：你越说越离谱了。看来我们是应该分开冷静冷静了。

男友：随便。

40. 学校办公室　内　日

章志成坐在办公桌前备课。

教导主任加措走过来把一叠表格放在章志成办公桌上。

章志成：主任，这是？

加措：（藏语）县教育局要求我们学校在新学期为全部学生创建学籍，这个表格填好后还要输入到系统里，今年是第一次报，时间紧任务重，我跟校长商量了一下，认为你对电脑操作最熟练，这项工作就交给你了。事关娃娃们前程，你要按时完成，有什么需要我们配合的，就来找我。

旁边孙芳赶忙帮忙翻译。

章志成：（接过表格）好的，放心，我马上办。

章志成话说到一半，加措转身离开。

章志成问旁边的孙芳老师：加措主任今天的语气温柔了许多。

孙芳：他这个人就是这样，外表看起来十分冷酷，但是心好着呢！时间长了你就会知道的。

章志成：哦……

章志成仔细看了看表格：这些信息学校档案里有吗？

孙芳也看了一眼表格：有一些，但不是特别全，估计有些资料得重新收集。

孙芳拿出电话通讯录：过阵子我要去参加半个月的培训，这些电话号码就交给你，方便联系。

41. 章志成住处　内　夜

章志成穿着白天的单衣坐在桌前，往笔记本电脑里输入学生资料。

画面切换：

孤儿学校的夜静悄悄的。

画外音：水龙头滴水的声音。

近镜头：水龙头上的水一滴一滴滴下来。

章志成伸了伸腰，趴在桌上睡着了。

镜头转换：

才旦光着身子急匆匆从学生集体宿舍跑出来撒尿，撒完，又缩着脖子急忙跑回铺里钻进被窝里。

42. 学校教室　内　日

教室里，同学们乱成一团。

爱表现的万德表演小魔术被才旦揭穿，恼羞成怒，和才旦正欲大打出手。

正在隔壁上课的教导主任加措走进来。

才旦和万德一下坐回自己的位置上。

加措：（藏语）这节课是什么课？

众同学：（藏语）汉语文。

加措：（藏语）你们的章老师呢？

众同学：（藏语）不知道。

加措指着坐在身旁的才旦：（藏语）才旦，你去章老师寝室看看。

画面转换：

章志成在床上发高烧。

章志成挣扎着想要爬起来，可是浑身无力。

43. 学校操场 / 办公室　外　日

一群参观考察人员走进学校大门，杨安妮也在其中。

杨安妮十分兴奋。不断用手机拍下需要的镜头。

教导主任加措站在办公室窗前，透过玻璃看着这群远道而来的人。

加措：（藏语）多杰，校长和孙老师去参加教育培训会了，这阵子回不来，你汉语说的还可以，出去迎迎吧。

多杰：好的，我这就去。

多杰拿出抽屉中的哈达，走出办公室。

画外音：（多杰）我亲爱的朋友们，扎西德勒，欢迎你们远道而来。

多杰向考察团代表献上哈达。

画外音：藏族音乐响起，多杰一展歌喉。

几位同学在歌声感召下跳起欢快的藏族舞蹈，接着考察人员也加入进来。

所有人渐渐围成两个同心圆，跳起“锅庄”舞。

44. 寺院附近诊所　内 / 外　日

章志成坐在长凳上输液。

章志成：阿克曼巴，我还有许多事情要做，可以回去输吗？

阿克曼巴：我说你这个年轻人，难道你没有来这里的时候，这里就不做事情了吗。

章志成：我不来，有其他的老师负责这些工作，我来以后就是我在负责。再说，我……我一进来闻着药味就觉得身体好多了。

阿克曼巴：好吧，好吧，说不过你们这些当老师的。

章志成起身，阿克曼巴将药水瓶拿下给才旦。

阿克曼巴看着章志成，才旦出门的背影，叹了口气。

画面切换：

才旦一只手擎着药水瓶随章志成回到学校。

学校操场上，师生和杨安妮等围圈跳舞。

章志成感觉手上一阵刺痛，一看是针头脱离血管，手背肿了一个包。

章志成一下取掉输液管，咳嗽几声，向寝室走去。

杨安妮看着这一幕。

45. 学校走廊　外　日

杨安妮在学校走廊里走走停停，不时用手机拍下需要的镜头。

46. 学校操场　外　日

杨安妮坐在操场边的石阶上，和男友通过视频聊天。

男友：你到了？

杨安妮：我到了，你……

男友：我正在写论文，你好好保重，照顾好自己。

杨安妮还想说什么，男友已经挂了视频。

47. 章志成寝室　内　日 / 夜

左手淤青未散的章志成在寝室里，在他的笔记本电脑上写资料。

加措领着杨安妮走进来。

章志成缓缓站起来。

加措：（藏语）别动别动，我给你带来一位助手。

章志成和杨安妮都迷惑地看着加措，因为他说的是藏语。

见两人听不懂，加措马上改口说汉语：章老师，我给你带来一位助手。（指着杨安妮）她叫杨安妮，想留下来帮帮忙，就让她协助你完成学籍创建工作吧。

章志成：加措主任，你会说汉语啊。

加措还是板着一副生面孔：上面来电话催了，你们做事吧。

杨安妮送教导主任加措出门。

杨安妮回转身来：自我介绍一下，我叫杨安妮，东南师范大学文学院毕业生，为了完成我的毕业论文，就到这里来了。

章志成两眼看着电脑屏幕：哦，蛮好的。我叫章志成，来自浙江。（咳嗽）

杨安妮：你就是那位在网上发长文的老师？

章志成：可能是吧。

杨安妮：我是看了你写的东西才找到这个地方的。

章志成：我当初也是慕名而来。（咳嗽）

杨安妮：是吗？那就太巧了，快给我安排做点什么吧。

章志成：那就帮我把这些资料输进系统里吧。今天感冒落下了课，我还得把明天课一起备上。

章志成起身：（有点不信任）千万别输错啊！

杨安妮：（有点怨气）知道。

章志成没走几步，就是一个踉跄。

杨安妮眼疾手快，一下扶住章志成。

章志成：没事，没事，休息会儿就好了，这几天忙过头了。

章志成坐在床沿上。杨安妮找来一个杯子，欲倒杯水给章志成，但水壶里已没有水。杨安妮从她的旅行包里取出一瓶矿泉水给章志成。

杨安妮：给，就剩这瓶没喝过的了。

章志成慢慢喝下：好久没喝过这种纯净水了，感觉它都带甜味了。

杨安妮：呵呵，你休息吧，我马上帮你输资料。

章志成躺下。

48. 章志成住处　夜　内

窗外夜色沉沉，树枝摇动。

忽然几声雷响过后，大雨哗哗落下。

灯一下熄灭。

屋里黑洞洞的，杨安妮趴在桌子上一动不动。

章志成在床上呼吸急促。

屋里死一般沉寂。

大概过了两个小时，电灯亮起。

杨安妮一看手机，手机显示早上5点。

杨安妮继续往电脑里输资料。

杨安妮伸了伸懒腰，一边整理表格一边自言自语：总算大功告成。

杨安妮起身离开章志成寝室。

章志成依然睡在床上。

49. 学校教室　内　日

教室里一片混乱。

学生们叽叽喳喳闹个不停。

才旦不停地用手挠痒。

杨安妮拿着课本和粉笔盒走进教室，略显憔悴。

同学们一下安静下来，好奇地看着杨安妮。

杨安妮：同学们请坐好，你们章老师的病还没好，由我来给大家上这节课。同学们欢不欢迎啊。

众同学：欢迎。

杨安妮：现在请同学们把书翻开，今天我们上《忆江南》。大家跟着一起朗读一遍课文好吗？

众同学：好。

杨安妮：忆江南，白居易。

众同学：忆江南，白居易。

杨安妮：江南好，风景旧曾谙。

众同学：江南好，风景旧曾谙。

才旦在座位上不停地挠痒。

杨安妮：日出江花红胜火，春来……（停下）

杨安妮：那位同学你怎么了？

才旦：老师，我身上好痒啊。

杨安妮走过去：让老师看看。

才旦揭开衣服，后背上一片红斑。

杨安妮：可能是起了痱子，没事儿，下课老师给你涂点爽身粉。

才旦：谢谢老师。

杨安妮：同学们，我们接着上课。春来江水绿如蓝，能不忆江南。

众同学跟读。

50. 章志成寝室　内　日

身体好转的章志成坐在寝室桌前，杨安妮端着两碗饭走进来。

杨安妮：章老师吃饭了。

章志成：好的，谢谢，你也坐下一起吃吧。

杨安妮在旁边一个凳子上坐下：我就在这里吃。

章志成：学生们怎么样，听不听你的话？

杨安妮：学生们很听话，没有陌生感，他们确实比别人更珍惜受教育的机会。

才旦进来：老师。

章志成：才旦，吃饭没，有事吗？

才旦：老师，我吃了，我痒，杨老师说……

杨安妮放下筷子：呵呵，才旦身上起了痱子。

杨安妮搭着才旦肩膀：来，跟老师到寝室去擦点爽身粉。

47. 学校教室　内　日

章志成走进教室。

同学们都在挠痒痒。

章志成：同学们，你们怎么了？

同学七嘴八舌。

同学甲：老师，我身上好痒。

同学乙：老师我身上有红斑。

同学丙：老师我身上在流水。

章志成：这……这是怎么回事？

章志成匆匆赶回办公室。

48. 学校办公室　内　日

办公室里，教师也是七嘴八舌。

央金：我们班里很多娃娃身上发痒了，今天又增加了好几个。

多杰匆匆进来：我刚从教室过来，我们班好多娃娃身上也在发痒，几乎没法安静上课。

章志成：我们班也是这个情况，难不成是什么传染病爆发了？

加措一惊：糟了……

画外音（章志成）：就在我病愈不久，学校爆发了大规模的传染病。

49. 学校　日　外

学校一片紧张忙碌，

画外音（学校高音喇叭）：各班班主任请注意，把你们的学生全部带到操场上集合。各班班主任请注意，把你们的学生全部带到操场上集合……

全校学生被集中到操场上。

加措领着章志成。多杰、杨安妮、央金、孙芳一一检查学生的皮肤。然后把已经感染上的学生隔离到另一个地方。

杨安妮：哎呀，都怪我，前几天我们班刚发生的时候，我还以为只是痱子，怪我太大意了。

章志成：现在不是后悔的时候，趁现在还没有大面积流脓感染，得想办法控制住。

加措：我看得带几个有代表性的娃娃去县医院看看，确认娃娃们的病情，再配些药回来。上次是孙老师带去的，她比较熟悉，可是这几天培训还没结束……

杨安妮：加措主任，让我去吧，多少让我弥补弥补。

加措：这不是你的问题，是我们学校卫生条件差，没有经常性的消毒，才会造成这样的情况……

章志成：我陪安妮去吧，她上次搞学籍的时候可帮了我大忙呢。

加措：章老师，你病才刚好不久，我看就让多杰老师陪杨老师去吧，他藏语汉语说得都不错，到时可以随机应变。

50. 学校外　日　外

杨安妮带着哭哭啼啼的学生上了拖拉机。

多杰：师傅，娃娃们得了传染病，不能坐客车，情况很严重，就辛苦你带我们去县城跑一趟了。

司机发动车子：没事儿，我经常跑县城，娃娃们的事情我乐意！

画面转换：

夏河县城。

51. 学校里　外　日

央金组织那些没有被感染的同学对教室、宿舍进行彻底的大扫除。

章志成戴着口罩，用喷雾器对打扫完的教室、宿舍进行消毒。

加措在学校大门口来回徘徊。

52. 学校里　外　日

操场上火光熊熊，一口大锅正在熬制药汤。

所有患病学生被分成几个小组，老师们分别给同学们擦药。

患病同学众生相。

53. 学校厨房／教室／寝室　内　日

厨房里一片忙碌，几个大一点的学生帮厨师做藏包。

藏包出笼，厨师将它们装进干净的不锈钢盆里。

画面转换：

几个大一点的学生将藏包端到隔离室外。

章志成出门接过一大盆藏包，和其他老师一起帮忙分发给每个学生。

54. 学校　日　外

夕光照在远山，大地静谧。

操场两头分别坐着感染的孩子和没有感染的孩子。借着夕光，他们都在聚精会神的晚读。

章志成、杨安妮深深感动。

章志成：如果所有的孩子都能像这些孩子一样珍惜学习机会，大人得少操多少心啦。

杨安妮：还是条件太好了，就忘记了努力。

章志成、杨安妮走过操场看着远处茫茫群山。

55. 学校里　外　日

远山夕光金黄，四野静谧，学校静静地安卧在大山之下，周围黄叶飘零，学生们在操场上进行拔河比赛。

画外音（章志成）：这次大规模的传染病终于得到了控制，同学们完全康复，学校又恢复了往日生机。

56. 学校外河边　外　日

学校外河边灌丛里，藏族教师多杰和央金在约会。

两人相互拥抱接吻，而后两人滚在一起。

河水闪动，静静地流向远方。

杨安妮来到河边一个僻静处，见四下无人，便脱下衣服下河洗澡。

多杰趴在央金身上，透过草丛的缝隙偷看杨安妮。

央金：干什么呢，心不在焉的。

多杰低声：没有什么。

央金翻身起来，发现多杰正在偷看。

央金：我让你偷看，我让你偷看。

多杰：嘘，汉族女子最爱面子的，如果知道我们在这，会羞死的。

多杰和央金迅速穿戴好衣服，悄悄离开。

57. 拉卜楞寺　外　日

画外音：有喇嘛击佛钟三声，梵唱悠长。

拉卜楞寺全景。

章志成、杨安妮学着别人的样子，用手将身边每一个经筒拉动。

画外音：一个个经筒“咯吱咯吱”地作响。

身边许多磕长头的朝拜者。

章志成和杨安妮不知不觉来到了一处高大的院落。

路人甲：这里就是贡唐仓活佛的府邸。（他又指着院落旁边的金塔）

那是贡唐宝塔，周身用纯金铸造，里面供着不计其数的佛像佛经！

章志成、杨安妮跟着其他人一起进了大院。

58. 空镜

画外音：经声玄冥。

夏河的水静静流向远方。

夕光照在远处的山峰。

章志成和杨安妮坐在山头上，深情地看向远方。

59. 学校里　内　日

学校全景，同学们在操场上打篮球，做游戏，翻单杠……

章志成给孩子们上美术课。

才旦认真地画着中国山水画。

杨安妮在教学生们唱歌。

60. 学校校长室　内　日

校长南杰正在佛像前礼拜，拜一次就将地上的佛珠拨动一粒。

南杰的手机响。

南杰结束礼拜。

南杰接电话：（藏语）您好，哪里？

手机里一个女性用很标准的普通话说：南杰校长，我是夏河中学初一（2）班的班主任，期中考后学校要开个家长会，我们班有3位学生是你们那里出来的，他们没有家长，你们可不可以来一位老师代表一下。

南杰：（不太流利的汉语）嗯，好的，他们无论到哪里，都是我们的娃娃。

南杰放下手机，走出门。

61. 学校办公室 内 日

办公室里，教师们在备课。

南杰走进来。

大家起立致意。

南杰：大家辛苦了。中学里的老师打来电话，有几个娃娃要开家长会。多杰老师、章老师，还有杨老师你们普通话标准，就分别代表他们的家长去各班出席一下吧。

众老师：好的。

画外音（章志成）：由于从这里升到初中的同学，大都没有父母，没有亲人，我们这些老师自然就成了这些同学的父母。

64. 学校办公室 / 操场 外 日

一位身穿红色袈裟的喇嘛带着一个小孩走进学校大门。

小孩走路一瘸一拐，看上去有些胆怯。

喇嘛领着小孩走进办公室，小孩低头不语。

章志成和其他老师站起来迎接。

章志成：阿克你好，你有什么事吗？

喇嘛：这个娃娃是我在路上捡的，不知道他的家在什么地方。我看他腿上有点陈疾，可能是这个原因才被家里人……唉……你们能收留他吗？

喇嘛一边说一边把手搭在小孩背上，向前轻轻地推了一下。

章志成：这……

加措：又是一个被遗弃的孤儿，阿克，你先给娃娃办理一下入学手续吧。

喇嘛：在哪里办？

孙芳：来，我给你办。

喇嘛领着小孩走过去。

孙芳翻开入学登记表：娃娃什么名字？

喇嘛：扎西。

……

65. 学校办公室　内　夜

校长南杰在给老师们开会。

南杰：目前我们学校有4个不到5岁的娃娃。我刚才看了一下，今天送来的这个扎西虽然7岁了，但他的腿部患有严重血管瘤疾病。他们的生活起居要有专人来照顾，所以我想大家是不是可以分工认养一下？

众老师七嘴八舌，议论纷纷。

孙芳：4岁的娘毛吉交给我吧。

多杰：那我收养小达吉，我俩名字很像，有缘分。

央金：我收养嘎玛做义女。

南杰：这个扎西……这个扎西……

章志成：我来做他的爸爸吧。

南杰：好的，扎西德勒，谢谢大家。

多杰向章志成投下赞许的目光。

南杰：对了，还有一个事情，草原旅游节即将举行，我们学校要选送一个节目。这是个在公众前露脸的好机会，我看这个事情就让孙老师和杨老师来负责吧。

孙芳、杨安妮：好的，没问题。

66. 学校教室　内　夜

窗外夜色静谧，灯火通明的教室里不时传出欢声笑语。

教室聚集了许多学生，大家围在一个笔记本电脑前，看里面放的画面。

才旦：老师，这是哪个地方？

章志成：这里是深圳，是我们国家改革开放的窗口。

强巴：这里的房子好高呀。

杨安妮不时调整频道。

旦知草：老师，我知道这个地方是哪里。

章志成：旦知草，你说说这是哪里？

旦知草：这里是北京，有天安门，有人民大会堂。

万德：还有人民英雄纪念碑。

才旦：老师这些地方我们可以去看看吗？

章志成：当然可以，随时都可以去，但你们现在的任务是好好读书。

按照学生们的不同要求，章志成和杨安妮在旁边不断变换节目。

多杰：章老师，这些娃娃你是永远满足不了的，他们会把你的电脑弄坏的。

章志成：没事儿，我限制了时间，时间一到就让他们回去睡觉。

多杰：他们还会要求下次的。

章志成：呵呵呵。

旦知草：老师，这些人和声音是怎么走进电脑里的，我也可以进去吗？

章志成：当然可以啊，改天老师就教你们怎么进去，好吗？

67. 杨安妮宿舍 / 学生宿舍　内　夜

杨安妮在笔记本上写笔记。

画外音（杨安妮）：这些孩子从小生在大山，长在大山，他们的父母一辈子都没进过学堂，只会用脚步丈量村寨的土地，他们渴望了解外面的世界，哪怕只有一点点，也是他们鲜活生命中最期待的一抹色彩。对于这些黑暗中的观赏者来说，我们就像是夜空里灿烂一瞬的烟花，只有那么一会儿照亮了他们的世界。也许，他们的一生能够记住好几次烟花的灿烂。而我们的一生，更多是顾着让自己发出更亮的光芒。

68. 操场上　日　外

孙芳、杨安妮带领学生在排练舞蹈。

杨安妮拍拍手：大家注意，音乐。

随着音乐，在杨安妮的示范下，大家跳起了具有现代色彩的藏族舞蹈。

一个学生不小心扭伤了脚。

杨安妮为她冷敷消肿。

其他学生继续排练。

69. 学生宿舍　夜　内

同学们今天十分高兴。

才旦披着被子从这个床跑到那个床。几个同学从后面跑上去抓他。

万德在给其他几个同学变魔术，不时引起围观者的惊奇和笑声。

扎西蜷缩在一角，怯生生地看着大家。

一道电筒光束射过来。

同学们一下回到床上，把被子盖在头上，假装入睡。

万德和才旦还在争夺被子。万德没有争赢才旦，只好把身子裸露在外面。

章志成走进屋，一一检查大家的睡眠情况。

章志成走到万德那里：这个家伙，就是睡觉也不老实。

章志成给孩子们理正身子，盖好被子。

见扎西孤零零的在那里哭泣，章志成把他带出了学生宿舍。随手关上了学生宿舍的电灯。

70. 章志成寝室　内　夜

章志成在寝室给扎西洗澡，换衣。

章志成把扎西带到床上睡下。

章志成披上外套，打开笔记本电脑写东西。

扎西在床上睡得香甜。

章志成发完文，上床熄灯睡觉。

扎西做梦。

梦中他去了从电脑里看见的那些地方。

他十分新鲜好奇从来没有见过的高楼、大街、闪烁的霓虹，来往的车流……

扎西突然想撒尿，憋不住了，他把尿撒在裤裆里。

章志成一下醒来，揭开被子一看，床单已经湿了一大片。再看扎西，他还在梦中笑。

章志成：我的小祖宗啊，你让我睡觉不？……

71. 杨安妮寝室　内　夜

杨安妮半躺在床上和那位男友聊视频。

男友：我准备去南方应聘了，你回来和我一起去，还是继续留在那里？

杨安妮：我还没有考虑好，再给我一些时间吧。

男友：好吧，我先去那边把资料一同交上去，等你回来就直接面试了。

杨安妮：好吧。

杨安妮放下手机又打开笔记本电脑，写起日记：

这里人纯真率直，人人坦诚相待。没有商品社会中的各自为政，尔虞我诈，钩心斗角，唯利是图。我喜欢这样的环境，现在我的心好轻松，好自由，没有在内地那么累……

72. 草原上　外　日

画外音：藏语歌曲响起。

草原上绿草茵茵，一望无际。草原旅游节在这里举行。

人们载歌载舞，轮番表演节目。

老师们带着学生们走进主会场，大家都穿着传统藏服。

不一会儿，学校表演队上场，万德领唱，其他孩子欢快地跳起精心编排的舞蹈。

老师们在台下也开始舞动，章志成和杨安妮跟着节奏也跳了起来。

章志成跳得太难看，大家忍不住笑。

73. 学校教室　内　日

一位阿克在给十几位残疾儿童上“唐卡”课，他正示范、讲解着唐卡画法。

章志成路过窗口，不禁驻足观看。

才旦：老师，这个我也会着呢！（用手比画起来）

阿克看到窗外的章志成，点头示意。章志成回笑，然后离开。

74. 学校操场边　外　日

章志成坐在操场边看书。

画外音：下课铃响。

同学们走出教室。

阿克拿着他的教材（几幅最近画的比较简单的小唐卡）从教室出来。

章志成看过去。阿克向他走来。

阿克：看你不像这边人，你是哪里来的老师呀？

章志成：我是浙江来的。

阿克：哦，浙江，我以前去浙江的普陀山朝拜过呢！

章志成：那可真是太巧了，我家离普陀山只有两个多小时的路程。

阿克：是啊是啊，佛说一切都是有缘分的呢！

阿克：你喜欢唐卡吗？

阿克边说边把手中的几幅唐卡在膝盖上摊开给章志成看。

章志成：我也喜欢画画，主要接触的是国画，从来没有接触过唐卡。我看这几幅唐卡非常精细，一定花了不少心思吧！

阿克：唐卡是需要耐心，毅力的，就像修行一样。

章志成：你应该学了很多年了吧？

阿克：我是20岁那年来到拉卜楞寺的，从那个时候起就开始学习唐卡，现在已经二十多年了。

章志成：不容易不容易。

阿克：对了，浙江那么远，为什么会来到这里教书呀？

章志成：可能……就是你刚才说的“缘分”吧，我们不是做着同样的事情吗！

二人大笑。

75. 山岗上　外　日

天空湛蓝，山鹰翱翔。金色的晚霞把山野幻化成一派淡金色。

黑黛的山顶上，走着一队同学。

在一个比较平缓的地方，章志成让大家支起了画架写生。

杨安妮拉着扎西坐在山顶上，看章志成辅导学生写生。

章志成：大家休息一下，过来喝口水。

同学们停下画笔过来喝水。

万德：我来给大家跳段舞蹈。

画外音：具有时代感的藏民族音乐起。

随着音乐的节拍，许多同学纷纷加入。

扎西也一瘸一拐地跳起来。却不料被一个同学的屁股撞下山坡。

章志成见状飞身扑过去，抱着扎西一起滚下山坡。

章志成头部受伤，血流不止。

76. 章志成寝室　内　日

章志成的头包着纱布，睡在床上。

多杰和央金提着一个水果篮走进来。

多杰：章老师，我是看错人了，把你看成了那种人，嘿嘿，你现在在我心目中，就是天上的雄鹰，真正的男子汉，（多杰搓起手，不好意思）以前的那些话，望章老师不要记在心上。

央金：章老师，这是我们的一点心意，望你收下。

多杰：这是专程到县城买回来的呢，你如果不要我就拿走了。

章志成：哪有送出手的东西又带回的呢。

杨安妮走进来。

章志成：安妮来得正好，来把这些水果给大家削了。

杨安妮：这个活我乐意，我也好久没有吃上水果了。

多杰：（把两个大拇指一并）你们两个……

章志成随手拿起一个东西砸过去：去你的。

77. 学校教室 / 学生宿舍　内　日

章志成头上包着纱布走进教室上课。

章志成：同学们，我们今天……

画外音：一阵敲门声响起。

一位低年级同学：章老师，扎西躺在床上起不来。

章志成放下课本：大家先预习下一课，老师过去看看。

画面转换：

一位低年级同学跑在前面，章志成跟着来到学生宿舍，扎西正躺在床上哭泣。

章志成：扎西，你怎么了？

一位低年级同学边说边用手比画：老师，扎西的腿变得又粗又黑。

章志成挽起扎西的裤子。扎西的腿发黑肿大。

78. 兰州某医院 / 学校办公室　内　日 / 夜

兰州某医院诊室内，医生用相关仪器给扎西做系统检查。

章志成（头上包着纱布）在诊室外焦急等候检查结果。

医生开门。

章志成：医生，娃娃他怎么样？

医生：你是病人的家属吧?

章志成：算是吧。

医生：什么叫算是吧?

章志成：是这样，我是娃娃的老师，他没有父母，我就领养了他做了义子。

医生：哦……（医生边说边把章志成领进诊室，坐下。）

医生：这位老师，病人检查的结果很不理想，我们建议你们考虑截肢。

章志成：截肢?

画面转换：

学校办公室里，老师们围坐在一起。

章志成：不行，千万不能截肢，娃娃还小，不能让他成为一个身体有欠缺的人。

多杰：那怎么办? 要是继续发展，将来后果不堪设想。

章志成：据我了解，上海有专业医院，可以控制这样的病情。

教导主任加措：但凡有一线希望就要付出百分之百的努力，能不截肢就不要截肢。

章志成：我同意加措主任的观点。

加措：上海能治疗当然好，但是高昂的治疗费用学校恐怕是承担不了。

章志成：上海离我家比较近，到了那里再想办法。

加措：章老师，我需要的是你肯定的回答，你把娃娃带出去了，究竟能不能解决费用问题。

章志成：没，没有问题。

多杰：那么远的地方，出了问题谁负责?

章志成：当然是我负责!

79. 火车上　外 / 内　夜 / 日

画外音：一阵嘶鸣，一列绿皮火车奔驰在荒凉的西部，车内人满为患。

章志成蜷缩在座椅角落，把空间让给躺在座位上的扎西。

章志成摘下头上的纱布。

闪回：

杨安妮从门外进来，看着章志成，眼里立即涌出泪水。

章志成也看着杨安妮：没事，我会很快回来。

杨安妮：一个人带娃娃出远门，万事都要小心。

章志成：嗯，你放心。

闪回结束。

章志成拿出手机向家人打电话。

画面转换：

章志成的妈妈和爸爸在饭桌上吃饭。

客厅里手机响。

章志成的爸爸走过去拿起电话：喂，啊，是你啊，（章志成的妈妈走过来）啊，啊，嗯……好的，你妈妈就在身边。（转过头）志愿者章志成同志要跟你说话。

章志成的妈妈：你，志成啊，你现在在哪里？

电话里（章志成）：妈，我现在在火车上，明天下午到上海火车站，由于有事要办，就暂时不回家了。

章志成的妈妈：嗯，嗯，我明天过来接你。

章志成：不用了妈妈，我自己去就行了。

章志成的妈妈：（带轻轻啜泣声）你爸反正要到上海去，顺路，我们……

章志成望着窗外，火车穿行在夜色里。

80. 上海市　外　日

上海市景。

章志成爸爸在前面开车行驶在上海市区，他一直板着脸。

后座上，章志成抱着扎西，章志成妈妈紧紧握住章志成的手。

章志成妈妈从头到脚把章志成捏了个遍。

章志成妈妈：黑了，壮了。

81. 上海某医院病室里　内　日

扎西睡在病床上。

章志成在收拾屋里。

巡诊医生走进来检查。

主治医生把章志成拉到门外：这位同志，你的医药费已经几天没有付了，如果再不付，我们就停止下药了。

章志成：医生，你千万不能停药，一旦停药这孩子就废了。

主治医生：那就去交一下费用吧。

章志成：我们是从……

主治医生：我知道你们从什么地方来的，作为我个人是十分同情你们的，但是我们有我们的规章制度，请你理解。

章志成：那还要多少时间才能出院？

主治医生：这要看患者康复的情况了，我现在定不了。

主治医生和其他跟随人员离去。

看着高清液晶电视和窗外巍峨精美的建筑，扎西对繁华的上海充满了好奇。

扎西：章老师，您的家离这儿很近吗？这个地方真漂亮！

章志成：是啊，坐高铁不出半个小时就能到。

扎西：高铁是什么？

章志成：就是一种很快很快的火车。你好好读书，将来考到上海的大学来，就可以天天生活在这么漂亮的地方了。

扎西似懂非懂，点点头。

82. 医院旁某咖啡厅　内　日

章志成爸爸和章志成对坐在咖啡桌两边。

二人都不说话。

章志成爸爸：要我付这个孩子的医药费可以，但你必须给我个准信，什么时候回来？

章志成：爸，我……

章志成爸爸：回来教书也可以啊……志成啊，我和你妈年纪都大了，你一个月两个月不在我们身边，我们还能坚持，这一年两年见不着影子，你让我们怎么活？

章志成：可是那边更需要我啊。

章志成爸爸：你，难道你就在那里待一辈子不成？

章志成：再给我一些时间，让我好好考虑一下。

章志成爸爸：好吧，你要想清楚。（递给章志成一张卡）拿去吧，这卡上的钱是留给你将来成家立业的，你想怎么开支就怎么开支，用完了可别再向我要。

章志成接过卡，沉默不语。

83. 学校门口　外　日

一辆车从学校里开出来。

几个学生跑步跟在后面挥着手：杨老师，杨老师……

杨安妮坐在车里回望，眼里闪出泪花。

84. 空镜

树叶一片片飘落下来。山野一派萧瑟。

章志成坐在学校旁的河边看夕阳。

插入画面：

章志成和杨安妮初次见面、草原文化节跳舞时捧腹大笑、赴上海前临别不舍的场景在脑海中匆匆闪过。

多杰走到章志成身边，拍了拍章志成的肩：我相信杨安妮老师会回来的。

85. 学校操场 / 办公室 / 教室　外　日

操场上，同学做着各种活动。才旦和万德等正在打篮球，万德不慎撞到正在投球的才旦，致使篮球偏移路线，砸碎了窗户玻璃。

万德：是你把玻璃打碎的，我要告诉老师去。

才旦用手指着万德：你敢！

万德继续朝办公室走：有什么不敢的，不敢是小狗！

才旦追上来，一把揪住万德，两人打了起来。

画面转换：

办公室里，章志成在备课。

一个同学跑进来报告：老师，才旦和万德打起来了。

章志成跑出办公室。

画面转换：

才旦骑在万德身上。万德在下面挣扎。

才旦：哼，你以为我不知道，以前就是你在加措老师那儿打我的小报告，我都看见了！这股子气我憋很久了，咱们新账旧账一起算！

万德脸上出现淤青，不断挣扎。

章志成把他们拉开。

教导主任加措也闻讯赶来，牵着才旦的耳朵：跟我来。

86. 学校操场 / 办公室　外　日

章志成拿起扫把簸箕，收拾碎玻璃。

两台拖拉机开进学校。

校长南杰从车上下来：娃娃们，快来领过冬的新衣服。

老师和学生们从教室里跑出来，把车上大包小包卸下来。

章志成放下收拾好的碎玻璃，也赶过去帮忙。

操场上堆起如山的包裹。

老师和学生们急忙打开这些包裹，从里面挑选自己喜欢的衣服。

穿上新衣，学生们情不自禁地跳起舞。

画面转换：

才旦一个人被罚站在办公室外，捂着被打的手，流泪看着操场上发生的一切。

87. 空镜

夏河的水静静流淌，风呼呼作响。

学校操场边上的树落尽了叶子。

孩子们在四壁透风的教室里瑟瑟发抖。

章志成讲课的时候直打哆嗦。

画外音（章志成）：夏河的冬天已经到了。

88. 学校锅炉房 / 校长室　内　夜

近镜头：熊熊火焰。

后勤人员在锅炉房里烧锅炉。

储存的燃料已所剩无几。

画面转换：

后勤人员来到校长室。

后勤人员：校长，学校过冬的燃料已经不多了，教室里的暖炉恐怕也快用完了。

校长南杰：往年这个时候已经有人送来煤炭了，今年却迟迟没有，要是这样下去，娃娃们就要遭罪了。

后勤人员：要不还是用传统方法，动员大家去捡牛粪。

89. 草原上 / 学校操场 / 办公室　外　日

十余位精干的师生在草原上捡牛粪。

大家把牛粪装进袋子，背上拖拉机，不一会儿就收获了满满一车。

章志成和几个老师把捡来的牛粪做成饼状贴在墙上晾晒。

孙芳：章老师，第一次碰牛粪吧？

章志成：是啊，原来牛粪并不臭，而且还能做燃料，我真是第一次知道。

孙芳：这可是草原上的“一宝”，大家离不开它！

章志成：是是是，呵呵呵。

90. 办公室里　日　内

办公室里，才旦另一个同学正在打扫卫生。

章志成办公桌上的笔记本电脑闪着蓝色的荧光，引起才旦注意。

才旦翻开电脑，正想玩，不慎将旁边的水杯打翻在键盘上。

才旦赶紧找来抹布，拿起笔记本电脑擦拭，手一滑，电脑重重地掉落在地上，屏幕碎裂。

同学见状，跑出门：我要告诉老师去！你闯祸了，这可不是打几下的事情，要你赔！

才旦见自己弄坏了这么贵重的东西，惊慌失措，趁没人在场逃了出去。

91. 学校操场　外　日

教导主任加措向章志成走来：章老师，你跟我来一下。

章志成跟随加措走进办公室。

章志成看到自己的电脑掉在地上，且已破碎，弯腰将它拾起：这是谁干的！

加措：章老师，刚才有个学生来说，才旦把你的电脑弄坏了，真是对不起，娃娃还小，从来没有玩过电脑，我给你教训他。

加措：（藏语）XX同学，你去把才旦给我叫来。

XX同学探视了几个教室，边跑边喊，都没有找到才旦。

XX同学回到办公室：老师，才旦不见了！

章志成：糟了，他不会是怕挨打跑出去了吧！我去找找。

92. 路上　日　外

才旦拼命地从学校跑出来，此时天色已暗，才旦蹲坐在路边休息。

才旦感到肚子饿。

画面转换：

一个混混模样的人走在路上，一眼看到了蹲坐路边的才旦。

混混向才旦走去：小兄弟，怎么一个人坐在这里不回家呀？

才旦：我……我不敢……

镜头特写：

混混眼珠一转，露出奸笑。

混混：肚子饿了吧？

才旦：不……我不饿。

混混：我都看出来了，走吧，我请你打馆子。

混混一把抓住才旦的手。

93. 办公室　日　内

章志成回到办公室，拿起破损的电脑，准备走出办公室。

加措：有娃娃的消息没有？

章志成：没有，我找了几个地方都没有找到。

加措：你就这样放弃了？

章志成：我准备吃口饭再去找。

加措：章老师，丢了一个娃娃那可是大事，万一在外面出了什么事，怎么交代！娃娃读一次书不容易！

章志成：这……

加措：章老师，虽然这件事情原本是娃娃的不对，可是你看看你现在这态度，这个班自从你接手以后，出了多少怪事，你这个班主任有责任，有很大的责任！你必须好好反省反省，回去写份检查，晚上交给我。

94. 一组镜头

章志成和多杰、杨安妮，骑马、摩托到处寻找才旦的画面。

画外音（章志成）：几天过去了，还是没有找到才旦。

95. 章志成寝室 / 学生宿舍　内　夜

灯下，章志成写检讨。

章志成停下笔，拿出那支被才旦弄断的毛笔联想。

插入镜头：

河南大学美术学院办公室内，章志成和丁显相对而坐。

丁显：（河南话）上次你参加学校绘画比赛，那幅作品画得很好。

章志成：可惜没有拿到名次。

丁显：（河南话）没事儿。作为一个教育学院的学生，画成这样已经很好了，将来有很长的路。老师希望你将来无论走到哪里，从事什么职业都不要放弃这个爱好。

章志成：嗯。

插入镜头：

妈妈在火车站和章志成热烈拥抱。

章志成和杨安妮一起摇转经筒，一起坐在山岗上看落日。

章志成把额头放在桌上，一动不动。

画面转换：

教导主任加措巡视完学生宿舍，关上灯和门。

加措路过章志成的寝室，看到章志成，犹豫了一下，走了进了章志成的寝室。

章志成一见主任推门进来，有些惊喜：是你啊，主任，快请进。

加措走进章志成的寝室：怎么这么晚还不睡，有心事？

章志成：没什么，没什么。

加措一看是在写检讨：算了算了，还写那个干什么？

章志成微微一笑。

加措：那天的话说得有点重了，过后一想真有点后悔，我现在给你赔个不是，章老师别往心里去。

章志成倒了一杯水放在加措面前：没事没事，如果换了我，我也急。

加措：唉，这孩子真不听话！他的亲戚打过电话没有？

章志成：嗯，他爷爷那里我们已经去过了，到现在还没有发现他有哪些亲戚，放心吧主任，我一定会把他找回来。

加措：章老师，我看你从上海回来后一直心神不宁的，是不是发生了什么事情？

章志成：我……

加措：我知道，咱们学校条件实在太差，没有经费，也没有前途，就那么几个老师，忙里忙外的，大家很少有空闲时间做自己的事情。我看到过无数的支教老师和支教团来了又走，这里终究是留不住人的。可是娃娃们……

章志成：主任，我不是这个意思，我说过，我不敢保证能够在这里待多久，但只要待一天，就要做好一天的工作。

加措伸手示意章志成别说话：学校办学十年，我在这里也有十年了。当初也没有想到自己会待这么久，可谁料娃娃他娘生产不久就去世了，因为娃娃还小，我就把他接来这里照顾，在这读书，所以我也就在这里扎下了根，不走了。但是你不一样，你在外面有家庭，在大城市有发展机会，你如果永远扎根在这个穷乡僻壤，不往更高处走，将来会后悔的。

章志成十分惊讶加措的一番话。

画面转换：

窗户上两个人的身影越拉越长。

96. 学校操场　外　日

画外音（章志成）：在夏河结冰前，终于有人送来了过冬的燃料。

章志成和其他老师卸煤炭，整个人乌漆墨黑，但大家看着煤炭都露出了笑容，一排排牙齿格外显眼。

画面转换：

近镜头：一根火柴燃起。

教室里，学生们围着炉子取暖。

章志成进来，坐在他们中间，用手烤火。

章志成：真暖和啊。

围坐一起的同学们脸上洋溢着满足的笑容。

章志成无意间转过头，将目光投向教室角落，才旦的篮球孤零零放在那里。

画面转换：

某黑心煤矿中，才旦正在采煤，身边不时传来骂声。

才旦暗暗啜泣，被逼着工作。

章志成开始回忆。

插入镜头：

第一堂课时才旦作自我介绍时的场景。

才旦：老师，我的理想是当一名球星……我跟球都会好好学习的！

才旦转过身指向教室角落处的篮球：它在那儿跟我一起听着课呢。

画面转换：

章志成从记忆中回到现实，两只手摩挲着烤着火。

97. 学校办公室 / 章志成寝室　外　日

天空下起了大雪，到处白茫茫的一片。

鲜艳的五星红旗在洁白的操场上飘扬。

章志成看了看办公桌上的日历。

画外音（章志成）：年关越来越近，究竟是去是留，我的心越来越摇摆不定。

画面转换：

灯光下，章志成在写《辞职报告》。

章志成写写停停，最终勉强写完。

98. 学校教室 / 才旦家　内　日。

章志成在教室黑板上写满了期末复习内容，放下粉笔。

画外音：一阵下课铃声响过。

章志成：好，今天就到这里，马上就是期末考试了，大家要认真复习。

章志成拿起教材和粉笔准备离开，稍做犹豫，又放下东西。

章志成：同学们，有件事情我想……

班长强巴突然站起来：老师您是不是要走了？

章志成点点头。

学生们反响强烈，教室里喧嚣不止，其他班级下课的学生围在窗口。

画外音：几声敲门声传来。

才旦奇迹般地出现在门口，旁边站着一位警察同志。

章志成：才旦，你跑到哪里去了，这些天你可把我们急坏了！呀，你身上怎么还有伤口！

才旦低下头扯衣角：老师，对不起，我闯了祸，还让您担心了。

警察：这个娃娃是我们突击检查一个黑心煤窑时解救出来的，据他回忆是被一个混混拐卖进去的，目前有关违法人员已经全部落网。

章志成一把抱住才旦：回来就好，回来就好，以后绝不可以再这样做，外面很危险的！

才旦点点头：老师，刚才在门口听班长说，您要离开我们是吗？

章志成看着学生们，沉默不语。

才旦：老师，是不是我不听话，老师，我以后不淘气了，一定听你的话，好好学习。

章志成：不是不是……（章志成边说边给才旦拭泪）

才旦：老师，您不要走，您答应过我们不会走的。

门外，扎西一跛一跛地跑进来：爸，爸爸，爸爸。

章志成眼中的泪水夺眶而出，紧紧地抱住了扎西和才旦。

99. 学校教室 内 日。

画外音：学生们朗读《我爱美好的生活》声音。

蓝天上的云朵啊，请告诉我，你站得那样高，看到了什么？

草地里的小河啊，请告诉我，你哗啦啦地奔跑着，唱着什么？

巍峨的大山啊，请告诉我，你静静地沉默着，思索着什么？

我想知道的不仅是——山川、河海、云朵；我想知道的呀，还有许多许多……

因为生活是美好的，我爱美好的生活。

章志成在教室里转着，停下脚步站在窗口望着茫茫雪域。

苍茫的原野上，一位身着国旗红羽绒服，项戴黄色围巾，身后拖着一个行李箱的人向学校这边走来。

章志成定眼一看是杨安妮。

字幕：2016年9月，夏河藏族福利学校被夏河县教育局接管，校内96名学生全部转到公办学校就读。

八 座 坟

许卫国

主要人物：

邱雨晴：女，曾经的村妇救会主任，青年至老年。

臧寒春：男，曾经的新四军战士，青年至中年。

裴成伟：男，曾经的新四军连长，青年至老年。

护　士：女，曾经的新四军护士，青年。

伤　员：男，曾经的新四军班，青年。

老　人：男，农民，老年。

臧云远：男，基层干部寒春之子，少年、中年。

小鬼头：男，暴发户，中年。

解放军：男，裴成伟秘书，中年。

男女老少若干人。

民兵甲、乙。

日伪军甲乙丙。

第一场　送别

【淮北农村。深冬季节。夜半三更。远处传来隐隐鸡鸣，近处老树静穆。轻雾如纱。一侧草屋昏黄的灯光。

【一对青年夫妇在打着手语，慌慌张张地收拾包裹。

【妻子向里屋张望，蹑手蹑脚。

雨晴：走吧，趁妈妈还没醒。

【寒春转身又回，朝里屋望去，抹把眼泪出门。

寒春：雨晴，孩子和妈妈都交给你了。

雨晴：放心，你就安心去吧。

寒春：雨晴，父亲走的早，母亲腿脚不好，卧床不起，本来她就指望我这个独生儿子。现在，这个家就指望你了。

雨晴：你就不要再说了。这几天我想来想去，还是你说得对，你看那些畜生今天这里放火，明天那里杀人，不打跑这些畜生，我们在家也过不上安稳的日子。

【里屋。

婆婆：半夜三更你们不睡都干什么啊？鬼子又来了？

【夫妇二人，屏住呼吸。

雨晴：（假装睡意蒙眬）妈，没有，你睡吧。我给孩子换尿布呢。

婆婆：别着凉了噢。还要我起去啊？来，扶我起来。

雨晴：妈，您腿脚不便，我换好了。

婆婆：昨晚寒春多咱回来的？

雨晴：妈，他睡得正香呢。

婆婆：兵荒马乱的，不要叫他乱跑啊，枪子不长眼那。

雨晴：知道了，妈，你就安心睡吧。

婆婆：雨晴，你叫寒春跟我说话。

雨晴：他睡得好沉噢。

婆婆：不行，你弄醒他。

雨晴：寒春，寒春，你醒醒，妈要和你说话呢。

寒春：（假意困倦）妈，我真的没上哪去，你就安心睡吧。趁天没亮我再迷盹一会。

婆婆：那就睡吧。

【寒春背上包裹。雨晴抓住寒春双手。

雨晴（唱）：人都说儿行千里母担忧

寒春（唱）：人都说老婆孩子热炕头

雨晴（唱）：谁忍心半夜三更把丈夫送走

寒春（唱）：谁愿意寒冬腊月与亲人分手

雨晴（唱）：这一去至少也得三五秋

寒春（唱）：这一去家里家外的担子都在你肩头

雨晴（唱）：这叫我是送还是留

这叫我上前还是退后

寒春（唱）：雨晴你放宽心，

你叫妈妈也别担忧

扛枪打鬼子为乡亲们去报仇

门前栽棵小桃树，三年花枝头

花落结了桃，我回来把桃收

【大树下，拥别，凝视小窗，遂四处张望

幕后（唱）：

借月光再看看亲爱的老娘

趁夜色再看看我的家乡

顶着三九风，

踩着五更霜

夫妻分别大树旁

雨晴：要走就快走吧，天一亮，到处都是鬼子就走不掉了。

寒春：雨晴，老娘要是问我去哪了，你就说我去蚌埠那边做买卖了。

雨晴：知道了。

寒春：雨晴，万一我有个三长两短，你要——

雨晴：（捂住寒春嘴）桃子熟了的时候，你要戴着大红花回来。

第二场　安灵

【又一个晚上。家中。

【雨晴坐在床边。把孩子哄睡。做鞋。

【内屋婆婆：雨晴啊，寒春做生意还没回来吗?

雨晴（朝里）：妈，寒春让人带信来了。那边生意可好了，一天那能赚三斗小麦呢。走不开啊，他说桃树开花就回来了。

婆婆：那桃树开花没有啊?

雨晴：还没过年呢，雪还没化呢。

婆婆：唵?要过年了，寒春过年也不回来过了?

雨晴：妈，这年月手里没一分钱，什么过年不过年的，等到寒春赚了大钱回来，我们啊，一年过两次，要不我们就天天过年。

婆婆（喜忧参半嘿嘿一笑）：那你托人带信给寒春啊，在外面莫乱跑，别惹事，老不要欺，少不要骗，晚上要早早睡，钱财不要招人眼。

雨晴：没事。他也不是孩子了。

婆婆：那过年谁给他大上坟烧纸，人家那边也要花钱呢，我这腿到冬天就成废物了啊。

雨晴：妈，我和你大孙子去。

婆婆：要是寒春在家，也能给他大坟上添点土。

雨晴：妈，你放心。你睡吧，我也要睡了。

婆婆：那还不吹灯？

雨晴：妈，这就吹了。

唱：

月儿挂在大树上

看孩子闭着小眼睡得正香

白日里照顾孩子伺候娘

还要洗衣做饭耕田种粮

妇救会我把主任来当

做军鞋，送军粮，放哨站岗

从早到晚东奔西忙

鸡叫三遍，月落西墙

放下了手中的针线活，我洗脚上床

【吹灯。门外急促敲门声。

【点灯。侧耳细听。开门。

【大树下，摆着九具被单掩盖的尸体。一个民兵带着连长过来。

连长：你就是邱主任？

雨晴：（略显慌张）我是，你是？什么事？

连长：邱主任，我是新四军九旅26团二营四连连长裴成伟。

雨晴：啊，这是？（后退一步）

连长：这是这次反扫荡前线牺牲的我们战友。六个是你们当地人，一个山东人，两个河南人。最大二十岁，最小才十五岁。哎，名字也记不清了。眼下，鬼子大部队正从泗县增援，军情紧急，部队要转移外线作战。这九位战友的遗体，就交给你妇救会掩埋了。喏，这是买棺材的钱。我得走了。

雨晴：啊，会不会有他？（打自己嘴巴）会不会？不会，不会！【目送连长远去，呆立，半晌，见遗体，慌张后退，又战战兢兢向前，触电般一个个掀起盖头，又慢慢放下。对民兵：快，快去把民兵喊来。

唱：看面前九个人

又面熟来又面生

他们好像是寒春

他们又像是我的弟兄

他们是，他们是——

他们都是父母亲骨肉

他们都是我最亲的人

他们本该耕田种地孝敬双亲

他们本该生儿育女照顾家人

可恨那日本强盗豺狼种

烧杀抢掠剜肉挖心

同志们，弟兄们

你们的命好苦

你们的骨头硬

你们都是为咱老百姓

雨晴我对天发誓，你们听

这辈子我陪你们守你们到临终

我死后，我的儿女再继承

我保证再不让你们受冷风吹，

再不让你们挨雨雪淋

我保证平日里早早晚晚常照应

逢年过节我烧纸钱不比他人少一分

寒春哪我听到你那里的枪炮声

你可要多打鬼子报仇雪恨

你也要处处注意加小心

开春我就把桃树栽

等你等到桃子红

我们把桃子献给九位亲弟兄

【男女几人陆续上。

雨晴：你们过来，两人一组，给他们洗洗身子，衣帽整理好再下葬。

【一妇女，掀开被单，“妈呀”吓昏倒。

雨晴：同志们，乡亲们，不要怕，这都是我们的亲弟兄，都是打日本鬼子的大英雄，怕什么怕？

【雨晴跪在地上，带头用毛巾擦洗烈士面部，整理衣服。

雨晴：弟弟呀，姐给你洗脸了，姐给你们洗得干干净净、漂漂亮亮的，去那边好好睡一觉，好好歇着。瞧，衣服也撕破了，姐这就给你补好，整整齐齐的，到哪儿都像个战士，啊，你们是我孩子的九个舅舅，等孩子能讲话了，我带他来喊你们舅舅，逢年过节我叫他给舅舅送钱花，送好吃好喝的给舅舅，你们都听到了吗？（雨晴泣不成声，趴到战士身上痛哭）

民兵甲：报告，这位最小兄弟鞋子丢了。

雨晴：看看你脚上的还合适？

民兵甲：这，我——

雨晴：（脱鞋）好了，这孩子才十五岁，姐姐的鞋给他穿正合适。

民兵乙：报告，全村子都找遍了，只有七口棺材。

雨晴：不行，他们九个人。一定要每人一口棺材，活着没住上好房子，到阴间一定要让他们住得舒坦，宽宽敞敞的。

【一个老人上来。

老人：我听到你们挨家挨户找棺材，我那棺材啊原来怕鬼子来抢的，就藏在草堆里了，谁也不知道。我听说你们找棺材给我们队伍烈士用，我就想啊，我不配，给这些孩子们用吧。

雨晴：四表叔，这，那——

老人：什么这、那的，我这把老骨头没用了。老婆子叫鬼子打死了，儿子也叫鬼子抓走了，打鬼子我使不上劲了。我死了，你们就用席子把我卷了，给埋了就行了。

【枪声时现，渐近。

雨晴：这，也才八口棺材。来不及了。

老人：啊，这样，我那棺材大，这孩子个头太小，弟兄俩住一起，也不是没有的。

雨晴：好吧，四表叔，谢谢你了。等打走了鬼子，我们给打一口新的。同志们，抓紧时间。天亮之前到小树林，把这些弟兄们安葬好。千万不能让敌人发现，更不能落入敌人手中。

【纷纷抬着担架下。大屏幕出现八座坟。

第三场　义举

【伤员纷纷抬过，新四军护士小燕子，教雨晴包扎、护理。

护士：雨晴姐姐，你真是心灵手巧啊，你到我们部队上来吧。

雨晴：燕子妹妹，你以为我不想去？

护士：那就去呗。

雨晴（唱）：

上有婆婆下有儿

丈夫参军不在家

可怜公公死得早

三亩薄田也得我耕来得我耙

自从去年参加了妇救会

里里外外一把抓

我多想当一名女战士

扛枪骑马把敌杀！

护士：姐姐，你要是到部队那一定是个好战士！

雨晴：要是一人能分两半就好了。不过区长也说了，前方后方一个样，都是杀敌好战场。

护士：姐姐，你过来，这个伤员大腿伤势很重，怕是不能随大部队转移了。你看——

雨晴：看什么看，留下来，我们一个庄子还养不活一个抗日兄弟？

护士：那就——？

雨晴：就什么就，抬我家去！

【民兵把伤员抬到屋子里。

【雨晴忙着烧水。

护士：姐姐，我要随大部队上前线了，这位同志就托付你了。

【枪声渐近，护士等退下

【一个日军，两个伪军。上。

鬼子：伤病员不会走远。你们的挨家挨户给我搜。

【鬼子进了雨晴家。

雨晴：你们找谁啊？

伪军甲：皇军问你，可有新四军藏在你家？

雨晴：我外爹就是被新四军打死的，我怎么能藏他们在家？

伪军甲：你外爹是干什么的？

雨晴：和你们一样。

【伪军甲向鬼子耳语。

伪军：太君，是自己人。

鬼子：八嘎，这里的刁民大大的，别听她胡说，搜！

【伪军掀被子，发现伤员。

雨晴：别动，别动，他是快死的人了。

鬼子：这是什么人？嗯！

伪军甲：太君问你，这是什么人？

鬼子：说，说不出来，你们一家统统枪毙！

【刀指雨晴。

雨晴：是，是我男人！

鬼子：男人哪有在家睡大觉的，嗯？

婆婆：雨晴啊，外边怎么了？谁是你男人？寒春回来了？快，扶我起来呀！

【鬼子闻声，鬼子刀往里指，伪军乙进去。

伪军乙：报告太君，里面又睡一个老太太。

鬼子：这是怎么回事？说！不说，统统带走！

【雨晴歪头，猛然咬破嘴唇，鲜血流出，然后猛烈咳嗽，似弱不禁风，欲栽倒状。

【鬼子、伪军皆惊讶。

雨晴（唱）：

我说你们仔细听

我一家四口都得了痨病

这病传得快，来得凶

碰上谁不死也得要半条命

你去看看

我公公坟头上土还没干

我男人到现在还昏迷不醒

我婆婆卧床三年手脚都不灵

到如今轮到我，口吐鲜血脑子疼

浑身上下一阵热来一阵冷

头晕眼花胸口闷

不信你闻闻我喘的气

那苦辣味儿比臭鱼还腥

【雨晴头伸向鬼子，鬼子捂住鼻子，气急败坏跑出门。

【雨晴望鬼子远去，长吁一口。低声问伤员话。喂茶饭。

婆婆：雨晴，外面是谁在哼啊？是寒春吗？他怎么了？

雨晴：妈，我做饭了，一会端给你。

婆婆：雨晴，我问你外边有人吧？

雨晴：没有啊。

婆婆：雨晴，不是当妈的啰唆小心眼，我守寡都十年了，我在外没跟男人单独说过一句话，更没人把男人带回家。这寒春走几天那？你，你扶我起来！我看是什么人？！

【呻吟停止。

雨晴：人都走了。妈。

唱：

从小妈就教我女儿经

三纲五常我记在心

嫁鸡嫁狗都随命

嫁给扁担也要扛在身

为救亲人骗鬼子

我咬破嘴唇鲜血淋

面对恶魔鬼子兵

万般无奈把伤员说成我男人

【婆婆哭泣。

第四场　重逢

【八年以后。

【杭州城，标语：抗美援朝，保家卫国！

【雨晴背着包裹，手拎大蒜辫，红辣椒串，东张西望。

雨晴（唱）：

转眼就是七八年

共产党领导地覆天翻

寒春来信要我前来探看

我一路奔波好为难

我问李四我问张三

东边拐，南边弯

左手往北，右脚向南

下了车，又坐船

爬了坡，又翻了山

三天三夜才摸到杭州湾

左瞧瞧，右看看

楼房高，马路宽

下雨也能把绣花鞋来穿

手拿寒春一封信

走一段，问一段

不觉来到军营门前

【问女战士。

雨晴：小妹妹，你们这里有臧寒春吗?

护士：你是哪里来的?

雨晴：我是淮北来的

护士：淮北?咦，你是雨晴大姐吧。哎呀，真是太巧了！走，你家寒春现在是我们指导员和文化教员呢。

【走进一个房间。护士摇起电话。

护士：喂，喂，给我接臧指导员。喂，你是指导员，告诉你一个好消息，对，大姐来了。喂，带点香蕉橘子来噢。

雨晴：这是什么东西，叫人来就来了?要什么就有什么?是宝贝吗?

护士：这是电话。这在杭州不稀罕。那以前我们送信不都是步跑啊，骑马去报信吗，现在千里万里都能说上话。

雨晴：对面这房子怎么这么高啊？

护士：这在杭州还不算高，高的都到云彩里喽。这就是抗战那会我们说的楼上楼下，电灯电话。

【护士拉开电灯。

护士：大姐你瞧，这就是电灯，好亮啊，地上掉根针都看得清清楚楚。

雨晴：这灯不要油吧？

护士：不要，手一拉就亮，再拉就灭了。

雨晴：我们现在还用油灯，火柴一点就亮，嘴一吹就灭。

护士：（拿热水瓶）啊，你们那里将来也要换电灯的。来，喝点开水，一路辛苦。

雨晴：你们热水不是放在锅里？

护士：大姐，我们这是暖水瓶，开水放在里面三天都热乎乎的。

雨晴：真的？这个好。冬天有这个真好。

【寒春拎着香蕉橘子上。

寒春：雨晴，雨晴，你来了。本来想去车站接你，也不知道你哪天到。

雨晴：（无言打量）这不就到了。信你也收到了？

寒春：收到了。你还真行，一奔头就找到了。

雨晴：鼻子下边就是路，我一路拿你的信和你画的地图给人看，问了一路人，碰巧遇到燕子妹妹了，我还能找不到？

寒春：燕子都是护士长了。不能叫燕子了。

护士：雨晴姐就能叫我燕子。雨晴姐，你要是在部队，现在连长都差不离了。

雨晴：我这一辈就这事窝心啊。

护士：不说了，来吃这个。

雨晴：这是什么？能吃吗？

护士：这就是刚才我在电话里说的橘子香蕉。

雨晴：（抚摸电话，自言自语）这东西还真好，叫谁来谁就来，要什么就带什么来。

护士：（恍然大悟）你看，你看，我只顾自个说话，妨碍了你们说话了。报告指导员，我走了。

雨晴：燕子，燕子。

寒春：燕子飞了。雨晴（抓住雨晴两只手）雨晴，上封信我看了，这些年让你受苦了。不是你里里外外，白天昼夜操劳，妈妈活不到今天，孩子也成不了人啊。我这一辈子真是欠你太多了。

雨晴：还客气起来了？你看这是你喜欢吃的独头蒜、红辣椒，还有红土腌的咸鸭蛋，

寒春：这一路背的可够累的。

雨晴：累惯了，也就不算什么了。倒是这么多年你每天都让我心悬着。那个累啊——

寒春：雨晴啊！

唱：

自从那天我离开臧桥

我一路奔走把部队找

第三天我就穿上灰军装

第四天我就扛枪去放哨

我打完路东去路西

打完日寇打土豪

打完辽沈打平津

打完渡江打海岛

打完海岛又去把匪剿

打来打去打到杭州湾
刚想回家看老小
去年朝鲜那边开了炮
我本来准备抗美去援朝
这边老蒋天天来骚扰
我这今晚盼明早
明早战备值班又走不掉
雨晴啊，我记得
门前那棵小桃树
恐怕也有一人高

雨晴（唱）：

桃花已经开七年
年年盼你回家园
八年来，婆婆梦里声声唤
八年来，村头小路我眼望穿
八年来，儿子不知有父亲
八年来，家里家外我挑在肩
八年来，受苦受累我无怨言
八年来，寒冬腊月我盼春天
春天桃花年年照常开
我就知道你一定还活在人间

寒春：雨晴，现在好了，一切都过去了，就等过好日子吧。你在这多过几天，星期天叫小燕子带你去西湖看看。

雨晴：西湖有什么看？我们老家不也有西湖？我们还有南湖、东湖呢。

寒春：我们那西湖、东湖都叫庄稼地，人家这都是风景。好了，你去就知道了。

雨晴：我后天就得回去。

寒春：为什么？

雨晴（唱）：

要说这里真比家乡好

可是我总是心不安来眼皮跳

虽说家中请人来帮几天

可是那八座坟无人照料

寒春：等到这边安排好

把妈妈接来这里照料

部队给你找工作

孩子在这里上学校

你想想我们的未来多么美好

你说什么八座坟

这个我一点也不知道

雨晴：你可知那八座坟是怎么来的

那里边都是我们新四军的兄弟

我曾经给他们许过愿

我们一辈子生生死死不分离

寒春：这是怎么回事？

雨晴：寒春哪，你走后没几天一个夜晚，部队上送来九位战士，他们大的二十，小的只有十五岁。你知道我以前胆小，天黑都不敢出门，你可知道那天晚上，我带着妇救会姐妹们一个一个给他们洗脸擦身，给他们整理军装，看到他们我就想到你。我对他们说，好兄弟，我叫不出你们的名字，也不知道你们家在哪里，从今后这里就是你们的家，你们就是我的亲兄弟，我一定陪你们一辈子，我死了我的儿子继续陪伴照看你们，让你们风不打头雨不打脸，包你们坟头干净无杂草，包你们安安稳稳地歇着，我三天两头去看你们，逢年过节我送钱送酒送肉给你们，我也不知道当时我胆那么大，我一人就在他们的坟头和他们说话，整整说了一夜。

寒春：这，这是组织上安排你的？

雨晴：不是。

寒春：那，是你主动向组织上保证过的？

雨晴：没有。

寒春：那你对其他人承诺过——

雨晴：都没有！

寒春：那，那又何必当真？！

雨晴：那是我一个人当着九位兄弟面说的。

寒春：既然没有组织安排，你也没向组织保证，又没向他人承诺，这谁也不知道这回事，有什么关系。

雨晴：可是那九位兄弟知道，这和我很有关系。我给他们说了，一辈子陪他们。

寒春：雨晴哪，你这是疯了还是傻了，你真叫我无话可说了。

雨晴：这里千好万好，可我心里还是放不下我那九位兄弟。

寒春：那，在你眼里我的分量不比那九位兄弟重？

雨晴：他们九个，你一个。

寒春：你真的不想留在这里？

雨晴（唱）：

家乡的水甜

家乡的人亲

家乡就是我的根

家乡牵挂着我的心

寒春：你任性的毛病哪天能改？

雨晴：什么，我任性？我有毛病？那好，八年兵荒马乱都过来了，眼下还有什么过不去呢。那你在这住高楼大厦，我回家照样淡饭粗茶，你在这电灯电话，我回家种豆种瓜，照顾孩子和你老妈？咱们各干各的也好。

我现在就走。

寒春：雨晴！雨晴！

第五场　团聚

【雨晴和寒春回到家乡。

【乡亲们围观，问候，退去。

【直奔家中。

寒春（唱）：

一去八年回家转

新社会天新地新带笑颜

不闻狼嚎惊睡梦

不见野狗到处窜

田里麦苗绿油油

陌上桃花好灿烂

河水清清鱼成群

牛羊咩咩叫得欢

心在怦怦跳

跑步还嫌慢

【雨晴先推开门，孩子打量陌生来人。

寒春：这是谁家的孩子把我看？

雨晴：（拉过孩子）叫大大，这就是你大大。

【转身进里屋，孩子躲在后面。

雨晴：妈，你看谁回来了。

婆婆：谁呀？

寒春走进里屋：妈，我寒春哪。

婆婆睡在床上，大哭。儿啦，你真的是寒春？呜呜，妈以为这辈子再见不到你了。

【雨晴在外面忙活。

婆婆（唱）：

寒春哪，我睡床上八年整

半死半活撑到今

不能补，不能缝，不能下地走半寸

谁知道你一走无音信

不知生意赚了还是赔本

赚钱赔本都是小事

钱多钱少我只求能太平

是穷是富我只求好名声

我就担心，我就担心

你再不回来，

（寒春：我再不回来，怎么？）

雨晴她恐怕就要嫁人！

寒春（向往外机警一瞥，压低声音）：妈，看你老糊涂了，怎么说这话？

婆婆：寒春，妈这几年急的眼也看不清了，耳朵也聋实心了。你靠妈近一点妈给你说，你走后不到两年，有一天，我在里屋听到外面闹哄哄的，你床上我觉是睡了一个人，后来进来一阵人，问床上是什么人，你猜雨晴怎么说？

寒春：怎么说，吗？

婆婆：你猜！你猜到明早你也猜不准。

寒春：妈，她能怎么说。

婆婆：我可是做梦也想不到，她说那人是她男人！我以为啊是你回来了，我喊哪我喊寒春寒春，就是没人答应，我想爬起来去看个究竟，可我的手脚都僵硬了，一动也不能动，那会儿还就这倒霉的耳朵管用，他们经常小声说话到半夜，半夜还起来说不停，这人在我们家有半个月才走啊。

寒春：妈，你这是睡床上时间长了，是做梦，还是胡思乱想出来的吧。

婆婆：妈的话你信也好，不信也好，你把妈丢下七八年去做生意，在外面有吃有喝恐怕早也把妈忘了。

雨晴：妈，寒春，你们先说说话，我去家后八座坟看看。

寒春：雨晴，你过来，我有件事情想问问。

雨晴：什么事？

寒春：我走后两年，是不是我们家来了一个男人，一住就是半个月，你还当众人面说是你男人？

雨晴：你问这干吗？

寒春：我就是问有没有这回事？

雨晴：有啊。

寒春：果然有！

雨晴：果然有！

寒春：雨晴，知人知面不知心。就算我死了，你也得等到我入土为安，坟头土干了，再想其他事情啊。

雨晴：你一定是听妈说的吧？

唱：

叫一声寒春你不知真情

我雨晴怎是你想象的那种人

那一年，我家确实来了一个大男人

确实在我家过了半个月还挂零

我给他喂饭洗衣裳

我陪他常常到夜半三更

我挎他膀子练走路

我给他清洗伤口，撵苍蝇

【寒春捂脸，摇头，无地自容的样子。

那一天，家中闯进一群狗

问我床上睡的是什么人

寒春：你还真能说出口？！

雨晴：我心害怕，可我脸没红，我一口咬定就是我男人！

寒春：哎哟，你也真能，他是什么人？

雨晴：我告诉你。

唱：

那人是名重伤的新四军

躲避敌人藏在我们家中

日本鬼子狗汉奸

刺刀指着床上问是什么人

我问你，当时你该怎么办

是不是要对鬼子说

这就是你们要找的人

寒春：那不是当汉奸了吗？

雨晴：知道就好。

寒春：那后来呢？现在这个人呢？

雨晴：临走前，我陪他去八座坟烧了纸，敬了礼，就走了。

寒春：也没留下什么话？

雨晴：他说了，要是你一直无音信，他要来我们家伺候妈妈，培养孩子，看护八座坟……

寒春：这好像没你的事喽？你怎么说的？

雨晴：我能怎么说，你这不是有音信了吗？

寒春：可他知道我有音信吗？你不担心他要是健在，会不会找上门来？

雨晴：我相信他不会说话不算话！

寒春：你的意思是——？

雨晴：难道他会忘恩负义，君子一言，驷马难追。你以前说过。

寒春：你还惦记着他吗？

雨晴：怎么不惦记，梦里都梦到好几回呢。

寒春：那你们是不是有了感情了？

雨晴：有啊，多好的战士啊，受那么重的伤一声都不哼，刚刚能下地，就急着要找部队去打鬼子了。这样的英雄，你见了你没有感情？

寒春：那也是，嗯。

雨晴：这么说，你真该回来了，来了就不要走了，你在部队当教员，你就来乡里学校当老师，孩子们也要学文化，再说了，你再不回来，那位兄弟要是来了，怎么办？

寒春：我不是说好我们一家去杭州吗？

雨晴：寒春！

唱：

不是我不知杭州好风景
不是我不知人在天堂好开心
只是我更爱我们村里的人
你要是问我为什么，我告诉你——
这里有我生命的根
这里有我熟悉的乡音
这里一草一木都对我有恩
这里老老少少对我都有情
这里有你我的孩子和老母亲
这里有我生死相依的八座坟
我还是那句老话你听清
就冲我对九个弟兄许过的愿
我也不会离开这臧桥村

寒春（唱）：

人往高处走

水往低处流

你可知

天下最美是杭州

雨晴（唱）：

我问你，这天下

哪块高来哪块低

高低相连怎分离

水低也是天上雨

树高千尺要根基

一方水土一方人

谁的家乡不美丽？

【雨晴进里屋。有人敲门。进来。

伤员：雨晴在家吗？

寒春：你是？

伤员：我是来看雨晴妹妹的

寒春：我问你是——？

伤员：你是谁？

寒春：我是雨晴的男人。

伤员：啊，你倒是回来了。我是四师九旅警卫连的，那一年——

寒春：别说了，我都知道了。

伤员：你们一家对我恩重如山，我一辈子也报答不了，我曾经给雨晴妹妹许过愿，发过誓。

寒春：许过的愿，发过的誓就算了吧，那你现在在哪里？

伤员：我就在你面前那。

寒春：我问你在哪里工作？

伤员：噢，我响应上级的号召复原了，回到家乡搞土改，搞大生产了。过去一直打仗，这回去就白天昼夜地忙，这忙完土改我就一路跑过来了。

寒春：那要跑多远那？

伤员：来回也就三百多里，两三个急行军吧。哎，老妈妈还好吧？孩子呢？

寒春：老妈妈还好，孩子去上学了。

【雨晴出来。

雨晴：你，你是——？魏同志，是你——

伤员：（百感交集）妹妹，这一去也都五六年了，我以为这一辈子见不到你了（擦泪）。

雨晴：寒春，这就是我说的那个魏明同志。

寒春：同志，难得你有这片心意。今天咱们战友相会，咱们好好叙叙。

伤员：好，我先看过老妈，咱们再去八座坟和战友们一起叙叙吧。

寒春：好，你真是有情有义的同志。这么一来，我也要准备打报告，复原回乡教书，家乡也确实需要我们。雨晴啊，我要是真一去不复返了，这位同志还真起大作用了。

三人：哈哈哈——

第六场　坚守

【大约四十年后。

【隐现《在希望的田野上》旋律。

【内唱：

四十年风雨，四十年暑寒

花开花落，云卷云散

天在变，地在变

不变的是那最初的诺言

【雨晴已见老态。在八座坟扫地，除草。

【小鬼头，扛着木弓尺上。

小鬼头：哈哈，还有这块好地方——

唱：

天不变，地能变

我家又分到自留田

一人三亩不够用

我看这片废地好眼馋

东边有水塘，西边路也宽

旱了好浇水，涝了好排灌

南边留作打谷场

北边还能做菜园

人来车往不间断，也正好

这边开饭店，那边能摆摊

假货当着真货卖

一分能赚三块三

小鬼头我越看越喜欢

一看满眼都是钱

（白）哈哈，这年头只要脑子好使，就不愁发财！好，先来量个长和宽。咱也学学公家办事，再来布局规划一番。

【小鬼头，丈量土地。

【雨晴看见，走过来。

雨晴：小鬼头，你量那干什么？

小鬼头：开荒种地，多种经营。

雨晴：谁说这是荒地？你看这是什么？

小鬼头：呦，几座无主的坟，我早就想把它平了，种菜养鸡。

雨晴：小鬼头，你是想钱都想疯了吧，谁说这是无主的坟？

小鬼头：主呢？

雨晴：我就是！

小鬼头：他们是你的什么人？嗯？

雨晴：他们是我的弟兄，他们是新中国的功臣，他们是人民英雄。

小鬼头：（把木弓尺在天空一划）算了吧，你就别跟我说大道理了，都不当钱花。

小鬼头（继续丈量，口中念叨）：三九二十七，四九三十六

雨晴：你给我走开，这里不许你胡来！

小鬼头：呦，大集体的地都分了，这点拾边地我还不能当家？

雨晴：（雨晴争夺木弓尺，不敌小鬼头）小鬼头，你今天再不放下，你敢动八座坟一锹土，我就跟你拼了（奋力夺下木弓尺，扔到水里）。

小鬼头：（推倒雨晴）你凭什么不让我发家致富？我一没偷，二没抢，你也不要在我面前摆老资格了，你是跟不上形势了。好，我反正也量好了，待会我就去开拖拉机来施工了。

雨晴：去吧，你有种，你就来！

【儿子来，扶起妈，妈坐在地上喘息。

儿子：妈，这怎么回事？

雨晴：去，把你大大也喊来，把我那把镰刀也拿来。

儿子：干什么？

雨晴：小鬼头要平这八座坟，要开这块地养鸡种菜！准备战斗！

儿子：妈，战什么斗啊，战斗，那你也得回家吃饭哪。

雨晴：不，我要守在这里，那小鬼头原来是个扒手，坐牢回来好像长了不少本事，红毛野人一样，没人敢惹，今天我倒要看看他有多大本事？

儿子：妈，我们过我们的日子，惹他干什么？

雨晴：混蛋，不是我惹他，是他惹我，惹我的兄弟。云远，我告诉

你，你是革命后代，你大为了打日本鬼子，一去就是八年，还有你这九个舅舅，去了就没有回家，我们这些活下来的人能把他们忘了吗？快去，小鬼头想发财都快要疯了，他什么事都能干出来，说不准一会就要来了。

儿子：妈，你不怕他？

雨晴：嘿，妈怕过谁？再说还有你九个舅舅在，我怕谁？

【远处有手扶拖拉机声音。

雨晴（挣扎爬起来，手握一根树棍，向村子里大声喊）：乡亲们，快来呀，小鬼头要造反了。

【乡亲们陆续到来。

【小鬼头上，卷袖子，喊：都让开！

雨晴：你们都让开，小鬼头，你有种，你从我身上轧过去。

小鬼头：各位父老乡亲，这年头有钱就是大爷，发财就是硬道理，别再瞧不起我这包工头，大队书记是我把兄弟，乡里我后门大，我县里路也宽，黑白两道尽你选。年底我就是人大代表了，代表你们了。今天，我给大家一个面子，你们都回去，没你们事，谁堵我的发财路，我就叫他走绝路。

雨晴：小鬼头！你太猖狂。日本鬼子我见过了，土匪二狗子我也见过了，你吓唬谁呀？

唱：

面对着八座坟，心潮难平

我问问乡亲们

多少年没听见枪炮响

多少年没见杀人放火的鬼子兵

凭什么今天能做发财梦

凭什么家家户户享太平

就凭这八座坟里那些人

想当年，他们来到我们村

衣衫破烂鲜血淋
最大不过二十岁
最小十六还是虚龄
他们没有吃过一顿你们今天的饭
他们没有喝过一碗你们今天的羹
他们没有睡过一次安稳的觉
他们没有一件新衣穿在身

他们有父母，他们有弟兄
他们爱家庭，他们也爱生命
他们为什么一心迎着枪林弹雨走
他们为什么一意顶着硝烟炮火行
想一想啊，乡亲们
谁愿意去闯虎狼关
谁愿意去破毒蛇阵
谁愿去碎骨
谁愿去粉身
就是他们，我的弟兄
不为利不为名
不为发财去发疯
只为了阳光灿烂春风暖
只为了天下百姓都安宁
只为了消灭强盗雪耻恨
只为了献身革命为人民

【众人陆续站到雨晴这边
到如今，他们栽树我们乘凉

他们铺路让我们行

到如今，我们有吃有穿有太平

我想说，是人总该有人性

是狗都知报人恩

乡亲们，手拍胸膛想一想

做人要不要讲良心

咱不能好了疮疤忘了疼

咱不能吃水忘了是谁打的井

小鬼头，你要听清，我不怕你的势力大，

我不怕你的心眼狠，不怕你的算盘精

就凭我这八座坟，它稳如泰山如我命

你若是敢要动一动

五雷击顶天地不容！

【雨晴晕倒，众人指责小鬼头。

【小鬼头愤愤而去。

【乡亲们，围着雨晴。儿子叫醒妈妈。

儿子：妈，小鬼头跑了。我们回家吧，俺大也正忙着乡里事情。

雨晴：（颤颤巍巍站起来）我不走，这种人，财迷心窍，不会死心的。

儿子：那怎么办？

雨晴：（手握木棍）去，把我铺盖抱来，我今晚就住这里，我要给我弟兄们站岗放哨！

尾声

【七十年后。

【画外音：从掩埋九位烈士的那天晚上，到今天已经整整七十年了。直到今天，这位九十五岁老人雨晴，还记着当时给这九位烈士的承诺，如今，她把守护烈士墓的重任交给了儿子、孙子，她说，只要我还有一口气，还要常来看看他们。

【雨晴病倒，家中老小几人围绕、伺候。

雨晴：你们都过来，趁我现在还能说话，我有几句话，你们都听着。

唱：

人常说人生一世草木一秋

为娘我走前有几句心里话要留

【众人凑近，儿子跪下。

我不要你们顿顿供我鱼肉

我不要你们给我穿绫罗缎绸

我不要你们香火天天烧

我不要你们为我把泪流

你老爹在我前面走

他自写挽联含笑无忧

我送老衣裳我自己早做好

我穿的合身我笑着走

我只要你们看好八座坟

不让大水淹

不让风雨漏

不让野草侵

不让畜生留污垢

平时没事勤照看

逢年过节送钱送饭送烟酒

我是你们亲妈妈

他们都是你们亲舅舅

（白）都起来，跟我去看八座坟，给他们许个愿。

【雨晴老人拄着拐杖，在他人搀扶下一步一步走近八座坟。

【一位九十岁左右的老军人，穿着当年解放军的军装，在一个年轻军人引导、护卫下，上场。

【老军人跪在八座坟那里痛哭，诉说。

【年轻军人扶起老军人，过来。

年轻军人：首长，这就是你常说的当年妇救会主任，雨晴奶奶。

【老军人仔细打量。

裴成伟：老姐姐，还认识我吗？

雨晴：（摇头）你是谁呀？

裴成伟：还记得是我把这九位弟兄给你送来的？

雨晴：你是连长吗？

裴成伟：是我啊。老姐姐啊我对不起你啊。这么多年一直想来看看你，来看看我这些弟兄，可总是忙啊，忙，咳！

雨晴：没事的，有我照看，兄弟们家前屋后干干净净，住的安安稳稳，你看——

裴成伟：如果这一次我再不来，我死了也不会瞑目的。你守护我这九位不知名的弟兄七十年，不为名，不为利，只为一句无人知道的诺言，老姐姐，按照军人的规矩我给你行一个军礼，按照民间规矩我给你磕头（欲下跪）。

雨晴：哎，不能，不能。连长。

年轻军人：首长，你身体——

裴成伟：比比我的战友，什么身体不身体的？

【裴成伟执意，架不住众人劝说，拉扯。

雨晴：好了，走，到我们家去，我再做一顿面疙瘩给你们吃。

裴成伟：老姐姐，这饭我一定吃，（对着年轻军人）这不违反纪律吧。

【年轻军人笑。

雨晴：连长，当年我们都是鱼水情啊。还说客气话？

裴成伟：那是，那是。老姐姐，我还告诉你一个好消息。镇上许书记给我说了，下个月这八座坟就要修成水泥的，还要铺一条水泥路，还要树一块无名烈士碑，这里将来要成为爱国主义教育基地呢。

雨晴：弟兄们，大家都没忘记你们啊，连长都来看你们了。

年轻军人：我们首长曾经是军区司令呢。

裴成伟：多嘴，我是他们的老哥，他们都是我的好兄弟。

看，那边，是——？

【一队少先队员列队上。

唱：

我们是共产主义接班人。

继承革命先辈光荣传统……

【唱完第一段。演员谢幕。

——剧终

村官大学生

葛晓泉

主要人物：

许莉丽：女，27岁，大学生村官、田家峪驻村第一书记。

田富贵：男，58岁，田家峪村支书。

田来财：男，48岁，田家峪村民。

王大虎：男，30岁，田家峪村民。

张大宝：男，60岁，田家峪村民。

妇女委员：女，30岁。

治调委员：男，55岁。

王大婶：女，48岁，田家峪村民。

李艳艳：女，25岁。

艳艳妈：女，58岁。

田大妈：女，58岁。

朱中林：男，28岁。

村民甲：男。

村民乙：男。

村民丙：女。

村民丁：女。

1. 日 大山

浓绿的大山、陡峭的悬崖。山下是荒凉的山坡，稀稀拉拉参差不齐的苞谷等庄稼。

山脚小河边有牛和羊群在悠闲地吃草。

农家炊烟袅袅，不时有鸡叫、狗吠。

一条盘山公路弯弯曲曲，犹如跳动的五线谱音符，点缀着山野和土地。

2. 日 山垭

一块刻有“田家峪”三个字的石碑，立在大路旁荒草中。

田富贵身着旧中山装，包着白头巾，手拿一根烟锅，似在等人，不时向山下张望。

田富贵：（抹了一把汗，从衣袋取出手机）九点半，还好，赶到土地岭没误接新来驻村的第一书记。好，那我就在这儿等他。（点烟）

王大婶赶着几头羊，走来。见了田富贵，打招呼道：富贵呀，等人？

田富贵抽了两口烟，说：嗯。

王大婶：今天村里又来领导？

田富贵：嗯。

王大婶：啥领导这么大的牌子？以往上面来人你们都在村里等，今天巧了，还要村里第一首长来这儿迎接？

田富贵：嗯喃，来的是书记。

王大婶：啊？！省委书记还是县委书记？

田富贵：我说你王大婶，你简直是“打破砂锅问到底”。

王大婶：你当几十年村干部，没看到你这么低架子的，不是大干部来，你能来这儿接？

田富贵：实话告诉你，今天来的是村里第一书记。

王大婶：第一书记？你的上级？

田富贵：嗯喃。

王大婶：你书记当得好好的，把你撤了？

田富贵：嗯。我当了三十年书记，起早贪黑，兢兢业业，致富的方法想了没有一百，也有九十几。真是道士遇到鬼，黔驴技穷了，村民人均收入还只有一千多。咳咳，村里三百多户，一千二百多人，走的走，搬的搬，打工的打工，改嫁的改嫁，到现在满打满算还有两百户，七百多人。咳咳，而今从中央到地方搞精准扶贫，上级决定对居住十分偏僻、环境十分恶劣、交通十分不便的三十多户在册贫困户实施移民（脱贫）搬迁，然后在田家大坪集中安置。咳咳，村里爬门上户动员了好多次，他们就是故土难离，舍不下门口一亩三分地。搬迁难哪，难！这不，镇里说给我们田家峪村派了一位驻村第一书记。

王大婶：只怪我们这儿太穷了，别人说我们这里是：

“山上有个田家峪，

穷山穷水穷土地。

山大人又稀，

崖陡还偏僻。

上山出不动气，

下山放不出屁。

一年到头累天累地，

收的时候唉声叹气。”

换个领导，有了神勇的第一书记，也许能致富了。

田富贵：咳咳，我这几年没功劳也有苦劳，就你们是瞎子，看不到。

王大婶：你们村干部的能力，本身就是“有限公司”的……

田富贵：你这个婆娘，好讨人嫌，快去放羊吧。

王大婶嬉笑着，赶着羊群走了。

田富贵啐了一口：呸，骚婆娘。

他又装上一袋烟，然后朝山下张望。

3. 日　土公路

坑坑洼洼、布满石子的山间公路，除了两条车轱辘印没有荒草，公路边和中间都有尺许深的青草。公路两旁长着松树，公路下有新土和石头滚过的痕迹，显然公路新修不久。

太阳下的公路热浪滚滚。

身着时装，戴着眼镜，面容白皙，27岁，不胖不瘦的许莉丽手提一个大行李包，艰难的行走在土路上。

许莉丽停住脚，用毛巾揩揩汗，朝上面公路的尽头望望，把行李换了只手，又继续前行。

4. 日　土公路

公路转弯处，驶来一辆摩托车。因路况差，走得很慢，而且东倒西歪，摇摇晃晃。

驾驶员是位年轻的小伙子，精神焕发，紧张地驾驶着。他是王大虎。

渐渐地，与许莉丽近了，王大虎按了下喇叭。

许莉丽听见摩托声响，往路旁一站。

王大虎来到近前，停下。望了一眼许莉丽，说：到哪里？

许莉丽：到田家峪。

王大虎热情地：要载一程吗？

许莉丽看了看土路，又望了望太阳，点了点头。

王大虎见状，连忙架好车，接过许莉丽的行李包，用带子绑在车架上。然后坐上车，把好，让许莉丽上车坐后座。嘴里招呼：慢点，坐好。

许莉丽：谢谢。

王大虎：不用谢，我就是田家峪的人，顺路。

许莉丽边用力登上车，坐好：我第一次来。

王大虎：不远了，还有几公里上山就到了。放心，我一定把你安全载到。

许莉丽：谢谢，怎么称呼大哥？

王大虎一边发车，一边说：我叫王大虎。

许莉丽：我叫许莉丽。

王大虎：哦，人美名字也跟人一样美。哈哈，走了，坐稳。

摩托车起步，开始在乱石路上歪歪扭扭地艰难前行。

5. 日　山垭

田富贵焦急地在等待。听见摩托车声，往山下方向走了几步，朝下看去。

近了，王大虎驾驶着摩托车渐渐到了山垭。

到了田富贵面前的平地上，王大虎按了下喇叭，停下。

田富贵：王场长去镇上了？

王大虎：田支书，干吗呀？

田富贵：等人。哦，这位是？

许莉丽：我是许莉丽。

王大虎：她来田家峪走亲戚的。

田富贵：哦，许书记好，我在这儿等你半天了。

王大虎：许书记？

田富贵：你不知道吧。她就是县里派到村里的第一书记。

王大虎：哎呀，我还说这美女是哪个村里的人有福气……没想到是……大学生村官。

田富贵举起烟锅，作势要打王大虎：快滚吧，我有事跟书记说。

王大虎等许莉丽下车，田富贵对王大虎说：你把许书记的行李带到村委会，放好。（小声地）我还说你小子有福气，找了个媳妇回来了呢。

王大虎瞄了一眼看风景的许莉丽，也小声说：我还以为谁家有这么美的亲戚，心里想请你帮忙做媒呢。

田富贵作势又扬起烟锅：你小子，想得美。

王大虎哈哈哈笑着，发动摩托车，开走了。

看着车远去后，许莉丽问：大叔，您就是——

田富贵：你就是县委派来任我们田家峪村第一书记许莉丽吧？

许莉丽：是的，那您是？

田富贵：欢迎，欢迎，咳咳，这下好了，来了一位年轻有为、知难而进、风华正茂的第一书记，来我们田家峪大显神通。我们村一定会鹏程万里，前程似锦。

许莉丽：大叔，您过奖了。请问您是？

田富贵：呵呵，看到美女书记一时高兴我忘了，我叫田富贵，原田家峪村支书。

许莉丽：（握手）您好，田书记。来的时候我就听说村里有位德高望重的老书记，三十年任劳任怨很是了不起。

田富贵：再了不起也是个没文化的村干部，也是个没能力的村支书。你说这话就嘲讽我了，上级派你来当书记，一定是因为我能力差，派你来一定是你有本事有能力，田家峪脱贫致富有希望了。

许莉丽：大叔，早就听说田支书是位任劳任怨的老干部，县里领导让我好好来学习。村民脱贫致富需要共同来努力，山上的移民搬迁出去，山下的找项目挖潜力，莉丽还需您多多指点。

田富贵：这么说，我的职没撤？

许莉丽：没人说您撤了村党支部书记，县委派我来只是为了加强村级组织建设，加强精准扶贫工作的力度和力量，找到村民脱贫致富的项目，增加农民收入，没别的用意。

田富贵：咳咳，以为来了你当书记，就没我的事了。

许莉丽：大叔，我只是来给您当助手的，向您学习的，田家峪的大事小事哪能离开您。

田富贵：搞了几十年，没功劳也有苦劳，也要歇一歇了。

许莉丽：大叔，习近平总书记和党中央高度重视农村精准扶贫工作，习总书记指出，没有贫困地区的小康，没有贫困人口的脱贫，就没有全面建成小康社会。他还说，全面建成小康社会，13亿人要携手前进。让几千万农村贫困人口生活好起来，是他心中的牵挂。

田富贵：好！好！好……咳咳，我们田家峪的百姓盼了好多年了（哽咽）……

许莉丽：大叔，我相信，田家峪一定会富起来的。

田富贵：（抹眼睛）走，我们去村里，先住下。

许莉丽边走边听田富贵介绍村情。

6. 日　村委会

一块平地中间，有一幢没有粉刷很旧的土坯房。门前稻场上有旗杆，上有国旗。一棵大树上架有几只村村响的大喇叭。

屋前地里种有粮食作物。

7. 日　村委会室内

土墙上挂有一面党旗，一张入党宣誓词。还有田家峪村脱贫攻坚战略图，脱贫规划及建档立卡贫困户的名单等。

屋里摆设很简陋，一张木桌、几把椅子，一把电热水壶，一只木桶，几个杯子，还有一张小床。

田富贵与许莉丽走进门来。

田富贵：许书记，进来，村里条件差，你将就一些，这是村里给你安排的住的地方。

许莉丽：田大叔，给你们添麻烦了。（环视了一下房子）这是村委会？

田富贵：嗨，跨世纪的产物。一九七九年，一位公社的党委书记在这儿走了一圈，看我们村里办公还要借农民的房子，就特批我们建了这个土坯房。你莫说，当时建起的时候，还是村里最大、最好的房子呢。只是到现在，社会发展了，房子也老了。

许莉丽：快成文物了，住在这儿，我的人生经历又多了浓重的一笔，很有纪念意义。

田富贵：许书记，你先烧点水喝，我去给你弄点炊具。

许莉丽：给您添麻烦了。

田富贵：闺女，让你吃苦了。年纪轻轻的，来到这个鸟不拉屎的地方，那么好的机关都不坐，我们一定尽最大的努力，别让你受委屈。

许莉丽：田大叔，我是来工作的，也是准备来吃苦的，没事的，我会尽快适应的。您去忙，过会我向您了解了解情况。

田富贵：好，我去一会就来，你先收拾一下。

许莉丽：谢谢田大叔。

田富贵走出门去。

许莉丽从木桶打水用电热水壶烧水，把行李包里的东西拿出来放在桌上，经她这么一摆，衣服、书和女人用品，土坯房里顿时有了生气。她环顾了一下，拿出手机。

许莉丽：妈……我到了……您放心，这村里条件很不错的，老支书田大叔很亲切，还给我安排了单独的别墅……对，我一个住……可以自己做饭，想吃什么有什么，您看我在山上，什么山珍没有，哎，到时候回来一定给您带，我不会吃独食的……妈，我都这么大了，当上了移搬办主任……不是一般般，是移搬办，移民搬迁办公室的简称……对，现在又是田家峪村的第一书记，尽是当官的职务……呵呵，放心，身体是革命的本钱，安全比第一书记更重要……好，我一定把革命工作干好，接受妈的检阅，敬礼！

许莉丽挂了电话，边哼歌曲《小苹果》，边从行李包内取出桶装方便面。

村民田来财急呼呼上，他用拳头“嗵嗵嗵”擂门框。

田来财：屋里有活人没有？

许莉丽：大叔，你找谁？

田来财：（大咧咧地进屋）嗯，还真有活人，啊，还是个美女哦。

许莉丽：大叔，请坐。您有什么事吗？

田来财：看样子，你是上级派来的第一书记喏？

许莉丽：（倒开水，并递给田来财）是呀，大叔，我姓许，叫许莉丽，您就叫我小许吧。

田来财：哦，你姓许？那我就是来要你许我的。

许莉丽：许您的？大叔，您说，什么事？

田来财：没什么大事，一点小事。我叫田来财，是田家峪最穷的，我来这里就是要你给我家弄个低保指标。

许莉丽：低保？您家里的情况是？

田来财：嘿嘿，我家在田家峪，贫困程度是数第一的，家里没有隔夜米，一年到头无肉吃，穿的都是巾巾衣，睡的也是薄皮皮。哎，你说，低保是不是应该有的？！

许莉丽：大叔，大叔别着急，我刚来没了解细，如果情况真实我一定想法去努力。

田来财往椅上一坐：今天我就要讨个实底的，不答应我就不走了。

许莉丽：大叔，您不要太心急，等田支书回来我们了解后，看有没有办法。

田来财：等他？！这么多年来，他们村干部没把我们的痛苦放在心上，只管自己屋上草，哪管他人瓦上霜。

刚说完，王大虎风风火火地进门。

王大虎：田来财说得好，他们几个占着茅坑不拉屎，屁本事没得，还管得了别个？

田来财：对，大虎兄弟说得对，就我家的低保，几年了，田富贵都没给我搞到手。

王大虎：进我们村唯一的一条公路，加宽工程做了三年，我垫钱干的工程款到现在一分钱没结，我现在办养猪场又需要资金周转。你说，他们当村干部的是干什么的？

村民张大宝进门。后面紧跟着的还有村民甲、村民乙、村民丙、村民丁等人。

张大宝：就是，我也是来找干部的，我的房子因灾损坏，两三个月了，都没人管。

村民甲：我家是因病致贫……

村民乙：我家要就地搬迁，我不去十几公里的田家大坪住……

村民丙：我的退耕还林的补偿得重新核实……

村民丁：我的粮食补贴有问题……

田来财：嘿嘿嘿！你们吵吵啥？！办事总有个先来后到，我的问题没解决，就给你们办？！

许莉丽：各位，各位乡亲，我刚来不了解情况，等我……

张大宝：等你？我已经等不起了，我的房子住不了人了，出了人命你要负责。

王大虎：哎哎哎，我说你们这么急着催干吗？许村官今天刚到，茶还没喝一口。再说，问题要解决，得一个一个地来嘛。许书记，你说呢？

许莉丽：我……我……

众人：我们事急、我们的更急、不办好我们不走、不答复就不走……

许莉丽：大叔、大婶，别急，听我说。

众人：（又为自己的事争吵起来）听我说、先听我说……

田富贵端着电磁炉、炒锅等用具进来。

田富贵：呔，反了天了？麻雀子窝里去了蛇，也没这么热闹。咳咳，干什么！

众人见了田富贵，转向走到他面前，又争起来。

田来财：田书记，你说我们干什么？我们这些人可是村委会的常客，什么事你不清楚吗？

田富贵：哦，咳咳，清楚，清楚。

张大宝：正好来了县里的干部，今天你就给我们解决！

众人：对，今天就给我们个说法，一定要解决解决……

田富贵：哎，我说你们怎么能这么搞呢？凡事都是有政策框框的，不是你想怎样就怎样的。

田来财：那既然有政策，你就给我们政策哦，我们村民不找你们我们找哪个去？

众人：对，对，对……

村民甲：就找你，不找你们解决我们找谁……

田富贵：好，好，好，给你们解决，解决！咳咳，但我是没办法，还好现在来了县里来的领导，田家峪的第一书记，许书记。

众人又转向许莉丽，七嘴八舌地讨说法。

田富贵：（马上解围）哎、哎哎，我说乡亲们、乡亲们。

村民们不听他的，依然围攻。王大虎马上出头高喊：乡亲们、乡亲们，人家许书记到了不到一个钟头，你们等人家歇口气，喝口水，明天再说，有事明天再说。

田来财：那好，我们就依你，明天再来找，不解决就让你们当干部的不安生。

张大宝：明天把钱准备好，我结不了婚，要你们负责。

村民甲：明天再见，明天来……

村民乙：我明天来找你们。

众人吵吵着离去。

田富贵望着他们离去，摇着头说：许书记，你看（指着他们背影），太没素质。

许莉丽：大叔，这些村民说的情况都真实吗？还有的是移民搬迁对象？

田富贵：是啊，大致情况是真实的，我们村里的情况普遍就这样。张大宝、田来财他们住的地方是村里最边远最穷的三组和五组，是属于移民搬迁对象。

许莉丽：他们说不移民？

田富贵：年轻人都还好说，特别是年龄大的中年、老年人可就不好说了。

许莉丽：都说在生地方住不习惯？

田富贵：担心没了生产资料、没有经商能力不能养活自己。

许莉丽：上级不是有配套政策么？

田富贵：有是有，可是人心不能满足呀。今天不说了，你刚来，你好好休息一下，有事明天再说。村里很苦，住的条件差，你将就一下。

田富贵说完走了。

许莉丽叹了口气，疲惫地坐到椅上。

8. 日　村委会

屋外，王大虎、张大宝等人还在外面议论着。

村民丙：上面派这么个皮肤白皙、腼腼腆腆的“小书记”，还是个女的，行吗？

张大宝：咋就不派个有农村工作经验的来呢？

王大虎：咋就不行？女的怎么了？你们没试怎么晓得人家行不行？

田来财：你小子怕是看上人家了吧？

田富贵出门，用手指点了一下王大虎的额头，说：你小子干的好事吧？

王大虎：我怎么了？

田富贵：你不把消息传出去，这么快他们就晓得来了许书记？

王大虎：我看见他们……我就随口一说……

田来财：我们上当了，王大虎看见美女了不好意思来看，把我们当电灯泡。

王大虎：我也是来要公路款的……

村民甲：你就不怕把人家得罪了？

田富贵：胡说八道，走，都回去。乱嚼舌头。

9. 日　崎岖的山间小路

许莉丽挎着布包，膀间夹一把雨伞，与田富贵走在小路上。

险崖上的石梯，田富贵虽然年纪大，但习惯了却能健步如飞。而许莉丽却小心翼翼，走得艰难，豆大的汗珠顺脸淌下。

田富贵时不时地停下脚步，等落在后面的许莉丽，或者在岩坎上拉她一把。

10. 日　山弯

许莉丽和田富贵走在苞谷地里。看得出，许莉丽已经非常疲惫。

田富贵指着山坡上的几间土墙老屋说：前面就是五保户张大宝的家。

许莉丽：就是昨天说房子是危房的那个？

田富贵：是他。

许莉丽：真不能住人了？

田富贵：很危险，他家是搬迁对象。

许莉丽：他不愿搬迁？

田富贵：怕去了养不活人。

许莉丽：国家不是有政策解决，怕什么呢？

田富贵：村里去了好多次，说干了口水，他就是不搬，咳，“道士遇到鬼，法都施尽了”。

许莉丽加快了脚步，说：走，看看去。

11. 日　张大宝家

两间墙裂了缝的房，油毡盖顶，还长了些荒草，门框快要脱落。

门前稻场上，张大宝在用竹子丝编家具，妻子在择菜，一条狗在她脚旁温顺地睡觉。

田富贵和许莉丽走上来。

田富贵：大宝，忙什么呢？

张大宝抬头，看见田富贵和许莉丽，忙站起身来：田支书、许村官，稀客，稀客。

这时狗醒了，站起来凶狠地狂吠，边吠边扑过来。张大宝放下手里的活计，拍拍身上的竹灰残屑，呵斥了几声，狗听话地夹着尾巴走到一边去了。

张大宝扭头对妻子喊：常英，快给领导泡茶！

常英面无表情站起来进屋。张大宝进屋提了两把木椅招呼他们坐下：坐、坐。

许莉丽：大叔，别客气。

待坐定后，那狗又来了。先是在田富贵脚上闻，从下往上，不声不响的，尾巴也不摇。田富贵像无事一样，与张大宝打招呼。那狗闻了田富贵又来闻许莉丽。

许莉丽紧张得不得了，睁大眼睛盯着狗，大气也不敢出，准备站起来躲开。

田富贵哈哈大笑，说：不要紧，你不动就行了。山里的狗子就这样，你不动它闻几下也算是亲热，如果你使劲赶它，它就会越凶，你唤它几下就行：窝呕、喷喷。

听了田富贵的叫唤，那狗走了过去，任他摸头，很温顺。

这时，常英端了两杯茶出来，每人递上一杯。然后又进屋去了，再没出来。

张大宝蹲在他们面前，问：田支书，你们今天来有什么贵干？

田富贵：没什么事，许书记说刚来我们田家峪，要了解一下村情。我陪她转转。

张大宝：哦嗬，新上任的干部三把火。要得。

许莉丽：张大叔，看您家的情况，听田支书说您又属于易地搬迁对象，您怎么不搬呢？

张大宝：许村官呀，我家的情况你也看到了。搬去了，没有地，没有技术，没有本钱，我怎么生存呢？

许莉丽：县里按照省委移民（脱贫）搬迁专题会议要求，先后印发了《“十三五”易地扶贫搬迁工作实施方案》和《移民（脱贫）搬迁工作实施细则》及配套的《移民（脱贫）搬迁分散安置管理办法》《移民（脱贫）搬迁“交钥匙”工程安置办法》《移民（脱贫）搬迁资金筹集及补助办法》《移民（脱贫）搬迁安置房与库存商品房结合实施办法》《跨区域移民（脱贫）搬迁安置管理办法》等配套办法，形成了移民（脱贫）搬迁“1+5”政策体系。进一步明确了全县新时期以易地扶贫搬迁为主的移民（脱贫）搬迁对象条件、安置方式、项目建设、资金筹措、补助标准、推进机制、保障措施等政策要求，为规范有序推进移民搬迁工作、打赢脱贫攻坚战提供了政策保障。同时，坚持“宜工则工、宜农则农、宜商则商”思路，突出靠城靠镇靠园区选址，持续加强安置区产业配套力度，确保搬迁群众就近就业创业增收。

田富贵：我们村干部来了多次，也是这么宣传的。

张大宝：故土难离呀。

许莉丽：大叔，听田支书说，你们两老都是六十多岁了，住的地又在山上，房子也这样了，家里又不通公路，买米买盐都不方便，如果得个感冒什么的，你们人老腿脚不灵便，那怎么办呀？

张大宝：常英说我们这里虽说偏僻，但没有邻居的鸡毛蒜皮的小事闹矛盾，自在惯了的。

许莉丽：眼看你们年龄渐渐大，身边又没别人照看，等有一天再做不动事情了就困难了。

张大宝：反正土埋半截的人了，没什么了不起的。

许莉丽：您看你们两老搬迁在田家大坪去住了，按每人二十五平方，什么厨房、卫生间、水呀电的全部弄好了，不用你们掏一分钱，你们只去拿钥匙住。田家大坪将来要搬迁去二十多户，这么多人住在一起，多热闹呀。

田富贵：像城里的居民小区一样，花园，健身器材呀，都弄好了。

张大宝：常英说，我们一辈子做习惯了，一时闲下来，难受。

许莉丽：上面有文件，按“宜工则工、宜农则农、宜商则商”，会让您们发挥余热的。

张大宝：常英说，搬去了，没有地，没有技术，做生意没有本钱。

田富贵：狗屁常英说，就是你想的，你怕别人不晓得你的那点歪心思？死了没地方埋？

张大宝：人在世上来一次，就那么进……火葬场？冒一股青烟……完事……

许莉丽：大叔，您放心，国家也有政策，会按我们当地的习俗的。

张大宝：真的？！

田富贵：还骗你不成？

张大宝：常英说，我们考虑考虑。

田富贵：狗日的，什么都是常英说的。

张大宝笑了。

12. 日　山沟

许莉丽和田富贵走在一条小山溪底部。这里似曾经有过塌方，裸露的岩石、崖坎。

二人小心翼翼地行走着。突然许莉丽被一块石头绊了一下，险些摔倒。她弯下腰捡起石头，正欲丢掉。又马上停下，仔细地观察起来。

田富贵看到许莉丽看石头，说：这有什么好看的，我们田家峪到处都是烂石头。

许莉丽：大叔，这石头好像很重，比一般的石头重呢。

田富贵：石头本身就不是空心，肯定重呀。

许莉丽：大学的时候，我学过地质学。您看，这石头的晶体呈大的管状，晶体聚集在一起有时可形成玫瑰花形状或分叉的晶块，这好像是冠毛状重晶石。

田富贵：重晶石？有什么作用？

许莉丽：重晶石可以用作白色颜料，像“立德粉”什么的，还可用于化工、造纸、纺织填料，在玻璃生产中它可充当助熔剂并增加玻璃的光亮度。但它最主要的是作为加重剂用在钻井行业中及提炼钡。

田富贵接过石头，仔细看：看来，这不起眼的石头，还有些作用?

许莉丽：如果真是重晶石，当然有作用。

田富贵：那好，这下成了宝贝了。

许莉丽：那还要等鉴定了再说，我有个同学在地质研究所里，让他帮忙看一下。

田富贵泄了气，说：还不确定呀。

许莉丽：重晶石不光是一种，有很多种呢。有的是硫酸钡，有的不是，所以它的化学成分的测定方法也不是一种。一般是加酸，强酸，把能溶解的都溶解掉，然后就剩下较纯净的$BaSO_4$，然后再测纯度。

田富贵：这么复杂呀，那我还是别问了。我多带几块，给你同学寄去。

田富贵用衣服捡，然后用衣服包起来，扛在肩上，吃力地走起来。

许莉丽笑了，说：田支书，不需要那么多，只是去化验，有一两块就够了。

田富贵憨厚地笑了。

13. 日　一条美丽的小山溪

晶莹澄澈的小溪酷似一条仙女膀颈的纱巾，遗落在百余座俗称“蜡烛群峰”的山间。更有道道山泉，几挂瀑布，他们蚯蚓般钻在山的皱褶里，最后跃入小溪中，委婉飘逸向东流去。俗称“娃娃鱼”的柴埠溪特有鱼种红鲵，悠游于清流，夜晚则爬上卵石学着小娃娃哭喊几声，勾起人们凄凉和惊奇之后，便又隐入水中。

许莉丽和田富贵行走在优美的环境里。许莉丽采起一朵山茶、捧起一株沾有露珠的小草，不时赞叹景色，像一只蝴蝶飞舞在绿树丛中，本来就漂亮的她，显得更加俊俏。

这时，传来一位女声唱的山歌：

太阳出来嘛黄花闪闪，
四山黄哟红花对牡丹，
唱支山歌嘛一把红扇子，
送情郎嘛绣球花儿圆。
我拉着郎腰带，
问郎几时来？
我今儿没得空啊，
明儿要砍柴，
我后天才到小妹家中来。

歌声渐近，只见王大婶手拿镰刀，背着竹背篓。背篓里装着青草走来。

许莉丽听见山歌，驻足静听。

许莉丽：这歌儿真好听。

田富贵：这歌是我们这儿的山歌《今儿没得空》。

许莉丽：这唱歌的是谁？嗓子这么好？

田富贵：这就是我们要去的那户人家，王大婶唱的，她是我们这儿有名的“歌坛子”。

许莉丽：她歌唱得这么好听，人肯定也漂亮。

此时王大婶也近在面前，田富贵手指向一侧：喏，这就是王大婶。

许莉丽：王大婶。

王大婶：哦，这就是传说中的许书记？啧啧啧，人这么漂亮，还这么有本事。

田富贵：王大婶，这是去哪？

王大婶：我刚把黑山羊收进栏里，看天还早，就去给它们找了点青草。

田富贵：许书记和我准备去你家看你养的黑山羊。

王大婶：欢迎，欢迎。（拉着许莉丽的手就要走）

许莉丽：大婶，我听说你养羊很有一套。村里准备，哦，还没跟田支书商量。我计划建成一个黑山羊养殖基地，这下解决了养殖技术难题了。

王大婶：哦，养羊不太难。我们这儿有顺口溜的：

“春季放牧要防羊跑青和臌气，

只要先放枯草然后再放青草地。

羊群不吃露水草，吃了易拉稀，

夏季防暑降温中午阴凉处休息，

秋季羊群抓膘粮食草要搭配的，

冬季防寒保暖保持清洁常扫地。”

许莉丽：好、好、好。如果将来村里要建黑山羊养殖基地，就聘你为技术员。

王大婶：嘻嘻，坚决完成书记交给的任务。

许莉丽：大婶，还有一件事，我还没想好，也没同田支书商量。刚才听了你唱歌，唱的山歌非常好听，所以我有个想法。村民搬迁了，生态恢复了，村里旅游办起来后，大婶带几个徒弟，给游客们唱歌。

田富贵、王大婶：给游客唱歌？

许莉丽：是啊，人家游客来到山里，满山遍野便响亮亮地甩出了有板有眼的悠悠的“山歌”来，是多么美妙的一件事情呀。山歌的几十种曲牌是随意唱的，明亮悠长，远远地将尾音那么一甩，每嗓都如春阳春露一样让人惊动。抑扬顿挫间，歌声便水灵灵地浸润了一天一地的灵气，多好。过几天，我找人录了，放到网上，提高一下我们村的知名度。

王大婶：听许书记这么一说，我好像有了艺术细胞了。

田富贵：看把你美的，不过，真是个好主意。

三人憧憬在美好的遐想里。

14. 清晨　乡间小路

许莉丽和田富贵在阳光下行走在山间……

鞋上沾满了泥巴……

15. 中午　河滩

热浪灼人的卵石滩上许莉丽一个人穿行……

16. 傍晚　山沟

许莉丽在崎岖的小路上艰难地爬行……

17. 夜晚　农家

许莉丽在土坯房里与老农民交谈……

18. 日　竹林里

许莉丽与小狗愉快地追逐……

她开心的笑声回荡在山间……

19. 日　村委会　室内

室内粉刷一新。墙上挂有《某县“十三五”易地扶贫搬迁工作实施方案》和《某县移民（脱贫）搬迁工作实施细则》及配套的《某县移民（脱贫）搬迁分散安置管理办法》《田家峪村精准扶贫战略图》《田家峪村建档立卡贫困户基本情况一览表》等几个牌子和表格。

两旁挂有“凝聚全民正能量，打好脱贫攻坚战”和“贫穷落后不光荣，好吃懒做很可耻”的红横幅。

室内摆放着崭新的圆形会议桌。每个座位前放有一本打印的《田家峪村脱贫规划及措施路线图》。与原来不同的是小床旁桌上放有几大箱方便面，矿泉水，没变的是那张小床。

许莉丽在桌前写着笔记：“精准扶贫工作是党中央精准扶贫政策的重要一环，农民故土难离的心情不难理解。我是土生土长的农村人，知道一个农民对这些普普通通的东西的感情，也许是算不上什么昂贵的家产，但从每个人的眼泪中，我读懂了其中的乡情和爱，也让我明白了自己工作的重大意义……历尽万苦和千辛，在一个多月时间中，走访了一百多户村民，终于把村情摸清了，我因地制宜定了个规划，今天开村民代表会把方案确定一下，再完善一下，再争取一下意见。”

20. 日　村委会

门外，田富贵走到稻场，看了一下已经粉刷一新的村委会，又看看新安装的健身器材、新换上的国旗，表情复杂地发呆。

这时，田来财、王大虎和妇女主任、调解委员及村民甲、村民乙、村民丙、村民丁等人边议论边也来到村委会外面。

田来财：今天来开村民代表大会，看一下新来的村官有什么新鲜的。

村民甲：还不是老一套。

村民乙：换汤不换药。

田富贵：乡亲们，这次不一样，我接连一月陪小许，哦，许莉丽书记，走访调研了全村八个组一百多户，又跟她到镇上和县里。前些年来的干部可不像她这样的，看来她是个办实惠的哟。

王大虎：你们还不是老一套？官官相卫？我们今日被请来村里开什么村民代表会议，还不是走过场的老程序，到时候举个手，表个态，吃一包方便面，完事。

村民甲：尽搞形式主义。

田富贵：不要瞎说，进去都坐。开会了！

21. 日　村委会

室内。众人默默地进屋坐下，没精打采的。

许莉丽热情地给大伙倒水。

妇女主任：许书记，您坐，我来。

许莉丽：妇女主任你帮忙也行，我们一起来。

妇女主任边倒茶水边说：大伙都来自已取，没人送到你面前来。

众人站起来，闹哄哄的一人取一杯开水。待坐定后，田富贵咳了一声。

田富贵：今天开个会。（咳咳）大家知道，村里每年很少开会，特别是开村民代表会，主要是事情不多，没必要耽误大家时间。今天呐，是县里给我们村派了村官，第一书记，她叫许莉丽，大家认识一下。

许莉丽站起来给大家打招呼：大家好，我是许莉丽。

田富贵：其实大家都认识许书记了的，咳咳，报到的那天都认得了。后来我又领着走访了村里一百多户村民，了解了一些情况。然后，我又跟许书记到了县扶贫办、旅游局、发改局、广电局这些地方。你们看，各位坐的桌子、椅子，还有村委会的粉刷墙壁，都是许书记的功劳，都是人家许书记发动她的同学三四十号人捐款置办的。咳咳，你们看，许书记是个办实事的领导，不像原来的联村领导半年来一回，来一回喝顿酒就走。咳咳，你们看，人家一位姑娘，住这样的条件，天天住在这里吃方便面，天天与老百姓嘘寒问暖，这是我们田家峪的福气。咳咳，在座的，哦，忘了给许书记介绍了。这位是妇女委员。

妇女委员站起来对许书记点点头。

许莉丽也赶紧站起来。

田富贵：这位是村治调委员。

治调委员站起来对许书记点点头。

田富贵：还有这几位，田来财、王大虎，他们这四个是村民代表。大家今天都认识了，都要支持许书记的工作，哪个要是瞎胡闹，别怪我，咳咳，收拾你们。咳咳，今天的主要议程呢，就是把许书记制订的《田家峪村脱贫规划及措施路线图》了解一下，并出谋划策。下面，请许书记讲话，大家欢迎！

众人无精打采，稀稀拉拉的掌声。

许莉丽站起来说声“谢谢”后坐下。

许莉丽：乡亲们，莉丽初来乍到，不懂得任何礼节，不到之处请原谅，敬请各位关照。我到咱们田家峪村后，感谢田支书带着我跋山涉水走访了全村八个组一百零八户村民。今天把大家请来，是我把村里的现有资源和村情综合考虑后，制订了一个发展计划。同时，坚持“宜工则工、宜农则农、宜商则商”思路，对三组、五组居住在偏远深山及受地质灾害、洪涝灾害等自然灾害威胁，不具备基本发展条件，“一方水土养不起一方人”以及生态环境脆弱地区的农村建档立卡的，三十五户一百零八口人搬迁至田家大坪，以及对他们搬迁后的可持续发展等方面，都拟了一个方案，现在都发到了各位面前，请参考。我先简要地介绍一下。

许莉丽顿了顿，接着说：脱贫搬迁是百年之大计，我们按照上级的政策，离开不易发展的居住老地方，宜工宜农还可以经商，“金钥匙”工程让我们省去不少力。

田来财：许书记不是我说你，山里人难比城里的，祖祖辈辈居住这里，再什么也故土难离。

田富贵：田来财你不要事事都来个四言八句，有话就直来直去。

许莉丽：县里考虑了这问题，搬迁地不过十五里，紧贴集镇但是郊区，房子也是农村设计。

田来财：田支书，你看。在我的带领下，许书记也说四言八句。

众人一阵哄笑。

王大虎：这事我也要说一句，山里农村人文化低，没本钱没有养口技，搬去除非政府来兜底。

许莉丽：大虎说的这个忧虑，走访后发现不是问题。海拔一千三的田家峪，不是传说中山穷水尽的。山上栗木是香菇好菌材，良好气候可种烟、种魔芋，大黄、黄连、独活、党参更适宜，北山坡里头的重晶石，其经济效益不可估计；天生桥、天星洞、黄花溪，景点优美可是天下稀。

田富贵：你们看，比我们生在这里，长在这里的人，情况都熟悉些吧？！

许莉丽：乡亲们，我这几天的走访和考察，田家峪适宜种魔芋、天麻、大黄、黄连、独活、党参等药材，全村今年计划一百亩，种子由县扶贫办答应提供。另外，山上的板栗、核桃，地里的药材，屋里的腊肉，我们有货，城里的人有钱，我们在网上卖出去，足不出户增加农民收入。搬迁出去的村民按照“宜工则工、宜农则农、宜商则商”的方法，有门路的自谋职业各显神通，没门路的我们帮助做农产品经营。

妇女委员：我听在广州打工的女儿说过，说这叫“电商”。

许莉丽：对，叫电商。

田富贵：我们掂货，做生意?

许莉丽：是的，我请了广电局的广电网络公司，给我们搬迁户集中居住的三十五户村民开通有线电视和互联网，只要一台电视、一根网线，一个网店，一条公路，再加上我们田家峪源源不断、四季不缺的山货，原来烂在山上的东西就变成钱了。

王大虎：就这么简单?

许莉丽：就这么简单。我们的山货就是卖点，卖点是定位，卖点是优点，卖点是消费者的潜在需求，也是产品优势，服务优势，情感优势。我请了商务局的同志把田家峪的卖点通过图文展现和视觉呈现、页面逻辑，做好了设计，也到公安系统做好了经营性备案。

调解委员：搞电商需要什么条件，我们能做到?

许莉丽：只要有电子商务方面的人才，资金成本，良好的物流体系，同质化的运营模式等电商运营需要的条件，以及大数据运营推广，精准营销，快速提升销量，高效率网店托管，网店设计，运营推广，直通车托管，爆款打造，无线运营等条件就行，这些我们都具备。

田富贵：咳咳，这些我们都不懂，你不是还有其他方案么，都说说。

许莉丽：还有一个是《关于开发田家峪北山坡重晶石矿的可行性研究报告》，县政府和地矿局研究后，迅速向省级有关部门申请，并决定准备开发，该项目将在年内启动，可以为我村五十名搬迁户提供就业机会，村级集体年收入在一百五十万元左右；另一个是计划发展烤烟三百亩，县烟草局已纳入今年种植计划，并投资修建烤烟房两幢；按每亩收入三千元，全村可收入一百万；三是王大虎大哥三年前修的断头公路已经纳入今年的一事一议，做电商不能没有好交通，年底可把公路修到村委会，同时把公路硬化工程作为全镇唯一的村级道路改造工程，并结清拖欠资金；四是民宗局和旅游局同意我村为县级旅游示范村建设，批复二十幢民族村寨农房改造；旅游局投资五十万建设天生桥、天星洞、黄花溪三个景点的基础设施建设。乡亲们，今年，我们做强做好这几件事，争取今年全村人均收入达到五千元，明年收入不少于八千元。

田富贵：同志们，听听，人家许书记才来这么几天，宏伟蓝图已经为我们绘制。只要我们同心协力，电商把山货变成人民币。因地制宜定致富计，村民脱贫没有问题。今年我们一起，打造最美的田家峪。今天请大家议一议，可行的尽管大胆提。咳咳，我也跟田来财一个腔调了。

众人一阵哄笑。

田富贵：咳咳，今天的气氛很活跃，证明会议是成功的。下面，请各位代表发言。

王大虎：许书记，那……能不能把硬化工程项目让我做呢？

许莉丽：这个按规定是要招投标的。（从行李包取里出一份公告）这是招标公告。

田富贵：这是上面有硬性要求的。

王大虎：这不行，早前我干了加宽工程，到现在还没给我结账，我投资了连利息都没有，亏死了，我连开养猪场的周转金都没有了。再说我家搬迁后还有几十棵板栗、核桃树，数量都有几千斤，有了电商我要赶紧销出去。这工程不给我，不行。

田来财：是不是准备留给哪个领导的亲戚干呀？

许莉丽：县领导一再要求，必须公正、公开，按程序办事。

王大虎：我没后台，就只能干贴本的事？不行，不让我做，我要去上访！

田富贵：来财，你跟着起什么哄？大虎，你访个屁！你不晓得人家许书记为村里想得多周到，你看看这《公告》，不要没搞清楚就乱放屁。你看，许书记跟领导说情了，一定要把项目让本村里的人来做，这样本地人既能做到尽量不扯皮，哦，让治调主任工作量少一些。你看别处要天价占地毁地的补偿，因为现在搞基本建设规定是“零补偿”，二来硬化工程需要民工，本村搬迁的村民不离乡不离土，就近挣工钱，做电商需要购买电脑，安装互联网，也要有本钱。这叫肥水不流外人田。

村民丁：大虎兄弟，别瞎说，这项目是为我村量身定制的，上次你修路贴钱干，路的质量和宽度都符合要求。

治调委员：是呀，本村人做，我这个治调委员轻松多了，扯皮的事越多，越麻烦。

村民丙：只要项目不出村，不是你大虎中标还有谁？

妇女委员：只要做良心工程，你的事跑不了。

许莉丽：反正把《公告》贴出去，一切按规定来。

许莉丽说完捂了一下腹部，皱着眉从衣袋里拿出一瓶药，就着水喝了下去。

妇女委员，拿过药瓶，看了下。

妇女委员：许书记，原来有胃病？

许莉丽：没事，这两天可能有点忙，有点不舒服。

田来财：别说没用的，那大虎的事解决了，我的要求呢？低保可是我的保命钱。

田富贵：低保你不够条件，你搬迁后去矿上或者修公路挣钱，你家不是也有独活、党参、七叶一枝花这些珍贵药材？不搞点钱装个网，买台电脑把原来只卖几块钱一斤的卖它个十几二十几？再不在家发展烤烟也行。

田来财：你放屁，凭什么我不够条件？人家张开顺都住上洋房了，还吃上了低保，我家为什么不够条件？

田富贵：你扯什么扯？啊？人家张开顺住上洋房吃低保，因为啥？是因为他大儿子今年得肾病花了二十多万，小儿子读高中。虽然有大病救助和助学金，可他家因病致贫，才得的低保。明年他家情况好转了，低保也就取消了。

田来财：我……我……

村民甲：你我什么我？！你两脚两手好好的，游手好闲，买的药材钱刚一到手就打牌赌了博，不好好劳动才吃不饱，你这种人还想让国家养懒汉？

田来财：咸吃萝卜淡操心，我的事要你管？我吃的是国家的，又不是你家的？

村民乙：别人没吃的是其他的原因，你穷你自己想想，别人早看不下去了。

田来财：啊？！你们讨国家的好了，就替人家说话，我讨过国家的好吗？

许莉丽：田大叔，你的事我替你想好了。你搬迁后，今年家里还能栽一亩烤烟，种一亩魔芋，农闲去矿上做工，没事做找我。等几个月你挣了钱就装网线买电脑做电商，你不懂的就问我，我保你一家四口人年收入不少于三万，比吃低保收入大多了。

田来财：这……我不懂，我做不过来……

田富贵：别说了，你一家四口，四个劳力，儿子读了高中的，网上销售这点事都做不好？硬要吃下贱饭？

田来财：那我试试看。

许莉丽：具体按季节的规划是，呵呵，不好意思，田大叔带个头，我也不例外，就用四言八句吧：

一月先搬部分去住好，
二月网线开始架上包，
三月整烟田育烟苗，
四月百亩药材长成苗，
五月魔芋要有尺把高，
六月矿上放响开工炮，

七月公路硬化工程搞，

八月旅游建设起动了，

九月民居改造实行了，

十月烟叶魔芋数票票，

冬月天麻苗床铺起了，

腊月整体搬迁全做好。

妇女委员：许书记，我有个建议。

许莉丽：您说，田家峪差的是实事求是的项目。

妇女委员：许书记真是位好领导，为村民富裕详细又周到。我们村海拔一千三百米，高有高的优势。我建议所有搬迁户虽然住的边远，但自然资源不差，适宜发展香菇和天麻，不是有电商么？原生态的可是大行情，可保他们生活无忧。

王大虎：我就说嘛，这样的领导哪里去找，选的这些项目都符合我们这儿的实际。

田来财：许书记一席话把我说醒了，赖上国家吃闲饭不该闹。

田富贵：咳咳，乡亲们，这个规划全面又可行，而且很多工作许书记已经正在做或做好了。乡亲们，我们拧成一股绳，今年就脱了贫困帽。

众人鼓掌，真诚地喊好。

田富贵：同意这个方案的代表请举手！

十几双手齐刷刷地举起，是那么整齐，充满了信任。

22. 日　民房

山区农村特色的木质民房，破旧，但收拾得很干净。

屋旁有一棵几人合抱粗的大槐树，使舞台有了庄重、古朴、神圣的气氛。

大门上有对联：民以食为天生活有保证，国以农为本社会得和谐。

大门开启，田来财与田大妈拿一装有香、烧纸、供品的竹篮，神情庄重的出门。

田来财：妈，别听他们的，我们不搬。我们在这里住得好好的，十几代人了，虽然没有大福大贵，但也从没饿死过人。

田大妈：娃呀，我们祖辈住在这里，你看这房子是你爷爷和你曾爷爷造的，都有一百多年了。这些年，房子年久失修，下雨和冬天是我们最难过的时候。你看，变天时外面下大雨，屋里锅碗瓢盆接小雨。雪天北风呼呼穿屋去，这种滋味让我难忘记。学生、老人、病人和人情，一应支出实在难为你。一年到头收入一万几，何年才能让人翻身？现在党和政府关心你，搬迁脱贫是个好主意，我们何不轻松享福去？

田来财：呵呵，说四言八句是我们的家风。妈呀这话看你说的，好像说我是没本事的，只因自然条件差，石多岩多无三分好地，累死累活勉强活下去。看我家十几代住这里，离乡别土实在难舍弃。搬迁脱贫确实好主意，可我们不能让去就去，待价而沽占些小便宜，去了生存也是大问题。

田大妈：哦，娃不是不想搬，而是在跟政府讨价还价？

田来财：妈，我们田家峪三十多户要搬迁，虽然政府有坚持“宜工则工、宜农则农、宜商则商”的思路，突出靠城靠镇靠园区选址，持续加强安置区产业配套力度，确保搬迁群众就近就业创业增收。政策确实是好政策，可我们没有技术、没有本钱、没有经商能力，搬迁去了怎么生存？虽说儿们在外面打工，但他们有他们的难处，自己要成家。我们在家的人难道年年要国家救济？

田大妈：是啊，我们这里虽然自然条件差，但柴水方便，没人打扰十分清静，住了几十年的地方，说搬就搬实在心里舍不得。

田来财：妈，我们这些搬迁户都商量好了，我让他们见我眼色行事，谁也不先答应，等政府给了更大好处，我们心里才能平衡。

田大妈：娃，政府为我们生活好过，这恐怕不行吧？

田来财：不怕，现在政府以人为本，当个“钉子户”，捞点好处，不捞白不捞。

田大妈：这……

田来财：妈，你就别担心，别操心。还是去先拜山神，保佑我们风调雨顺，身体健康吧。

田来财母子来到古树下，虔诚地摆上供品、插上香，双手合十，开始祈祷。

灯光柱照着古树，气氛更加神圣。古树下的田来财母子此时显得很渺小……

23. 日　山坡下

许莉丽、田富贵和妇女委员、治调主任四人在山间小路走着。

许莉丽：据说天下计划生育最难搞，没想到搬迁脱贫也是大难题。

妇女委员：哎，我们田家峪搬迁农户三十几个户，个个都是你看我我看你，谁也不愿先出头。

治调主任：我了解过了，都说是田来财发了话，他搬了就搬走，他不搬谁也不搬，团结起来讲价钱讨便宜。

田富贵：我看田来财就是个领头的，不杀杀他威风，这个工作就难以做下去。

许莉丽：同志们，我们今天来他家就是讲道理，再次详细把搬迁政策讲透，讲个明白。

田富贵：我们今天来，不是来给他讲好话的，哪有闲心跟他磨牙。

许莉丽：同志们，群众不理解、不支持，说明我们的工作还没做好。搬迁脱贫按说是惠民的好政策，可是村民为什么不愿搬？这就是我们要思考的问题。

田富贵：要多讲讲价钱，捞油水呗。

妇女委员：故土难离。

许莉丽：妇女委员说到点子上了。这里的农民祖辈住在这里靠山吃山，但也不排除田来财这样的老上访户充当搬迁“钉子户”。

治调主任：是的，大多数不是不想搬，而是不愿当第一，也有幻想田来财如果抗好了，他们也可以跟着讨好处。

许莉丽：听说田大妈是个通情达理的老人，20世纪吃大锅饭时还当过生产队副队长，这上面有危崖，她应该也知道。所以，今天我们先做通她的思想工作，来影响田来财等人。

田富贵：时代改变人，恐怕行不通。

妇女委员：田大妈思想开明，前些年我到她家处理计划生育的问题，她就很支持我。

许莉丽：只要我们深刻理解市里制订的“遵循规律、系统谋划、统筹推进、四化同步、一举多赢”工作思路，全面落实“以户定建、以产定搬、以户定扶、以户定业”和易地扶贫搬迁“建房不举债、脱贫有保障”的工作要求，全力推进工作开展，搬迁脱贫、城乡治理、新型城镇化、美丽乡村建设和生态治理一举多赢目标就一定会实现。

田富贵：试试看吧……

治调主任：许书记，快看，田大妈她们在拜山神。

24. 日　民房

古树下田大妈和田来财母子在虔诚地拜山神。

许莉丽等人走到稻场上来。

许莉丽：田大妈！

田富贵：嫂子。

田来财和田大妈转过身来。

田大妈：你们……

田来财：就是你们干部来得再大些，来得再多些，我们说不搬，就不搬。

田富贵：你小子就是欠……

许莉丽：田大妈，我们来这山后查看一下危崖，有没有险情，顺便来看看你。

田大妈：危崖的事情我知道，政府说了多少年，也设立了监测站，但几十年没有出过事。

田来财：妈，别听她们忽悠，他们的目的就是要我们搬迁。

许莉丽，不怕一万，就怕万一，人的生命安全是最重要的。

田大妈：娃呀，我早劝过你，你就是不听。从上世纪六十年代饿肚子，到现在取消农业税，种粮还得补贴，有困难的有低保，上学困难的有助学金。现在党的政策这么好，让我们搬迁也是让我们离开这穷山恶水，到好地方去享福的。

田来财：妈，你不晓得，他们当干部的就是为了政绩，然后想升官的。

田大妈：（给田来财一耳光）胡说八道，许书记她们三番五次，五次三番上门挨家挨户做工作，为我们操碎了心，你还这么伤人家的心？你长的是不是人心！

许莉丽：大妈，这不怪田来财，是我们工作还没做到位。

田来财：就是，我们住得好好的，这什么要搬？

王大虎和张大宝、村民甲、村民乙、村民丙、村民丁等人边议论边走上来看热闹。

村民甲：我们不搬。

村民乙：不搬。

村民丙：不搬不发财，搬去也生活不下去。

村民丁：要给补贴……

田富贵：你们是要钱命都不想要了？这上面的危崖谁能说得清几时出事？

田大妈：娃，你要通情达理，政府和干部是为我们好呢。

许莉丽：我知道，田来财是担心搬去了工作没着落，生活会困难，在生地方住不惯。你放心，针对我们山区贫困人口多、贫困程度深、立地条件差的实际，县政府制订了要实现贫困群众“两不愁、三保障”的目标，紧紧围绕“搬得出、稳得住、能致富”的总体要求，坚持把“挖穷根、挖险根”作为搬迁工作的出发点和落脚点，把移民搬迁与小城镇建设、美丽乡村、旅游景区、产业发展、农民增收结合起来，探索形成了“以产定搬、以搬促城、产城融合，让群众就近实现城镇化”的搬迁模式，实现了进镇落户后有业可创、有事可干、有钱可赚，铺就了一条带领贫困山区群众脱贫致富的幸福“路径”。

妇女委员：也只有易地扶贫搬迁才是解决贫困群众最有效、最直接、最稳定的脱贫途径，这不仅是群众彻底脱离危险的治本之策，也是统筹城乡一体化发展的重大举措。

调解主任：把握政策，严守三条红线：即易地扶贫搬迁对象人均25平方米安置面积不能变，损害易地扶贫搬迁对象利益不能有，老百姓满意度100%不能松。

田大妈：娃，你看你看，干部们不是求政绩，真正为我们山区村民谋福利。我看，你就别犟了，死要面子活受罪。

田来财：……搬……

田大妈：搬！

田来财：妈，我听您的……

田大妈：这就对了。许书记、田支书，你们稍等一会，我换身衣服就随你们去。

许莉丽：谢谢大妈。

田大妈进屋。

田富贵：这一走，大嫂可能永远不能重回生她养她的故乡；这一走，大嫂可能再也不能看见她朝夕为伴的山岗。这一走，大嫂带走了她儿时的梦，带走了她眷恋的土，带走了她热爱的山乡。

许莉丽：是啊，故乡的一草一木，一砖一瓦，一事一物，都让她魂牵梦绕，都是折磨她的思念！

斑驳破旧的木门终于开了，田大妈竟穿着一身许久不见的民族服装，老泪纵横，倚门守望，面对连绵的群山和门前古树，脸上没有往日的笑容，眼里满是无限的留恋。

田大妈：来财、大虎，你们不要死脑筋了，眼光放远点，响应党的搬迁脱贫政策，我一把老骨头都看得出来是去享福的……

王大虎：婶，我们听您的。

村民们：我们搬、搬……

田大妈：好、好！

田大妈说完这些，蹒跚着走到屋前的古树，突然跪下身去，捧了几把井沿的泥土，装在早已预备好的布袋里，然后把装着泥土的布袋一一郑重地交到田来财的手中。

田大妈：（带着哭腔说）无论你们走到哪里，都要带上这把土，我们世世代代就生活在这里……我哪天死了，你们一定要把我的骨灰带到这里，撒入山中，我要回到我的村庄……

25. 日　田野和山川

广阔的田野，绿茵茵的麦苗，一片白色的蔬菜大棚点缀其间。其中一个大棚很显眼，菜与其他大棚长得差一些，很夸张的发黄、有虫眼和虫的背景图案。旁边有一个喷雾器。

张大宝扛一包肥料，提一瓶标有“剧毒”的农药。

张大宝放下肩上和手里的东西，来到大棚前，抹了一把汗。

张大宝：我“张套套”今年搬到了田家坪，种了五亩菜地。我不愧是种地老“专家”，丰收靠得牢。今天镇上的“移搬办”，哦，就是村里的移民搬迁办公室，请了农业技术专家搞蔬菜技术培训会，田支书通知了一遍又一遍让我去学习。嘿嘿，我一个种了几十年田的农民，还要去学他们的技术？种个菜，又不是研究原子弹，多大个事呢？！我的种菜秘诀就是：到季节播种，看到菜黄色就追肥，有虫了就打农药，看到别人卖菜我就收。凭这一手技术一年到头混个温饱不算什么事。

说完拿过喷雾器准备打农药。

田富贵和许莉丽走了进来。

田富贵：张大宝，干啥呢？

张大宝：哦，田书记，稀客。

田富贵：通知你去学习为什么不去？

张大宝：田富贵，你放心，我种得好菜。

田富贵：你放心，我不放心，就你谱大，搬不动你了。来，我今天给你领来一个人，这位是县里来的书记许莉丽。别看人家是个女的，年纪不大，人家可是镇移民（脱贫）搬迁办公室主任，县里来的蔬菜专家讲课，许书记一听就懂。今天村里给大棚户讲课，机会难得，可你自以为是，没去，我把你的情况讲了，人家听说你“张套套”没去，许书记忍着胃疼，还立马专程跑来找你，要向你“学习”。

张大宝：（旁白：瞅她那样小年纪，小个头，化肥搬不动一袋，萝卜拔不动一棵，还“专家”）田富贵，我这个人不保守，许书记，你要写论文，我给你数据，你要写教材，我给你提供点子，你要写总结，我帮你划拉点材料。

田富贵：我说张套套，你是真明白还是假明白，人家是不放心才来看的。

张大宝：啊？（不好意思）哪敢哪敢，谢谢专家，谢谢书记光临寒舍，不，不，是光临寒棚呀。

田富贵：寒棚？这倒一点不假，你看你种的菜和人家种的一比，确实有点对不起人。

张大宝：您别哪壶不开提哪壶，田富贵，天下就没有难倒我的事。（神秘地把田富贵拉到一旁）支书大人，你看我农药一打、肥一追，哈哈，这就是技术。

田富贵：这就是你的技术？

张大宝：准备打农药，田富贵你看，我的菜发黄长虫了。

许莉丽：张叔，你这种药不能用。

张大宝：呃，你个小伢才怪，你说我的菜长虫了不用杀虫农药用什么？

田富贵：张大宝，你听许书记的，人家专门干的就是技术活。

许莉丽：张叔，这个是剧毒农药，药效期长，用过之后残毒大，这是《食品安全法》上明令禁止不能使用的农药之一。

张大宝：我不管，打得死虫就行。

许莉丽：虫打死了，你种的蔬菜是人吃的，那人吃了不也要中毒？

张大宝：我不管这么多，不是有电商么？寄给外地人吃的，我的菜变成钱就行。

田富贵：张大宝，你还犟，怪不得别人喊你“张套套”，自己不懂还一套套的认死理。你不懂法律，吃死了人你是要负责的？！也会毁了我们村做电商的牌子。

张大宝：田富贵，你看。这么多菜，卖出去那个晓得是我的菜中毒的？再说，你们不要我打这种农药，那别人万一打了呢？

许莉丽：别人不会打，这几年别的村人家年年参加培训学习，都晓得科学种菜，既安全又产量高。我们村今年开始发展高山蔬菜，还没形成产业和规模，技术也就没跟上。但不管多少，都要上包装，寄到外面都要讲诚信，不能出任何问题。

张大宝：许书记，你说我是不是很听话？你们一号召我就搞，这个事，你们就别指手画脚了。我种了几十年地，怎么种田还不知道？

田富贵：张大宝，俗话说：鸡公屙屎不屙尿，种地也要有诀窍。你真是个蚯蚓掉灰里——干犟。怪不得你干了一辈子还是贫困户，还“光荣”地成为我们村里精准扶贫的对象。按上级“搬得出、稳得住、能致富”的要求，这回你是我的帮扶联系户，这是我经过研究后给你定的增收项目，我不能让你从“穷窝窝”跳进另一个“穷窝窝”，今天你必须听我的。

张大宝：田富贵，我听了你的，到时候我没有收入，我就带老婆孩子上你家里吃去。

田富贵：行，一言为定。你今年种菜听许书记的，没收入算我的。

张大宝：好。那你许书记就说几个技术我看一下？

许莉丽：空心菜、苦瓜、丝瓜等这些菜只需要打叶面肥；西红柿只需要打预防小叶病的杀菌剂；茄子、小辣椒、青菜、毛毛菜、长豇豆两天打一次斗戈（农药名），这种农药的间隔期为两天左右（间隔期是指施用农药后，直到可以上市的期限）；此外还配合使用普尊、福戈等其他几种农药。长豇豆从开花开始就要打农药，因为虫子会钻进花里面影响产量。

许莉丽说完，从包里拿出矿泉水和胃药，边听边喝药。

张大宝：你这技术也简单，还没我的招高呢。

田富贵：你招高？拉倒吧，到你手里的，就是酒糟了。

张大宝：看看，看看，田富贵，埋汰我不是？没盖大棚那阵，我说什么你都赞成，自打盖了大棚，我说什么你都不信，尽挑毛病，这回我非让你见见我张大宝的世面。

许莉丽：你莫图小便宜吃了大亏呀。大叔你那高招是怎么回事？

张大宝：对，对，我告诉你们。田富贵，你上次来，不是说我的茄子长得不好吗，这回你看看，原先种的长得小，我左一思右一想，终于想到这个秘方，这回我拿准了，先在这里搞个小范围实验。

田富贵：你还明白先试验？

张大宝：咋呀？我是种了几十年地的人了。你看我打上这爱长的药，刚一个礼拜，就长出半尺，快得很。

许莉丽：这药你用多少倍？

张大宝：说明书告诉打100倍，我这苗老成，小，我琢磨加点量，打了150倍。

许莉丽：大叔，这块茄子是结不了果了，花也开不了几朵。

张大宝：啊？这话怎讲？

许莉丽：我问你，熬菜不放盐，您说好不好吃？

张大宝：熬菜不放盐，淡而无味。

许莉丽：要多放？

张大宝：就咸了，下不了嘴了，还伤了肠胃肝肾。

许莉丽：你家做豆腐，卤水放少了会怎样，

张大宝：这个你也明白呀？放少了不成脑。

许莉丽：放多了会怎样？

张大宝：放多了就点老了，净出浆。

许莉丽：你喝酒吗？

张大宝：喝。

许莉丽：喝酒有没有好处？

张大宝：这还用问，我白天干活累了，晚上回家来二两，头粘着枕头边就打呼噜，真解乏。

许莉丽：那如果要让你多喝呢？

张大宝：哈哈，我酒量小，半斤就醉，八两不配。

田富贵：怎么个不配？

张大宝：哈，这个度我可能把握准，不怕你笑话，年轻那阵子，我一次喝醉了，把老婆撵得满大街跑，气得人家半个月没回家，打那时候，我就再从没喝醉过。（捂嘴，旁白：我的洋相可不能乱说，传出去没脸见人了）哎，我说书记呀，这问的都跟蔬菜不搭边，我给茄子打的可是营养药杀虫药。

许莉丽：酒喝多了就醉，盐吃多了伤胃，豆腐卤多了就光水，种菜用错药就废。作物生长上是有些激素、营养药，如赤霉素、萘乙酸、爱多收什么的，我们也提倡合理使用，用什么东西都得有个度。但你用多了，就出毛病了。你仔细看看，你这茄子叶柄长不长？

张大宝：嫩，还蛮长。

许莉丽：细不细？

张大宝：呀，有点细。

许莉丽：软不软？

张大宝：昨天我看叶柄还是直的，今天怎么软绵绵的了。

许莉丽：再过几天，你这苗，就倒到地上了，秧苗徒长，光照进不去，开不了花了。

张大宝：（傻眼了）真的不能开花吗，嗨呀，这东西长快了也不好，糟了糟了。专家，专家，有没有挽救的办法，你可得给我想想办法，我这俩棚贷款扔进了几万块钱，今年脱贫的指望呀。

许莉丽：办法是有，就怕你不听。

张大宝：我听，我听，一定听！

田富贵：叫你去听听专家讲课，你说这技术属窗户纸，一捅就破，让你建棚讲究标准，你说你是种地老手，你不是一套一套的吗？

张大宝：哎呀，田富贵，你不要讥笑讽刺我了，我老思想，老思想。

田富贵：你什么时候相信这科学种田，你什么时候不自以为是，就什么时候脱贫奔小康了。

张大宝：是，是。

许莉丽：这两天有大的寒流，气温要降到零下三四度。冷的季节菜长得慢，你先给茄子苗施一些水，基本要饱和，把你打的药稀释一下。明天我们给你送网上购的有机肥和生态农药来。村里也为了你的大棚做好寒流防范，又给你联系了一部分草帘子，下午就送来，你找几个人帮忙，把大棚四边再给暖一下。

田富贵：你再还不相信科技，自以为是的一套一套的吗？

张大宝：放心，许书记的那一套，我就一套一套的学。

许莉丽：政策那么好，种菜蛮靠牢，科技把菜保，学习不可少。

田富贵、张大宝：哈哈，许书记，你也一套一套的了。

许莉丽、张大宝、田富贵一起会心地笑了起来。

26. 日　安置小区

挂有某安置小区的楼房鳞次栉比，整齐有序，挂有经商、饮食、修理、运输招牌的大门上，可以看出搬迁移民的安居乐业。

田富贵和治调主任在一个大门前挂牌子。长牌上写有《“美安牌”田家峪淘宝村系列农产品股份公司》，许莉丽手持《营业执照》在指挥。

许莉丽：经过我们的开发利用，充分证明田家峪山上的野生果、野生药，种的高山蔬菜、魔芋、天麻，是外地人最喜欢的。

田富贵：是啊，一根网线通全国，鼠标一点交易多。

治调主任：现在我们注册了“美安牌”，村民分散经营凭本事，股份入股都自愿，我们的品牌打造了致富果。

许莉丽：现在我们注册成立了农户自愿入股的股份公司，创立了美丽前景和安全健康、绿色生态的“美安牌”品牌，还领了营业执照，可以大张旗鼓地调动群众的积极性，变废为宝，发展农村经济，脱贫致富有保障了。

田富贵：是啊，我们村全面落实上级“以户定建、以产定搬、以户定扶、以户定业”和易地扶贫搬迁“建房不举债、脱贫有保障”的工作要求，顺利完成了搬迁任务。以前我们山里地势偏僻，交通不便，文化落后，信息不灵，人也缺乏眼光，那些山果果，树叶叶，地根根，只有自己吃，吃不完的就烂在地里，掉在林里，哪晓得我们多得吃不完的，却是城里人一辈子看都没有看到过，是最想吃的山珍。这样，搬出来的农民不仅脱贫有保障了，生活也会越来越好。

治调主任：我们现在实行的是“互联网+农业”的模式。现在很多农户都开了自己的店铺，许书记帮他们办齐了卫生、环保、工商的证件，申请了网店，开通了支付宝，请人帮忙设计了店铺商品的样品宣传图片，万事俱备，只欠东风了。

张大宝、王大虎、妇女委员、田来财、王大婶、村民甲、村民乙、村民丙、村民丁及其他村民边争论边走了过来。

张大宝：许书记，我的店铺没有人点击。

王大虎：许书记，我的黑毛猪有人浏览，怎么没人拍货？

妇女委员：我也是，药材店铺贴了几十张照片，就是没人问。

村民甲：我的香菇是有人问，没说几句，就没下文了。

王大婶：我的黑山羊肉倒是卖了几十斤，可是他们退货了，折腾了几天，羊肉变质了。

田来财：许书记，你不会忽悠我们农村人吧？没见面，不看货，不谈价就能做生意？

村民乙：我看这事有点玄。

村民丙：白投资电脑和网络了。

村民丁：是啊。

田来财：许书记，我们的投资失败了你要负责。

田富贵：你们吵吵啥？啊？！你没看见村里成立了公司吗？

田来财：成立公司有屁用？我们的货又不能卖给你？

许莉丽：田大叔，乡亲们，大家不要急，不要怕，听我说。你们说的这些问题，只要开过网店的都有涉及。做事情不可能一帆风顺，总之，是我们的产品没名气人家看不上你。

治调主任：所以，许书记早料到了这些问题，想了办法，决定先分散经营了再公司来兜底。我们统一品牌了再统一包装，产品宣传策划村里来统一搞，店铺设计专家也统统由村里出钱帮你。但各家各户产品必须统一管理，分散销售的每天一登记，质量也必须保证，再是卖得多的户帮助卖得少的户，年底呢由村里分红给每户。

张大宝：真稀奇呀真稀奇，哪有生意这样的？世上只有许书记，脱贫希望大大的！

田富贵：张套套，这下服了吧？

张大宝：服了。

田富贵：真服了？

张大宝：真服了。我服的是许书记，不是服的你。

田富贵：我也服你了"张套套"。好，乡亲们，现在我们听许书记给我们讲课，培训一下，做电商的方式方法和与客户沟通的语言。

田来财：我们都这么大年纪了，还说不好话？还需要培训？

许莉丽：田大叔，做技术的有专业术语，做生意的有行话，做电商的也有与客户沟通的方式。不了解，不学习，怎么与城里人沟通呢？何况我们以前天天在跟地打交通，天天见面的都是熟人，做生意和与外地人联络都是我们要学习的。

王大婶：田来财、张套套，人家许书记说得有道理，你们莫打扰别人学习。

田来财：王大婶，我……

王大婶：我，我什么我？

田来财：我怕你……

众人：（大笑）

田富贵：莫打茬了，听许书记给我们讲课。

许莉丽：我们要做好电商，要有八大魅力：超越梦想、明确目标、永续学习、良师益友、自由自主、公平公正、团队合作和建立系统。

田富贵：村里成立公司，就是要将这八件事做好，团结合作，共同致富。

许莉丽：如果你们店铺有买家看中了某一宗山货后，又说"我考虑考虑"，那么卖家就要有说话技巧。比如您回答：可以，等您考虑好以后再联系我，到时候我再来回答您提出的任何问题，好吗？或者再说：请问，您对宝贝还有哪些需要了解的，我可以一一为您介绍。也可以说：好的，谢谢，如果您今天拍下，今天就可以发货，您就可以早些看到您喜爱的宝贝了。假如买家还在犹豫，您就说：亲，您咨询的这件宝贝款式很不错，它的质量也很好，是药材的说药效，是山果的说口感营养。亲，我们的价格适中哦，是我们的热卖单品，拍下它，今天就可以发货，也许明天就没货了。我们库存有限哦。

田来财：亲？客户谈恋爱呀？王大虎，你要结婚的，赶快在网上“亲”几下。

王大婶：这……大男人还可以说“亲”，我们女人说“亲”，恐怕让人说闲话。

许莉丽：田大叔，王大婶，这不是暧昧的意思，是淘宝的专用术语。淘宝称亲其实是亲爱的就是爱称，表达了卖家对顾客的尊敬和亲热，以营造亲切、愉悦的氛围。因为总要有一个词或者表情通过冰冷的屏幕来传递卖家对顾客的爱和尊敬。

田富贵：田来财，王大婶，不懂就要学习，看你们就想歪了吧。

村民甲：（手机响，接电话）亲，您好，我是“美安牌”农产品客服，请问您有什么需要？……亲，您要一百斤核桃、一百斤柿饼？……有，我们保证质量和品质，亲，放心吧。只要拍下，今天就可以发货哦……非常抱歉，亲，本店所有商品不议价，不抹零。我们的产品在保证合理定价的同时，依然能保持它较高的性价比，一分钱一分货，明码实价，诚信经营，是一个品牌的基石……亲，放心吧。

妇女委员：亲，我们村里刚挂牌，第一单生意就来了，亲，么么哒！

众　人：亲！（然后开心地笑）

27. 日　文化广场

环境优美的民族特色浓郁的搬迁小区民居，民居前有宽大的文化广场。

一长条横幅上有“田家峪村群众文化广场开场剪彩暨村民分红仪式”和“田家峪电商武艺大擂台”。

下面是主席台，放有音响和麦克风，还有几大箱整叠人民币和几台电脑。

几位老民间艺人在敲锣打鼓，十多位男女村民兴高采烈地跳着喜庆舞蹈，有人在用手机录和直播。

身着节日盛装的众多村民齐聚广场，神采奕奕带着满意的期待。

田来财和王大虎、张大宝、李艳艳及村民甲乙丙丁等最为活跃，高声谈话。

田来财：（精神焕发）谁说女子不咋的？古有木兰永传奇，今有莉丽许书记，搬迁致富好神奇，山货“长脚”进城里。铁树开花创奇迹，强女扶富田家峪。

张大宝：哈哈，田来财也遇到服气的？昔有低保不离你，年年讨要不放弃，干部见你就躲起，就是来财你兄弟。

王大虎：你也是老乌鸦笑猪黑，大宝说话没脸皮，平时大话蛮救急，种的蔬菜没得季，还说来财他兄弟。

田来财拉来站在王大虎身边的李艳艳。

田来财：养猪修路钱没底，多亏人家许书记，现在媳妇跟了你，快给领导敬酒去。

王大婶：休要指东来骂西，当初围攻许书记，扯皮拉筋就忘记，真是越来越没脸皮。

众人大笑，是真正高兴地、满意地开怀大笑。

村民丁：不要嬉笑不要挤，你们欢喜我着急，咋没看见许书记，没她哪有好喜气。

众人在人丛里找寻。

这时，田富贵站在话筒前，手拿稿子，咳了几声。

田富贵：乡亲们，我们村无论是搬迁移民，还是全体村民，做到了有业可创、有事可干、有钱可赚，实现了美丽乡村、旅游景区、产业发展、农民增收的目标。今年我们田家峪，托党的政策好福气，再托来了好书记，今年的年成自古没有的，电子商务这个新兴的渠道，昔日渣货今获利。令人高兴和自豪的是，全村变化在县数第一，现在百万红利返村里，人均两千元的分红将要送给村里的每一位村民。你们欢喜不欢喜呀？

场上村民齐声答道：欢喜！

田富贵：高兴不高兴？

村民们异口同声答道：高兴！

田富贵：感谢不感谢许书记呀？

村民们的回答更加响亮：感谢！感谢！

治调主任：乡亲们，现在我宣布发送到个人名下的红包，按顺序从一组开始……

妇女委员气喘吁吁跑上。

妇女委员：田支书……

田富贵、治调委员及众人的目光都转向妇女委员来的方向。

妇女委员：田支书，你们还分个什么钱？以后再分也不迟！

田富贵：你说事，到底怎么了？

妇女委员：咳，大家伙也许还不知道，许书记得了胃病就是因为拖得太迟没去治。今天清晨开始胃出血，本来她是准备村里分红完再去医院的，不料此时已经昏迷了，必须马上送到医院去救治！

王大婶：年纪轻轻咱就得了这么严重的胃病？

村民丙：是不是家庭有遗传？

张大宝：瞎说八道，胃病有遗传的吗？

妇女委员：（抹了一把眼泪）今天一大早，我就去村委会。因为今天咱们村村民分红，我们田家峪的变化多亏了人家许书记，一定要她来坐在最前排。当我喊了多遍许书记才开门，脸上白得没了血色，有气无力，平时打扮很严谨的许书记今天却衣冠不整。

田来财：少啰嗦，快打120呀？！

妇女委员：我很惊奇，就赶忙到房间一看，地下有一摊没有掩盖尽的血迹。我一看就慌了，连忙掏出电话准备拨打120。

王大虎：打呀，咋这么多话？！

田富贵：快拣有用的说。

妇女委员：许书记……她说，她已经打了，救护车正在来的路上。

村民丙：救护车怎么这么慢？

妇女委员：（抹了一把眼泪）我看到……我看到，电脑前头有一个方便面空盒里还有半盒血……一看她就是工作了通宵的。

田来财：我知道了，许书记是天天吃没营养只有热量的方便面，加上来我们村这两年做扶贫工作长期饮食无规律，日夜劳累太过度才得的这种病。

王大虎：许书记，你可千万不能倒下呀……

张大宝：许书记，你病了我们可怎么办……

村民丙、村民丁：都是为了我们哪……

村民甲、村民乙：田家峪离不开你……

众　人：许书记……

一阵非常刺耳的救护车声由远而近，闪着警报灯慢慢驶进广场，并停在人群中间。

车门开启，白衣护士从车上抬下担架。担架上许莉丽输着液体，穿着病服，一脸病态，在护士的搀扶下半坐，对着村民勉强带着微笑。

许莉丽：……我好想，看到移民们电商比武打完擂台……

李艳艳：许书记，我等你回来喝我的喜酒……

许莉丽：放心，一定来……

田富贵：在你任村官的两年里，你看田家峪在你的帮助下，我们村成为全国有名的“淘宝村”，80%的户开有自己的网店，村里注册的“美安牌”系列农产品全国闻名。许书记，你就放心去治病。

众　人：许书记……场上有哽咽之声……

大多数村民两眼含泪……

村民们哽咽着，依次默默与许莉丽握手告别……

救护车载着村民们的期盼和祝福“呜呜”地向远方驶去……

——剧终

青年志愿者之歌

剧本（下）

共青团中央
中国作家协会　主编

语文出版社
·北京·

目　录

下

我们的大树

傥城稻香

主要人物：

李春溪：20 多岁，女主角，支教志愿者和环保志愿者，漂亮，有艺术气质和正义感。

泽　米：20 多岁，男主角，大树村普米族，能歌善舞，帅气，有开拓精神，爱慕李春溪。

笃　玛：约 50 岁，泽米的妈妈，大树村的女村主任，漂亮，能干，纯朴善良。

拉　雅：约 80 岁，泽米的奶奶，大树村最受尊敬的老人，智慧，明礼。

熊阿宁：男，20 多岁，大树村普米族，能歌善舞，性格火暴，爱冲动，人不坏，但有些见钱眼开。

茸　珍：女，大树村普米族，三年级学生，可爱，聪明能干，约 10 岁。

达　保：男，大树村普米族，茸珍的同学，约 10 岁。

熊阿春：女，大树村普米族，茸珍的同学，约 10 岁。

阿　琪：女，大树村普米族，茸珍的同学，约 10 岁。

阿　水：女，大树村普米族，茸珍的同学，约 10 岁。

白乔生：企业老总，环保志愿者，约 50 岁。

季东风：企业老总，环保志愿者，约 50 岁。

1. 大树村外山野　日　外

野花争相盛开。

各种各样的花地一直漫延到周边山坡上的绿林里。

村庄仿佛被绣在一块绝色花布之中。

李春溪和泽米，女漂亮，男英俊，都戴着毡帽，泽米还穿着普米族男装，李春溪一身野外装束，胸前挎着相机。

他们骑着马在小跑，整个谷地里堆满了乳白色的浓雾，被马腿一搅拌，浓雾就滚涌缭绕起来，人和牲口走动起来就像是在天宫中的袅娜云翳之上踏空而行。

雾影中还有繁花朵朵缀露而立，他们不仅是在踏雾而行，而且还是踏花而行。花朵们轻轻托走了马腿后，就留在那里轻摇慢拂个不停。

画外音：

李春溪：是你们的这些大树把我召唤来的，它们让我感到震惊，也使我想要流泪。而你们的友善让我感到温暖，你们的歌舞让我陶醉。这里的人，这里的自然环境让我的生命成长得更加厚重了。我对这里充满了感激之情。

泽米：你们这些志愿者跑来与我们一起保护这些大树，我们对你们感激不尽。

2. 林中杜鹃坪　日　外

李春溪和泽米跑马穿过一片杉树林，到了杜鹃坪。

这里是杜鹃花的王国，有大树杜鹃和矮树杜鹃，它们正在竞相开放，使得杜鹃坪里像堆满了大堆小堆的花垛似的。他们策马飞奔在花团锦簇之中，马蹄掀起了滚滚花涛，也催得人花心动荡，脸颊上也飞起了片片红霞。

画外音：

李春溪：我仿佛进入了一个童话世界。我听说，普米人非常敬重森林，没有森林就没有普米族村寨，所以你们总是英勇无畏地保护着自己的森林。

泽米：是的，我们的森林与我们相依为命。我们是一个崇拜树的民族，我们有自己的《村民护林公约》，用这个来保护我们的树。

李春溪：但是林权改革马上就要开始了，这将给你们的原始森林带来无法估量的冲击。

泽米：是啊，有些人，树还没有分到手就在想着卖树了。我们面临着一场生死考验。

3. 同上

李春溪和泽米催马快跑，进入一片杉树林，林木高大而茂密，他们从一棵棵千年古树边跑过。

李春溪陶醉地仰望和环视着。树冠遮天蔽日，但仍然有一片片阳光穿过枝叶间的缝隙进入林间，林间生态千姿百态。

画外音：

李春溪：我和我的朋友们在分头行动，“大树基金”已经基本成形，愿意领养大树的环保志愿者也越来越多，但愿我们能够保住这最后一片村庄附近的原始大树。

泽米：谢谢了！

李春溪：谢什么，这是我们共同的使命。这不只是普米族的大树，更是中国的大树，地球的大树。

泽米：我们一起努力，保住这些大树！

4. 同上

李春溪和泽米策马跑进林间空地。

镜头往后退缩，他们迅速远去，变小，最后淹没在苍茫的一大片原始森林中。

5. 笃玛家堂屋里　夜　内

由两张桌子拼成的大桌上摆满了羊肉、麦饼、水煮洋芋和倒满了酥油茶的碗，气氛淳朴浓郁。

屋里围着火塘挤满了人，一派欢乐热闹的景象。

茸珍紧挨李春溪坐着，像是跟李春溪很熟悉似的，亲昵地靠着李春溪，自豪地不时地把眼光转到讲话的人身上。

熊阿宁和两个小伙子的注意力总是在李春溪的身上。

熊阿宁：李小姐，你在街上吃了我们的请，又坐了我的车，是我们把你带到大树村的，现在你又到了泽米家，可是我一直都稀里糊涂的，你是干什么的？从哪里来……

泽米：阿宁，你又开始调查人家的户口了！

屋里的人笑了起来，样子特别单纯，特别开心。

熊阿宁：不弄清楚，万一你家混进来一个女特务呢？

拉雅：（用手巴掌打了一下熊阿宁）人家是来敬大树的，是我们的贵客，不许乱说！

大家笑得更厉害了。

茸珍：姐姐是来帮我们保护大树的。

李春溪：（有点不好意思）我真的是一个环保志愿者，从北京来。

熊阿宁：哇！北京是大寨子啊！我们小寨子从来没有来过外地人，来自大寨子的人就更没有了，你来了，我们家的屋子都开始闪光了。

大家又笑起来。

李春溪：起先我只是被茸珍感动了，后来，这里的每一个人都让我感动。这是多好的地方啊！

大嫂甲：觉得好，干脆留下来得了！

泽米：嫂子，你得了吧！你想把凤凰留在这个破鸡窝里吗？

李春溪：这里真是一个好地方！

大嫂甲：瞧！瞧！大地方的人就是有水平，哪像泽米，狗嘴里吐不出象牙来！

大家又笑了一回。

6. 大树学校教师宿舍　夜 内

李春溪躺在被窝里，辗转反侧，她失眠了。

7. 大树学校教师宿舍　晨　内

李春溪醒了，她睁开眼睛。

窗外传来了鸡叫声和鸟鸣声，还有小孩子快乐轻快的踢踏声。

李春溪一下子坐起来。

8. 大树学校小院里　晨　外

熊阿春、阿琪、阿水戴着红领巾在跳皮筋，她们的样子十分可爱，十分轻快。

突然，正在跳的熊阿春停了下来，做着鬼脸，悄声对同伴说话。

熊阿春：新老师来了！好漂亮的一个！

她们一起转脸向一个地方望去，李春溪刚好伸着懒腰从屋里走出来。

三个小女孩扔下皮筋向李春溪跑去。

熊阿春：（行了队礼）您是新老师吗？

阿琪和阿水：（也行了队礼，异口同声地）老——师——好！

李春溪：（变得口吃了）哦，你们好！你们……你叫什么名字？

李春溪把一只手放在最靠近自己的熊阿春肩膀上。

熊阿春：我叫熊阿春。

李春溪：你们呢？

阿水和阿琪：（参差不齐地）我叫阿水，我叫阿琪。

李春溪：你们为什么把我当成新老师呢？

熊阿春：张老师回家生小弟弟去了，学校已经停课好多天了，笃玛村主任到县上接新老师去了。您不是笃玛村主任接回来的吗？

李春溪：你们过去只有一个老师吗？

三个小女孩：（异口同声）是——的！

李春溪环眼一望，这所小学的土坯围墙破旧残缺，两幢土木结构的泥坯房也很破败，瓦顶凹陷、墙皮脱落，它们的一个拐角相连构成一个“7”字，与另两面围墙相合为一个小院，院里有一个土篮球场，一个歪斜的篮球架。

李春溪：（脸上露出了震惊的表情）你们就在这些房间里上课吗？

三个小女孩：（异口同声）是——的！

李春溪：天呀！会不会漏雨啊？

三个小女孩：（异口同声）会——的！

李春溪：那怎么办呢？

三个小女孩：（异口同声）漏雨的——时候——我们——披着雨衣——上课！

9. 大树学校小院外　晨　外

学校就在小山包的顶部，围墙上一道农家式的院门开在东墙的中段。

一条小土路连接着下面的人行土路和院门。

院门两边有几株盛开的桃花。

位于小山包前缓坡上的村子里，有众多开着繁花的梨树、桃树以及别的一些果树。

除此之外，视野里到处都是或远或近的苍茫大山和蓝天白云，仿佛是一幅绝妙的浓墨水彩画。

10. 大树学校小院外　晨　外

茸珍梳起了两条小辫子，欢快地从石阶上拾级而上，跑进了学校。

11. 大树学校院内　晨　外

熊阿春：（向茸珍迎过去，悄声地）新老师来了！

茸珍：是我带来的！但她不是新老师！

茸珍：（撇下熊阿春，向李春溪跑去）姐姐！姐姐！奶奶让我来喊你去吃晌午饭！

李春溪摸了摸茸珍的小辫子。

茸珍：（抱着李春溪的胳膊）走！快走！

李春溪：哪有这样早就吃晌午饭的！

茸珍：（扭着身子）先到处转一转！

李春溪：你们有多少学生呀？

几个女孩：（参差不齐地）十——六——个！

李春溪：（吃了一惊）才十六个？

几个女孩：（异口同声）是——的！

李春溪：那还不够一个班呀！

几个女孩：（参差不齐地）我们有学前班到三年级一共四个班！

李春溪：啊？！一个老师怎么教你们呢？

几个女孩参：（参差不齐地）我们在一个教室里上课！

李春溪：这么多房间，你们只用一间吗？

几个女孩：（异口同声）是——的！

茸珍：（快嘴快舌地）还有一间是老师的宿舍！别的都是空的！

12. 盘山公路上　日　外

一辆乡村巴士在盘山公路上艰难前进。

13. 乡村巴士内　日　内

刘慧和笃玛村主任坐在一排，周围坐着的都是当地的农民。

车厢后部是摆放农产品的地方，几只鸡在背篓间挣扎，一头小猪在其间哼叫。

刘慧：（皱一皱眉头）村主任，是不是快要到了？

村主任：（殷勤地）快了！快了！

刘慧：（很焦躁）你总是说“快了快了”！怎么总也不到呀！你不会把我带到原始部落去吧？

笃玛：（讨好地）怎么会呢？刘老师你看我像是原始人不？告诉你，我们大树村山清水秀，是神仙居住的地方。

旁边的一个农民：（嘲讽地笑起来）是的，那里不是原始人居住的地方，是神仙居住的地方。

刘慧：真的吗？

刚才说话的农民：到了你就知道了。

笃玛：是的！

14. 乡村街市　日　外

乡村巴士从山弯背后转出来，小得像一个小村子的乡街全景一下子展现在眼底。

乡村巴士停下来。

刘慧：就是这里？嗯——才巴掌大一点！神仙就住这样的破地方吗？

车里的人开始纷乱起来，有的拎起口袋，有的抬起背篓，有的拿起行李。

笃玛：（脸色开始不好看了，但她极尽讨好之能事地解释）刘老师，不是这里……这是乡街，大树村还有一段路要走呢。

刘慧：（几乎跳了起来）啊？！还不是这里？到底是哪里呢？要多长时间才能到？

笃玛：（沉吟着）搭着拖拉机的话，不用两个小时就到了，要是运气好，搭着卡车，一个小时就到了。

刘慧：（眼泪快出来了）难道你们还没有通巴士吗？

笃玛：（痛苦地）但愿我们能够搭着拖拉机或者……汽车。

刘慧：（伤心地）你说实话！万一搭不着拖拉机和汽车，我们是不是还得走路去？

笃玛：（没有底气了）这种可能……也不是没有。

刘慧：（屏住呼吸）如果走路，要多长时间？

笃玛：（吞吞吐吐地）也就……五个来小时吧。

刘慧：（眼泪终于忍不住了）五个小时！天呀！连乡街都这样原始，五个小时路程外的大树村……我真的不敢想了！我还是回去考公务员算了！

笃玛目瞪口呆。

刘慧背着大大的旅行包，一把从村主任手里夺过被包抱着，边哭边向一辆正要离开乡街的乡村巴士跑去。

笃玛两手空空地待了片刻才醒悟过来。

笃玛：刘老师别走呀！我们那里真的很好的！你去我们那里，全村人都会把你当祖宗敬着呀！

15. 同上

乡村巴士开走了。

笃玛在后面跌跌撞撞地追了一会儿，最终放弃了，站在那里泪流满面。

16. 山中小道上　日　外

笃玛垂头丧气地独自走着。

17. 大树村边油菜地　日　外

茸珍、熊阿春、阿琪、阿水几个小孩子背着箩筐在地边割青草，她们在叽叽喳喳地说着话。

茸珍：我特别想要李春溪姐姐给我们当老师！

熊阿春：我也是！她要是能留下来就好了！

阿琪：我听大人说，人家是来敬大树的，敬完了就要走掉了。

阿水：哎呀，太可惜了！

熊阿春：你们说，村主任会接回来一个什么样的新老师呢？

阿水：不知道。

茸珍：要是像李春溪姐姐就好了！

泽米：（站在坡脚下向她们问起话来）你们知道李春溪姐姐去哪里了吗？

茸珍：泽米哥哥，她看大树去了！

熊阿春：（突然兴奋地挥手一指）啊！她回来了！

18. 同上

李春溪从树林里钻出来，在忘我地拍摄着金黄色的油菜花地和地里的孩子们，她戴着白色的遮阳帽，但脸还是被太阳晒得潮红，她的牛仔裤腿卷着，白色的旅游鞋沾满了泥土。

见李春溪正在拍摄自己，孩子们一惊，开始重新投入劳动，干得很起劲，动作稚嫩灵巧，有点忙乱。

茸珍：她正在照我们，我们不要偷懒！

泽米被眼前的美妙景象镇住了，微微张开的嘴唇迟迟合不拢。

19. 同上

李春溪的注意力全在拍摄上面，双脚小心翼翼地在水沟边的草丛里横向挪动。

一条带红黄花纹的蛇吐着信子，在草丛中蜿蜒穿行，很快来到李春溪的脚边。

李春溪突然惊跳起来，发出了痛苦和惊慌的尖叫。

20. 同上

泽米：（突然惊叫）不好！

泽米在油菜花丛中奔跑。

21. 同上

李春溪跌坐在油菜花丛里。

那条蛇消失在草丛里。

李春溪：（紧紧地抱着左脚，痛得咝咝地倒吸着凉气）完了！我被毒蛇咬了！

22. 同上

几个孩子也向这边跑过来，背篓在她们背上晃荡。

23. 同上

泽米一直跑到李春溪身边。

泽米跪在地上，迅速解下李春溪的一根鞋带，绑扎在李春溪膝关节下，一小股发黑的血从毒蛇咬出的牙孔里流出来。

泽米：茸珍，你快去喊奶奶！阿春，快去喊阿宁把车子发起来等着！

24. 同上

茸珍和熊阿春扔下背篓，一溜烟从油菜地里跑走了。

25. 同上

另外几个孩子紧张而心痛地蹲在李春溪身边。

泽米抽出匕首，用刀尖在李春溪的伤口上快速一划，反复挤压伤口周围，更多的黑血流了出来。

26. 大树村　日　外

茸珍在奔跑，拉雅的嘴在狠狠地咀嚼着，一瘪一鼓的，手提着百褶裙的一角，老态龙钟地跟在茸珍后面跑。

27. 同上

泽米背着李春溪在奔跑，几个孩子背着背篓在后面奔跑。

28. 同上

泽米把李春溪放在地上。

拉雅伸出手掌，张嘴一吐，一团被嚼得稀烂的青色草药浆出现在手掌上，然后蹲下去把草药浆敷在李春溪的伤口上。

拉雅：吸过蛇毒了？

泽米：吸了。咬着不到一分钟就吸了。

李春溪的左小腿像发酵一样肿了起来，她的脸上出现了迷离的症状。

拉雅：很好。要是处理得晚，我们就没有办法了。

阿琪：村主任回来了！

大家一起抬头，看到村主任的表情由颓废一下子转为惊异。

笃玛：（急步走上前）出什么事了！

泽米：被毒蛇咬了。

笃玛：快送医院啊！

熊阿宁一个急刹车，农用卡车停在了一边。

熊阿宁：快抬上来！

29. 山中土路上　日　外

农用卡车在扭动着前行，颠簸得很厉害。

30. 农用卡车车厢里　日　外

由于车子颠簸得很厉害，人说话，声音都被颠散。

茸珍：（仰脸望着笃玛）我们的新老师呢？

笃玛：（一下把脸别开了）好不容易到了乡上，人家再也不肯朝前走了，扭头就回去了……我们村的孩子读不起书了。

大家一下子沉默了。

突然，他们听见李春溪在说话。

李春溪：我来给你们当老师，行不行？

大人在吃惊。

孩子们：（高兴得蹦了起来）太好了！我们有新老师了！

31. 医院病床上　日　内

李春溪在输液。

泽米和笃玛守在一边。

李春溪：我这几天都在挨家挨户地进行家访，知道孩子们的求学愿望十分强烈，家长也把孩子读书当成家中最大的事情，但是孩子们现在却都失学在家。我心里很不是滋味，没有看到就算了，看到了我就不能不把它当一回事。我决定了，我留下来。

笃玛：（一下子用双手紧紧握住李春溪的一只手，眼泪纵横）真是菩萨显灵了啊！为了找到一个新老师，我都愁成什么样子了啊！

32. 大树村　日　外

泽米领着李春溪在村子里观光。

一眼不错的泉水赫然出现在眼前，泉眼处砌有石头的小水房，前面敞开，村民就站在水房前面的石坎上将水桶伸到石房里的井中去打水。

滚涌而出的泉水在水房里盛不下，从石缝里哗哗地往前淌入地势较低的大石池里。大石池有二十平方米左右，四角有伸入水中的石台，当中有一条石埂，它们都是供洗东西的人站立和蹲坐的。

这里很热闹，是女人们的天地，有一个正在把挑在肩上的两只水桶娴熟地轮番沉入井中打水，左一下，右一下，转眼间就打好水直接走掉了，有几个则在石池中洗东西。

这种古朴和谐的景象吸引住了李春溪，举起摄像机贪婪地抓着镜头。

茸珍蹲站在石埂上洗衣裳，就像一缕跳动的灵感突出在阳光之下，极普通的碎花布衣裳，挽着裤脚，手脚并用，她的力气显然太小，手也小，不能胜任揉搓湿衣裳的重任，于是便用小手翻动衣裳，用脚去配合揉搓，麻利非凡。这小巧玲珑的样子夹杂在洗衣裳的妇女当中，本身就够打动人的了，而且她非常上镜头，还会有意识地配合李春溪，漂亮脸蛋上一对黑亮的大眼睛脉脉含着纯真风情。

33. 同上

李春溪的兴趣很快就被一位扛着犁架、赶着牛的大叔勾走了。

李春溪的镜头跟着大叔走向村后去了，那里是茂密青葱的林木。

泽米：大树村是本县最封闭的村子之一，气候和地势限制了生产，大多数地方基本上只能出产荞麦和马铃薯，人们生活很苦。

李春溪：但是，这里除了人特别好以外，天空是格外的蓝，格外的高，空气是格外的清新，几乎就是另一个世外桃源。

泽米：我们懂得像爱惜眼睛一样爱惜村中的水源和村边山上的树木，你看到了吧，我们的饮用水和洗用水是分开的，村子周围的树，没有一棵被砍伐，林木原封不动地笼罩在屋后的山上，每一根树枝都是完好的。

一位背着柴火归来的农妇走到了跟前。

李春溪：（迎面问道）大婶，你的柴是从哪里背来的？

农妇：（吃力地回转身，认真地指着山丫口外面）从很远的地方背来的。

李春溪：屋后就有这么多树，为什么不在这里砍柴？

农妇：那些树是神树，砍不得。

李春溪：为什么砍不得？

泽米：村里的三岁小孩都会告诉你：那些树砍了，水井就不出水了，水井是我们的命根子。

34. 同上

在泽米的指点下，李春溪这里照照，那里瞄瞄，怎料茸珍又很上镜头地撞进了镜头，她已洗好了衣裳，抬着沉重的竹箕站在石径上，装满湿衣裳的竹箕紧压在她的腰上，使得她的身子向另一边倾斜，以便保持平衡，神态既坚强又忧郁，好像还在特意等待李春溪的镜头。

茸珍：姐姐，我这个样子照下来会不会很难看？

李春溪：不！茸珍可漂亮了！照下来和你原来的样子一样好看！

茸珍：（脸上露出了满足的笑容）真的吗？

李春溪：真的！不骗你！

35. 大树学校走廊上　日　外

李春溪走在笃玛身后。

笃玛：（边走边介绍）别看简陋，当初这里可是行政村的完小，学生超过三百人，老师也有二十多个。附近有五个村子，山这边有三个，山背后有两个，小孩子读三年级以下的小班都要在这里，四年级以上的大班要到河谷那边的新校去读。

多数房间都锁着，李春溪随着村主任从破窗朝内看，屋里积满了灰尘。

她们继续在走，边走边看。

笃玛：（继续介绍）只有这间教室在用，全校从学前班到三年级的学生都在里面上课。山背后的学生要走小半天才走得到这里，他们只有周末才能回一趟家。

李春溪：（关切地）那他们怎么办？

笃玛：附近有亲戚的就住在亲戚家，没有亲戚的就住校。学校提供不了正常的食宿，很多家庭也承担不起食宿费，有一些孩子只好不读了。

李春溪沉默了。

36. 大树学校学生宿舍　日　内

李春溪跟着村主任走进屋里，里面只有两张用石头支着的低矮通铺，冷飕飕地贴在阴潮的地面上，一只大老鼠跑了过去，李春溪吓得尖叫了一声。

李春溪：太可怕了！学生们就住在这里，真是不敢想象！

笃玛：（不好意思地咧嘴笑着）我们也想搞得好一点，但是地方穷啊，能填饱肚皮就不错了。

37. 大树学校院子里　日　外

李春溪：几个班的学生都挤在一间教室里怎么上课呢？能不能把他们分班上课？

笃玛：才有十多个学生，一个老师，怎么分呢？

李春溪：前面的那个老师什么时候回来上课？

笃玛：那个老师是我们聘用的农村人，每个月只有五百块工资。她说，生了孩子就要留在家里了，不会再来了。幸好李老师来了，不然学校就办不成了。

38. 大树学校教室里　日　内

教室后面立着一块黑板，前面也立着一块黑板。

十六名学生参差不齐地坐在教室里，有的学生面朝着前面的黑板，有的面朝着后面的黑板。

李春溪站在前面的黑板前，感到手足无措。

李春溪：谁来告诉我，你们以前是怎样上课的？

茸珍：（举手）老师，我来说！

李春溪：好，你来说。

茸珍：（把身子转来转去，手在指指点点）学前班的跟我们三年级的坐在一起，我们帮老师管着他们，还帮老师教他们识字；一年级先坐在中间做作业，等二年级的课讲完了就换到中间做作业，一年级的就开始讲课；一年级的课讲完了，老师就到前面来给我们三年级讲课。

李春溪：（想了想）好吧，三年级的先教学前班的画画。

李春溪：（走到后面的黑板跟前）一年级的先看书，现在二年级开始上课。

学生们非常听话，开始按照老师说的去做。

李春溪：（在黑板上写道）第一课。

39. 李春溪的宿舍里　夜　内

李春溪在笔记本电脑上打字，她在与“天边星”对话。

李春溪：（在打字，伴随着键盘的击打声，响起她的画外音）天边星，你在吗?

电脑里传来了“嘟嘟”的提示声，电脑屏幕上打出了回话，同时出现年轻男人的画外音。

天边星：行走的云，我在。你的故事和你的义举令本少爷震惊并且享受，那些村娃真是令人同情！我决定支持你，别的人也肯定会像我一样支持你!

李春溪：感谢感谢！本小姐这厢有礼了!

天边星：谢什么！难道我们不是志同道合的铁哥们吗?

李春溪：有你们这些铁哥们的支持，我就不孤单了，心里也有了底气。我决心把新校建起来。

天边星：你的计划会如期完成。好多铁杆哥们都出了血，希望能够力所能及地为那些村娃做一点事情。

李春溪：能做多少算多少，我们一起努力吧。

天边星：好的，加油!

李春溪：加油!

40. 大树村　日　外

山坡下稀疏地分布着一小组一小组的木摞房，有一些房顶上冒出袅袅炊烟。木摞房旁边的地里立着一些高大的木头架子，架子上结结实实堆着干草垛，垂挂着大串大串的连秧带根编串起来的芜菁。

两头黄牛站在草架下面，伸颈扬头，用舌头去扯吃干草，样子很费劲。

村口处一组木摞房的顶上正在冒着浓浓炊烟。

41. 同上

茸珍在村中土路上奔跑。

42. 笃玛家堂屋　日　内

茸珍：（跑进来，回手指着身后，气喘吁吁）阿宁哥哥骑着摩托车来了！

笃玛正在往火塘里添柴，铁三脚架上面的铜锅里正在噗噗冒气。

笃玛：（抬起头来，溺爱地望着茸珍）阿宁来了有什么好奇怪的？

从屋外传来了摩托车的马达声和看家狗粗犷浑厚的吠叫声，混合的嘈杂声在村子里回荡震响。

43. 笃玛家院里　日　内

熊阿宁：（直接把摩托车骑进了院子里）村主任大婶，我带来了一个好消息！

笃玛：（站在门里）什么好消息？

熊阿宁：（停好摩托车）我从县上来的，又累又饿。

笃玛：我们正好要吃饭，你来一起吃吧。

茸珍羞怯而好奇地靠在门框上，手指在轻轻地抠着木头，望着熊阿宁朝她走过来。

熊阿宁：（伸出一手在茸珍皴了的小红脸上抚了一把）茸珍又长高了。

44. 笃玛家堂屋　日　内

熊阿宁在火塘边坐下。

笃玛急慌慌地跑进屋里，往火塘里添了一块柴，然后开始找这找那，打起酥油茶来。

笃玛动作十分麻利地打好了酥油茶，端上了切成大片大片的猪膘肉和水煮青稞粑粑。

笃玛：走那么远的路，肯定饿坏了吧？快吃呀！你带来了什么好消息？

笃玛：（又把嘴脸冲向门外大声召唤起来）茸珍！叫奶奶他们来吃饭了！

熊阿宁：（有些自鸣得意）有一个大老板，要出大钱给你们修一条车路。

45. 大树村　日　外

洁净的蓝天白云。

远处传来了炸药破开土石的爆破声。

远处传来了推土机负重的轰鸣声。

镜头从天空中推摇到静谧的大树村。

一群小孩子跟着茸珍跑出了村子。

46. 河边　日　外

小孩子们跟着茸珍在清澈见底的河边奔跑。

47. 杉树林中的土路上　日　外

小孩子们跟着茸珍跑到一大片生机勃勃的杉树林前面时胆怯地停下了。

树林里传出了刺耳的油锯声和声声树木倒地的闷响以及推土机工作的轰鸣声。

一个小孩子：（伸手拉住茸珍的手，小心地问道）茸珍姐姐，那些铁老虎怪吓人的！我好害怕呀！它们会咬人吗，会吃人吗？

茸珍：（像个小大人似的鼓励他）它们只会咬泥巴，吃泥巴，不会咬人，不会吃人。

48. 村口　日　外

拉雅拄着拐棍站在村口，腰身向下弓着，但头脸使劲向上抬起，她在警觉而忧伤地眺望着远处。

49. 林中的新土路上　日　外

一条毛路，像是一条曲折的伤口，从村边上刺眼地划过，伸进了原始森林里。

几辆大卡车吃力地、摇摇晃晃地在新路上扭动爬行。

50. 大树学校院子里　日　外

李春溪和笃玛、泽米等村民站在学校院子里。

李春溪：（指指点点地说着自己的设想）新校房屋为土木结构建筑，南楼作为教室和学生宿舍；西楼设阅览室一间、教师宿舍五间、厨房一间、电脑教室一间；北墙拆除后建厕所和浴室。暂时仍然设学前班到三年级共四个班，每班约二十名学生；住校学生实行免费住宿，男女宿舍分别可入住十五人；教师四人，来源主要由支教志愿者组成，每人至少教完一个学年。

笃玛：好是太好了！但是……有那么多钱吗？

李春溪：原来预计先期募集资金二十万元用来改建新校，但是爱心组织的志愿者们很热情，纷纷献出爱心，我们的爱心基金现在已经超过二十万元，可以建一所新学校了。

笃玛：（双手紧紧地握住李春溪的一只手，热泪盈眶）谢谢李老师和所有的热心人了！

泽米：村里商量过了，学校拆建期间，学校先搬到我家里去上课。

笃玛：建校经费由你们解决了，劳力由村里出。

李春溪：出工的人，每人每天补贴三十元，行不行？

笃玛：这本来是我们自己的事，你们帮了我们这么大的忙，我们怎么还能要你们的钱呢！

李春溪：这事是由我们发起的，完全是为了做一件好事，群众来建校舍，耽误了其他活路，影响了生产和收入，拿点补贴是完全应该的。

泽米：那每人每天给二十元得了。

笃玛：怎么好意思呢！

李春溪：不能让群众吃亏，补贴还是要给，还是每人每天三十元吧。

笃玛：那怎么好意思呢！

51. 原始森林　日　外

天上有云在飘游。

山坡上有雾在弥漫，蓊郁的原始森林愈发苍翠。

52. 大树村外　日　外

山脚下的坡地上是成片的土豆地和苦荞地，它们都竞相开满了花朵。

53. 同上

小溪从木摞房小院前面经过。

小河水淙淙地欢唱着，清澈见底。

54. 同上

草地上疏朗地分布着的古树傲然挺拔，与之相接的平坦部分多沙而潮湿，这里是各种野花和杂草的王国。这是夏季，各种惊艳而不知名的花竞相怒放。

山坡上的杜鹃花也铺天盖地地盛开了，五彩缤纷的花丛又是蜂蝶和黄牛马匹的乐园。

55. 树林里　日　外

林子里远远地传来了姑娘们和小伙子们用普米语唱歌的声音和四弦羊头琴合奏的声音。

几个小伙子在合奏四弦羊头琴，其他小伙子与姑娘们在集体跳四弦舞，他们正在那里盛装彩排普米族歌舞，边跳边唱普米族著名的民歌《哩哩》：

哩哩，
兄弟姐妹们唱起来哟，
在这一年，
这个月，
最好的日子。
我们这些能干的普米兄弟姐妹们集中在一起，
在蓝天下讲述历史。
让我们开始回忆，
寻找吧，
从我们这棵树的树根根一直唱到树尖尖，
牢牢记在心里。
水有源头树有根，
世上兄弟姊妹有共同源头，
正如这颗八匝仙达神树，
有多少枝就有多少弟兄，
根根粗壮，
树叶旺盛，
开花很大，
春夏秋冬，

四季繁衍成长。

我家的历史多好啊，

这历史说啦，

要一代代唱下去。

四大部落的事不能忘。

我们家以前的祖先说啦，

普米人祖辈留下的生活习俗和规矩，

不能丢掉，

要一代代传下去。

56. 草甸上　日　外

李春溪：朋友们已经准备好了舞台，已经等着我们了。我们再加把劲，认真练几场，就可以去北京进行土风表演了。

二十几名普米族青年男女手拉手，围成一圈，正在跳普米族的搓磋舞。

李春溪：（在指点着年轻人的舞姿）男女主角要边唱边舞，同时深情地凝视着对方的双眼，通过这种凝视把两个人融为一个整体。

姑娘们和小伙子们都在试着按照李春溪的话去做，只有泽米和熊阿宁不时地盯住李春溪看。

一时之间，李春溪的目光与泽米的目光含情脉脉地相互注视，但又有些害羞地想要躲避开观众的眼光。

突然，泽米慌乱地卖力地跳了起来。

当他再次扭头去看李春溪时，熊阿宁恨恨地瞪了泽米一眼，然后故意伸腿把他绊倒了，几个人跟着倒了下去，草地上突然传出年轻人们开怀的欢笑，欢笑声中，熊阿宁气愤地离去。

李春溪：好吧，今天就到这里了。我们明天接着练。

57. 原始森林里　日　外

泽米和李春溪骑着马，穿行在茂密的原始森林中。李春溪像一只欢快的小鸟儿，不时发出串串银铃般的话声和笑声。

李春溪扭头看了一眼泽米，脸涨红了，娇羞起来，抽了马一鞭子，马跑到前边去了。

泽米打马追上前去。

李春溪勒站马匹，从马背上滑到地上，开始奔跑。泽米一条腿从马脊上一翘，整个人利索地滑下马背，追了上去，他们在林中奔跑，树林中不时传来他们咯咯咯的大笑声。

这里是一小块长满了松树的平地，地上铺了厚厚的金黄色的松针。泽米奋力追上了李春溪，伸手抓住了她的手，泽米的嘴唇微微启开了，充满了渴望和迷醉，正要说什么。

李春溪：（突然竖起耳朵在听）听！听！好像有人在砍树！

58. 同上

二车在砍伐一棵标直的冷杉古树，随着一声声斧斫声，一块块亮白的木块从刀口里飞了出来。

李春溪和泽米气喘吁吁地跑了过来，二车看了他们一眼，又从容不迫地继续砍树。

泽米：（大喝一声）二车！你疯了吗？你怎么会来砍我们用生命保护下来的神树？

二车：（迟疑起来，最终还是暂时停了下来，想用赌气来掩盖自己的疯狂行为）反正林子马上要分给每家每户了，很多人都要砍树、卖树……

泽米：（气愤地）二车！这些古树是保护我们村子的神，什么时候也不能砍！

李春溪：对啊！

二车：（无奈地）如果不砍树卖一点钱，我连化肥都买不起了，我儿子也读不起书了。

泽米：我们可以想别的办法，不要砍树。

59. 笃玛家堂屋　夜　内

各家各户主事的人都坐在火塘边开会。

笃玛：国家开始实行林权改革，要把集体林分给各家各户。有人开始砍树子了，有人盘算着把分给自家的树子卖掉。用不了几天，保护着我们的林子就会毁灭。这次开会就是来说这个事情的，大家都来说一说，我们该怎么办？

拉雅：（坚定地）人心散了，林子就会毁了，林子没有了，村子也没有意思了。林子是村子的魂魄，丢什么也不能丢掉魂魄。

二车：（激愤起来）我穷得很！化肥都买不起！娃娃也上不起学了！树子白白地站在山上，怎么保护人？不如砍下来卖一点钱，这样才能保护人……

大家都把头转向二车，眼睛瞪圆了。

二车：（更激动了）只要日子过得下去，我肯定不会砍树子，还会像以前一样用身体去保护树子！

泽米：（坚决反对）自古以来，我们就生活在林子里，林子是我们的伙伴，是我们的保护神。说什么我们都不能砍掉这片最后的林子。

村民甲：（站在二车的立场上）林子分到各人的手里就是各人的东西，各人有权处理各人的东西。林子一分到我手上，我肯定也要拿去卖一点钱，不然拿什么去供娃娃考大学？

泽米：有林子就有鸟，有林子就有水，有林子就有风景，有风景就有人来看。我们可以搞旅游找钱……

二车：（打断了泽米）你们有钱围地，有钱建房子，人来了只会去你们家，怎么会去我那又小又旧的房子里？旅游的钱都被你们找掉了。

对于我来说，只有砍树子才能致富。

泽米：林子不能分。大家的林子，哪个也不能动。

村民甲：那怎么办呢？

李春溪：这片林子是大树村最重要的财富，我们一定要保护好。困难可以慢慢想办法解决。

二车：你们当然不急了！我只有卖掉几棵大树才能找到一点钱。

李春溪：砍树不是长远办法，就算你卖树找到了一点钱，以后水土流失，大山垮下来会把房子埋掉，到那时村子也会被毁掉。

村民乙：真是站着说话腰不痛！你们有钱有本事，长远办法只属于你们！

笃玛：在李老师他们这些志愿者的组织下，年轻人都在练习唱歌和跳舞，马上要去北京搞土风表演，带回那个“大树计划”，让那些爱树的好心人来帮助我们保护这片最后的原始森林。

村民丙：他们的这个计划我听说了，我觉得他们在说梦话，他们是不是吃多了，会跑来这里，自己掏钱领养那些大树？

二车：是啊，树不是狗，也不是牛，他们怎么养？

村民丁：他们这是多管闲事！

李春溪：这不是闲事。这是在保护人类共同的家园。环保组织的志愿者朋友们愿意认养几棵大树，花钱把它们买下来，让它们永远活着站在山上，谁也不能再去打它们的主意。但他们的力量远远不够，还需要更多的人参加进来，这才能把所有的大树都认养下来……

像是听到了一个天大的荒唐事，屋子里一下子乱了起来。

群众甲：怎么会有这样的事？！

群众乙：听说过认养孤儿的，哪里会有认养一棵树子的……

群众丙：真是在讲笑话……

60. 草甸上　晨　外

村里的普米族小伙子们和姑娘们与一群外地志愿者骑着马小跑在草甸上。

61. 林中杜鹃坪　日　外

村里的普米族小伙子们和姑娘们一身普米服盛装，与一群外地人骑马到了杜鹃坪。

62. 空镜头　日　外

蓝天白云。

63. 原始森林　日　外

葱翠欲滴的冷杉原始森林掠影。

64. 同上

镜头像在海底世界潜行一样，在密集的粗硕的原始冷杉古树的树干间穿行。

65. 特写　外

一连串镜头以蒙太奇手段快速切换：

一个中年妇女：（身材壮硕，在镜头里竖起大拇指）我很惊讶，同时也很羡慕这里的村民，因为我的心里一直存在着这样的一个家园，而这里的村民一直拥有着这样的一个真实家园。

一个姑娘：（兴奋地宣布）我一定会认养一棵大树！

一个小伙子：（也兴奋地宣布）我也一定会认养一棵大树！

泽米、李春溪和村里的姑娘小伙子们在无声地笑，笑得天真无邪。

66. 原始森林　日　外

镜头向后推远，跨过河水，滑过村舍，爬上苍翠山林，直达清新云天。

67. 同上

李春溪：（拿着话筒，在主持彩排）请环保圈的志愿者朋友们充当临时观众，检验一下我们的土风彩排。

那群志愿者迅速站朝一边。村里的普米族小伙子和姑娘们迅速站成歌舞队形。

李春溪：（一只手拿着话筒，另一只手指挥着，嘴对着话筒，双眼看着普米族小伙子和姑娘们）我们这是最后一次彩排，希望每一个人都认真对待，不要辜负这些远方来的朋友们!

四个小伙子开始四弦羊头琴合奏，其他男女手拉着手，围站成半圆圈，闻声而动，跳起普米族的搓磋舞，舞步在有规律地变化，时而轻盈飘洒，仿佛微风有节奏地牵动着衣裙；时而粗犷有力，边跳边唱。

他们边跳边唱普米族情歌《花自朵》：

你像花儿开放，
为什么开在这山上，这村里？
……
来时你跟花一起来，走时你是跟水走；
我这你不喜欢，你还是回你那去吧……
情人啊，哪一天你又回到这地方？
哪一天你又回到这村庄？
我们来接你……

68. 同上

表演在继续。

那些花枝招展的普米族少女和英俊帅气的普米族小伙子，边跳边唱，整个山林一片欢腾，充满了热烈的浪漫气息。

随着歌声，镜头在人群中穿行。

特写镜头划过李春溪的脸、泽米的脸、每一个人的脸。

他们边跳边唱普米族情歌《姐妹调》：

> 蓝天下面有太阳月亮兄妹在唱着跳着出来了，
> 白云下面有我们的舅舅们在欢乐地唱歌，
> 星星下面有侄儿侄女们在欢乐地唱着跳着……

镜头随着歌声从人群推向原始森林，滑过莽莽森林，飞越苍茫群山。

镜头摇向高空，进入蓝天白云。

69. 大树学校　夜　外

李春溪在夜色中走进了她的宿舍里。

李春溪的房间里亮起了灯光。

70. 大树学校　夜　外

熊阿宁的影子在夜色中渐渐靠近李春溪的房间，他有点紧张，在自言自语。

熊阿宁：要想办法赢得李春溪的芳心才行。

71. 大树学校门口外　夜　外

夜色中，泽米站住了，气恼地跺了一下脚，骂出声来。

泽米：这个熊阿宁真是让人讨厌！一定不能让他得逞！

72. 李春溪的房间里　夜　内

李春溪烧燃了火塘里的火，把铜壶坐在铁三角上。

李春溪在木椅上坐下，从茶几上拿起一摞文稿看起来。

有人在小心翼翼地敲门。

李春溪：（拿着文稿向门走去）谁呀？

李春溪：（打开门，吃了一惊）熊阿宁！这么晚了，你还来找我，是不是有什么急事？

熊阿宁：（挠着头皮）李老师能不能……煮一碗酥油茶给我……喝呢？

李春溪：哦——这个……明天吧。我现在还有一些事务需要处理……

熊阿宁：（抬腿想进屋）我……我其实做梦都想……

李春溪：（着急地堵住门缝）时间不早了，有什么事明天再说吧，好吗？

熊阿宁：（很难堪，退出了门外，但他的胆子更大了）我想要你做我的女朋友，你说行不行？

李春溪：（恢复了镇定）我们两个不合适。

熊阿宁：怎么会不合适？我会打动你的芳心。

李春溪：对不起，我的芳心已经被别人打动了，你不能再把注意力放在我身上了，去注意别的姑娘吧！

熊阿宁：我只想注意你！就等着瞧吧！

熊阿宁转身慢慢地离开了。

73. 李春溪的房间　夜　内

桌子上放着几张地图。

李春溪在一张云南地图上找到大树村所在的大致位置，用水彩笔在那里小心地打了一个小圆圈。

接着，李春溪又在中国地图和世界地图上做了同样的事情。

李春溪拿起世界地图在木墙上比画，试着找它的合适位置。

泽米躲闪着来到了门口。

李春溪：（立即发出了召唤）泽米快来帮忙！

泽米走进去，帮李春溪把一张张地图用图钉按在木墙上。

74. 李春溪的房间　夜　内

泽米：（双眸里腾起一片又一片燃烧的火焰）我不想走了。

李春溪：（很着急）你难道想在这里过夜吗？

泽米：（哭丧着）我看见那个熊阿宁进了你的房间。他肯定想在你这里过夜，我不可能让他得逞！

李春溪：你不要瞎说！事情不会像你想象的那样！你也快走吧！

泽米：我就不走！我不能再让那个熊阿宁靠近你！

李春溪：（往外推泽米）你快走！不要跟着熊阿宁一起来捣乱！

泽米：（灰溜溜地走出屋去，又不甘心地回头）你不要让那个熊阿宁再靠近你……我要把他从你身边赶走！

看着泽米消融在夜色里，李春溪烦恼地叹了一口气，关上了木门。

75. 山林里　日　外

熊阿宁把摩托车停在一棵大树下，然后开始活动四肢，做打架准备。

随着一阵嗒嗒嗒的马蹄声，一骑飞马来到熊阿宁跟前，熊阿宁吓得下意识地躲避了一下。

泽米：（从马背上跳下来）我还以为你不敢来应战呢！算你有胆量！

熊阿宁：（瞪着双眼）不敢来的应该是你才对！

泽米：你看，我不是来了吗！

熊阿宁：你来做什么？是来挨揍的吗？

泽米：你靠我喜欢的李春溪太近了，我想叫你离她远一点。

熊阿宁：我有权和你竞争，哪个输了就不要再打李春溪的主意！

泽米：怎么个竞争法？

熊阿宁：抱腰摔跤。三打两胜。

泽米：我的个头儿比你高，你不怕吃亏吗？

熊阿宁：长得高有什么用？山大无柴！

泽米：（脱掉外套，比画着身手）废话少说！来！来吧！

熊阿宁：（脱掉西装，解下领带，也学着泽米的样子比画起身手来）来！来吧！

76. 李春溪的房间　日　内

李春溪在睡午觉，一阵急促的敲门声把她吵醒了，接着就传来了茸珍急巴巴的叫唤声。

茸珍：李老师！李老师！不好了……

李春溪：什么事？什么不好了？

茸珍：阿宁哥哥和泽米哥哥在林子里打架！你要是不快那就惨了！

李春溪：这两个家伙！

李春溪翻身爬起来，一边往外走一边戴上了厚毡帽。

77. 草甸上　日　外

李春溪骑着马在飞奔。

李春溪使劲地抽了马一鞭子，马一下子加速，朝着山边林子的方向狂奔不已。马鬃在猎猎地飞舞，李春溪的毡帽像旗子似的兜满了风拖在背后，头发和衣裤也在呼啦啦地飞舞。

78. 山林里　日　外

熊阿宁突然扑上去抱住了泽米的腰，而泽米则紧紧地抱住了熊阿宁的颈子，两个人就这样不协调地扭摔起来。

泽米被熊阿宁拱翻在了地上，但泽米立即翻在了上面压住熊阿宁，熊阿宁拼命地又翻了上来，两个人就这样滚下了小坡。

79. 同上

李春溪飞马而来。

李春溪：（大喝一声）你们两个惹什么祸！还不快住手！

80. 同上

熊阿宁躺在泽米的身下，停止了挣扎，泽米气喘吁吁地站了起来。

泽米：我赢了，你输了。

熊阿宁：（沮丧地从地上爬起来）是你先倒地的！

泽米：可是现在我在上面！你想赖皮吗？

熊阿宁：（谈判道）刚才这局算平！再来一局！

熊阿宁出其不意地扑上去抱住泽米的腰，泽米下意识地对抗，两个人又在林子里冲撞起来。

泽米：（气喘不成声）你竟然赖皮……

熊阿宁：（也气喘不成声）我没有……

这么大的两个男人在林子里拼命挣扎，气势很吓人。李春溪呼叫着冲过去，试图把他们分开。

李春溪：都给我住手！快松手！

泽米：好！好！我松手！

熊阿宁：（也松开了手）胜负没有出来！这事不算完！

泽米：你输了！

熊阿宁：我没有输！

81. 李春溪的房间　夜　内

李春溪在手提电脑上打字。

马颖：（回帖文字显示在电脑屏上，年轻女性的画外音）看到了你发在爱心论坛上的支教志愿者招聘帖，我感动得流泪，愿意前往。看到我的应征帖了吗？

李春溪：（在打字，回复文字显示在电脑屏上，画外音）看了。很感动。首先表示欢迎！但这里生活相当艰苦，你来去的路费要自理，伙食和住宿由学校解决，每月只有四百元补贴。我唯一的希望就是来的人能够教满一年。这些，你吃得消吗？

马颖：（回帖文字显示在电脑屏上，年轻女性的画外音）我能坚持，甚至连补贴都不要。我只是想为山区的孩子做一点事情，同时也锻炼一下自己，没有别的目的。

李春溪：（回帖文字显示在电脑屏上，画外音）带着相关手续，按帖子中标识的路线寻来吧，我们等你！

李春溪：（点开了林俊的QQ，看到林俊的问候，年轻男子的画外音）你好！在吗？

李春溪：（回帖文字显示在电脑屏上，画外音）我在。父母的工作做通了吗？

林俊：（回帖文字显示在电脑屏上，年轻男子的画外音）父母都是成功人士，我还没有走出校门，他们就为我安排好了优越前程，但我心里总是空空的，老是打不起精神来。看到你的事迹和那些村娃的情况后，我突然为之一振，知道我的问题在哪里了。所以我决心要去。父母只得给我理解。

李春溪：（回帖文字显示在电脑屏上，画外音）这就好。准备行囊出发吧！我们等你！

82. 大树学校院子里　日　外

院落前边的地上掏了一个小小的深洞，笃玛村主任和李春溪把一根刨得光鲜的长木杆栽进洞子里夯实，杆子顶端钉有一个铁环，铁环里套着绳子。

李春溪：（拉动着绳子）很好用。等泽米他们把国旗拿回来，我们就可以把旗子升起来了。

83. 大树学校门前　日　外

三名支教老师和村里男男女女、老老少少静静地等在学校门口。

茸珍：（眼睛最尖，她向着远方一指）来了！来了！

84. 山区公路上　日　外

一辆卡车载着桌椅等教学用具开了过来。

85. 大树学校门前　日　外

卡车停下。

泽米：（从车上跳下来）大家都等急了吧？

笃玛：是啊，明天就开学了，学生娃都急得不行了。

村民们开始把车上的桌椅、电脑什么的往下卸。

86. 同上

三名支教老师、妇女和孩子们辛苦而幸福地抬着教学用具爬坡而行。

茸珍和阿春一组抬着一张课桌，气喘吁吁地前进。

茸珍：我们两个就要这张新课桌了！

阿春：我们的新课桌真是太漂亮了！我从来没有见过这么漂亮的课桌！

87. 大树学校院子里　日　外

一男一女两名少先队员站在旗杆下面。

李春溪站在旗杆附近。

院子里站满了面对国旗的人，前面四排是大大小小穿着统一校服的四个年级的学生，学生身后是三名支教老师，老师后面是村民。

李春溪：升国旗仪式现在开始！立正！唱国歌，起来——，一二，起！

众人：（国歌声）起来，不愿做奴隶的人们……

站在国旗下面的男生把手里的国旗向侧空一扬，他对面的女生开始徐徐拉动绳子，崭新的国旗缓缓升到了杆子顶端。

李春溪：稍息！

村民们骚动起来，有的开始泪流满面，比如笃玛村主任，比如泽米……

拉雅：（含着泪，竖着大拇指，瘪着腮帮）城里来的老师有水平哩！这下学生娃该神气了！

一位大爷：（泪流满面）我们村子有福啊！

笃玛：这里原来是全乡最破烂的学校，现在是白墙青瓦，变成全乡最漂亮的学校了！学生娃的电脑直接连通到全世界呢！这里的学生娃是全县教学点中唯一有免费的统一校服穿的人！他们是全世界最幸福的人！我们到死都不会忘记你们这些好心人！

很多村民都已经出现了动情的容颜，有人还哭出了声。

李春溪和另三名支教老师的眼里也盈满了泪水。

林俊：（红着眼泪，冲动地）我的选择没有错！

88. 山野　日　外

轻袅袅的白雾大团大团地披挂在温带原始森林中，缭绕在时隐时现的突兀险峻的岩峰周围，岩峰之上的密林幽然吐出一条清澈的溪水。

溪水从岩峰上跌落而下，形成一个小石池后溢出，流出一个小山坞，倏地一下滑入咆哮的小河。

89. 山野　日　外

淙淙的溪鸣缥缈得像不可捉摸的乐音，把世界一下子撑大了，高远的云空下，莽莽群山中传来了万顷林涛的怒吼。

90. 森林里　日　外

苍翠山峦上空的积云在阳光中白得耀眼。

尖锐刺耳的油锯声一阵阵地穿透了云层。

周围的山头并不险峻，算得上是高原之上相连的一个个小高原。广袤山头上到处是低矮的树桩，切面大的直径约有三米，切面小的直径只有几十厘米，它们惊心动魄，无边无际，向一个方位漫过了山脊，一直抵近山崖下面的温带原始森林。

油锯声中，林子边缘一线的一棵棵大树在吱吱呀呀地惨叫着不断地倒下，压断了很多大小不等的树木，然后狠狠地沉痛地砸在大地上，发出让人揪心的闷响。

91. 林中小路上　日　外

马蹄声声震荡着人心。

李春溪在溪水边的林中小路上策马狂奔。

92. 河滩上　日　外

李春溪的马踏水横过清澈见底的小河，在沙坝上的花草丛中飞跃前进。

93. 大树村　日　外

李春溪的马跑进了村子。

94. 笃玛家院里　日　内

笃玛和拉雅正在飞梭走线地织麻布。

泽米正在劈柴。

门外传来飞奔的马蹄声，然后是李春溪愤怒而急切的喊叫声。

李春溪：笃玛村主任！那些刽子手把手伸到山这边来了！大树正在一棵接一棵地遭到杀害！

95. 笃玛家院门外　日　外

李春溪没有下马，勒着马在院门外的空地打转，马兴奋地在原地腾跳打转。

96. 笃玛家院里　日　内

笃玛、拉雅和泽米同时停止了手中的活计。

拉雅：（瘪着嘴说话，看似无力，实则充满着权威和痛恨）阿宁！肯定是阿宁引来的狼！

笃玛：（气愤得脸都要炸开了）我们先去山上，阿妈快去喊村子里的人！我们一定要保住我们的大树！

泽米和笃玛冲到马厩前面各自解下一匹马，翻身骑上，策马向院门而去。

97. 山路上　日　外

李春溪、泽米和笃玛，三马三人，在山路上狂奔。

98. 大树村口　日　外

村里的人吼叫着，纷纷操起家伙，有的拿斧头，有的拿棍棒，有的拿锄头，有的骑马在前面飞驰，有的跟在马屁股后面奔跑。

99. 原始森林砍伐现场　日　外

李春溪、笃玛和泽米跳下马背，向着那些正在抱着油锯锯树的人跑过去。

笃玛：（厉声）不要锯我们的树！

最近的一个锯树人停下来，不在乎地看了来人一眼。

锯树人：你们的树？你喊它们答应吗？喊答应了我就不锯了，喊不答应我还得锯！

泽米：（冲上去一下子推开了那个抱着油锯的人）这些就是我们的树！哪个都不能来锯！

那个人：（抱着锯子走回来又要接着锯树）你喊不答应我就要锯！

笃玛突然扑上去抱住了树干，用自己的血肉之身挡在锯子前面。

笃玛：先把我锯了才能再锯树！

李春溪看了看挺身而出的笃玛，也扑向了另一棵正在被锯的大树，把那个锯树的人拉开后抱在了树干上。

泽米也抱住了一棵树。

李春溪：你们快住手吧！你们锯了多少树啊！犯下了多少罪啊！锯这样的大树是更大的犯罪！

锯树人：（把尖叫着的油锯举在李春溪的脸前威胁）让开！不让开就连你一起锯了！

在疯狂恐惧的锯子面前，李春溪把树抱得更紧了，宁死不屈。

李春溪：我的命是和这些大树连在一起的！要锯就锯吧！

包工头和熊阿宁跑了过来。

笃玛：（愤怒地喊叫）阿宁，你这个短命的！就知道是你引来的狼！

熊阿宁：（很生气）笃玛大婶，你脑子里进水了吗？砍几棵树有什么要紧的？你是不是喝了那些外地人的迷魂药？天天要保护这个，保护那个，连树子都要保护！真是神经病！

笃玛：你才是神经病呢！你不知道这片树子是祖宗留下来给我们的遗产吗？这是谁也不能动的！

包工头：（皮笑肉不笑地跟笃玛套起近乎来）笃玛村主任，这些树可是长在国家的山上的啊，是国家的树啊，并不是哪一个人的树啊！

笃玛：反正谁也休想砍掉这些大树！它们是我们的神树！

包工头：（有点急了）我们采伐这些树是有合法手续的！是政府批准我们来采伐的！有话你们去跟政府说！再说了，我们公司花了十几万块钱给你们村子挖了车路，就算这些树是你们的，我们砍几棵又有什么不对的？

笃玛：你们挖路是不安好心的！是黄鼠狼给鸡拜年！

熊阿宁：（脸搁不住了）笃玛大婶，你这样做后果是很严重的！不准砍树就得赔偿人家拿来挖路的钱！

笃玛：不是我们请哪个来挖路的！要怪就怪你们自己！你们把路填掉好了！我们不要你们的路，只要我们祖上留下来的这片林子！

包工头：实在不行，我们公司再补贴你们村里一笔钱，你们拿去分了好过年。

熊阿宁：（帮腔）是啊，哪有守着钱过穷日子的道理啊！树子长在这里只是无用的树子，砍下来就变成钱了。

笃玛：你忘记我们祭祀树神的古歌了吗？

笃玛用普米语唱了起来：

我们拿起钢刀

驱赶侵扰您的魔鬼

杀死人间万恶之徒

我们用生命来保护您

免除魔鬼和恶人对您的伤害

保佑您青山常在

绿水长流……

李春溪：（仍然抱着树，高声插话）是这些树挡住了山外吹来的狂风，守住了肥沃的泥土，给了我们清澈的水流，我们这才拥有了一个真正的家园。这片森林没有了，这个寄存着我们生活理想的村子也就没有了。

熊阿宁：（脸色变青了，用手指头狠狠地指点着李春溪的脸）我知道，我就知道！是你这个可恶的外地人把村子里的人变得这样疯疯癫癫的！今天你死定了！

100. 山路上　日　外

村里的人吼叫着，手里拿着斧头、棍棒、锄头，有的骑马在前面飞驰，有的跟在马屁股后面奔跑。

101. 原始森林砍伐现场　日　外

泽米仍然抱着树，也用普米语高声唱起来：

金银财宝不敢奢想

山上的人只求吃饱饭

只求房前屋后花朵盛开

高高在上的树神啊

我们年年祭祀你，求你怜悯

让我们死后实现生前所想

变作一朵花

开放在林间的空地上……

熊阿宁凶神恶煞地冲到李春溪跟前，双手狠狠地揪住她的衣领，极尽威胁之能事。

熊阿宁：你这个可恶的外地人！你跑来这里做什么？赶快滚回到你北京的家里去！

李春溪：（毫不畏惧）我就是爱这些神一样的大树！我甚至考虑放弃北京的事业和生活，把户口也迁移到大树村来呢！现在我虽然不是这里的本地居民，但我的新事业就是与大树村的村民共同保住这片原始森林和这个村子的自然风貌！

笃玛：（仍然抱着树，扭着头大声地）是的！我会给她办手续，相信全村人都会同意接收她的！比较起来，你才是一个外人！该从这里滚开的是你和那些砍树的刽子手！

泽米：（仍然抱着树，扭着头大声地）我同意！

熊阿宁：（嘴唇在颤抖，高声训斥）你个龟儿子！只要我喜欢什么你就会跟我抢什么！你是不是不想活了！

泽米：谁让你不做人事！

熊阿宁恼羞成怒，大叫一声，开始对李春溪左一下右一下地拳打脚踢起来。

李春溪头破血流，脸已经被血污遮盖，但她仍然死死地抱住树干不松手。

熊阿宁：（边打边破口大骂）所有倒霉的事情都是你带来的！

李春溪：（不管不顾）我们干的事并不荒唐！是我跟他们有了一种认同感，要疯也是我跟着他们变疯的。说了你也不懂！

熊阿宁：（边叫喊边打）有什么不懂的！我打死你这个可恶的外地人！

泽米连滚带爬地跑了过来，一下子扑在李春溪的身上，熊阿宁的一记重拳落在了他的脸上，他的嘴角上立即淌出了血。

熊阿宁一下子怔住了，静静地举着拳头不动。

泽米：（恶狠狠地盯住熊阿宁的眼睛）和我们一起保护神树和村子的人才是自己人，砍我们的神树破坏村子的人是仇人！

熊阿宁一声怪叫，举拳又打李春溪。

泽米站起来跟熊阿宁对抗，被熊阿宁重重一脚踹得滚下了一道小坡。

熊阿宁：（跑回到李春溪跟前，在她的头上踩了一脚，气喘吁吁）今天非把这棵树子锯掉不可！

李春溪死死抱住那棵树不放，还把身子也紧紧贴在树干上，熊阿宁抓住她的手臂使劲挣，还是挣不脱，就来抱着她的细腰用劲拔，她的身子被从树干上撕扯开了，但她的手还在抱着树干，好像两根很有韧性的大筋把她与树干紧连在一起。熊阿宁拔累了，手一松，她的身子被弹回去重新贴在了树干上，无法把她活生生地从树干上剥下来。

泽米爬回来，又被熊阿宁回身一脚踢得滚了下去。

102. 同上

村里的人吼叫着冲到了跟前。

熊阿宁和包工头都吓坏了，一动不敢动地站着。

泽米的脸上被树枝和石头划出了几道血口子，嘴角的血还在流着，他就这样跌跌撞撞地爬回去，伤心地抱着伤痕累累却像是生在树上了的李春溪，两条粗壮的泪水冲了出来。

村民们叫喊起来。

村民甲：这些可恶的家伙！跑来砍我们的神树，还把我们的人打成这样！

村民乙：打！把这些家伙打出去！

村民丙：跟他们拼了！

大家手里拿着斧头、棍棒、锄头，纷纷冲向那些砍树子的人。

那些砍树子的人吓坏了，不战而败，纷纷逃走，兵败如山倒。

村子里的人追不上就在后面扔石块打他们，把他们打得屁滚尿流，抱头鼠窜。

村民们把一些油锯和斧头扔到山坡下面去，边扔边喊。

喊声：不要把你们的东西留下！

103. 大树村外河边　傍晚　外

天边有美丽的晚霞。

河水清澈见底。

李春溪骑着马走在河边土路上，走上了去村里的路。

104. 笃玛家院门外　傍晚　外

李春溪下了马，有些着急地牵着马走进院门口。

105. 笃玛家院子里　傍晚　内

笃玛提着百褶裙的一角小跑着出来迎接。

笃玛：（边跑动边急切地招呼）李老师快进来！泽米他们正等着你呢！

笃玛从李春溪的手里夺过马缰绳，把马关进了马厩里，放了一些草料进去。

李春溪走向客堂门。

106. 笃玛家堂屋　夜　内

李春溪、泽米和村里几个年轻人坐在火塘边。

笃玛打好了酥油茶，端上了面食。

笃玛：（很悲伤，边干活边说）砍树的人又来了！这次来的人更多，在树林里搭起了帐篷，看样子，那些大树真的保不住了！

李春溪：（坚定地）我们演出队明天就出发！通过土风表演形成影

响，让更多的人关注这些大树，和我们一起保护这些大树！

年轻人甲：（有点懊恼）那些人跟我们无亲无故，我真担心，他们不会帮助我们。

泽米：（信心也不足，但在鼓劲）已经有一些人明确表示要帮助我们了，再争取一些人不成问题。

年轻人乙：只好死马当成活马医了。

年轻人丙：（很着急）李老师，我们马上就走吧！

李春溪：（坚定地）好！我们明天就出发！

笃玛：（添完酥油茶，放下铜壶，站在李春溪旁边，眼圈发红了）是死是活就看你们的了！李老师，我真不知道应该怎样感谢你……

李春溪：（站起来，双手拉着笃玛的双手）我们会努力争取……都是自家人，不说客套话。

107. 土风表演现场　夜 内

大树村的二十几名穿着普米族服装的年轻男女站在台上，李春溪和泽米各拿一支话筒，站在他们前面。

泽米：（向观众深深鞠了一躬，然后讲起来）我们村子周围的大山上，过去都是无边无际的原始森林，到现在只剩下村子附近的一小片了。这是中国最后一片与村庄连在一起的原始森林，是全村人用生命保护下来的。说到这件事，我要特别提到一个人，她就是自愿到我们那里支教并无私地帮助我们的李春溪老师！

李春溪：（接过了话头）现在国家推行林权改革，集体林要分到各家各户。大树村的林子还没有分呢，木材老板又盯上了那些大树，部分村民也由于生活困难，想把分给自家的大树卖了，供孩子上学啊，买点化肥啊。那片大家用生命保护下来的原始森林又一次面临着毁灭的危险……

短暂的停顿，李春溪哽咽了。

李春溪：（哽咽）希望更多的人行动起来，帮助大树村的人，保住那些珍稀大树！

李春溪：我们已经找到了一些志愿者朋友，他们出钱认养了少量大树，这些钱就给那些困难的村民救急，但是他们力量有限，还有更多的大树需要有人来认养，我们需要更多的帮助。这就是我们来参加这个节目的主要目的，谢谢大家给我们这个机会，让我们在这里向所有观众发出求救信号，请有识之士帮我们出出主意，我们该怎么办？

白乔生：（举手示意，工作人员递给他一支话筒，他接过话筒）我十分钦佩大树村的村民们！他们生活在深远的大山里，有这么优秀的原生态歌舞艺术，最值得称道的是，在生态保护方面，他们竟然远远走在了我们大多数中国人的前面，为了保护森林甚至不惜付出生命！那个李老师，我没见过她，但我知道她，同样十分钦佩她，我就是被她的几个朋友卷入到这件事情中来的。多珍贵的大树啊！要是没有他们的保护，我们现在还到哪里去找这样的大树呢！我们公司决定先期拿出一百万元来认养部分大树，不足的部分，我们愿意与全国的有识之士共同想办法。

李春溪和大树村的年轻人们在台上深深鞠躬。

话筒传到了季东风手中。

季东风：这个办法好！随着全球环境日益恶化，现代生活的压力越来越大，人们将越来越想要寻找到一种有大自然的理想家园。如果不嫌弃，我愿意与你们一起行动，保住那些大树。

李春溪和大树村的年轻人们深鞠一躬。

泽米：谢谢！

季东风：刚才看了大树村的一些风物短片，也在现场观看了他们颇具魅力的土风歌舞表演，我深深地感动！大树村虽然地处偏僻，但那里的人，他们的环保意识远远超越了我们！我们必须行动起来，加入他们的行列，保住每一棵大树！

李春溪和大树村的年轻人们深鞠一躬。

泽米：谢谢！

108. 山头森林采伐面　日　外

砍树队的帐篷成串地搭在被采伐过的山坡上。

村民的帐篷零乱地搭在采伐面跟前的原始森林里。

双方的帐篷在对峙，双方的人在对峙。

109. 同上

砍树队的人在生火做饭，山林间青烟弥漫。

110. 同上

村民在合唱祭树的古歌：

树是最好的树呀
我们年年来祭树
树是推不倒的铜墙树呀
我们年年来祭树
树是打不翻的铁墙树呀
我们年年来祭树
树是离不得的神树啊
我们年年来祭树
煮一对鸡仔来供
打一堆粑粑来供
请树神来享用
请树神保佑我们平安……

歌声肃穆幽深，极具感染力和穿透力。

111. 大树村　日　外

一群外地的年轻男女志愿者背着大大的旅行包来到了小山坞里。

小伙子甲：（拿出了一本杂志，翻到一个地方，看了看照片，又抬头看看眼前的景物，然后欣喜地肯定地叫起来）找到了！就是这里！这个小院肯定就是笃玛村主任家！

他们欢呼起来，一窝蜂地朝着前面奔跑。

112. 笃玛家院子里　日　内

这群年轻男女跑进了小院里。

拉雅正在院子里喂猪，她从猪槽前抬起头，和蔼地看着这群年轻人。

拉雅：你们是从哪点来的？

姑娘甲：（甜甜地回答）老奶奶，您好！我们是从北京来的。我们是环保组织的志愿者。

小伙子甲：（突然惊叫起来）呀！您就是拉雅奶奶！

说着，小伙子甲又把杂志封面凑近老人的脸，大家都不约而同地挤过来看，然后异口同声叫起来。

众：您真的是拉雅奶奶呀！

姑娘甲：（指着杂志封面）看！奶奶，您在这里呀！

拉雅：（笑得嘴都合不拢了）我怎么会在这里呢？

姑娘甲：是李春溪把您和您村子的故事发表在这里的……我们就是来找她的，同时也是来找泽米和这个村子的。

小伙子甲：泽米在家吗？

拉雅：你们也认得泽米？

小伙子甲：认得，都认得，很多人都认得。

姑娘甲：他在家吗？

拉雅：（摇了摇头）不在。他和大家在山上保护林子。好几天了，饭都是姑娘们送上山去的。我老了，上不了山，留下给他们照看一下家。

姑娘甲：这里还在砍伐森林吗？

拉雅：砍！咋个不砍！我们很担心林子砍光了，灾难就会降临，所以我们要保护林子，一有砍树队来了，我们就上山去，跟他们顶起，不让他们砍林子。

小伙子甲：现在砍树队又来了吗？

拉雅：又来了！一些当官的和好多公安也来了。双方正在山上顶起哩！

姑娘甲：（激动起来）好呀，终于碰上了！我们也去山上保护森林！

113. 林间小道上　日　外

这群背着大包的年轻人像急行军一样，在林间小道上鱼贯而行。

114. 森林采伐现场　日　外

几名当地官员和一群警察站在剑拔弩张的两个阵列中间。

砍树队的上百名队员不是抱着油锯就是提着斧头，气势汹汹地想要扑向一棵棵大树。

村民这边，青壮年像挡箭牌一样站在前面，老人、妇女和小孩子有的躺在大树下，有的抱着树干，一副视死如归的神情。

115. 同上

一个七十来岁的老大爷躺在一棵巨树下，在叫嚷着。

老大爷：没有了神树，我活着没有意思！你们来砍得了！让神树倒下来把我砸死算了！

116. 同上

茸珍抱在一棵大树的树干上，显得很渺小，那棵树要三四个人才合抱得过来。她着急地叫起来。

茸珍：达保！达保！快过来！这棵树太大了，我一个人抱不住，你来帮我抱一下！

达保放开自己抱着的一棵大树，跑到了茸珍那里，和她一起去抱树，但他们只能排开双手，把自己的身体贴在苍劲的树干上，根本抱不下粗硕的树干。

117. 同上

官员甲：（在苦口婆心地讲话，想做通村民们的思想工作）我们是木头财政，百分之七八十的财政收入都靠这些树子。大家要吃饭啊，不砍点树子怎么办？

李春溪：（身体排在大树身上）这是中国最后一片与村庄连在一起的原始森林了。当地内容丰富的大树古歌从树根唱到树叶。大树消失了，人们还如何歌唱？人们不再歌唱了，植根于山林中的鲜活深厚的传统文化就断根了，文化断根了，人就迷失了。

官员甲：（不耐烦地抢回话头）民以食为天。饭都吃不上了还讲什么……

118. 同上

熊阿宁：（吼叫）对！什么都比不过吃饭问题！我们这是合理合法地为国家作贡献，哪个阻挡我们哪个就是妨碍公务！这片树子我们非砍不可！上啊！

全副武装的砍树队员以一种势不可挡的劲头扑向一棵棵大树，把早已启动了的油锯举了起来，气氛一下子紧张到极致。

119. 同上

一阵不可忽视的喧哗声从树林里涌了出来，在场众人都扭头去看，看到了那群行头奇怪的年轻人风风火火地跑了过来。有人气喘吁吁地边跑过来边呼叫。

小伙子甲：锯下留树！

几个警察向来者移动过去，意在阻拦。

警察甲：（排开双手）这里是警戒区，请你们退回去！

小伙子甲：（喘着气）我们是来支援村民保护森林的！

120. 同上

大家没有把警察放在眼里，一哄而上，警察拦不住，只得任由他们跑到村民中间去，眼睁睁地看着他们有的训练有素而夸张地打开自己的背包，从里面拿出行军帐篷支了起来，有的去抱住了树身。

不一会儿，林子里，村民中间，长出了一些花花绿绿的像奇异蘑菇一样的帐篷。

121. 同上

李春溪和村民们把身子排贴在树干上，双眼含泪，感激地看着这些新来的陌生的援兵。

122. 同上

原先在场的两个阵营的人，先是眼睛瞪直，继而露出了内涵相反的表情，村民们露出了笑容，平添了一股底气，而对立面则哭丧起脸来，露出了一股烦躁之气。

官员甲：（厉声吆喝）你们是什么人？从哪里冒出来的？你们居心何在？

小伙子甲：（离开自己的帐篷，走过去）我们是来自北京的环保志愿者分队，是来协助村民保护最后一片与村庄连在一起的原始森林的。

官员甲：（脸上的青筋都鼓出来了）这是我们当地自己的事情，跟你们有什么关系！

小伙子甲：这不光是你们当地的事情，而是全人类的事情，关乎我们每一个人，保护我们共同的家园，人人有责！

官员甲：（好像都已经忍无可忍了）环保志愿者厉害得很！那你们拿饭来填老百姓的肚皮嘛！

小伙子甲：非得砍掉这些生长了数百年上千年的大树才有饭吃吗？未必见得！

这时，姑娘甲抱着一台打开了的手提电脑，来到了官员面前。

姑娘甲：请看，全国性的、史无前例的洪灾给我们每一个人敲响了振聋发聩的警钟，国家高度重视，刚刚发布了长江、黄河等大江大河中上游天然林保护政策，严令各地森工企业立即斧锯入库。

几位官员凑在无线上网的电脑前，看到了页面上的新闻和公告。

官员甲：（大惊失色，铁青着脸仰天长呼）这下完了！不能砍树子了！我们吃什么呀？

姑娘甲：大家肯定会有别的办法的。

123. 同上

砍树队员们纷纷把手里的油锯熄了火，然后无力扔在了地上。

124. 同上

村民们有的从地上爬了起来，有的离开了树身，一下子集体无意识地，一起欢呼跳跃起来。

125. 同上

茸珍和达保手拉着手，跟着大伙一起欢呼跳跃。

126. 空镜头　日　外

天高地阔。

山色青翠。

127. 笃玛家堂屋　日　内

熊阿宁：（从提包里拿出厚厚的一捆钱放在桌子上）拉雅奶奶在这里，笃玛村主任也在，这些钱先预付给你们，到时候成交了，我们再按树子的数量给你们钱。

拉雅：（看了看那捆钱）我们没有说要卖树子啊。

熊阿宁：现在是信息时代了，消息传得快得很！你们已经卖了一些大树给外地人，泽米他们还公开说了，要把林子全部卖掉……

笃玛：那不一样！人家买树子是要让树子活着，永远站在山上。你来买树子是想把树子砍了卖掉！

熊阿宁：我出的钱比人家出的钱多……

拉雅：再多我们也会不卖给你。

熊阿宁：奶奶这样说就不合适了。现在林权改革了，林子一分到各家各户就由不得你了。

拉雅：我们不想把林子分掉。

熊阿宁：不分就不合政策了。

拉雅想了想，没有再说话。

笃玛也沉默着。

突然，外面狗吠了起来，同时还传来了茸珍的报告声。

茸珍：泽米哥哥带着很多人回来了！

熊阿宁收起钱，站起来，迅速离开了。

128. 大树村外河边　日　外

泽米领着白乔森、季东风一行走走停停，指指点点做着介绍。

白乔森：（仰望着青山）那就是原始森林吗？肯定是！一接近森林我就会感到一种无限的亲近，就像回到家里一样。

季东风：（沉吟着）白总真是性情中人！唉，是呀，这是多好的地方呀！我已经完全有底了……归属感，对，归属感就是我们的策划点……

几辆越野吉普车风驰电掣地开过来，停在了这一群人的面前，里面的人纷纷跳了出来。

泽米：（吃惊地叫了起来）张副市长！黄县长！是什么风把你们吹来的呀！

张副市长：（故作责怪地）你这个小鬼头！在电视上出尽了风头，把这么尊贵的客人都带回来了，还不跟我们讲一声！我们只好不请自到了！

泽米：（不好意思起来）我介绍一下，这位是北京绿色产品开发公司董事长白乔森先生，这位是中国创意公司的策划专家季东风先生。

张副市长：（与客人握手寒暄）欢迎欢迎！请为我们这些贫困地区多出金点子！

黄县长等人依次跟着握手寒暄。

黄县长：欢迎欢迎！

熊阿宁向这边跑了过来，后面跟着笃玛，再后面远远跟着老迈的拉雅。

笃玛：泽米呀！你们回来了就好了！有人又拿着钱来买林子，还说不分林子不合政策，我们心里真的有点没有底了！

熊阿宁：（讨好地跑向黄县长）县长，你们怎么下凡来到了这里？晚上我杀羊子招待大家！

黄县长：（瞪着眼睛）又是你！

泽米：（向张副市长介绍）这是我妈妈，是这里的村主任，当地最大的领导。这是我奶奶。奶奶，阿妈，这是张副市长，这是黄县长，这些是北京来的贵人。

笃玛：什么领导不领导的！泽米被派到这里后，他才是这里最大的领导了！这里从来没有来过这么大的领导和这么高贵的客人！我这个没有见过世面的山村妇女手足无措了！

129. 笃玛家堂屋里　夜　内

火塘里的火旺旺的。

泽米身着当地的民族服装，在忙着给客人发烟。

拉雅、笃玛同样身着当地的服装，在忙着跟客人讲话。

屋里一片喜庆的热闹。

黄县长：（举起酒碗）我再借花献佛，用大树村醇美的苏玛里酒，代表全县人民和大树村的全体村民，敬张副市长和北京的尊贵客人！请为我们的新农村建设多指导，多出点子，多支持！

季东风：（喝了酒，把木杯放下）大树村有这么好的山水和如此富有风情的村庄，真的是十分的有福气啊！别特是今天，全国的福气都集中到了这里！白总带来了资金，市里和县里的领导带来了政策，天时地利人和，这个村子想不腾飞都不行了！

黄县长：（企盼地望着季东风）还请您这个智多星指点迷津啊！

季东风：我的建议是：村里的山林绝对不能分！分了就再也收拾不起来了！

黄县长看了看张副市长，张副市长点了点头，黄县长又看回到季东风的脸上。

季东风：我们可以借用股份公司的形式，把这个村子搞成一个开放的家园式森林保护公园，由村庄和山林两部分组成。股东可以有政府，有像白总这样的公司，有来认养大树的志愿者，当然，主体是村子和村民。股份大致可以这样区分：村里的土地股、山林股为一个层次；村民的人头股为第二个层次；资金股为第三个层次。保护山林，原有村民是最大的功臣，同时也是最大的获利者，可以同时拥有三个层次的股份；外来的支持者，也就是荣誉村民，功不可没，可以享有资金股或者是人头股。

张副市长：（有点按捺不住地一拍大腿）黄县长，干！市里支持一部分，县里考虑一部分，招商引资一部分，把村子列为新农村建设整村推进首选项目，从道路设施、村容村貌、自然保护等，各方面齐头并上，把柏油路通进来，把宽带都接进来……荣誉村民来自五湖四海，这个家园当然要与世界联网。

季东风：公交、医疗、养老、上学等，都要一步到位。

张副市长：我们必须要好好向北京来的专家请教，如何把这个家园式的森林保护区建起来。

黄县长：对！我们要找时间专门研究这个问题。

张副市长：这件事情跟那个叫李春溪的北京人密切相关，谁去把这个仙人找来让我们这些凡人看一看？

此时李春溪正坐在人群中，感动得双眼含泪。

笃玛、拉雅和泽米突然放开地大笑起来，别的村民也跟着笑了起来。

笃玛用手指头揩掉笑出来的眼泪，打了李春溪一巴掌。

笃玛：（扭头对张副市长）仙人就在你面前哩！哎呀，我们都非常感谢她！竟然有这样的仙人！

张副市长：（立即反应过来，不住地打量着李春溪，伸手去跟她握手）你的故事我都听说了，你不仅是这里的福星，还是这里与全世界连通的纽带……看来你真的完全融入了这里的生活当中……

笃玛：当然融入了！她不仅是我们的恩人，还是我们的自家人！

屋里又爆发了一阵笑声。

130. **空镜头　日　外**

蓝天白云。

131. **原始森林边　日　外**

一只巨大的彩色气球飘浮在高空中，气球下面悬挂着长长的标语——“同一个地球，同一个家园”。

气球下面是葱翠欲滴的原始森林。

原始森林的边上依山势和树木情况横亘着一面像长城大墙一样巨大的红布墙，上面的大字是“全国社会各界认养大树村大树启动仪式”。落款处的小字是参加活动的单位名称：“北京绿色产品开发公司；中国创意公司；江边市人民政府；林中县人民政府……”

132. **同上**

林间空地上人头攒动，密密麻麻，有上千人。

133. **同上**

镜头像在海底世界潜行般在密集的粗硕的原始古树的树干间穿行。

134. **同上**

泽米：（在用扩声器主持活动）我们本想在树身上刻下认养人的名字，但是我们不忍心伤害树；我们又想在树旁钉下木牌，在木牌上面写下认养人的名字，但是洁净的原始森林不容人为的污染。任我们怎样做都难以报答各位的高尚之举以及千秋功绩，我们只能发给每人一块精工制作的小木牌，它是大树股份制森林家园公社的荣誉村民证，手执这块牌子，你就是这个大家庭中的一员……欢迎你们时常来到这里，看看自己认养的大树，呼吸呼吸大自然的新鲜空气，放松放松心情……

135. 同上

泽米的讲话声在天空下的山林间跌宕回响。

136. 同上

村民们在飞快地向来宾们颁发荣誉村民证牌，来宾们都热切地想要尽快拿到自己的证牌，现场立即陷入热烈火爆的气氛之中。

137. 同上

人群中留出的场地上，村民们载歌载舞唱着歌颂大树的古歌：

大树穿着绿衣裳
它很喜爱太阳
大树围着绿裙子
风吹便摇摆起舞……

悠深曼妙的歌声沁人肺腑。

随着歌声，镜头在人群中穿行。

特写镜头划过拉雅的脸、泽米的脸、笃玛的脸、李春溪的脸以及一张张村民的脸；划过白乔森的脸、季东风的脸以及一张张认养大树的志愿者的脸；划过张副市长、黄县长以及一张张各级政府干部的脸。

一群小孩子在拼命跳跃，都想把自己的脸装进镜头里去，最前边的那个小男孩儿像小狗一样跳了起来，他变形的脸庞可爱地闪进了镜头。

138. 同上

歌声在继续：

神赐的树啊
神护的树啊

让它的树干越长越粗

像北边的山峰一样粗……

镜头随着歌声，从人群推向原始森林。

歌声滑过莽莽森林，飞越苍茫群山。

139. 同上

歌声还在继续：

让它的树枝越生越多

像人的头发一样多

让它的叶子越长越密

像太阳的光线一样密……

镜头摇向高空，写入蓝天白云。

悠深曼妙的歌声穿透云空。

——剧终

英雄的气质

夏凡

主要人物：

黄　伟：男，水上义务救援队队长。

老陈哥：男，老板，水上救援队队员。

张太强：男，大学生，水上义务救援队队员。

田献礼：男，水上义务救援队队员。

叶齐江：男，水上义务救援队队员。

张维峰：男，水上义务救援队队员。

常艳红：女，水上义务救援队队员。

（片头）一个民族只要有自己强大的文化，哪怕一时失势，也会春风吹又生，所以与其想被所有人理解、支持，不如做好自己。

——题记

1. 新房　内　夜

室外的月光洒在地板上，丽娜蹑手蹑脚地穿过客厅，修长的腿透过松散的睡裙，光泽折射，两个中国结上的“囍”字依稀可见。

浴室里“哗哗”的水声。

丽娜：“黄伟，黄伟，几点了，你还泡在水里？”

拉开朦胧的玻璃门，黄伟穿着衣服从浴盆里站起，手伸了过来。

丽娜踉踉跄跄地跑开，惊恐地大喊："别，你摸死人的手……"

两只拖鞋翻滚在地上。

2. 餐厅　内　晨

晨光斜射，窗台上花盆绿茵茵的。

黄伟：（为丽娜夹菜）对不起，又让你担惊受怕了。

丽娜：道歉有用吗？一次次，还不是一个救援电话，你又照样。

黄伟：真不好意思。

丽娜：（站了起来）对不起的事要少做，不好意思的话我不想听，知道外边怎么评价你们吗？一群大傻帽。

黄伟：（放下半杯牛奶）你嫁个傻帽，岂不是更傻。

丽娜：去，大早晨的，咱能不贫嘴吗？

黄伟：其实，人生的乐趣在于自己怎么看，怎么办，只要对人们和社会有积极意义，好事只管做。如果太在意别人的评价或身外的因素，注定生活得很沉重，让自己活在套子里。

推出片名：英雄的气质

3. 古城　外　黄昏

狂风从古城门穿过，风沙席卷，行人匆忙寻找躲避的地方。

雨"噼里啪啦"砸了下来。

远处传来急促的呼喊声：游船翻了，有人落水！快，救人呀！

黄伟、张太强等人从街面的屋檐下钻出，撒腿向湖面跑去，路上的积水在他们脚下飞溅。

4. 南湖　外　阴

湖面波涛汹涌，远处，飘荡着一条倒扣的小游船。

众人焦急地张望：快救人，怎么没人下水？

众人议论：人怕没救了，快报警。

一位白发苍苍的老太太伏地哭喊：快，救救我的儿子——

有人指点：看，人头还露了一下。

张太强忍不住脱下上衣，就要往跳进水里。

黄伟等人拉住他：快回来，就你才学三天的狗刨，怕到不了地方就要人救你，到时候黄花菜都凉啦。

张太强蹲在岸边，紧紧地揪自己头皮：咦！

渔夫扛着汽车内胎，慢悠悠地走来。

黄伟等人期望地迎上去：师傅，你快点……

渔夫朝远处眺望：这风浪太大，危险。

黄伟急忙向张太强转身：快去给师傅买一条好烟。

渔夫：不抽。

黄伟：您长期在湖边，有经验，肯定有办法。

渔夫眯缝起眼，慢腾腾地说：这情形，人怕不行啦……

白发老人：为啥我怕晕船没上哩，要不咱一块，儿啦……

黄伟：即使救不活，弄出来，对活人也是个安慰唉。

渔夫看他一眼，下水，我是收费的，谁做主？

黄伟急忙摸兜，掏钱：给，您快点吧。

渔夫用力甩甩一叠钱，翻了翻白眼：打发叫花子？

白发老人向湖水扑去：我也不活了啦——

众人忙拉住她：大娘，你冷静。

黄伟：其实我与他们非亲非故，权当可怜老人吧。

渔夫：你是好人，自己救啊！

黄伟：我要水性好，还废这嘴皮子？

渔夫冷漠地摇头：自己不能弄，充啥大人物？找管事的与我谈。

白发老人扑了过来：行行好，我给你们磕头！！

暴雨中，黄伟等人沿着湖边狂奔，呐喊：怎么能这样……

5. 南湖　外　日

一条游船在湖面上浮动。

黄伟仰头，感慨地说：早几日，就在这湖里，有人被淹了，那老太太悽惨的哭声，到现在还让我回不过来味。

张太强：可恨的，还有人借机索财，真丢我们商丘人的脸。

黄伟：不知道，是什么把有些人的良知吞噬了。怪现象，生活水平提高了，人际间的亲情反而淡薄了。

田献礼：当时我要在就好啦，我会游泳！

张太强：对，你教我们游泳呗。

黄伟：我要有你这么好的水性，当时也敢赌一把。

田献礼：按说，你这南洋出生的孩子，光大海，也把你熏会了水。

黄伟：从印尼归国时我太小。

田献礼：再也不能发生这样的事了。

黄伟：国家设有海事搜救机构，咱内陆为啥没有？

张太强：你是老交通人，应该比我们清楚。

黄伟：嗨，咱河南路桥现在是企业，与交通分家啦。

张太强：咋了？打断骨头连着筋。

黄伟：咱们把市里游泳爱好者组织起来，成立一个救援队吧，让个人的爱好与发挥社会作用结合起来。

田献礼：黄伟，挑头吧，我支持你。

张太强：老陈哥、叶齐江他们技术好，要能加入成效就大了。

黄伟：老陈哥是个大老板，会与咱这些草根为伍吗？

田献礼：老陈哥豪爽，我打个电话问问，请他当教练，对咱救援技术提升绝对有好处。可别关键的时候杆草捆老头——丢大人。

黄伟：咱得申明，救援队坚决不能收受他人钱财。

田献礼手拿电话，眉飞色舞：什么？老陈哥，只要做好事就一定加入，好，好，我们在南湖等你。

他们相视，竖起大拇指，露出笑容：耶！

6. 游泳俱乐部　外　日

叶齐江、张维峰等人在水中游泳。

叶齐江：黄伟、田献礼想成立水上救援队，参加不？

张维峰摇头：打捞尸体赚巧钱？不干。

叶齐江：他们告诉我，义务的。

张维峰：哦，好事。当好人，我坚决参加！

游泳爱好者甲：我也参加。

游泳爱好者乙：哈，我也去凑凑热闹。

常艳红急切地说：给我也报个名。

张维峰：去，这是男人的事，你瞎掺和啥。

常艳红：女人怎么了，你不一定能游过我哩。

叶齐江突然比画手势，故作恐怖：嘿，捞上来了，对脸看，妈呀，尸体脸胖肿、口鼻流血，一碰，“哗”，肠子“叭叭”往外淌……

常艳红挤挤眼，往水里缩：死老叶，我学过解剖，别吓唬我……

7. 卧室　内　夜

丽娜依偎在黄伟身上，小声地说：这新婚大喜的日子，你老往外跑，把我一个人扔在家里啥意思？

黄伟：乖，我正在筹备一件大事。

丽娜：啥事？

黄伟：等理出头绪再说不迟。

丽娜生气地把脸扭向一边：哼，追我的时候，有个屁都要夹过来在我脸前哼叽叽，这会玩神秘啦？

黄伟低头，亲吻丽娜的耳垂：亲，等等，留点悬念嘛。

丽娜故作生气样：去，痒啦。

8. 南湖　外　日

斑斑驳驳的古城墙，几个人围坐在垂柳绿荫下。

黄伟：刚刚，我突然想起，咱救援队与当年中国共产党召开的第一次代表大会，有惊人的巧合，大家猜猜看。

老陈哥：哎，你竹筒倒豆子，麻利点吧。

黄伟：不知道吧？都是13个人，都是在南湖。

张太强：可是，此湖非彼湖。

田献礼：另外，我们救援队中有汉、维、回、满、苗等多个民族，说明行善，当个“好人”，也是大家共同的信念。

常艳红：申明，不能有性别差别啊。

大家都笑了：怕歧视，闪。

常艳红：你才闪！

老陈哥：大事已定，提前祝贺下，我请客。

张太强：别，离我供职的那家饭店近，我请。

老陈哥：你，大学生，暑假打工赚钱不容易，吃我，权当“减肥”。

张太强瞪大眼睛：你有钱就剥夺我请客的权利？

老陈哥：没那意思，兄弟。

张太强：我说，大家为了干些有出息的事，从不同的地方、不同的行业走到一起，在良心面前不能有贫富、职位高低呀。

常艳红：对，爱的面前也没男女之分。

老陈哥：那不是可怜你吗？

张太强：不需要！

叶齐江：第一天开会，就弄得不愉快，往后你俩咋相处？

张维峰：我们是一个集体，大家都要学会包容、体谅。

张太强甩开手，推起自行车。

老陈哥拿出车钥匙，宝马车灯闪亮。

黄伟：都别争了，上个月我才领证，给大家补个喜酒。

田献礼：好呀，喜上加喜，都去赏光。

字幕：2008年5月28日，商丘市水上义务救援队正式成立。

9. 林间小道　外　夜

黄伟沿着一条林荫小道跑步，汗水浸透他的衬衫。

老陈哥、田献礼、张太强等人拥上去：黄队，与公安局协商的咋样?

黄伟摇头，神色凝重：他们怕我们受110指派，万一救援时发生意外，家属追究，后果他们承担不起。

张太强：只是救援信息共享也不行？我发微博刺激他们。

老陈哥：年轻人，别找事，生活往往是道理和现实两张皮。

黄伟：放心，决不会放弃，办法总比困难多。

树叶上露珠欲滴，星光灿烂。

10. 办公室　内　日

黄伟收看手机短信：昨晚，虞城一高有三名学生，高考后，溺水身亡。

黄伟挥起拳头，重重地击在桌子：救援队一定能被社会认可!

11. 新房　内　夜

黄伟笑嘻嘻，把一张《商丘市水上义务救援队队员申请表》摆在丽娜的面前：这几天忙碌，总算有了点眉目。

丽娜紧紧盯住登记表，沉默不语。

黄伟扛扛她的肩膀：老婆，说话啊，你还得签字哩。

丽娜看着黄伟的脸。

黄伟：别这样，你让我心里发毛。

丽娜指着登记表：坚持义务救援，不收钱物，我不反对，而这……

特写：时刻牢记保证自身安全，出现意外，后果自负。

黄伟小心翼翼地解释：我们是民间救援队，经不起意外，必须夫妻双方保证，不然得不到110最起码的支持，救援队就有夭折的可能。

丽娜眼泪汪汪：不是我故意拉你的后腿，别这样吓我，成吗？

黄伟在屋里来回踱步：老婆，第一步太难，我是队长，必须带头。

丽娜朝他身上乱砸：才嫁你几天，这就是我们蜜月收获最大的礼物？

黄伟拍拍胸脯：我会保护好自己的。

丽娜朝他胳臂上拧了一下：看你那脸，能拧下几斤水来。

12. 饭店　内　日

张太强紧张地端盘子、擦桌子。

吴老板：孟伟，没剥好的蒜了。

张太强从衣兜里掏出铃声大响的手机：有救援任务，马上就来。

张太强向老板笑：老板，我要出去。

吴老板：现在生意正好，你出去这活怎么办？

张太强：你说过，支持我加入救援队，社会需要爱嘛。

吴老板：可，可，眼下一个萝卜一个坑，影响生意呀。

张太强往外跑：顾不上啦。

吴老板跺脚：我要扣你工资，我要开除你。”

安慧：这人，在大学里，自己的袜子穿半个月都不知道换，就不能听到谁需要帮忙，比兔子还快。”

吴老板：我说，表妹，这你咋知道？

安慧扭捏起来：每一次，都是我，唉，表哥，你……

13. 客厅　内　日

老陈哥用下巴示意，登记表在桌子上。

老陈妻端端正正坐在桌旁，不抬头。

黄伟向前，微笑地打着招呼：嫂子好。

老陈妻：不好，心梗阻。

黄伟：那还不快去医院？打120。

老陈嫂：“神马”也治不了！

老陈哥对黄伟咬耳朵：心病。

黄伟：哦，我那口子拿下了，这好说。

老陈哥：嘘，别自信。

黄伟：嫂子，人心向善，胜造十级浮屠，老陈哥的选择是为子孙后代积德哩，要多支持。

老陈妻撇了老陈哥一眼：老陈，你行，把黄队长喊来，是给你长胆，还是想看我猪八戒照镜子——里外不是人呀？

黄伟：嫂子，说你七仙女还差不多。

老陈妻：黄伟，还以为我是十八岁的少女，那么容易被别人忽悠。

黄伟敬了个礼：报告嫂子，不敢。

老陈妻：别瞎子点灯——白费蜡，该干吗干吗去。

黄伟：嫂子，各位家属都签了，你老就开眼，支持支持老陈哥吧，我知道您眉毛梢子都散发着善良的光芒。

老陈妻：又给我戴个高帽，怪不得你能当队长。哟，哪是东西南北？”

黄伟哈哈大笑：嫂子真逗，我无地自容，走了。

老陈妻脸色一变，站起来，指着黄伟：告诉你，黄伟，你们做好事我不反对，弄个这破纸就想逃避责任，没门。只要老陈活着跟你走出这个家门，就必须毫发无损地给我带回来。他要丢了，看我怎么撕吃了你！

黄伟急忙解释：嫂子，没谁要逃避责任，这是大家商量的意见，主要想让110给我们提供水上救援信息。

老陈妻：蒙吧，白纸黑字，签上就是有法律效应，我们做生意靠什么束缚，就是签字画押的合同。

黄伟无力申辩：啧，还真说不清了。

老陈哥上前：人家轻易不来一次，不会客气点。

老陈妻：难听？哭的时候，比现在更难听。

老陈哥面向黄伟：兄弟，你别与她一个样，家庭妇女。

黄伟慢慢地说：嫂子，你说的对，我们也一定为自己负责，不光老陈哥，所有的队员，每次出去，都要安全地带回来。

老陈妻环指室内，超大的房间、阳台，华丽、时尚的摆设，自豪地说：你看我们家，生活得真不差，儿孙满堂，日进万金，虽然没正式工作，但沾了改革开放的光， 60岁的人了，我们幸福、祥和、平安就知足。

老陈哥：你扯远了。

老陈妻：钱再多，东西再好，对我来说，都不如你老陈在我脸前晃动着，哪怕天天惹我生气。

黄伟：真的，很羡慕你们。一个人在世上，茫茫大海中，不算什么，但对于一个家庭，就是一个天，一个希望。

老陈妻：我不签这个字，不等于不支持他！

黄伟站起来，鞠躬：嫂子，我现在特理解救援队所有家属的心理，知道该怎样去做了，谢谢您……

14. 河边　外　日

老陈哥：你嫂子刀子嘴豆腐心。

黄伟：别说，到现在，嫂子的话还在我耳边回荡。将来我们每次出征，都应该谨记风险，提高安全意识。生死状是救援队员的决心，是家属背后支持的力量，决不能成为推脱责任的理由。

老陈哥期盼地看着黄伟：小时候看电影，就常发誓要当英雄，所以，救援队我是坚决要参加的！

黄伟晃晃申请表：咋办？

老陈哥：我有生意要天天往外跑，她能分分秒秒看住我？等她看我常平安，就会自觉地成为习惯。

黄伟拍了他一下：你？面上怕老婆，心里鬼。

老陈哥眼里洋溢着幸福：有时候，夫妻俩磨牙也是爱。我外号叫啥？“中华鳖精”，水里那点事绝对没问题。

黄伟：你可能是咱唯一没家属签字的救援队员了。”

老陈哥竖起大拇指：兄弟，看哥的。

15. 马路　外　日

叶齐江驾车行驶。

张太强指着车外：那不是常艳红吗，快停车。

丁红心摇下车窗：常艳红。

常艳红闻声张望，发现他们，惊喜地跑过来。

张太强：你老公给你签了吗？

常艳红沮丧地说：他把我大骂一通，说我游泳抛头露面已够开放的了，再深更半夜与一帮子大老爷们四处闯荡，想干啥？

张太强：我找他说理去。

叶齐江：他说的有道理，你不参加也中。

常艳红狡黠地笑了：你啥大哥耶，告诉你，经过动员，他明天去学游泳，条件成熟了也要加入哩。

丁红心：好耶，咱们的队伍越来越大！

16. 游泳俱乐部　外　日

彩旗飘扬，一条横幅，“商丘水上义务救援队大比武”格外醒目。

黄伟高喊：丑话说前面，考核不过关，救援时不能下水，咱今天立下铁的规定。现在，第一个项目，比速度，一、二、三！

救援队员起跳，跃入水中，有人抹把脸上的水，奋力向对岸划去。

黄伟高喊：第二个项目，比耐力，一、二、三！

救援队员起跳，跃入水中，大家潜泳。

黄伟携来一摞砖，东一块西一块扔进水里：刚才大家激情高涨，游技优劣各自肚明，总体值得肯定。我们现在进入模拟打捞环节，扔下去的砖，就是我们的目标，看谁捞的多，捞的快，一、二、三！

大家扑向水中。

黄伟、田献礼、老陈哥等人观看。

一个队员空手浮出水面。

另一个队员空手浮出水面。

游泳爱好者甲：黄队，水太深了，够不到底。

张太强：水压大，挤得耳朵疼。

黄伟严肃地大声喊：再试一下，注意安全。

一个个水泡翻上来。

一个个队员空手浮出水面。

黄伟：老陈哥，展示一个。

老陈哥：好嘞！

老陈哥一个猛子扎下去，稍停，两只手分别举出一块砖，扔岸边。

大家瞪大眼睛观看，他潜下水，从对岸浮上来，又举出两块砖。

叶齐江：还是老陈哥，真的好水性。

掌声响起。

哨响，大家列队。

黄伟：各位，看到了吧，我们之间有多么大的差距？什么时候都要记住，风险，决不会因我们做好事而挂免战牌，所以，提高救援水平也是给自己构建生命的保障线，安全无小事，必须老老实实去练习。

众人换衣，分别离开。

黄伟对老陈哥说：能晚走一会儿么？

老陈哥：干嘛？

黄伟：陪我、老田练练吧。

17. 游泳俱乐部　外　夜

黄伟挥手，大喊：上！扑进水里。

皎洁的月光透过周围垂柳的枝叶，洒在水里。

黄伟、田献礼张着嘴，不时地吐水换气，紧张地划水，到对岸，折身返回：1000米，我们用了多长时间？

老陈哥：23分钟，比下午救援队平均时间领先1分多钟。

黄伟：这速度拉不开距离，没法服众呀，起码要提前三五分钟。

田献礼：也不能一口吃个胖子。

老陈哥朝脊梁上摸，捉了只蚧蚱，对大口喘气的黄伟、田献礼说：哈哎，光顾看你们了，硬往身上爬，想为咱补充能量。

黄伟：多捉点，煎炒烹炸。

老陈哥：没带手电筒，看不见，不然真能弄够吃的。

田献礼：咳，你俩不是天然的探照灯（光头）。

老陈哥把田献礼往水里掀：去你的，孬货蛋子。

黄伟把砖块扔进水里：捞不出，别上来。

他也随着浪花扑过去。

潜水，他们空手而上。

再潜水，还是空手而上。

黄伟气急败坏地扑打着河水：我是不是太笨，这样子怎么去救人——

田献礼：老陈哥，你下来吧，教两招。

老陈哥：你们潜水之前，要多做几次深呼吸，每次吸气要饱满，在水下动作不要太快，学会保存实力，为自己赢得时间，水下才能待得长久、潜得更远，加大寻找目标的机会。

田献礼：我说，光想一个猛子捞出来，越急越潜不到底。

黄伟：再试试。

潜水，他们手举砖块而上。

把砖块扔进水里，再试，他们成功地把砖块举起。

黄伟摸摸老陈哥的光头：真应该封你一个称号——“队宝”。

老陈哥反过来摸黄伟的光头：朝哪摸？你这才是真正的“队宝”。

田献礼大笑，两个食指相并：你俩正好成双，是“对宝”。

黄伟、老陈哥朝田献礼击水：孬货蛋子。

18. 老宅　内　夜

黄伟母亲：伟这些日子忙啥呢？

黄伟父亲：他上周不是还来送菜了吗？

黄伟母亲：哼，板凳没暖热就走了。

丽娜：妈，他忙着成立水上义务救援队哩，我都几天没见他啦，半夜回来，天明走，怪自觉，睡沙发。

黄伟母亲：水上救援，有危险吗？妮，好好劝他。

黄伟父亲：他做的是善事，别拖后腿。

丽娜愁容满面：爸，我想拖，也拖不上呀，挂不住他的影，我都笑自己不像个新媳妇，没人宠。

黄伟母亲：这小子，我见了骂他。

19. 客厅　内　夜

老陈妻：说，最近背着我干什么了？

老陈哥：没呀。

老陈妻：嗯，坦白床上睡，抗拒搓板跪碎。

老陈哥：别，我参加救援队活动了。

老陈妻轻轻地打开账簿，指点几处：你说说，这段时间咋耗那么多油，都是你签的字。

老陈哥：这不，救援队刚成立，没经费，寻思着咱开着加油站，车就多跑了几趟，有时候和别人赶到一块，我也顺手把单签了。

老陈妻：哟，看不出来，变大方了，救援队有迷魂药?

老陈哥：古人云：近朱者赤，近墨者黑。跟着这群无私奉献的好人，也把我的心胸染宽广的啦。论生活咱最好，是不是该多表现些。

老陈妻：哟，不给你入账，我还成孬人了?

老陈哥笑嘻嘻地说：嘿嘿，孬人堆里挑剩下的。

老陈妻张大嘴：啥，我孬人还不如?

老陈哥：孬好相对，非孬即好呗。

老陈妻：没正经。

老陈哥：明天给我2000块钱。

老陈妻疑惑地问：才几天，花完了?

老陈哥：这队伍里，要么公职人员，工资是死的；要么摆个小摊，日子也很艰难；即使有几个老板，也是辛苦钱，遇到吃饭不由得多掏了几回。

老陈妻：行，我也好人做到底，这个可以报。

老陈哥：媳妇，我花这钱要比搓麻将、上歌厅找小姐好吧。

老陈妻咬牙切齿地说：好，这个你也可以，别看你头上毛稀，让我逮住了，有一根，我给你拔一根。

20. 游泳俱乐部　外　日

彩旗飘扬，“商丘水上义务救援队大比武”的横幅格外醒目。

黄伟将砖一块、一块扔进水里：队友们，现在出现险情，砖就是救助目标，一、二、三，冲呀!

大家扑向小河。

公安局刘局长、消防队长、黄伟等人观看。

一个队员浮出水面，手举砖。

一个队员浮出水面，手举砖。

消防队长：比我们战士技术硬。

黄伟拿出一沓登记表，递给公安局局长：看，我们40多个队员， 80多人签字，这下对我们放心了吧。

刘局长疑惑地看他：咋回事?

黄伟：参加救援队，家属也必须签字支持。

刘局长粗略翻阅，拍了下黄伟的肩膀：啥也别说了，复印一份给带上，我马上向局党委汇报，争取把你们列为110信息服务平台。

众人欢呼，把张太强抬起来，往水里扔。

张太强高喊：干啥、干啥，别人害病让我吃药。

“呯”，浪花四溅。

张太强露出头，朝几位女队员喊：喂，你们还不快走开，裤衩被你们撕烂了，我上岸，会曝光，可不雅了呀。”

女队员用土坷垃往水里扔：熊样，让你思想不纯。

众人大笑而散。

21. 路旁　外　日

丽娜拨打电话：下班了吧，陪我回趟娘家吧，听说妈这两天常晕倒……好，说定了，我买好东西在超市门口等你。

22. 办公室　内　日

黄伟放下电话：截至目前，我们经济指标已超额完成总公司上半年下达的任务，望各位再接再厉，争取年底打一个漂亮的胜利仗。

手机铃响，黄伟拿起电话：什么？有人跳河，我马上通知救援队过去。

几个人看着他，欲言又止。

黄伟边走边说：不好意思，这是110第一次通知我们出警。

23. 包河畔　外　夜

斜阳和灯光映红了包河水面，桥头，岸边簇拥着众人。

黄伟拨开众人，快速赶到岸边：人在哪里？

有人指认河心：早沉底了。

叶齐江：好好地活着，寻死干啥？

张太强等人挤向前。

游泳爱好者甲：呸、呸，那么臭，虫子扑脸，咋下水？

游泳爱好者乙：听说里面还有建筑垃圾，搞不好扎坏脚麻烦大啦。

黄伟脱下衣服：再难也要下，谁让咱是救援队员。

叶齐江拦住他：咱再想想其他办法。

田献礼：黄队说的好，咱是救援队员。

黄伟推开叶齐江：别让外人看笑话，听我的，你们做好接应。

叶齐江脱衣服：要下也是我下，你做好指挥工作。

黄伟：我是队长，困难的时候大家都在看我。

话没落音，黄伟扑进水里。

24. 超市　外　夜

丽娜焦急地徘徊、张望，拨打手机。

25. 包河　外　夜

岸边，游泳爱好者乙：这水，给钱也不能下，况且义务的，万一过敏或感染了，花钱可是自己的。”

游泳爱好者甲：这，我可受不了。

水中，黄伟挤着眼，晃头，捏住鼻子，试探，摸索，慢慢潜下水，很快浮上来。

田献礼：黄队，加油！

黄伟又潜水，这次时间长了些。

他浮上：老叶，发现目标，你们做好接应。

叶齐江、张太强跳下去：我来了。

黄伟再次潜水，挟住东西上来。

叶齐江弯腰，用力帮忙抬出来：啥东西？呀，死猪！

黄伟咬住牙：死猪也得弄出去。

游泳爱好者乙在岸边，挤眯眼：你们不嫌恶心呀，快扔下。

黄伟：扔下，还不得再次产生污染？

游泳爱好者甲边说边往外溜：我去喊人。

叶齐江屏住呼吸，咬紧牙：放我肩上，甩上岸。

死猪落在岸边，众人躲闪：快走，臭死了。

张太强：天黑危险，明天再弄吧。

黄伟：算了，明天还要再臭一回，现在感到味轻了。

叶齐江：第一次救援，就这么晦气。

黄伟潜进水里。

26. 超市　外　夜

丽娜困倦地坐在石墩上，拨打电话：还是没人接，还说稍后一块去看我妈呢，不管他了，回家再算账。

灯光下，丽娜瘦弱的背影，吃力地提着东西。

27. 包河畔　外　夜

救护车离去，蓝莹莹的灯光闪烁。

众人散去：这人真勇敢，要是我，打死也不能下。

黄伟、叶齐江坐在岸边长长吐气。

萤火虫在黑暗中闪烁。

张太强：首战告捷，要不是捞出的是尸体，按说应该庆贺下。

黄伟忙摆手：废话，快找个地方冲冲是真的，这身味不把酒店里其他客人赶出来啊！咳，那有胃口？

叶齐江：各回各家吧。

28. 新房　内　夜

门，轻轻地打开，黄伟疲倦地走进。

丽娜从沙发上站起来：你还像不像话，才回来，呸，什么味儿？

黄伟苦笑：别，你别发火，我真的很累，还想呕吐。

丽娜捂住鼻子：哼，是男人吗，一点不守信。

黄伟点头：快给口水喝，我去救援了。

丽娜：救援？我还以为掉茅坑里了。

黄伟：说实话，今天真很狼狈。

丽娜：人救出来了？也不知道打个电话，别让我傻等呀。

黄伟遗憾地摇头：我们到地方人已死啦，只能算打捞。

丽娜惊恐地张开嘴：呀，你，你用手捞……今晚，你离我远点，可别碰着了我。

黄伟：看你吓的。

丽娜关闭电视，快速离开客厅，卧室传来“哐”的关门声。

黄伟苦笑。

29. 南湖　外　日

斑斑驳驳的古城墙，垂柳树下，大家席地而坐。

常艳红编唱起快板：话说这么一天，110发通知，一个小伙子失恋想不开，一头扎进臭水河，咱队长黄伟一马当先冲向前……

老陈哥、田献义等人大声呼应：好，鼓掌！

游泳爱好者甲依傍在叶齐江肩上，低声：这小妖女，太会奉承巴结人了，明明你也下了水，为什么不编一块?

叶齐江拍了一下他：我下的晚，人家还没往下唱，你瞎叨叨什么，别影响团结，士气可鼓不可泄。

黄伟站了起来：常艳红唱得不错，表面上在夸我，实际上是在歌颂咱们救援队，像叶齐江、张太强等队友都表现得不错，主动下水帮我。这次成功，让群众见证了我们救援队的战斗力!

田献礼：受黄队长委托，我宣布，由于救援队人员增多，居住地分散，为提高效率，便于管理，以后下辖5个分队，一是睢阳分队，我负责；二是梁园分队，丁红心负责；三是开发区分队，叶齐江负责；增设个特勤队，老陈哥负责；增设一个宣传队，常艳红负责。

老陈哥：分不分，大家都要心往一处想，劲往一处用。

黄伟掏一面旗帜，展开，迎风飘扬：经过大家多次讨论、商议，正式确定了队旗、队歌，现在大家全体起立，张太强出列，接旗。

老陈哥羡慕地说：这屌丝，咳，当旗手，怪风光的。

青青的石板路蜿蜒绵长，两侧树青花红。

古城墙脚下，大家阔步行走唱队歌：生命的呼唤，在水中激荡；生命的旗帜，在水中飘扬，我们是水上义务救援队员，满腔的热血正沸腾，为了守护生命我们苦练本领，为了生命，我们卧雪踏冰……

几只白鸽在蓝空飞翔。

30. 芒砀山　外　日

芒砀山庙会盛况。

陡峭的石山四面环绕，有人在表演杂技。

人们紧张地围看，表演者手持平衡杆，沿一根钢丝绳行走。

突然，杠落，表演者从钢索上掉下。

人们惊讶，冲向坠落的表演者。

石山底部，深不可测的水击起水柱。

身穿红红绿绿的艺人围绕水潭转来转去，青年甲对杂技团团长说：人肯定不行了，快打110求救吧。

杂技团团长呆呆地说：怎么这样，再等等。

杂技团团长从水潭这边，到水潭那边，汗水淋漓，瞪大眼睛，张开嘴大口呼吸：王是，快出来。

青年乙递给他一张纸条：这是一家打捞队的电话。

杂技团团长颤抖着拨打电话：什么？打捞费2万元，我知道距离远，需要人力，需要租车，但也太贵了吧。

青年甲：你打110试试。

杂技团团长连忙点头。

30. 高速路口　内　日

黄伟驾车疾驰。

张维峰：黄队，超速啦，明天怕又会接罚单了。

黄伟紧盯着前方：为救援，顾不那么多啦。

张太强拧开矿泉水，递给他。黄伟喝几口，递回。

车从树丛中穿过。

31. 潭水　外　日

黄伟、张维峰、叶齐江在水中潜泳，一次、两次空手而上浮。

人们焦急的张望，议论。

青年乙：没有金刚钻，别揽瓷器活。

石崖陡壁，天空悬挂一条缆绳，风中颤动。

张维峰紧张的浮出水面：黄队，黄队……

黄伟游过去：怎么回事？

张维峰无奈的苦笑，摇摇头。

黄伟：我第一次接触死人，也紧张。

张维峰不好意思地低下头。

黄伟：来，大胆点，我与齐江陪你一起下。

他们不约而同地潜进水里，水泡上翻，飘浮上来，逝者两只手臂弯曲向上举托，拳头松张。

张太强奇怪地问：咱们这几次从水中捞出的人咋都这姿势？

黄伟：对生命的渴望。

众人：上来了，上来了。

艺人们趴倒在地上大哭，有人用布单裹起逝者。

黄伟等人用干毛巾擦拭身上的水，走向车辆。

杂技团团长跟了过来：师傅，多少钱？

黄伟回了下头：不要钱，我们是义务救援队。

青年乙：你们从商丘跑到这，100多公里，贱啊。

张维峰上前：你怎么说话的，我们不要钱，不是贱，是高尚，这是助人为乐，你上学时老师没教过吗？

张太强：这样的贱，你不喜欢？

青年乙：这年头还真有“雷锋”？

黄伟：记住，我们是商丘好人，水上义务救援队。

杂技团团长拉住黄伟的手，泪如泉涌：真的很感谢，很感动，我们到了很多地方，有人帮我们搬个箱子，拿个道具，都要钱！

黄伟：每个人都有遇到困难的时候，不能干什么都需要钱来衡量。

32. 山路　外　午

车启动，黄伟把挡风玻璃处“商丘市水上义务救援队”的牌子悄悄拿起，弯腰放在脚下。

张太强好奇地问：这牌子多壮脸，收它干吗？

黄伟：来时，去现场赶时间，摆上是为了围观的人能让道。回去，免了吧，人家看见别以为咱是在显摆。

说话间，车猛烈晃动，缓缓停下。

众人问：怎么了？

黄伟拍拍方向盘：陷泥坑里，熄火啦。

几人下车：老婆催哩，回去趁周末带孩子去踏青，可偏误事。

老陈哥用力跺了跺车轮：啥破玩意，还能出门？

张太强：咱也需救援？

黄伟把车钥匙递出：老陈哥，你开，我们推，试试。

他们用石头垫车轮、肩扛车，吃力地推。

车轮急速转动，泥浆甩在黄伟等人的脸上。

车出来，他们相互指点，大笑。

33. 卧室　内　夜

室外的月光从窗帘挤了进来，静静地洒在地上。

老陈哥躺在床上，胳膊和手搭在妻子的身上。

突然，手忙脚乱，大呼小叫：别抓我，别抓我……

老陈妻惊醒，忙喊：老陈，你怎么了？

女儿跑进来：爸爸、爸爸……

老陈哥坐起来，揉揉眼睛：不是在大沙河么？

老陈妻：在家里。

老陈哥：明明我携出来了。

女儿：啥，你发癔症。

老陈哥：尸体都涨了，还好大的味。

老陈妻：滚，纯粹恶心我，明明抱的是我，能梦见尸体？

女儿：爸，你老大不小了，尽瞎折腾，自从你加入救援队就没消停过，睡个觉都不安生。

老陈哥：我今天打捞成功啦。

老陈妻：哼，看你那样。

老陈哥：我第一次直接面对尸体嘛，你以为。

女儿：爸，你图啥，不缺吃穿，这岁数还弄得紧张要命。

老陈哥：别说，救援队让我找到了当年学雷锋、当英雄的感觉，你这年龄，缺乏的就是这种精神，没那个情结。

老陈妻埋怨地说：睡吧，睡吧，我明天还要去店里盯着，这原来都是你的活，现在倒成了我一个人的生意了。

34. 夜市　外　夜

救援队员们碰杯，啤酒花四溢。

张维峰：各位，我承认，当初，刚摸到尸体的时候，心里、胳膊真有股触电的感觉，麻麻的，空旷旷的，别说多紧张了。

老陈哥：按说，我这个年龄啥没见过？但是我还是做了噩梦，你想，抱着变形的尸体，脚下踩着硬硬的滩地像海绵。

张太强：我还没亲手捞上来一个哩。

叶齐江：你们这还是好的，我哩，一次赶到溺水人旁边，她一把搂住我的手，我动弹不得，一块下沉，呛了几口水，若不是她精疲力竭，松开手，我们肯定都完了，想想，最后能带她出去真是万幸。

常艳红：别说得这么恐怖好不好，我，我……

黄伟：大家一起畅所欲言，交流救人时的感受、经验，对新加入的救援队员，提供他们可能随时遭遇的场景，提前好有个的心理准备。

常艳红：对了，冬泳网开通了商丘救援板块，版主就是黄队，大家有什么疑惑、心得，可以随时上网沟通。

叶齐江站起来：正事说完了，下面咱们喝酒。

游泳爱好者甲、乙端来几个盆，旋着舞步：这是炖鹅，各位，小弟亲手做的，别的手艺不佳，这还算拿手菜。

黄伟模仿二人转声音：感谢叶齐江CCTV、感谢张维峰CCTV、感谢刘家屯CCTV，本次大餐由XXXX友情赞助，来，干杯！

35. 帝和广场　外　夜

灯光，音乐喷泉（航拍）

张太强、安慧推着共享自行车走。

安慧：你决定不读研了？

张太强：我又不想搞学术研究，社会大学更能锻炼人，你呢？

安慧：我，看到通知书，很兴奋，也很犹豫，毕竟北京学习三年，将来就业选择的空间会更大一些。

张太强：祝贺你，新北京人！

安慧：我在北京等你，其实你今年总分还是不错的，只是一类地区英语提了5分，不然，你还超哩！

张太强：人生有很多擦肩而过，不然对不起造“遗憾”这个词语的人。说来，安慧，很感谢你这几年的鼓励、支持。

安慧：咱俩，还……

张太强：你先走吧，我想一个人静静，思考这辈子最想干啥？

安慧回头，期盼，不舍地离去。

张太强随着音乐，跳起广场舞。

36. 新房　内　夜

手机铃声响：生命的呼唤，在水中激荡……

丽娜推推身边沉睡的黄伟：黄伟，电话！

黄伟抓住：110，好，我马上组织人员去现场。

丽娜随黄伟走到客厅：2点多了，还要出去？

黄伟边穿鞋边说：有人要跳河，怕劝说不成，必须赶过去。

丽娜帮他披上外套：我等你。

黄伟：睡你的。

丽娜：不，我等你。

黄伟酸了酸鼻子：你这个傻娘们，咳。

身后传来电视的声音。

37. 汽车　内　夜

黄伟发送微信：紧急通知，有人要跳河自杀，没睡的请到古城西关集合，15分钟后出发，不到不候，黄伟。

黄伟朝楼上看，家里电视变幻的光透过窗帘露出来。

黄伟发动车。

38. 西关　内　夜

黄伟打开车灯：几个人？

田献礼：算你五个，够了。

张太强、常艳红赶来：等等。

田献礼：最多还能上一个。

常艳红急忙往车上挤。

张太强把她往下拉。

常艳红：我去一趟救援现场怎么了，不能救人的机会都不给我一次吧，标准的歧视，大男子主义！

张太强：我们要在车上换衣服，做准备，你，大姐，万一看到了不该看的东西，可洗不掉哦，小心老公休了你。

常艳红松手下车，用力很捶张太强：尽说不要脸的话。

车启动，张太强摇开车窗：拜拜，陪姐夫去吧。

常艳红跺脚：混蛋，回来拧烂你的嘴。

39. 河边　外　夜

一个妇女抱着孩子站在桥沿，很激动地叫嚷：你们都别过来，他负心汉，我在家伺候父母，他在外包二奶，活着还有什么意思？我非得和儿子一块走，让他后悔一辈子、痛苦得没法进家门！

黄伟上前：大嫂……

妇女：你过来我就跳！

黄伟后退：看，孩子都睡着了，躺在你怀里多安静，这是对妈妈莫大的信任和依赖，孩子爸负心对不起你，可孩子和你都是无辜的，你走错一步，孩子在天堂问，妈妈，你把我带过来，咋恁冷，怎么还听不到读书声，吃不到花生、奶糖，你怎么说？

张太强：告诉我们他的电话和地址，为你出气去！

妇女：王八蛋，为小三换了号、地址，搬家啦，我们娘俩到这人生地不熟的地方，不是走投无路谁走这一步！

黄伟：明天，我们一起查，现在信息这么发达，找个人不算事。

妇女：我……

黄伟：你从外地跑这么远，不知道这水下多么复杂，人们常把死猪死猫往里扔，你与它们为伴，不怕恶心啊。

田献礼等人在桥下做好应急准备。

张太强慢慢引导着：快下来，我们都是你的亲人，半夜跑到这来劝你，缘分。我们是水上义务救援队的，经常打捞溺水人，见多了，每一幕都是悲痛欲绝的景象，你能想象出家人与你阴阳两隔的场面吗？

妇女坐下来大哭：我也不想啊。

黄伟：你的父母，含辛茹苦地把你养大，你忍心他们痛心？

张太强慢慢贴近妇女：你该累了，我替你抱会孩子。

妇女迟疑，想想，把孩子交出。

黄伟的手从后面包抄过来，搂住妇女，顺势拉下。

妇女手舞足蹈：负心汉，我变成鬼也要去找你……

40. 车 内 黎明

车行驶，楼房、路灯倒映水里。

黄伟：今晚的事件启发了我，生命的悲剧是可以中止与预防的。

田献礼：对，我们应该开展溺水预防教育。

张太强：这样，常大姐他们就有事干了。

41. 新房　内　晨

丽娜斜倚沙发，似睡似醒，电视播送新闻。

黄伟开门进来：不是说要你先睡的吗?

丽娜：就等你。

黄伟脱下外罩，换鞋：等我干什么，你又不知道要多长时间。

丽娜一把搂住他的腰，盯着看：就等你。

黄伟低头亲吻：下次，我晚上再出去，别再等我，乖啦。

丽娜甜甜地笑：还等你。

42. 河边　外　日

救援车队行驶，有人阻拦：干什么的?

黄伟：救援的。

村民甲：谁让你们来的?

田献礼：你们110请我们来的，怎么回事?

村民甲：先说清楚，多少钱?

叶齐江：我们不要钱，义务的。

村民乙：谁相信，别捞出来了再狮子大张口。

游泳爱好者甲：咱回去，好心当成驴肝肺。

张太强：你们被敲诈怕了吧，我们真的不要钱。

黄伟：老乡，出水才看两脚泥，等好吧。

村民甲：让他们试试吧，反正我们自己也捞不上来。

村民乙：咳，愁死了。

43. 河畔　外　日

黄伟等人跳进水里，潜泳。

黄伟等人将溺水者抬出，岸边响起掌声。

群众议论：咱捞两天了，人家只一会儿，还是商丘救援队棒。

村民丙、村民丁等人扑过去大哭。

黄伟等人换衣。

村民甲走过来：多少收点钱吧，这么辛苦。

黄伟：我们真的不要钱，快去处理后事吧。

村民甲：你去掂几瓶矿泉水，再捎两条烟。

村民乙：好呐。

村民甲跑到岸边，对村民丙（女）耳语，他们走过来，跪在救援队员面前：你们是大好人，谢谢了！

叶齐江把他们扶起：应该做的。

黄伟掉转车头。

村民丁（男）拦住：不能走，你们把庄稼压坏了，赔钱！

村民乙上前推开他：干啥，人家不辞辛苦，跨省来这帮咱捞人，给钱不要，压你几棵庄稼苗算什么，有脸问人家要钱？滚！

黄伟下车：不好意思，刚才没注意，需要多少钱，我们给。

村民甲拉住黄伟的手，对村民丁（男）说：看看人家什么境界？

村民丁（男）小声辩解：我以为他们收了钱的，再捞回几个。

黄伟等人上车。

村民乙匆忙跑过来，从车窗塞进几条烟：谢谢！

游泳爱好者甲往外推，又被塞回来，犹豫，往外推的手慢慢无力起来。

游泳爱好者乙：算了，常言说得好，烟酒不分家，他们实心实意给的，收了下次开会大家一起抽，也不算坏规矩。

黄伟回头，逼视游泳爱好者乙。

田献礼：啥是义务？就是任何财物都不能收。别因为几条烟玷污了救援队名声，今天能开个口子，收人几条烟，明天就会收人几百块钱，再发展就敢要人几千块钱，欲望的门就打开了。

张太强：我们不能忘记成立救援队的初心。

游泳爱好者乙：我也不是为自己啊，想在不违反大原则的情况下给大家谋点福利，看你们上纲上线的，好像我多卑鄙似的。

黄伟严厉地说：我们救援队绝不能以任何理由原谅自己背弃“义务”，这是准则！齐江，这是你的队员，回去内部一定要做深刻检查！

叶齐江神色凝重，夺过来烟，狠狠地瞪他们：没见过烟咋的？

他把烟扔出车外，大声喊：走！

村民甲：这怎么好。

村民乙流泪：哥，他们有他们的规矩，就别难为他们了，咱心里要永远记得这份情。

车缓缓行驶，村民聚在路两旁，纷纷挥手致意：谢谢你们，商丘好人！

44. 汽车　内　日

田献礼：太闷了，把空调打开吧。

叶齐江：你没下水，我们身上还冰凉冰凉的，迁就吧。

游泳爱好者甲、乙低头不语。

张太强哼唱：生命的呼唤，在水中激荡，生命的旗帜，在风中飘扬，我们是水中救援队，满腔热血已沸腾……

游泳爱好者甲：黄队，他唱的又是队歌，你能不能放个轻松愉快的歌曲，让我们缓解一下刚刚的紧张。

黄伟大声回应：好嘞，听什么？

游泳爱好者乙：你这破车里还有什么碟？

黄伟尴尬地笑了，捣鼓起音响。歌声响起：

还记得许多年前的春天，那时的我还没有剪去长发，没有信用卡，没有她，没有24小时热水的家，可当初的我是那么快乐，只有一把破吉他……

45. 饭店　内　日

张太强看手机。

吴老板坐他旁边：小子，在我这端盘子上瘾了咋的？

张太强：救援耽误了你的生意，想赶我走？

吴老板：我有那么差劲吗，不是寻思，你大学毕业生，该谋点正经职业，攒钱，将来买房买车早点成家，别再整天瞎跑一气啦。

张太强：我，积累点经验，将来自己创业，参加救援时间也自由。

吴老板：你，一个大学生怎么能跟我这样？一辈子没个正式单位，可惜了你爸妈和国家对你的培养。

张太强：吴老板，都什么时候了，啥正式单位。人活着重要的是对社会有用，能做几件有意义的事。

安慧：表哥，你那是老传统、旧思维。

张太强：靠双手去创业，或许还能有几个发明，同样能对国家和社会多做贡献。你没上网看，现在国家对创业支持有多么大！

安慧：太强，我决定，要与你一起创业。

吴老板：唉，现在的年轻人与俺想的不一样了……

46. 楼前　外　日

记者：黄队长，我是报社的，想请您接受采访。

黄伟：别报道了，我们都是应该做的。

记者：黄队长，别谦虚啦，这是传递正能量，如果能唤醒更多的人加入咱们“好人”行列，社会意义不是更大吗？

黄伟：你去多采访我们的队员，他们身后的故事比我更感人。

办公楼、塔松，招牌：河南省路桥建设集团。

47. 客厅　内　夜

游泳爱好者甲观看电视，画面出现主持人、黄伟等人。

主持人挺直腰板：大家好，今天有幸请来了我市水上义务救援队队长黄伟和他的队员们……

游泳爱好者甲切换电视频道，江苏卫视主持人孟非：欢迎大家来到《非诚勿扰》。

48. 学校　内　日

黄伟：刘校长，请您帮忙把这个学生收下吧。

刘校长：黄伟，现在划片招生，有规定。话说回来，如果是你的孩子，我会考虑，可是，都这样，我招架不了。

黄伟：你知道，我们救援队都是生死兄弟。这孩子的家确实离你们学校最近，有了困难，我义不容辞。

刘校长：你这人，真能缠。

49. 办公室　内　日

黄伟：我们救援队运行两年，取得了一定的成绩，尽管我一直夹着尾巴做人，谨小慎微，只想把队伍带好，把好事做好，但也难免存在不足的地方，为防患未然，把大家请过来，帮我照照镜子。

张太强：我也听说了些风言风语，当然，其中复杂的背景与因素有很多，千万不要被流言撞坏了腰。有时候，不是你做错了什么，你太好了、太优秀了，也会招人嘀咕。

常艳红站起来：我有意见，救援队成立以来，从没通知过我们女同志去现场，重男轻女，不公平，我们游技也不差！

田献礼：外出救援，你、老陈哥、叶齐江老是私车公用，加油什么的都是你们掏的多，大家过意不去。

黄伟笑笑：你这是表扬还是批评。

叶齐江：我们队员反映，大家常常冒着生命危险，也很辛苦，如果事主有强烈要求，自愿捐献部分钱物，应该收取。一来能弥补救援队经费，改善救援装备；二来大家早出晚归，吃个加班饭什么的也方便。我们都是人，有点需求不过分。这是能够让群众理解的。

黄伟：这个意见，坚决不接受。我们救援队员从各行各业走到一起，为的是爱与真情奉献，义务是我们的基线，谁也不能挑战与跨越。

老陈哥：要收钱，我们与渔夫有什么区别？五十步笑百步。

叶齐江：不是一天、两天呀，往后的日子还很长，我没法说服兄弟。

黄伟斩钉截铁地说：用金钱、物资能换来的只能叫“东西”，是没有情感、没有生命的，我们救援队要“活”在中原大地，把“义”塑造成咱们的心，把“务”锤炼成我们爱的手脚。“义务”，我们一定得坚守！

50. 新房　内　夜

黄伟：准备这么多菜，有什么喜事？

丽娜：你猜猜。

黄伟摸摸头：结婚纪念日？不对啊，咱俩谁的生日……

丽娜摸着自己的肚子：你要当爹了！

黄伟激动地跳起来抱住她，丽娜急忙说：轻点轻点。

丽娜给黄伟夹菜：咱妈说，为了我出行方便，给我资助10万块钱，我跟几个同事看了两天，相中一款车，老公你再添两三万块钱，附加税、手续费、保险都够了。

黄伟放下筷子，抱着头，“惭愧，我现在手头真的没钱。”

丽娜小心地说：就那么一点点？

黄伟：为救援队，我所有的积蓄都花光了。

丽娜生气地把筷子扔桌上：为别人花钱都大方，但为我做过什么？还单位经理耶，你就不能想点办法，手缝里小小漏一点，也够为我用的了吗！

黄伟瞪大眼睛：你趁早掐断这个念头。

丽娜不服气地顶撞：看你单位，哪个经理太太不活得富丽堂皇？我不与人比，可我心里也想变成你的白天鹅啊！

黄伟的声音也大了起来，手拍桌子：我们单位是有个别人胡来，你别光看到他吃、喝、享受、风光，看不到有些人怎么进监狱的？公家的东西再多不能眼热，决不能做将来后悔拍桌子的事情。

丽娜：谁说让你做违法的事了？

黄伟语重心长：人人都有私欲，这是生存的本能。可是欲望的大门外，是没有路没有阶梯的悬崖，只要迈出去，后果一定是不堪设想。

丽娜委屈地哭出声来：车，我不买了……

黄伟抽出纸巾，替她拭泪：别哭，伤感对宝宝不好。

丽娜推开他的手：我不是个物质女，但我是女人，也有小小的虚荣，这都满足不了，我恨你。

51. 南湖　外　日

黄伟等人游泳，渔夫凑过来：黄队，我加入你们救援队吧！

黄伟看他一眼：不行。

渔夫不解：为什么，我的技术不差！

黄伟：我们不是一路人，我们救援队不收贪图财物的人。

张太强游近黄伟：别一粒老鼠屎，坏了一锅粥。

渔夫：我是小市民，挣得就是巧钱，有错吗？

张太强：君子求财，取之有道。

渔夫：不让加入也行。往后，南湖有事你们不要出面，我来解决，逢年过节，黄队，我明白怎么做。

黄伟：我是需要钱，但劝你死了这份心。

渔夫：这年头，谁和钱过不去？傻啊。

黄伟：良知。

渔夫：行啊小子，你才吃几个馍？老子走过的桥比你走过的路都长，断我财路，让我不好过，等着瞧！

张太强向他举起拳头。

52. 酒店　内　夜

渔夫：喝，喝完唱歌去。

游泳爱好者甲：还是跟老兄你混好，有酒喝，有肉吃。

游泳爱好者乙亮出一张卡：你送的这玩意太珍贵了，周末领几个朋友去钓鱼，休闲娱乐，花钱不多。

渔夫：别在救援队干了，听说，人家塞你几条烟，又不是敲诈勒索，硬让退回去，咱这七尺汉子的脸往哪搁？

游泳爱好者甲：妈的，不干了！

游泳爱好者乙：谁干，不是他妈养的！

渔夫：只要不犯法，老天爷老大，咱老二，为啥眼巴巴地受他的气？

游泳爱好者甲、乙站起：来，干！

53. 办公室　外　日

丁红心：前天，小王被人打伤住院了，是不是组织人去看望。

黄伟：什么原因？

丁红心：几个人喝酒与邻桌起了纠纷，都有错。

黄伟：这样的人不去看，咱是救援队员，一个力图做好人好事的群体，多大的事不能忍让，在公共场所丢人现眼。

丁红心：我想，还是利用这个机会笼络下人心吧。

黄伟：如果他被人无辜欺辱，我们决不答应。为逞强惹事，就该承受教训，咱去看他，他会认为风光，说不定还会出现下次！

丁红心：道理我也懂，是不是让人感到太冷漠了。

黄伟：我们不是封建社会的帮派！

54. 客厅　内　夜

电视里，全国青年志愿者表彰大会现场，黄伟身披绶带走向颁奖台，接过证书、奖杯，高高地举起，向台下鞠躬。

游泳爱好者甲：老叶哥，看他风光的，这是我们大伙儿的奉献结果呀，凭啥他自个儿去领奖。还有那次，中央电视台来职院采访通知你了吗？这可是咱村的地盘，他黄伟也太不把你当回事了吧！

叶齐江抽烟、喝茶：做人咋能那么小气，做点事就要名利？咱是党员、村支部书记，只要对人民群众有利的事，就应该义无反顾，你俩不能在我面前整天瞎捣鼓。

叶母赞许地向他点头。

游泳爱好者乙：叶队，咱是为了你的情面加入救援队的，咱们救的人、捞的尸体比他们少了咋的，为啥荣誉是他黄伟的，风光的是他黄伟，不行，咱退出，想干好事另拉山头也一样。

游泳爱好者甲：那天，他在车上批评，一点情面不留，打在我们身上，可扇在你的脸上，我们都是你的人，这个窝囊气不能受！

游泳爱好者乙：咱们团进团出，不答应天天来磨你。

游泳爱好者甲：对，二哥（渔夫）让捎来了张钓鱼卡，给，咱这数岁，也该潇洒走一回了，救援队不缺你一个。

游泳爱好者乙：齐江哥，别看黄伟说得好听，义务、义务，遇难者家属背地里答谢他，他独吞了，我们能知道？

叶齐江抽烟、喝茶、抽烟。

55. 南湖　外　日

古城墙下，渔夫横躺在椅子上，哼着小曲。

手机铃响，接听。

渔民不自觉地坐起，站起，皱纹慢慢展开：好，好，哇塞。

56. 办公室　内　日

黄伟审阅文件。

常艳红气冲冲地进来：不干，不能干了！

黄伟递过去纸巾：哭啥，还三岁小孩子么，哟，鼻子长虫了，流、流、流到嘴里啦，啥味道？

常艳红：有人在网上发帖子，骂我们是作秀、沽名钓誉。

黄伟：听见蛤蟆叫，就不走路了？

常艳红：咦，还有更难听的，俺老公不知从哪看到了什么，发火非打我，说，再出去疯打断我的腿，我与他对着干了。

黄伟：这么严重？

常艳红：要是不走正道，杀了我都可以，明明是……唉，你不能随便把屎盆子往自己头上倒吧。人怎么坏成这样，捕风捉影地抹黑，更可恨的是，说咱们惹了龙王爷，看，自从成立救援队，发生溺水事故多了。

黄伟：瞎扯，应该是咱们救援的信息传播多了。

张维峰匆忙闯进来：黄队，你看……

黄伟接过，不相信地看过一遍又一遍，气急败坏的扔在地上。

闯进门的张太强弯腰拾起，手在颤抖：啊——

特写：退出商丘市水上义务救援队的声明

黄伟重重地坐在沙发上，半天说一句话：维峰，示范区分队共有12人，怎么缺你和叶齐江的签名？

张维峰：我参加救援队，不是为哪一个人干的，也不是为了捞个什么好处升官发财，我是共产党员，有自己的道德信仰和是非评判标准，过去想做好事，怕闲话不好意思，现在有了这个集体，为什么要退出？

电话响，黄伟接听：老叶，弄什么名堂，一支队伍呀，啥村务繁忙？推辞吧，有话直说，好，姑且等你闲的一天。

黄伟：老叶怕动摇了，没签字是为给自己留个想头。

张太强：我们是摧不垮的！

张维峰：黄队，只要还有一个人，就能说明示范区救援队还在！

黄伟拍拍他：毛主席说“星星之火，可以燎原”。

常艳红：赶快联系其他几个队，看下情况吧。

黄伟拨打电话：老丁，你那边情况怎么样，什么？有人在哄事，60%左右的人要退出救援队？别哭，这不怪你。

常艳红紧张地看他：形势严峻呀。

黄伟拨打电话：老田，你那边情况怎么样，听说了，一个不会少，好！

黄伟拨打电话：老陈哥，你那边情况怎么样？稳如泰山！好，敬你，什么，你去找叶齐江，不必了，人各有志！

黄伟思考，踱步，咬咬嘴唇，鲜红的血，渗了出来。

常艳红上前，摇了摇他胳膊：黄伟，黄伟……

张维峰、张太强：黄队，你要坚强！

黄伟擦干鲜血，露出笑容，把手一挥：艳红、维峰你们起草一份救援队解散的通知吧。

常艳红、张维峰惊讶地张大嘴：这不是你的风格啊。

张太强：你这不是正中了别人的阴谋诡计？

黄伟坚毅地说：退一步海阔天空！

57. 新房　内　夜

丽娜：咱妈虽然出院了，但留下后遗症，需要一段时间康复，咱爸身体也不好，我要多陪陪她。

黄伟：好啊。

丽娜：你什么态度？

黄伟：怎么了？

丽娜：我怎么对你父母的？你知道。我妈病了多少天，你说说，是主动去瞧看一次，还是病床前职守一夜，都懒得说你了！

黄伟：我，这不是忙吗。

丽娜：忙、忙，忙不能是你不孝的理由！

黄伟举起手：你，血口喷人！

丽娜往他身上撞：打，打，打不死你孬种！

黄伟气急败坏，看着她的肚子，强迫自己放下手，转转，抓住一个塑料板凳，狠狠地摔在地上：真倒八辈子血霉，摊上你这么个小心眼、斤斤计较的媳妇！

丽娜望着地板上的狼藉，跑了出去：你一个人为崇高的理想去生活吧！

黄伟抱头，望着半碗饭沉思。

58. 饭店　内　日

张太强的手不停地划动：吴老板，炒菜，上酒，别怕，停会记我账上，工资里扣，咱也醉一回，安慧，来，陪我喝。

安慧小心地劝说：你小点声，别影响生意。

吴老板：嚎，嚎，生怕别人不知道你二两猫尿灌醉了，还救援队员哩，传出去啥形象？

张太强正襟危坐：救援队没了。

吴老板：怎么回事？

张太强放声大哭：被小人离间，解散啦。

吴老板：救援队要解散了，最该痛苦的是黄伟，光知道傻喝，你现在最该做的是，与他理直气壮地站在一块。

张太强：这下趁你意了，我再不会耽误你生意啦。

吴老板：混蛋，还不赶紧地去找他，晚上约他过来喝一杯，算我的。

张太强：哼，太阳从西边出来了。

吴老板：我承认有私心，可看到这支队伍要散了，同样难受，不忍啊，这个世界需要好人，需要人帮人。

张太强踉踉跄跄站起，往外跑。

安慧：太强，你慢点，注意安全。

59. 饭店　内　夜

音乐，有位青年嘶哑嗓子演唱。

黄伟喝口酒：我不是装清高，故意与钱过不去，哪个月绩效工资少了，我也会瞪眼，不舒服，我给你们讲……

60. 客厅　内　夜

丽娜头枕黄伟的腿，躺沙发上。

丽娜：我分享你的中青看点，为什么不点击？

黄伟：没时间。

丽娜：你每天点击，看5篇文章，他们就会返我5分钱的收入。

黄伟：现在的小孩丢地上5角钱都不会弯腰拾，你这5分钱看眼里了，够塞牙缝的吗？

丽娜：你别说，我分享的每个人都点击，一个月下来，收入足够我电话费了，我要给宝宝省点营养费，这是正当收入为什么不要。

丽娜抚摸肚子，翻身，侧望黄伟。

61. 饭店　内　夜

安慧端菜，走在吴老板身后，音乐激荡。

“这世界不属于你，也不属我，是我们共同的，你好，我好，大家好，我们的世界才会真的好，珍惜吧，祥和、幸福，我们追求……”

黄伟擦拭眼睛：我的哥，我的弟，我难道不想钱吗，俺媳妇每天阅读，就是为几分、几分的钱攒手机费，我特不像个男人呀。

张太强：哥，黄队，我这样喊你了，你特男人。

田献礼：有困难，一定说。

张太强：哥，我是废材，但从不敢颓废、油腻人生。

黄伟端起一大酒杯：一分钱可以难倒英雄汉，但不是什么钱都能挣。

吴老板：黄队，敬重你，从今起，只要救援队存在，我每年资助10万元供你们在这里吃加班餐、开年会。

安慧：我也要加入救援队。

他们互相巡视，几只大手紧紧地握在一起。

62. 商铺　外　日

黄伟：老板，给制些标识牌吧。

马老板：你，咋面熟？噢，昨天从中央电视台看到记者对你的采访了，水上义务救援队的，商丘的骄傲！

黄伟：其实，我们也没干多少啥。

马老板：制这些牌子干啥？

黄伟：在事故多发区安个警示牌。

马老板：哦，水上救人是治标，告诉人们学会保护自己是治本。

黄伟递上一张纸条：这是规格和数量，多少钱。

马老板眯缝眼，略合计：正常收费680元，你嘛，不要了。

黄伟：为啥？

马老板：我不相信，给人帮个忙就非得要钱？

黄伟：啊，我说的？

老板：对，电视上，我还给你叫好！

黄伟掏出钱：别，你还有工本费哩。

马老板：与你们用生命救援相比，我太微不足道了。唱首歌送你：再没有心的沙漠，再没有爱的荒原，死神也望而却步，幸福之花处处开遍，啊——只要人人都献出一点爱，世界将变成美好的人间……

黄伟：谢谢！

马老板：不就少喝顿酒的事，值！

黄伟坐车上，向马老板挥手致意：谢谢，谢谢！

稍后，黄伟从脚下拿出"商丘市水上义务救援队"牌子，郑重地摆在挡风玻璃处。

63. 客厅　内　夜

老陈哥走进来，欲言又止。

黄伟紧紧地拉住他的手：什么也别说，救援队散不了！

老陈哥抱住他，泪流不止。

黄伟：一切都会过去，停会让你弟妹弄俩菜喝一杯。

丽娜端上酒菜：老陈哥打电话说要上家来，就有准备了。

黄伟：媳妇，你真好，对不住你啦。

丽娜：我不知道救助队有这变故，你心情不好，能理解。

64. 卧室　内　夜

黄伟欲搂抱丽娜。

丽娜躲闪：黄伟，现在是你最困难时期，我主动从娘家回来，特别有外人把面子给足你，别蹬住鼻子上眼。

黄伟感慨地说：媳妇，下辈子给你当牛马。

丽娜：别，这辈子还早哩。

65. 酒店　内　夜

老陈哥与妻子举起酒杯，看向黄伟夫妻：希望你们尽快恢复和睦，不能冷战，这时候千万别让人看笑话。

黄伟抬头：没有呀，我们俩口子挺好，是不，丽娜。

丽娜忙点头：好着哩。

老陈妻：嘴硬，以为俺不知道，现在人称地球村，信息传播无障碍。

老陈哥：兄弟，不能外面有委屈回家就朝媳妇身上撒，算什么男人，两口子吵架，床头吵床尾合，以后要相互体谅，你瞧她肚子一天天大起来，老母亲还卧床不起，多不容易，你是她的依靠呀。

黄伟：我，我真对不起丽娜。

丽娜：多谢老陈哥，这事也怪我，一来小性子，二来不知道救援队出了问题，这时候应该多给他一点温暖，多给他一点支持。

老陈嫂：看丽娜多开通，这时候还护男人，要我，一边儿呆去，老陈，你也别太多话，大家吃菜、吃菜。

老陈哥：黄伟，咱大小也是个领导，有这个位置，也要有这个思想高度，要处理好单位、救援队、家庭、老人、社会方方面面的关系，学会十个手指头弹钢琴。都知道我怕老婆，但她疼我、关心我，有享不尽的福。

黄伟：家家都有一本难念的经。

老陈妻：现在的家庭，孩子少，她从小就没受过委屈。你也别把老婆当成私有财产，要当成朋友去相处、多协商。

老陈哥：好了，来，喝酒，别跟批斗会似的！

黄伟举杯，站起，含笑：谢谢老陈哥，谢谢嫂子，这个批斗宴可以有。

66. 客厅　内　夜

田献礼接电话：哟，二哥，稀罕，是的，救援队从来就没真正散过，什么重新组织了，我是要继续参加的，为什么要退出？什么？都说报纸上名是黄伟的、电视上的画面是黄伟的、广播里的声音是黄伟的，又怎么了啦，混蛋！我们救援队是一个整体，黄伟的荣誉就是救援队的，是每一位队员的荣耀！你省省口水暖暖肚子吧。

放下电话，田献礼喝口水。

田献礼自言自语：说黄伟贪多少捐助，谁信啊？他这几年为大家吃饭、用车加油，支出的钱远远比你说的多，至于吗？

田献礼起草《商丘市水上义务救援队章程》。

67. 客厅 内 日

老陈哥接听手机：什么？客商的手表掉湖里了，价值15万，捞出来给一万，不行，要钱我不去。谁说救援队解散啦，屁，在我心目中这支队伍永远不可能解散，我就是犟，不挣别人痛苦钱。

老陈妻：你这人，一斧子两个撅，说话又臭又硬，都是老朋友，不去，找个忙或其他什么理由，又不得罪人多好。

老陈哥：我让他们知道救援队的精神是永远打不垮的。

老陈妻：说你咳嗽，还真喘上了。

手机响，老陈哥对妻子说：又打来了，你接，说我肚子不好，不能去。

老陈妻：接吧，多个朋友多条道，咱生意有时也需要别人捧场。

老陈哥无奈地摇头：喂，什么？不收钱了，好，这可以去。

老陈妻看着他的背影：这人的灵魂卖给了救援队。

68. 公园 外 日

老陈哥潜水，上浮，把手表举过头顶：是这只表吗？

王老板：是，是，真他妈的倒霉，扬下手，不小心链子开了。

市民小声地说：老板，咱说好的，钱给我，不告诉他。

王老板：人家捞出来的，怎么也要等他上来。

老陈哥将表递过去：指针还在走。

王老板接过来：那人说给你多少钱？

老陈哥：我是救援队员，义务的，明白吗？

王老板：那、那，怎么也要答谢下。

老陈哥：你多做几件帮助别人的好事就行啦。

王老板看着他渐渐离去的背影，大声喊：放心，我会的。

市民：钱该给我了吧。

王老板：人家捞出来的都说不要钱，你起什么哄。

市民急了：人，我喊来的。我也下过水。

老板甲：你不是没捞出来吗，给你1000元信息费，我另外捐1万元给失学儿童，你带我去找受助机关。

市民：你？不讲诚信，呸！

69. 城门上　外　日

黄伟、田献礼、老陈哥等人登上古城门，向远处眺望。

树林、鲜花、仿古走廊、小鸟、湖水。

杨永健：黄伟，我今天正式申请加入救援队。

黄伟：杨总，你的生意怎么办？听说你孩子都在国外。

杨永健：人挣钱再多，不就活着一碗饭、一张床，死了一把灰？我也想用双手举托起生命的希望，举托起人生崇尚的理想。

田献礼：凭咱对老杨多年的了解，同意吧。

黄伟：当然，我还求之不得哩！

杨永健：希望按一般队员要求我，考验我。

沧桑斑驳的古城墙，宽厚，敦实。

70. 住宅 内 日

丽娜帮助黄伟母亲试穿新衣：妈，你把胳膊伸直。

黄伟母亲：我有衣服，你还破费。

丽娜：还是新衣服显得人精神。

黄伟母亲：你的孝心我领了，比儿子强。

丽娜：他忙，顾不上。

黄伟母亲：见不上，想；见了，看那对不起你的样，就忍不住骂。

71. 南湖　外　日

田献礼："升旗。"

张太强等人大踏步出列，高举"商丘义务救援队"队旗。

常艳红挥起指挥棒：生命的呼唤，在水中激荡；生命的旗帜，在水中飘扬，我们是水上救援队……

黄伟：战友们，大家好！今天我们又重新站在这里，说明我们的救援队是有凝聚力、经得起考验、是被社会认可的。什么是力量，你们看，今天这么多生面孔，就是最好的证明。还有，最近很多企业分别捐赠了无人机、救援车、快艇，我们救援的条件将有质的飞跃！

黄伟：从今起，我们每位救援队员在例次行动前，都要抚摸一下我们的队旗，意思不忘我们加入救援队、甘当一个志愿者的初心，牢记使命、担当和责任，我们救援队是团结、互爱的集体。

救援队员们热烈鼓掌。

田献礼感慨万千：真是人在做，天在看。救援队壮大，社会捐助增多，证明我们的路是对的，我们的目标是对的。

黄伟：我在这里郑重承诺，将用好每一分钱捐助，欢迎大家和社会监督。

72. 商丘好人主题公园　外　日

众队员参观商丘好人主题公园，讲解员介绍情况。

电影《草根英雄》画面。

讲解员：这是李学生，商丘好人杰出代表，2005年在温州为抢救两个在铁路上玩耍的儿童英勇牺牲。有媒体称，他是以一个最朴实的劳动者的生命告诉我们，这个社会需要什么。习总书记曾批示，李学生的事迹充分体现了中国农民的传统美德和广大农民工的精神品质。是一个作为平凡之人而做出不平凡壮举的英雄。

众人向李学生等英雄塑像敬礼、献花。

众人参观一块块纪念碑，远处传来《商丘好人歌》。

73. 归德书屋　内　日

黄伟、张太强等人翻看长篇纪实文学《大国民》。

黄伟：李学生的事迹太让人感动了，我买一本回家看。

张太强：书名也好，小人物，大国民，有情怀。

74. 夜市　外　夜

水上救援队聚餐。

黄伟端起一杯啤酒：这地方、这场合，叶齐江是最不该缺席。

张太强：叛徒！没想到他给咱救援队带来这么沉重的打击，将来写回忆录时，一定要把他永远钉在耻辱柱上。

老陈哥：别说那么死，人都有犯错的时候！

张维峰：说实话，叶齐江还是能吃苦的，技术也行，我就没少跟他学东西，人应该一分为二。

黄伟：老陈哥、维峰弟，你们俩都与老叶私交不错，与他多接触，他可能被盲目的义气迷惑了，我真不想他掉队。

张太强：他就是这只菜鹅，我一口、一口撕吃了他。

锣鼓响，救援队员化妆（神态迥异）踩高跷游玩。

75. 第一人民医院大门　外　日

医护人员迅速登上救护车。

救护车鸣笛，急驶。

76. 黄河滩　外　日

几辆救援车急驶，沙土飞扬。

村民指点黄河故道：太可怜了，小伙子在青岛上了四年大学，刚找好工作，回家几个同学庆贺喝点酒，嫌热，往里游着游着就没影了。

黄伟等人向群众询问情况。

救援队员下车，活动身手，站队。

黄伟分析道：经了解，这个地方的水表面平静，其实隐藏暗流，遇难者也不一定在他们指的地方。大家还要注意水草缠脚，两人一组，互相关照、小心，发现问题及时发信号，决不能耍个人英雄主义。

队员们依次摸了一下张太强手中的队旗，扑向黄河故道。

救援队员一次次摸索，无果。

黄伟再次问村民：当时谁在现场，按常理那个位置应该摸出来了。

村民：当时我们在一起，从那地方折头，快到岸边才回看，人没有了，猜想应该在那个位置，因为前后相错的距离不太远。

黄伟：是不是从这下的水，沿这条线游的?

村民点点头。

黄伟手伸水中，默默计算，对救援队员说：往回摸，估摸水流量，应该会沿着这条线五米左右，小毕、小刘错开点，太强走中间，老丁断后。

小毕上浮，用手指脚下，游开了。

黄伟示意点头：太强前行三米，向左一米，试试。

小刘下潜，惊慌失措地上浮，指指，说不出话来。

丁红心向前：明白，沉住气，岸上人在看，我们一起下。

下潜、上浮，他们揉揉头：撞痛了你。

他们又下潜，各人抓住溺水者一条腿浮上来，几个救援队员涌上去帮忙，抬出水面，接近岸边。小刘差点跌倒，老陈哥上前扶一把。

众人围簇，医护人员上前。

医护人员查看溺水者是否有自主呼吸，翻看眼睛，叹了口气，给溺水者做胸压，一次，一次……

张太强：医生，他应没救了。

医生：我知道，轻易放弃怕别人怀疑咱没尽力，这也是对逝者家属的安慰，缓减他们的痛苦。

张太强肃然起敬。

黄伟对周围的群众说：快用准备好的单子把他裹住，脸盖严。

众人紧围溺水者痛哭。

众救援队员换好衣服，走向溺水者，双手合十：小伙子，一路走好。

救援车扬起一溜沙尘。

远处传来哭喊声：儿啊，回来吧。

77. 小区　外　日

黄伟与丽娜推着岳母晒太阳。

一片树叶落在她脖子里，她“哇哇”叫。

黄伟轻轻地帮她捏出：妈，对不起，我没照顾好你。

78. 家属院　外　日

黄伟、丽娜手提食物。

邻居大爷迎上去：黄伟，这几天常在报纸、电视上看到你们救援队打捞尸体事迹，咱院里人议论没少挣钱吧。

黄伟：大爷，我们是义务救援，不收钱。

邻居大爷：咳，怕俺这老不死的借？

丽娜：大爷，他们是做好事，连工资都往里贴呢。

邻居大爷：有这样的事儿，雷锋回来了？

79. 客厅　内　日

张维峰：齐江哥，黄队今天专门来请你。

叶齐江：哟，不好意思，村里这段时间道路改造忙得很，也顾不上看你们，听说救援队最近很好，惭愧、惭愧。

黄伟：救援队被评上感动商丘十大新闻人物，明天举行颁奖仪式，需5个代表集体上台，特别来邀请你参加。

叶齐江：我已经离开这么长时间了，不去吧。

黄伟：这是表彰2009年度的，当时你的贡献数得上，不能因为你近期参与活动少，就把你过去的功绩抹掉。

叶母：你们救援，都是良心活。

张维峰：是的，大娘，黄队多次念叨他哩。

叶齐江很激动地说：兄弟，你够仗义，老哥对不住大家。

黄伟：去吧，咱们一块领奖。

叶齐江举杯掩饰：来，喝茶！

80. 商丘市志愿者公园　夜　外

颁奖进行曲中，主持人：有请感动商丘的见义勇为集体——商丘市水上义务救援队代表。过去的几年，商丘市水上义务救援队在黄伟的带领下，不畏风险、坎坷，忍受种种不解，始终坚守着一种道义，他们把这种无私的精神传播在中原大地。

张太强高举队旗前行，黄伟、田献礼、老陈哥、张维峰、丁红心等人跟随走向舞台，众人纷纷站立，掌声响起。

主持人：今天，特邀曾经受到救援队帮助过的人来为他们颁奖！大山可以化成平地，大河可以改行道路，而我们社会的美德却要与世长存！

颁奖者一个个泪流满面，递过证书、奖杯。

突然，有人欲跪在救援队面前：好人啊……

黄伟等人急忙搀扶起下跪者。

摄影机的镜头伸向前。

黄伟：今天晚会，主办方事前与我沟通，想让我代表救援队发表获奖感言，说实话，我们真的不想领这个奖，不是说这奖不好，而是荣誉的背后是一串串令人心酸、让人心痛的故事。所以，每次救援后，我们总是趁人不注意时悄悄离去。不知有多少人曾经要为我们送锦旗、请功，我们都是拒绝，因为，我们真心祝愿世上每个人、每个家庭永远平安，万事大吉……也情愿永远拿不到这个饱含泪水、辛酸的荣誉。

掌声再次响起。

黄伟等人举起奖杯，鞠躬致谢。

躲在观众身后的叶齐江泪水蜿蜒而下。

81. 志愿者公园外　夜

志愿者公园，霓虹灯闪烁。

“玄鸟组合”高唱《美丽的商丘》。

张太强：那不是叶齐江吗？原来他来了，打电话不接。

黄伟跑过去抓住叶齐江的手：为什么不上台？

叶齐江低下头：我，我，来晚了。

黄伟：看了？

叶齐江含泪点头。

黄伟：有什么感想？

叶齐江：尽是酸水。

黄伟：我的哥，救援队的大门是敞开的，随时欢迎你回来。

叶齐江舔舔嘴唇。

黄伟：知道你骨子里还是和我们在一起。

82. 高架桥　外　夜

叶齐江启动车。

游泳爱好者甲走过来，拍打着车窗：齐江哥，听说黄伟昨天见你来了，还请你去领奖?

游泳爱好者乙：他们这时候记起了咱们的好，哈哈，你可别为这点糖衣炮弹被人又忽悠回去了。

游泳爱好者甲：齐江哥，咱可是说好的团进团出的。

游泳爱好者乙：你要不讲信用，在咱这哥们圈里将没法儿混了，赶明村委会换届选举，我们几个往前站，看谁敢投你的票。

83. 志愿者公园边　外　夜

老陈哥碰碰叶齐江的肩：回来吧，大家一起继续向前。

叶齐江快速上车，头也不回：对不起，对不起……

几个人原地发呆，望着渐远的轿车，红红的尾灯不时闪亮。

张太强：什么人呀？烂泥巴扶不上墙！

风吹地面纸片翻滚，路灯昏暗。

84. 医院　内　日

病房门口，田献礼送众人：大热的天，害你们来看。

黄伟：咳，要不是忙早该来了。老人有病，你也不说一声。说实话，看望老人，她也不在乎东西多少，主要想让她感受到我们是团结、友爱的集体。将来要形成一个制度，队员或直系亲属住院就必须看望。

老陈哥调侃：老田想给我们省钱。

田献礼：救援之外，每个人都有本身的工作，真不想给大家添麻烦。

常艳红：要看护不过来，我们都可以来。

田献礼与大家握手：谢谢，谢谢！

85. 办公室　内　日

救援队领导班子开会。

黄伟：天马上热了，该进入事故频发期，这段时间，大家要手机全天候畅通，确保令即行、行能战、战必胜。同时，一定要把自身工作做好，多争取单位领导的支持；另外，还要把家庭维护好。

张维峰：哈哈，我们单位领导通过媒体看到报道，才知道我参加救援队的事，批评我，张维峰想干吗，做好事恁低调，人民都知道，领导却被闭塞掉，还想不想混？将来有事只管说，我们烟草也需要楷模。

常红艳：虽然，我们救援队对外形象取得了空前好评。但，我还要讲一件事，去年，虞城县有10多个孩子在池塘里的冰上烤火，结果掉进去几个，大家都痛恨愚昧。所以要宣传进校园、到事故多发区去，加强青少年水上安全防范教育，多救助一个，不如少出现一个。

黄伟：这个建议好，马上落实。

86. 打印社　内　夜

黄伟、田献礼、常红艳认真研究宣传册。

87. 新房　内　夜

丽娜摸着肚子：别踢我，亲亲，我的宝贝。

电视响起：欢迎大家来到中央电视台“开门大吉”！

丽娜看看手表，朝紧闭的大门看看。

88. 客厅 内 夜

叶齐江看电视、喝茶。

叶母：齐江，以前老听你给我讲，什么地方发生事故，你救人怎么长短，都为你骄傲，咋好久没听你叨叨了。

叶齐江愣了下：妈，这咋能老挂嘴上？

叶母：哦，我还以为发生了什么事。毛主席教导：一个人做一件好事不难，难的是一辈子只做好事不做坏事。儿啦，看准的事要有耐性，自己做好事，也是心灵净化的过程。当年我在宣传队也受过大领导接见……

叶齐江站起来：妈，这道理我都懂。

89. 校门　外　日

黄伟、张太强、常艳红等人要进去，门岗严厉地问：干什么的？

常艳红晃晃手中的彩页：我们是水上义务救援队的，来给学生宣讲水上安全知识。

门岗：不行，闲杂人员不准入内。

常艳红递给他一张宣传页：这个意义重大。

门岗随手扔在桌子上：我们见多了，卖教辅的，办课外学习班的，都是这样花花绿绿的传单。

张太强：你这人，欠扇。

常艳红：算了，回头找他们领导。

黄伟拉住他：哎，与他们领导还真熟。

放学铃声响，学生、家长交织成一片。

黄伟、张太强、常艳红等人急忙发放宣传单。

有些学生、家长根本不看，随手扔在地上。

门岗走过来：喂，同志，你们要注意环境卫生，看地上的垃圾。

常艳红忍不住掉泪：黄队，我们错哪了？

黄伟弯起腰，一张张地捡起来，抚平，接着发：无论我们留多少汗，受多大委屈，只要减少一例事故，就值！

常艳红：看你乐观的！

张太强往前指：那不是有学生、家长主动捡起来看了嘛。

90. 日月湖　外　日

树荫，花坛，羊肠小道。

田献礼、张太强等人在显著位置悬挂警示牌：“水深，小心安全”“水好，大家都喜欢，但它也会吃人”。

91. 学校　外　日

常艳红：同学们，今年以来，据不完全统计，我市及周边地区已发生溺水事件20多起，遇难者大多是青少年学生……

主席台上悬挂标语：欢迎救援队来我校宣讲水上安全知识

92. 客厅　内　日

老陈哥与家人一起吃饭。

手机铃响，老陈哥接听：黄队？我正在吃晚饭，什么？惠济河出事了，好，我马上赶到集合地，对，黄队，多去几个人，我们在那失手两次了，那地儿环境复杂，又快黑了……

老陈妻递过来事先准备好的救援包：年龄大了，体力不比从前，心脏还不好，悠着点儿，别整天拼命三郎似的。

老陈哥掂起包往外走：遵命，夫人。

女儿：爸，还有一口饭不吃了？

话没落音，门响。

93. 好人公园旁　外　夜

众队员在大彩屏下，跳舞、扭秧歌。

老陈哥：潜水衣没带。

黄伟：很快送来。

张太强：这个点，最容易发生堵车。

变幻的音乐喷泉，游人如织。

无人机停落，张太强去取潜水衣，兴高采烈地竖起大拇指：厉害了我的哥，将来恶劣的环境让它搜索，我们救援更方便。

黄伟：南方一家公司让咱们试用的。

94. 河畔　外　夜

船主：就在这，船被风浪颠簸了下，人闪河里了。

老陈哥拎起包欲往回走，气愤地说：要知道你们抽沙船的事儿，我们就不来了，都是你们破坏了河道的环境，给两岸群众生命财产带来了巨大危害，屡禁不绝，害人害己……

船主低头哈腰地说：求求你们了，我们马上把船卖掉，再也不干这事了，看在我们受到惩罚，有了报应，行行好吧。

黄伟：老陈哥，既然来了，咱就话不多说了。

他们换衣，准备下水。

张太强抚摸队旗：我先下了。

黄伟一把拉住欲扑向河里的他：干啥，咱们脚下有可能被采沙抽空，随时有塌方的危险，能见度还这么低，不能冒失。

张太强：这是见义勇为，牺牲了也算英雄。

老陈哥：你小子不知白发人送黑发人的苦？

黄伟：学会放手，活着，也是英雄。尽管我们是看《英雄儿女》《少林寺》长大的，都有一个英勇无畏的情结，满腔澎湃的热血，但我们的生命不完全属于自己，救援不能有没必要的牺牲。如果是现在刚掉下去正在挣扎的人，我也会奋不顾身，可现在，真没这个冒险的必要。

黄伟：能给我2分钟就好了。

远处传来塌方声，掀起巨浪。

老陈哥：幸好没下去，太危险，天明再打捞吧。

张太强边走边回头，不甘地说：死算什么，你们让我遗憾终生啊！

车窗大开，他们坐在车里睡觉。

95. 南湖　外　日

常艳红与爱人骑车游玩。

前方，一位妇女骑着电动三轮车，带着丈夫，突然从古城墙旁歪歪扭扭拐向湖里，他们在水中挣扎：救命，救命……

常艳红跳下自行车，脱掉外套向湖边跑去，自行车倒在树上。

常艳红扎进水中，把外衣扔向男子：拉住，快，用那只手拽住她。

男子用手一点、一点伸向妇女。

他们在众人的帮助下，慢慢浮向湖岸。

妇女昏迷，常艳红为她做胸压。

稍许，妇女睁开眼睛，“哇”，大口的水喷了出来。

常艳红站起来：没事了。

男子追问：你是哪里的，叫什么，怎么答谢？

常艳红：我们叫救援队，不需答谢。

男子又问其他帮助的人：你们？

众男女老少回避，一个儿童：我们都是商丘水上义务救援队！

男子：啊，怎么都是商丘水上义务救援队……

妇女：好人，将来我报答社会，也称是水上义务救援队。

常艳红爱人推起自行车，看她：咳，还真行，过去小瞧你了。

常艳红顽皮地笑：才知道呀，其实我当时也很紧张，生怕被他们不顾一切的求生本能缠住。这样救他们，也能保护自己，这是才学的救援技巧。老公，我终于成了一名真正救援队员。

她爱人诚恳地说：以前我光说不练，这次下决心学游泳，你让黄伟开后门，一定要收下我，成为救援队的一员。

96. 一家人饭店　内　日

叶齐江站在收银台：什么，我的账有人结啦？

收银员：对，536元。

叶齐江：是谁，能告诉我吗？

收银员：她不让。

叶齐江四处打量，一位服务员在收拾残羹。

服务员宛然一笑。

叶齐江走过去：是你？

服务员紧抿嘴唇：恩人呀，你曾救过我的命。

叶齐江回忆：我怎么没印象？

服务员：你救人无数，而我的生命只有一次。

叶齐江掏出钱：我们救援队是不收钱的。

服务员：救援队在哪里？我愿用一辈子去做义工。

叶齐江张开大嘴：救援队？

服务员含泪点头。

叶齐江忙把钱扔进吧台，往外走。

服务员抓住钱，紧跟：恩人啦……

叶齐江突然站住，听到熟悉的声音，他朝服务员摆手。

渔夫：没想到救援队还真能折腾，竟然没垮下来。

游泳爱好者甲：我们可给他们下猛药了。

游泳爱好者乙：网上段子满天飞，有鱼没鱼先抹它一身腥。

渔夫：感谢，我一会请你们泡澡去，特别是叶齐江的退出，等于黄伟折了一只胳膊，副大队长耶，社会啥影响，大家自然怀疑黄伟的领导能力，放心，我不会亏待哥们的。

游泳爱好者甲：哈、哈、哈……

游泳爱好者乙：吃不吃馒头，争口气。

叶齐江握紧拳头，眉头紧皱，欲往小房间冲去，一位朋友拍拍他的肩膀：叶书记，几个人在外面等你，走啊。

叶齐江走出门，回头，霓虹灯闪烁，一家人大酒店。他握紧拳头：

我和救援队还是一家人吗，不，是的，一定还是！

服务员追了出来：叔，我的生命属于救援队。

97. 南湖　外　日

黄伟：道理，杨总给大家反复讲了，下面，我们进入实践。

张太强身穿潜水衣：你和杨总的话，让我们耳朵都快起茧子了。

杨永健严肃地说：你要是不愿意听，脱掉滚蛋。要知道，世界上最危险的两项运功，一是攀岩，二是潜水，你想，身上背着几十公斤的东西，任何一个环节出了问题，跑都跑不掉。新事物也是双刃剑。

田献礼：对，我们一定严格按规范程序操作，确保万无一失。

张太强朝黄伟伸伸舌头，扮鬼脸。

98. 客厅　内　夜

电视播放救援队新闻。

叶母：儿啦，我天天看新闻，不断有救援队的事，咋这么长时间没见到你，你不是副大队长吗？

叶齐江：妈，我退出了。

叶母：为什么？

叶齐江：被人迷糊住眼了。

叶母：心里想明白啦，洗把脸再回去。

叶齐江：不是一两句话能说清楚的。

叶母：不就是一个面子的问题么，妈妈什么没见过？要把复杂的东西简单化。

叶齐江沉思，喝水：妈，我知道怎么去做了。

99. 小馆子　内　夜

杨永健、黄伟、老陈哥等人吃饭。

邻居桌，几个人醉醺醺。

有人摇晃着脑袋：报纸说的好人你也信？三分听七分穿肠过。什么义务救援队，要知道，市场经济就是拿钱说话。

有人接应：听说龙昌钢结构的老板也加入了，他这么多钱，烧的，跑哪游山玩水不好，吃了迷魂药！

有人：知道什么，作秀，比广告的效果好多了，这叫大智慧。

杨永健端起酒杯走过去：各位，听了你们的高谈阔论，好像这社会不可救药，谁要不为了钱去做事，就大逆不道，告诉你们，我就是龙昌钢构的老板，没谁给我洗脑灌药，我愿意参加社会公益事业。

有人打饱嗝：对不起，对不起，大水冲了龙王庙。

有人接应：今天见了真人，听君一席话，胜读十年书。

黄伟：算了，是非功过自有后人评说。

回到饭桌，杨永健拿起筷子，又放下：气人。

老陈哥示意，邻居桌的人悄悄溜了出去。

黄伟：我们参加近千场次救援，每次到现场，溺水家属和周围群众说咱们好，党和人民政府给我们荣誉说我们好，新闻媒体说我们好，那么谁会骂我们？很简单，坏人，我们和坏人较什么劲儿。

老陈哥：吃，浪费才是最大的可耻。

100. 客厅　内　日

丽娜：今天能陪我去孕检吗？这些日子老不舒服。

孟伟：好呀，我的小亲亲。

丽娜：走吧，瞎肉麻。

101. 车内　外　日

手机铃声响，黄伟接听：什么，海事局？一辆客车在105国道信阳境内栽河里了，需要我们急救，好，我马上组织救援队。

丽娜眼巴巴地看他。

准备拨打电话的黄伟，拍了方向盘：这么巧。

丽娜：离了你，救援队就不存在了吗？

黄伟：这次事故大，我是队长。

丽娜推开车门，笨拙地下车。

102. 人行道　外　日

丽娜骑电动车行驶。

一辆三轮从胡同里快速斜冲过来，相撞。

丽娜摔倒在地，忍痛爬行，抓包。

三轮车夫急忙去扶：对不起，对不起。

丽娜的汗水、泪水流淌，拨打电话：喂，我……

103. 汽车　内　日

黄伟：什么？跟三轮车撞了？应该问题不大吧，你这么大的人了怎么这么不小心。忍忍，你先处理着，我回来找你，开着车咧，挂了。

众人：怎么，丽娜跟人撞了，没事儿吧？

黄伟：没事儿。

众人：打个电话让艳红过去帮帮忙。

黄伟迟疑：算了，都有一摊子工作。

老陈哥：你截辆车回去吧，我来开车。

黄伟：第一次使用潜水设备，我放心不下啊。

104. 马路　外　日

路人：你的腿流血了，快叫救护车。

丽娜咬咬牙。

路人：你丈夫呢？

丽娜：死啦！

路人：兄弟姐妹？

丽娜：我是独生子女。

三轮车夫团团转：坏了，她是孕妇，出租车，出租车——

105. 医院　内　日

第一人民医院，几个红字十分醒目。

医生、护士忙碌。

三轮车夫不时地打自己的头：该死、该死。

几个帮助送医院的路人：现在后悔有什么用？快筹集钱去吧。

三轮车夫：我给家里打电话了，马上送来。

众人相互问：谁还有钱？以备急需。

106. 新房　内　夜

黄伟急匆匆跑进家：丽娜、丽娜，你怎么样了？

他推开一个门，一个门，无人答应。

他转身出去。

107. 客厅　内　夜

黄伟进来：妈，丽娜来了么？

丽娜母亲摇摇头：哇、哇、哇。

丽娜父亲：她说晚上来吃饭的，打手机也无人接听。

黄伟焦急地问：能上哪去？

108. 病房　内　夜

雷声，闪电，风声，雨声。

丽娜望着窗外，泪水滚滚，咬紧牙关。

护士观察体温表：大姐，电话你不接，汤不喝，怎么办，心放宽点吧。反正这样啦，是谁也不想的。你知道农村韭菜吧，都是割了一茬还有一茬，咱年轻，还有未来。

丽娜：你不知道，我……

109. 马路　外　夜

雨，淅淅沥沥，一条小巷向前延伸。

黄伟扶住路灯，满脸水珠，他无力地喊：丽娜——

110. 新房　内　日

黄伟扶丽娜坐起，端来汤，用勺喂。

丽娜不张嘴，两眼无神。

111. 办公室　内　日

黄伟坐在电脑前，核查资料，有人敲门，他喊：进来。

叶齐江走了进来，双手把一张销假报告放在他面前：我回来了。

黄伟：太好了。

叶齐江不自然的笑：你是不是感觉很可笑？

黄伟忙站起来，倒水：我的哥耶，做梦都想你回来。

叶齐江喝水：一个条件，不能问过去。

黄伟：我总要知道个为什么，一个分队就这么带没了，总得给大家一个交代？这是一个团队，有章程。

叶齐江站起来：什么都别说，我就是一个新兵。

黄伟挠头：怎么解释。

叶齐江：解释什么，大度一点，什么都有了。

黄伟思索：大度？

叶齐江点头。

黄伟：咳，认了。

叶齐江擦把脸上的汗，笑了起来。

黄伟编发短信，让叶齐江看：叶队长（支书）完成本职工作，销假归队，从此救援队又多一人，特此通知。

叶齐江亲吻队旗，眼里湿漉漉的，“往后看哥的。

112. 车间　内　日

一条饮料灌装生产线，员工紧张，严肃的忙碌生产。

员工：黄经理好。

黄伟：你们好，刘经理呢？

员工：刘经理跑市场去了。

黄伟：哦，现在是产品旺季，可别萝卜快了不洗泥。

员工：我们交通人的口号是：质量重于泰山。

黄伟：少喊口号，要落实行动。

员工：这个你放心，也绝对让市场放心。

113. 办公室　内　夜

黄伟用手抓把花生米，喝口酒。

黄伟抚摸一本本荣誉证书，擦拭奖杯，大口喝酒。

黄伟踉踉跄跄走到窗旁，流泪：丽娜，不怪你，我知道你是个好女孩，一个好女孩……对不起！

车水马龙，灯火辉煌。

114. 新房　内　日

黄伟：丽娜，今晚救援队举行成立5周年庆典，要求大家都带家属去参加，我们终于站稳脚跟，你一定得去捧场。

丽娜：一定得去吗？

黄伟：当然了，不管咱们生活上走到哪一步，你都是我心目中最大的功臣，应该去分享成功的喜悦，要不是考虑你的身体还没恢复好，还想请你上去帮我们主持咧。

丽娜沉思：我知道了。

黄伟试图低头吻她，她把头偏开：你的权利过期了。

黄伟含笑走出大门：谢谢，你只要去就很给面子了！

115. 客厅　内　日

常艳红试穿衣服，哼唱小曲。

丈夫：臭美。

常艳红莞尔一笑：这叫把最美的一面展现给别人看！

116. 客厅　内　日

老陈哥：黄队就怕你有想法，专门让我来请你和老太太。

叶齐江：我这几天不舒服，算了吧。

老陈哥：你盘算什么，我还不知道？都过去了，大家都该放下了。

叶齐江：我有什么？

老陈哥：丑媳妇也得见公婆，咱老妈都收拾好了，你敢不去？

117. 美发店　内　日

丽娜指点，让美发师为她化妆。

118. 一家人大酒店 外 夜

服务生指挥停车。

众人相互问候：来了，上楼吧。

老陈哥、叶齐江等人手推老人进门。

119. 一家人大酒店 内 夜

黄伟致辞：亲爱的战友们，数百个日夜我们一起走过，笑了，哭了……今天，尽管什么都准备好了，有满腔的千言万语，此刻，忽然间，感到天下最美的词汇也无法表达我真诚与崇敬的心情，只能用一句最普通的话来概括，我们一家人团团圆圆，吃好喝好，唱好跳好，快乐每一天！

公安局刘副局长致谢：真没到，短短的时间，救援队业务能力大涨，充分弥补了我们服务社会的短板，并赢得了社会好评，这里，我向所有的救援队员及你们的家人致敬，道一声：辛苦了，谢谢！

市领导讲话（略）。

主持人：下面举行颁奖仪式，请“救援能手”“救援先进工作者”上台。救援队员分别抚摸下队旗，登台领奖。

主持人：文艺晚会开始。

欢歌曼舞、小品、相声，笑声此起彼伏，连绵不断。

来宾、救援队员、家属鼓掌。

丽娜坐在一角，看黄伟与领导交谈。

主持人：峥嵘岁月，风雨坎坷，救援队一路走来，离不开背后默默无闻的英雄，今天的荣耀、军功章应该有她们的一半。下面，我们有请救援队家属代表丽娜发言好不好？

丽娜迈动着脚步，众人鼓掌，赞叹：太漂亮了！

丽娜鞠躬：谢谢大家的掌声，谢谢大家对救援队的支持，谢谢你们对黄伟的支持，准确地讲，我今天是不能以家属的身份在这里发表感言的，因为，昨天我和黄伟去了民政局……

丽娜用衣袖试了下眼角：在我们新婚的日子里，救援队成立了，我很荣幸陪他从最困难的时候走过，一起见证救援队的历程……

众人哗然，议论纷纷：什么意思？民政局？不可能是……没听说他们有什么，感情好着哩。

……

丽娜：我们有过欢乐，有过痛楚。真的，你们是我钦佩、引为自豪的人，是社会崇尚大美的人，是和谐社会不可缺少的勇于奉献的人。但黄伟不是我需要的丈夫。作为读者，看到你们的事迹，我会感动得稀里哗啦；作为电视观众，看到你们的事迹，我会佩服得五体投地；任何受难者家属，都会因为你们的高尚，刻骨铭心。要知道，我在无数个夜里为你们担心……我承认，我是小女子，我也渴望温暖，我希望平日里多几分温存……

丽娜抽泣，失声跑了下去。

主持人愣住了，不知怎么收场：啧、啧……

张太强站起来：嫂子，不能……

老陈哥上前，揣黄伟一拳：熊货，还不快去追！

黄伟赶去，众人蜂拥而下。

张太强抹把鼻涕，大喊：嫂子，你不能走！

推出字幕：

中华民族的优良传统会一代一代地传承

黄伟先后荣获“全国道德模范提名奖”“全国学雷锋先进个人”“第八届中国青年志愿者优秀个人奖”“感动中原十大新闻人物”“河南省首届十大杰出志愿者”。2017年当选商丘好人联谊会会长。

商丘水上义务救援队先后三次获得交通运输部“全国社会搜救力量突出贡献奖”“全国学雷锋先进集体”“河南省十大爱心集体”“感动商丘十大新闻人物”“商丘市道德模范集体奖”……

——剧终

一座桥，三代人

应鲁恩

主要人物：

洗桥阿婆：女，退休老党员，海岛义工先驱，82岁。

胡水珠：女，渔家妇女，46岁。

阿　舟：男，胡水珠儿子，在校大学生，21岁。

邻居亚芬：女，胡水珠邻居，渔家妇女，49岁。

众“十桥客”：女，当地农渔村中老年妇女，35～60岁。

【场景一】海岛的冬季，农历正月十四清晨 胡水珠家

清晨时分，天色有些暗，村庄里的农房陆续有灯亮起，一些妇女开始组队去“走十桥”（当地风俗，主要目的是祈祷家人出海平安）。隔壁邻居亚芬大姐轻轻地把胡水珠家庭院的外墙门推开，径直走到亮着灯的厨房。此时胡水珠正在油锅旁炸熏鱼。

邻居亚芬：（疑惑的口吻）呀？水珠，你怎么还在弄这个啊！

胡水珠：（略带责备）呐！我家阿舟这孩子嘛！昨天很晚了，才突然跟我说，他今天要回学校了！我弄点熏鱼、烤鲞给他带去。

邻居亚芬：那你“走十桥”不跟我们一起去了啊？

胡水珠：没办法了，你们先去吧，我弄好了再说！

邻居亚芬：行，我们先走了！

邻居亚芬大姐离开，胡水珠继续烤熏鱼。

【场景二】傍晚，洞桥旁边

胡水珠匆忙赶路，腰际围着深蓝色的布襤，肩上挎着装香烛的黄色罗汉袋。

胡水珠：前方洞桥（桥上明显有香火熏过的痕迹）是今天走的第八座桥了，出门晚，没跟上大部队就算了，路线还走错了，桥不能重复，路也不能重复的，哎！多花了很多时间啊！

远远的，胡水珠隐约看到洞桥南面桥栏上有人弓着背蹲在桥边。

胡水珠：“可能是清洁工吧！”

胡水珠带着疑惑，快步走去。天色快要暗下来了，她需要快点完成拜桥的程序。

胡水珠赶到桥的一边，从袋子里拿出一对蜡烛和三根香，准备点着了插到石桥缝隙中。但是桥上没有遮拦，风有点大，打火机不给力，于是她换个位置到桥的墩口处点火。

胡水珠拢着手掌准备点香烛的时候，旁边的“清洁工”站了起来，那人轻轻地给自己捶了几下背，胡水珠觉得她有点面善。然后胡水珠看到老人将清洁球放在地上，开始在旁边水桶里搓毛巾。这一动作，让胡水珠看清楚了面容，也让自己有点恍惚，因为知道这个人是谁了。

【场景三】胡水珠开始回忆。晚上，家里

胡水珠一家在客厅里看电视。

胡水珠：（边织毛衣边叮嘱儿子）出门在外，要照顾好自己。知道伐！

儿　子：（随口敷衍着，拿着遥控器切换电视频道）知道的。

胡水珠：（继续唠叨状）嘴巴说知道知道，上次，我看你就没穿衣服，感冒了……

儿　子：（突然的插嘴）妈，你看，这是洗桥阿婆！（镜头切换到电视机，定海新闻正在播放的《道德天地》专题节目）我就是在知道洗桥阿婆的事迹后才加入“青年志愿者队伍”的！

胡水珠：（放下毛线针，抬头看电视）我说呢！以前你那么懒，加入志愿者队伍了，勤快了不少！

儿　子：（傻笑，挠头）呵呵！

胡水珠：洗桥阿婆，那么大年纪了还在做好事啊！

儿　子：对啊，她已经80多岁了，身子骨还很硬朗的。过年前，我们几个志愿者代表还去看望过她呢！

胡水珠：哟，那可真好，好人有好报！

【场景四】傍晚，洞桥上

胡水珠：（有点失神地看着昨晚的话题主角，心里充满激动和感慨。她熄灭了刚点燃的香烛，轻轻地走过去）阿婆，有什么我能做的嘛？

阿　婆：（和蔼地说）不用的，快洗好了。

胡水珠：（支支吾吾地说）没事，我也走好了，这是我最后一座桥了，我……我……我和你一起来洗桥吧！”

阿　婆：（爽快地答道）那好啊！总会碰到你们好心人来帮我！

胡水珠：阿婆，你才是好心人啊，我们要向您这样的好人看齐！

阿　婆：（有点憨憨地笑着道）我没做什么的。年纪大了，走不了十庙十桥，闲着也是闲着，过来洗洗这些桥就当是走过十桥了吧！

胡水珠：（突然有种福至心灵的感应）走十桥是渡自己，洗桥那是渡别人！是大善行啊！

胡水珠解下围身布襤，放下平时烧香拜佛的黄袋，开始洗桥。

阿　婆：那些长年积下的污垢很难洗的，还有那些粘得很牢的小广告纸，都要先用清洁球擦才行。

胡水珠：哦！好的！

阿　婆：（善意地提醒）小心手哦，桥面石板的缺口很锋利！

胡水珠：谢谢阿婆！

阿　婆：（随意地问道）你十桥走多少年了？

胡水珠：很多年了，自己也忘了。我老公是渔民，刚出嫁的时候我就开始跟着老一辈的走十桥，就是祈祷他每次出海平安归来。现在老公不出海了，儿子长大出远门了，也希望他在外面好人相逢吧。

阿　婆：会的，会的，好人都有好报！

胡水珠：（旁白）阿婆信口的祝福，对胡水珠而言，却似乎让她觉得，自己今天出门远行的孩子一定会平安幸福，顺利健康！

【场景五】洞桥上

远镜头，有两个人在洗桥！

桥洗好了。

阿　婆：（笑着说）谢谢你啊！

胡水珠听了有些不自在，回应道：阿婆，别这样说，真是罪过罪过！已经很晚了，我送您回家。

阿婆点头。

【场景六】傍晚，阿婆小区的楼道口

到阿婆家的楼道口，胡水珠看到有人正拎着盒饭挨家挨户地送。

阿婆说：现在这个时点正是社区义工帮居家养老服务中心送晚饭的时候。

胡水珠觉得背影很熟悉，试探着喊了声：阿舟！

背影转身，正是儿子。

母子对视。

【场景七】干净的洞桥上新放置了装有沙土的铁皮香烛台，而十桥客们都在箱子中点香烛！

——剧终

大岭云雾

庞清新

主要人物：

陈栋：男，二十多岁，大岭村村民，外出闯荡。成为建筑公司经理后，返乡投资建文化站。

张春花：女，二十多岁，大岭村村民，美丽温柔。在建大岭村文化站受阻时，提出建议。

张大伟：男，七十岁左右，大岭村族长，德高望重。曾是建大岭村文化站的最大阻力，后来思想渐渐转变。

张根喜：男，二十多岁，张大伟孙子，大岭乡宣传干事，协助陈栋推进大岭村文化站建设。

陈兰：女，二十多岁，陈栋妹妹，大岭村村民，积极参与大岭村文化站建设的相关活动。

周松明：男，三十出头，张春花前夫，大岭乡副乡长，与返乡投资建文化站的陈栋作对，后因受贿被抓。

张大旺：男，四十多岁，大岭村村委会主任，为阻挠大岭村建文化站推波助澜。

陈有根：男，五十岁左右，陈栋父亲，早年妻子在家族械斗中为保护他身亡。

1. 外景　山路　日

黔东南苗乡，一队娶亲人马在弯弯山道上行进，男子身穿对襟短衣，肩披织有几何图案的羊毛毡，头缠青色包头，小腿上缠着绑腿，女子上身穿窄袖、大领、对襟短衣，下身穿百褶裙，衣裙有的长可抵足，有的短不及膝。几个男子打头，吹着唢呐，新郎——大岭乡副乡长周松明紧跟其后。八抬花轿里绑着不断挣扎的新娘——大岭村村民张春花。八抬花轿在颠簸，看不出是因为张春花挣扎造成的，还是因为山路不平引起的。

2. 外景　山坡　日

张春花恋人陈栋在奔跑，追赶张春花的八抬花轿，陈兰在追赶哥哥陈栋。望着远去的张春花的八抬花轿，陈栋驻足，陈兰上前抱住陈栋。

陈栋：（高喊）春花，春花。

陈兰：（哭泣）哥，哥。

3. 内景　陈栋家　夜

陈栋一病不起，躺在木床上，父亲陈有根坐在床沿。

陈有根：孩子，你与春花不是一路人，不可能走到一起，因为陈、张家族世代有仇，老死不相往来，你就死了这份心吧。

4. 外景　南岭村与北岭村交界处　日（闪回）

族长张大伟带领地处上坡的南岭村村民筑坝，陈有根带领地处下坡的北岭村村民携带农具赶到，强行挖坝，双方械斗。张大伟儿子张万林举起铁镐砸向陈有根，陈有根妻子上前保护，铁镐砸中陈有根妻子头部，陈有根妻子当场死亡，陈有根抱着妻子痛哭。

张大伟：出人命啦，快跑。

张大伟和南岭村村民逃跑，警察和大岭乡乡干部赶到，拦截住张大伟和南岭村村民。陈有根奔向张万林，抓住他衣领。

陈有根：你这个杀人犯，你这个杀人犯。

张万林吓得呆若木鸡，警察将张万林押走。

5. 外景 南岭村与北岭村交界处 日（闪回）

几个南岭村村民搭伙，背着装满板栗的背篓下山。陈有根带领北岭村村民设卡拦阻，在僵持不下时，大岭乡乡干部赶到。

乡干部：陈有根，你不让南岭村村民下山是违法行为。

陈有根：我们不是不让他们下山，他们截断我们的水源，还向我们变相收取水费，我们也要他们留下买路钱。

乡干部：胡闹，先让南岭村村民下山，有矛盾我们来协调解决。

旁白：大岭乡区划调整，南岭村与北岭村合并，成立大岭村。

6. 内景 陈栋家 夜

陈兰一手端着一碗面，一手拉陈栋。

陈兰：哥，起来，吃面。

陈栋勉强起身，接过陈兰手中面碗，吃着面。

陈有根：南岭村与北岭村虽然早已合并，但双方结下的梁子没法解决。

陈兰：山乡摆脱物质贫穷易，摆脱精神贫穷难。

7. 外景 山道 日

陈栋背着行李，下山。陈兰站在山坡上，向陈栋挥手，但陈栋头也不回，一直向前，向前。

8. 外景 建筑工地 日

陈栋头戴安全帽，在扎钢筋，钢筋上留有陈栋手掌上的血迹。

9. 内景　周松明家　夜

酗酒的周松明敲门，张春花开门，扶着周松明走到沙发前，周松明躺倒在沙发上。张春花走进卫生间，周松明从口袋里掏出手机，发微信，发着发着便不省人事，手机掉在地上。张春花端着一盆水走出卫生间，弯腰将水盆放在地上，从地上捡起手机，手机屏幕显示：老公，你给我买了房，却让我独守空房，我不甘心。你那乡下老婆哪里比我强？张春花将手机摔在地上，用脚拼命踩手机。

张春花：我叫你花心，我叫你花心。

10. 内景　婚姻登记处　日

面带伤痕的张春花手拎行李，与周松明一前一后走到婚姻登记处，张春花将行李放到柜台上。

张春花：我们办离婚。

工作人员：办离婚还带行李？没见过。

张春花：因为办离婚后，我一刻也不想见到这个人。

工作人员：（手拿结婚证）你们新婚宴尔，为什么要离婚？我看出来了，你老公有家暴。

张春花：岂止是家暴？包养二奶、酗酒、赌博，真是五毒俱全。

工作人员：俗话说，劝和不劝分，但你们这种婚姻早离早好。

工作人员拿出离婚证，盖章，分别交给张春花和周松明。

11. 内景　经理室　日

陈栋坐在老板椅上看着大岭村文化站规划图，其设计彰显苗族文化，进门石碑正面绘有苗族先祖蚩尤像，背面刻有“炎帝、黄帝、蚩尤，中华三祖”字样。文化站建筑既有亭台楼阁、小桥流水，又有戏台、鼓楼，还有吊脚楼、美人靠。陈栋恋人赵丽丽走进，拍着老板桌。

赵丽丽：你有钱不给我买房，偏要到乡下去投资建什么文化站，我看你是想去讨好你那乡下的旧情人吧？

陈栋：你胡说什么？

赵丽丽：你以为当上经理就了不起？你这样的小老板我不稀罕，不给我买房，我们就分手。

陈栋：你这样闹腾已成家常便饭了，我受够了，好，我们分手吧，你好自为之。

赵丽丽扬长而去。

12. 外景　大岭村口　日

陈栋、张根喜、陈兰、张春花一行在考察。

陈栋：根喜，你是乡宣传干事，见多识广，你看文化站选址在哪里合适？

张根喜：我看选址在临山靠水的向阳坡最合适，一来风景优美，二来还可以为将来兴建度假村打下基础。

陈栋：好，等文化站搞起来，我们再招商引资兴建度假村。

张大伟拄着拐杖走来。

张大伟：孙儿，你又跟陈家搞在一起，给我回家。

张大伟拉着张根喜就走，张根喜怕伤张大伟的心，顺从而去。

张根喜：陈栋哥，我们回头再聊。

13. 内景　张春花家　夜

张春花家的吊脚楼不仅家徒四壁，还四处“漏光”，母亲卧床不起，张大伟、张大旺走进。

张大旺：今年祭奠山神，按老规矩，每家出份子钱。

张春花：我母亲病重，家中又没有男劳力支撑，祭奠山神，没钱。

张大旺：没钱，那交羊啊、鸡啊、口粮啊，都行。

张春花：什么也没有。

张大伟：得罪了山神，会遭报应的。

张春花：我听信你们的安排，已经遭报应，我不怕再遭报应。

14. 内景　张春花家　日

张大旺领着周松明、张根喜一行走进。

张大旺：乡政府领导来慰问你们了。

张根喜将两桶菜油放下，将一个红包交给周松明，周松明接过红包，交给张春花，张春花拒绝接受。

张春花：访贫问苦要对症下药，而不是做做样子走过场。我家是因病致贫，缺医少药，但不缺红包。

15. 外景　张春花家外　日

周松明将张大旺拉出来，张根喜跟随。

周松明：你们怎么安排张春花作为扶贫对象？

张大旺：这是张根喜安排的，再说张春花家确实困难。

张根喜：扶贫对象我也是按实际情况梳理出来的，不像以前，扶贫对象不是与村干部沾亲带故，就是名望高的家族长老，政府下发的扶贫款都落进这些人的腰包。

16. 外景　山地　日

日头西落，一对村民夫妇牵着牛、扛着犁回家。张春花一边挥动着锄头锄地，一边唱着苗乡《种棉歌》。村民家的地深耕，泥浪翻滚，张春花家的地浅耕，只见泥浪如小小的浪花，还有一大块尚未耕锄。

17. 外景　山野　日

青山连绵起伏，溪水淙淙流淌。

18. 外景　山神庙　日

一人高的山神庙里，供奉着一尊形似土地公公的山神像，山神前放着饭、肉、苹果等供品。

19. 外景　山神庙前　日

几块山石支着一口大铁锅，柴火在大铁锅下熊熊燃烧，村民在不断添柴，大铁锅里是热气腾腾的菜粥，大铁锅旁箩筐里放满碗筷。村民们有的手牵着羊，有的手抓着鸡，有的手拿口粮袋，围着大铁锅，张大伟站在山神庙前。

张大伟：祭奠山神开始。

20. 外景　山崖边　日

张大伟带领村民们走到山崖边，张大伟从张大旺手中接过一只鸡，扔向山坳，村民们纷纷将羊、鸡、口粮袋扔进山坳。

张大伟：祈求山神保佑大岭村来年风调雨顺。

画外音：（村民们异口同声）祈求山神保佑大岭村来年风调雨顺。

21. 外景　山神庙前　日

张大伟带领村民们走到山神庙前，张大伟跪拜，村民们纷纷跪拜。

张大伟：祈求山神保佑大岭村来年平平安安。

村民们：（异口同声）祈求山神保佑大岭村来年平平安安。

22. 外景　大铁锅前　日

张大伟带领村民们走到大铁锅前。

张大伟：开吃。

村民们争先恐后拿碗筷，盛菜粥，狼吞虎咽地吃菜粥。

23. 外景 山溪畔 日

几个孩子背着书包，挽起裤管过山溪。

一孩子：我们蹚水抄近路上学。

另一孩子：要是这里架一座桥就好了。

24. 外景 拱桥 日（闪前）

几个孩子背着书包，唱着《共产儿童团歌》，蹦蹦跳跳过桥。

25. 外景 山溪畔 日

一个孩子一脚踩空，跌倒在山溪里。孩子爬起来，继续蹚水过山溪。

26. 外景 山坡 日

两个孩子在山坡上玩耍，看着几个孩子背着书包蹚水过山溪。

孩子：（高喊）你们上学有啥意思？哪有我们在这里玩耍开心。

27. 内景 村民家 夜

四人围坐八仙桌打麻将，各自用手机压着赌资，几个村民围观，屋内乌烟瘴气。

一村民：（抓牌出牌）三万。

一村民：（抓牌出牌）发财。

一村民：（抓牌出牌）六条。

一村民：（边推倒牌边伸出手）糊了，清一色，给钱，给钱。

28. 外景 山路边 夜

三个村民在太阳能路灯下席地而坐，身边放着酒瓶、酒杯，边打扑克赌钱边划拳罚酒。

一村民：（出小王）小王。

一村民：（出大王）大王。

一村民：（出四张八）炸弹，我又赢了，我这地主是不好斗的。

其他两个村民从地上拿起5元钱给赢家。

一村民：下面划拳喝酒，我是赢家，我当擂主。

一村民与擂主划拳，两人同时各出拳伸指，同时喊数。

一村民：两相好。

一村民：六六顺。

一村民：十全福。

一村民：罚酒，罚酒。我斗地主斗不过你，打擂谁怕谁。

划拳败北的村民拿起酒瓶，倒酒三杯，饮酒。

一村民：没有常胜不败的将军，再来，斗地主，谁怕谁。

29. 内景　张大伟家　夜

张大伟家墙壁全是用栋梁木材垒成，张大伟身穿用野猪皮做的大衣，请周松明、张大旺和几个张氏老人喝酒。

张大伟：松明，你是副乡长，大旺，你是村委会主任，你们要为大岭村村民主持公道。我请教过风水先生，陈栋这后生在我们原南岭村风水宝地建文化站，会压住山神庙和民宅，既不利生财，又不利安康。还有，建文化站是引诱人吃喝玩乐，伤风败俗，村东头后生被抓，就是因为进城吃喝玩乐导致的。

30. 内景　风水先生家　日（闪回）

张大伟带领张大旺和几个张氏老人走进，风水先生戴着墨镜坐着，桌上放着风水罗盘。

风水先生：请坐。

张大伟一行相对而坐。

张大伟：请教风水先生，有人要在我们大岭村风水宝地建文化站，你认为如何？

风水先生：文化站具体建在何方位？

张大伟：在大岭村山神庙和民宅南侧。

风水先生双手左右把持着外盘，用大拇指拨打内盘，内盘转动，直到磁针静止。

风水先生：文化站会压住山神庙和民宅，既不利生财，又不利安康。

31. 内景　歌厅　夜（闪回）

大岭村村东头，后生搂着小姐唱《何日君再来》，歌唱完，又搂着小姐喝啤酒，小姐推推攘攘，然后点燃一支烟抽起来。

32. 内景　旅馆　夜（闪回）

大岭村村东头后生与歌厅小姐睡觉，听到敲门声。

后生：谁啊？

警察：执法检查。

后生和歌厅小姐赶紧穿衣。

警察：快开门。

歌厅小姐蜷曲在被窝里，后生下床开门，两名警察走进。

警察：你们是什么关系？

后生：恋人关系。

警察：床上的女士，下床，接受询问。

歌厅小姐出被窝，下床。

警察：你可是挂了号的老脸色了，跟我们走吧。

警察押着后生与歌厅小姐离去。

33. 内景　张大伟家　夜

张大旺一边给张大伟沏茶一边说。

张大旺：是啊，陈栋在我们南岭村地块投资建什么文化站，这不是想在我们头上拉屎吗?

张大伟：不仅仅是拉屎的事，这是在向我们南岭村挑衅，早年，我们南岭村优势明显，拥有丰富的山林资源。

34. 外景　山林　日（闪回）

张大伟带领村民在砍伐树木，一棵棵参天大树倒下。

35. 外景　山溪　日（闪回）

张大伟和村民们将一根根木材推下山溪，一根根木材顺着山溪向下游流去，张大伟和村民们手拿竹篙，登上竹排，漂流而下。

36. 外景　山林　日（闪回）

村民趴在灌木丛中狩猎，一只野猪出没，村民举起猎枪射击，野猪应声倒下。

37. 内景　村民家　日（闪回）

大岭乡乡干部走进，发放禁止乱砍滥伐和禁止狩猎的文件，收缴挂在墙上的猎枪。

乡干部：今后谁再乱砍滥伐和狩猎，会被严肃处理，情节严重的，会被法办。知道不?

村民：知道，知道。

38. 内景　张大伟家　夜

张大伟抖动身穿的野猪皮大衣。

张大伟：现在，我们南岭村的优势没有了。一旦文化站建成，下一步，大旺，你这村委会主任职务将不保。南岭村和北岭村要乾坤颠倒了。

周松明：现在可没有什么南岭村北岭村，只有大岭村，不要再说不利于团结的话。不过，陈栋要在大岭村投资建文化站的报告早已递交给我们乡政府了，我一直压着，我们要研究研究。

39. 内景　副乡长办公室　日（闪回）

陈栋闯进大岭乡副乡长办公室，周松明坐在办公椅上看报。

陈栋：我们要在大岭村投资建文化站的报告什么时候能批下来？

周松明：（抬起头）我们正在研究，主要是两个问题，一是耕地问题，二是环境问题。

陈栋：我们会按照《土地管理法》，占一补一，占补平衡。至于环境问题，建文化站不会破坏环境。

周松明：我们正在研究。

陈栋：研究有没有一个期限？

周松明：这我不好答复。

陈栋：好，你不好答复，那我到县里要答复。

陈栋拂袖而去。

40. 内景　经理室　日

陈栋、张根喜坐在沙发上。

张根喜：你向县里递交的在大岭村投资建文化站的报告，县里很支持，并责成大岭乡尽快办理相关事宜。大岭乡政府已批复，并安排我协助你开展工作。

张根喜将档案袋交给陈栋，陈栋高举档案袋。

陈栋：好，我们早已一切准备就绪，就欠这东风，明天我就带领施工队开赴大岭村。

41. 外景　文化站工地一角　日

陈栋、张根喜带领施工队在施工。

陈栋：向阳坡临山靠水，大型机械设备无法施展，只有爆破，将这片坡地炸平。

施工队员：我们早已准备好了，只要你一声令下，我们就引爆。

42. 外景　文化站工地　日

施工队员在安装炸药，高举小红旗，示意准备就绪。

43. 外景　文化站工地一角　日

陈栋吹响口哨。

44. 外景　文化站工地　日

施工队员点燃导火索，撤离现场。导火索火苗在推进，一阵阵巨响，尘土漫天。

45. 外景　村民家门口　日

清晨，村民打开房门，走向自家羊圈。

46. 外景　村民家羊圈　日

村民走近羊圈，只见羊圈里的羊全部死亡。

村民：天啦，这是谁下的毒？这是谁下的毒？

47. 外景　张大旺家门口　日

村民敲门，张大旺披着大衣开门。

张大旺：一大早就来敲门，啥事？

村民：我家羊圈里的羊全部死亡，我怀疑是谁下的毒，你要给我做主，查出下毒的人。

48. 外景　村民家羊圈　日

张大旺和村民站在羊圈外，张大旺打量着死羊。

张大旺：我们请教过风水先生，他说文化站建在向阳坡，压着民宅，致使民宅阴气上升，八成这是导致你家羊死亡的原因。

村民：我去山神庙拜拜山神，请山神驱走我家阴气。

张大旺：去山神庙拜山神没用，风水先生说，文化站建在向阳坡，也压着山神庙，山神庙也阴气上升。

村民：那我就去文化站工地，找施工队算账。

村民走到房屋一角，拿起一根扁担和两只箩筐，走进羊圈，将几只死羊放进两只箩筐里，挑起就走。

49. 内景　文化站工地工棚　日

陈栋和张根喜正在办公桌前看施工图，村民挑着装有死羊的箩筐走进，将箩筐放下。

村民：你们在向阳坡建文化站，致使我家羊圈阴气上升，导致我家羊全部死亡，我要跟你们算账。

张根喜：你胡说什么？愚昧无知。

村民：你才愚昧无知。

陈栋：你先回去，我们马上请县农业局专家来，查明你家羊死亡原因，行不？

张根喜推村民出去，村民怏怏离去。

50. 内景　村民家　日

村民垂头丧气地坐在八仙桌一边的木椅上，抽着闷烟，夹着公文包的张根喜带着县农业局专家走进来，村民起身。

专家：坐，坐。

张根喜和县农业局专家坐到八仙桌两边，村民也坐下，张根喜将公文包放在八仙桌一边。

专家：我们初步查明，你家羊是患羊快疫死亡，是由腐败梭菌引起的一种急性传染病，羊突然发病，病程极短，其特征为真胃黏膜呈出血性炎性损害。

村民：我家羊咋会患这种病?

专家：在气候骤变，阴雨连绵，秋冬寒冷季节，羊易患这种病，大多数羊患这种病后，来不及治疗即死亡，所以，只有采取预防为主的措施。我们给你带来一本科学养羊小册子，还有文化站施工队给你捐的款。

张根喜从公文包里拿出小册子和一叠钱，交给村民，村民接过。

村民：谢谢专家，谢谢文化站施工队。

51. 外景　山溪畔　日

两个留守失学孩子在山溪畔玩耍，一个孩子追赶另一个孩子。

52. 外景　文化站工地下坡　日

一孩子向被炸塌的废墟上爬，废墟砂石向下滚落，孩子随废墟砂石滚落进山溪里，孩子随山溪向下游流去，不见踪影。

53. 外景　山溪畔　日

施工队员沿着山溪一路呼喊，寻找，在下游找到溺水身亡的孩子。

54. 外景　化站工地　日

张大伟带领村民围住施工队。

张大伟：施工队爆破，炸断了山神的筋骨，搅得大岭村不得安宁，山神发怒，夺走孩娃的生命，我们要替孩娃讨回公道。

张根喜：乡亲们，我爷爷老糊涂了，孩子溺水是意外，山神发怒是封建迷信。再说，这个时间孩子理应在学校上学，或者有家长陪伴，可孩子家长外出打工，孩子又失学，无人看管，增添了意外事故发生的概率。

张大旺：根喜竟敢咒山神，咒他爷爷，是大逆不道。人命关天，乡亲们，我们要向施工队讨说法，将施工队赶出大岭村。

55. 外景　文化站工地一角　日

几个村民冲向张根喜，张大伟上前保护张根喜。

张大伟：我孙儿不是施工队的，是受了陈栋他们的蛊惑，一时糊涂。乡亲们，讨说法找陈栋他们去。

56. 外景　文化站工地　日

村民们冲向陈栋和施工队员，大打出手，打伤陈栋和施工队员，曾得到施工队捐款的村民保护着陈栋。

张大旺：你这个叛徒，乡亲们，给我打。

得到施工队捐款的村民被打得头破血流。

57. 外景　文化站工地工棚　日

村民们折断树枝，用树枝将工棚捣毁，张大旺将文化站规划图撕毁。

58. 外景　文化站工地　日

警察和大岭乡乡干部赶到。

警察：都住手。

乡干部：快住手，这样群殴是要出人命的。

村民：人命已经出了，我们不怕再出人命。

群殴事态不见平息，警察掏出手枪朝天连开数枪，村民纷纷住手。

警察：都给我往后退。

村民纷纷往后退。

乡干部：救人要紧，快将伤员送往医院。

村民们无动于衷。

张大伟：听到没有，快将伤员送往医院。

村民们动身，将陈栋和几名受伤施工队员抬起，送往乡医务室。

59. 内景　乡医务室　日

医生在给陈栋包扎头部伤口。

医生：我们这里条件简陋，有几个重伤员要送往县医院治疗。

画外音：救护车到了。

医生：快，将几个重伤员抬上救护车。

村民们手忙脚乱地将几个重伤员抬出乡医务室。

60. 外景　乡医务室外　日

村民们将几个重伤员抬上救护车，救护车鸣笛驶去。

陈栋：根喜，陪我一起去看望溺水身亡孩子的家属。

张根喜：你不能去，他们会将你打死的。

陈栋：你不敢去，我独自去。

张根喜：好，我陪你去，万不得已，我扛我爷爷的名义保护你。

61. 内景　溺水身亡孩子家　日

陈栋和张根喜走到溺水身亡孩子家门前，几个村民上前，将他俩拦阻，张根喜奋力推开几个村民，护卫头裹绷带的陈栋走进。溺水身亡的孩子摆放在堂屋中央，张大伟、张大旺及一群村民围着，张大旺见陈栋，挥起拳头，张根喜拦阻。

张根喜：住手，我们是来看望死者家属的。

陈栋抱起溺水身亡的孩子，亲吻他的脸蛋。

陈栋：根喜，你代表我，厚葬孩子，安抚家属。

陈栋放下溺水身亡的孩子，一个踉跄，晕倒。张根喜上前将陈栋抱在怀里。

张根喜：陈栋，陈栋。快，将陈栋送医院。

村民搬来一块门板，将陈栋抬上去，送走。

画外音：我看这后生也不像是坏人。

张大旺：难道这后生是好人?

张大伟：大旺，别说了，别再扩大事态，处理孩子后事要紧。

张大旺：我已安排乡亲照顾孩子的爷爷奶奶，并通知孩子父母回来料理孩子后事。

62. 内景　县医院病房　日

陈栋躺在病床上，张根喜、张春花、陈兰围坐在病床边。

张根喜：由于周副乡长竭力反对，再加上村民情绪尚未平复，文化站工程一时难以复工。

陈栋：根喜，要平复村民情绪，关键是先做好你爷爷的思想工作。

张春花：我有一个想法。我们可以邀请县农技员、文化馆干部到我们村来，举办讲座、辅导活动，给乡亲们洗洗脑。

陈兰：还可以邀请县文工团到我们村演出，我们也可以结合我们村的新人新事，编排苗乡说唱文学《嘎百福歌》，用充满阳光的生活，照射云雾缭绕的大岭村。

张根喜：我建议，以大岭村文化站施工队名义举办科技文化活动。

陈栋：好，就以大岭村文化站施工队名义，乡亲们的观念改变了，生活方式改变了，就会自然而然地支持我们的工作，那样我们的工作就好开展了。

63. 内景　张家祠堂　日

堂屋墙壁悬挂“板栗树栽培技术讲座”横幅，堂屋内坐满了村民，张根喜陪着张大伟在后排就座，县农技员在讲座。

县农技员：据了解，大岭村到处都种有板栗树，板栗树一般四至八年结果，如采用嫁接技术，二到三年便可以结果。

一村民：（与另一村民交谈）你咋不去山神庙敬山神，来这里干吗?

另一村民：你咋不去打麻将，来这里干吗?

张春花：大家不要随便讲话，听讲座。

张根喜：大家知不知道，这个讲座是大岭村文化站施工队举办的。

一村民：不要随便讲话，听讲座。

县农技员：山地板栗园每亩可种植四十至六十株，如计划密植每亩可种植百株左右，以后可逐步进行隔行隔株间伐，高产板栗每亩收入万元以上。

一村民：亩产万元?

县农技员：对，亩产万元。

村民们掌声持续，张大伟也跟着鼓掌。

64. 内景　张家祠堂　夜

村民们围站在一旁，张大伟坐在一旁观看，陈兰手拿麦克风走到中央。

陈兰：今晚的舞蹈辅导活动是大岭村文化站施工队举办的，邀请了县文化馆干部来辅导乡亲们学跳舞。

乡亲们鼓掌。

陈兰：现在舞蹈辅导活动开始。

音乐响起，县文化馆干部拉着一村民，教他跳慢四步舞，村民手足无措，县文化馆干部手把手、苦口婆心地辅导，陈兰走到音箱边，将麦克风放在音箱上，拉着身边一村民，教他跳慢四步舞。跟县文化馆干部学舞的村民老踩到县文化馆干部的鞋尖，村民弯下腰，将布鞋脱掉，赤脚与县文化馆干部跳慢四步舞，跟陈兰学舞的村民见状，也将布鞋脱掉。一曲终了。

陈兰：下面我们请县文化馆干部跳一曲芭蕾舞。

画外音：好。

《天鹅湖》舞曲响起，县文化馆干部翩翩起舞，曲终。

陈兰：下面请乡宣传干事张根喜高歌一曲。

张根喜推辞，陈兰将他拉上场，将麦克风塞到他手上。

张根喜：好，下面我就唱一首苗乡《刺绣歌》。

张根喜高唱《刺绣歌》，张大伟望着张根喜，喜笑颜开。张春花走到张根喜身边，从张根喜手中接过麦克风。

张春花：刺绣是我们苗族源远流长的手工艺术，是苗族服饰主要的装饰手段，技法有平绣、挑花、堆绣、锁绣、贴布绣、打籽绣、破线绣、钉线绣等12类，我们要将苗族刺绣艺术发扬光大。

65. 内景　张春花家　日（闪前）

张春花和苗家姑娘一道在刺绣，刺绣作品有花鸟虫鱼、龙凤狮虎，更有体现苗族特色的芦笙舞、铜鼓舞、苗家女、吊脚楼、苗寨等。

66. 内景　文化站展厅　日（闪前）

展厅陈列各式刺绣作品，张春花和苗家姑娘接待着中外游客，中外游客争相购买刺绣作品。

67. 内景　张家祠堂　夜

青年男女情不自禁地跳起铜鼓舞，伴随着鼓点，舞姿时而刚健雄劲，时而舒缓飘逸。

陈栋：如果能将现代舞蹈技艺融入苗族舞蹈中，那我们的舞蹈不仅具有娱乐功能，还会有表演功能。

68. 内景　张家祠堂　日（闪前）

县文化馆干部辅导青年男女学跳有高难技巧的男女双人芦笙舞。

69. 内景　文化站表演厅　日（闪前）

戏台上，青年男女跳起有高难技巧的男女双人芦笙舞。戏台下，游客掌声雷动。

70. 内景　张大伟家　夜

张大伟躺在躺椅上，张根喜蹲在一旁，给他捶腿。

张大伟：陈栋那后生伤势咋样呢？

张根喜：伤势在好转。

张大伟：不会留下什么后遗症吧？

张根喜：不会。你咋这么关心他？

张大伟：我就这么随口一说。

张根喜：我有一事向你请求。

张大伟：啥事？

张根喜：陈栋说，他出院后想请你到他家做客。

张大伟：我不去，你代表我去吧。

张根喜：还有一事。

张大伟：还有啥事？

张根喜：你还反对我与陈兰谈恋爱吗？

71. 外景　打谷场　夜（闪回）

月明星稀，陈兰与张根喜相拥，亲吻。张大伟拄着拐杖走来。

张大伟：听大旺说你们在这里鬼混，我还不信，原来是真的。

张根喜护着陈兰。

张根喜：我们是自由恋爱，不是鬼混。

张大伟：南岭村与北岭村恩怨难解，世代不通婚，陈栋和张春花的悲剧你们不是不知道吧。

张根喜：我们不会让陈栋和张春花的悲剧在我们身上重演。

张大伟：你这忤逆子。

张大伟操起拐杖朝张根喜打去，陈兰上前护卫张根喜，拐杖落在陈兰头部，鲜血流淌，陈兰倒地，张根喜撕破内衣，给陈兰包扎伤口，抱起陈兰离去。

72. 内景　张大伟家　夜

张大伟躺在躺椅上，张根喜蹲在一旁，给他捶腿。

张大伟：我老了，你们年轻人的事，我不想管了，想管也管不了了。

张根喜：你不会再用拐杖打我们吧？

张大伟：不会，不会，陈兰是个好姑娘。

73. 内景　张春花家　日

张春花蹲在灶台边，给灶里添柴。

74. 外景　张春花家外　日

陈栋唱起苗乡《盘歌》。

75. 内景　张春花家　日

张春花对唱。

76. 外 / 内景　张春花家外 / 内　日

陈栋与张春花一唱一和。

77. 内景　张春花家　日

陈栋提着几盒保健品和一袋药品进门，张春花相迎。

张春花：来就来吧，还带这么多东西干吗？又不是头一次上门，我家门槛都被你踏平过。

陈栋：我这是要从头再来。

陈栋将礼品放在桌上，手拿药品走到卧床不起的张春花母亲床边，将药品放到她床头。

陈栋：阿姨，听说这药治关节炎效果不错。

张春花母亲：你这份心比药效果好。

张春花站在灶台边。

张春花：陈栋，开饭了。

陈栋：阿姨，我去啦。

张春花母亲：（挥挥手）去吧，去吧。

陈栋走到桌边，坐下，张春花给陈栋沏茶，又端来玉米饼，陈栋咀嚼，表情苦涩。

张春花：吃不惯玉米饼呢？

陈栋：多年不吃这种粗粮，硬邦邦的，感到难以下咽。

张春花：我给你去拿白面馍。

张春花出门，陈栋起身，又走到张春花母亲床边。

78. 内景　张大旺家　日

张春花走进。

张大旺：稀客，稀客，我多次上你家门，都被你拒之门外。今天你咋主动上我家门来呢？恐怕是无事不登三宝殿吧。

张春花：不愧是大主任，说起话来一套一套的，我娘身体不好，吃不惯粗粮，想跟你借点白面馍。

张大旺走到灶台边，打开铁锅盖，取热气腾腾的白面馍，一只只放到竹笾里，交给张春花。

张大旺：给，不用说借，你娘如我娘。

张春花：（接过竹笾）你胡说啥，我娘是你姐，辈分都搞不清，我看你这主任是白当了，不，是快当到头了。

79. 内景　张春花家　日

张春花手捧盛有白面馍的竹笾走进，将竹笾放到桌上。

张春花：陈栋，吃白面馍。

陈栋：（招手）春花，你过来。

张春花走到母亲床边，陈栋从口袋里掏出一只精致的小盒子，打开，取出一枚钻石。

陈栋：我向你求婚。

张春花低头，默不作声。陈栋抓住张春花右手，犹豫。

陈栋：求婚时钻石是戴在右手中指上吗?

张春花：好像戴右手中指是代表名花有主，戴左手中指是代表订婚。

陈栋：那还是戴左手中指好。

陈栋将钻石戴到张春花左手中指上，张春花母亲开心地笑着。

80. 外景　草垛旁　夜

张春花走来，张大旺从背后抱住张春花，张春花拼命反抗，张大旺不松手。

张春花：你再不松手，我就喊人了。

张大旺：你喊吧，让全村人都知道才好。

张春花伸出左手，钻石在月光下闪烁。

张春花：我已定亲了，你再骚扰我，我就告你去。

张大旺：他是谁?

张春花：是陈栋。

张大旺：是南岭村的人，我今天就放了你，是北岭村的人，我不怕，我不让你破了南北岭世代不通婚的族规。

双方纠缠不休，张春花用嘴咬张大旺手，张大旺松手。

张大旺：（大叫）啊，啊。

张春花趁机跑走。

81. 外景　副乡长办公室外　日

大岭村村民将原周松明办公室堵得水泄不通，敲门，无人应答，张根喜走来。

张根喜：你们是大岭乡的吧。

一村民：我们要见周副乡长，问问他大岭村文化站工程何时能复工。

张根喜：周松明已不是副乡长了。

一村民：是高升了，高升我们也要找他，请他把遗留问题解决。

张根喜：周松明被免职了，因为他收受贿赂。当初为了息事宁人，陈栋将大岭村建文化站所需的建筑材料交他经办购买，经过调查，那批建筑材料有质量问题，如果用那种劣质建筑材料建文化站，将来后患无穷，甚至会出人命。

一村民：那咋办?大岭村建文化站要泡汤吗?

张根喜：不会泡汤，现在我分管这块工作，我会尽快处理，大岭村文化站工程复工指日可待。

82. 外景　文化站工地　日

文化站工地“大岭村文化站工程复工”横幅高挂，村民齐聚，长条桌上放着一排大碗，村民端着酒坛，倒满酒，张大伟举起大碗酒敬陈栋。

张大伟：我代表乡亲们，敬你一碗酒，感谢你造福大岭村，造福子孙后代。

陈栋举起大碗酒，施工队员和乡亲们也举起大碗酒，陈栋与张大伟碰碗。

陈栋：干。

大家干杯。

一村民：我建议，我们参加义务劳动，为大岭村文化站建设添砖加瓦。

画外音：（村民异口同声）为大岭村文化站建设添砖加瓦。

陈栋：谢谢乡亲们。现在我宣布，大岭村文化站工程复工。

男青年在里圈，吹起芦笙，女青年在外圈，跳起芦笙舞，两个舞圈相互交叉、换位，一会儿向中心蹦跳聚拢，一会儿又向外围旋舞散开，站在一旁的村民随之起舞。

83. 内景　监狱　日

隔着玻璃隔断，张根喜与张万林拿着话筒通话。

张根喜：爸爸，我和陈兰来看望你，你在里面好好改造，争取早日出狱。

张万林：我已获得两次减刑，我争取早日出狱。

陈兰接过张根喜手中的话筒。

陈兰：叔叔，我和根喜就要结婚了，希望张、陈家族恩怨从此化解。

张万林：我尝够张、陈家族恩怨的苦果，付出了沉重的代价，希望张、陈家族恩怨早日化解，我祝福你们。

84. 外景　打谷场　夜

打谷场村民有序地坐定，张大伟坐第一排，陈栋与张根喜分坐两边，陈兰手拿麦克风走上台。

陈兰：欢迎县文工团来到我们大岭村，今天的文艺演出丰富多彩，有苗乡歌舞，还有我们自编自演的说唱文学《嘎百福歌》，演出现在开始，第一个节目，歌舞《纺纱织布歌》。

县文工团表演歌舞《纺纱织布歌》，张大伟心脏病突然发作，陈栋与张根喜架着张大伟离场。

85. 外景　山神庙　夜

张大旺手拿手电，独自在山神庙张贴对联，然后手拿酒瓶酗酒，望着对联口中念念有词："山神保佑，故甸风调雨顺，湖山平平安安。"张大旺醉倒在山神庙前。

86. 外景　山路　夜

陈栋驾车在山路上行驶，车后座上的张大伟躺在张根喜怀里。

张大伟：（奄奄一息）孙儿，我大寿将尽，我离世后，你就捧着我的遗像参加将来大岭村文化站竣工典礼，送上我一份祝福。

87. 外景　打谷场　夜

歌舞《纺纱织布歌》舞姿翩翩，歌声悠扬。

——剧终

禁毒志愿者

李宏荣

主要人物：

山嘎：彝族共青团员，禁毒志愿者组长。

戈麻：彝族共青团员，禁毒志愿者组员。

阿龙：彝族共青团员，禁毒志愿者组员。

贵宝：彝族共青团员，禁毒志愿者组员。

杨琪：镇团委书记。

马锋：某公安边防大队长，镇团委副书记。

莫罗霸：种植中药材，实则种植罂粟。

随着《禁毒志愿者》之歌升起："让我送上温暖，为你驱散严寒；让我送上关爱，为你排忧解难；让我送上真心，让你感受亲情；让我送上热诚，让心绪一片蓝天；不想动地感天，不图美名流传；只愿付出自我，默默无闻奉献；我们献上绵薄，他把高尚体现；我们力量微小，微小与伟大相连；这是我的心愿，心愿，让每朵花开烂漫；这是我的祈盼，祈盼；让每个生命扬起风帆……我们共同的家乡，我们共同的田园，我们献出热忱，家园气象万千，这是我的心愿，心愿……"

歌声隐隐约约地落下，画面上闪出以下镜头：

“6.26”禁毒标语

吸毒者恐慌的表情

一群彝族青年认真听课

公安边防大队宣传毒品的危害性

山嘎他们铲除大麻

戈麻被捆绑在大树上

贵宝在悬崖峭壁上飞舞

弩箭射穿狗的喉咙

定格

推出片名《禁毒志愿者》

演员表按出场顺序排列

1. 寨道上　白天　晴朗

一群彝族共青团员唱着《禁毒志愿者》之歌，向山寨边的镇人民政府赶去。

山嘎：听说镇团委要来个副书记。

戈麻：那副书记管什么呀？

阿龙：镇团委有杨书记就足够了，来一个副书记干什么？

山嘎：听说副书记是个男的，也是一个志愿者。

戈麻：镇团委招募到一个副书记？还是一个志愿者？

阿龙：副书记什么时候来呀？

山嘎：副书记今天来报到，所以杨书记通知我们到镇团委开会，先认识一下副书记，对以后开展禁毒志愿活动有帮助。

贵宝：原来是这样！

阿龙：副书记一定是从城里来的吧？

山嘎：我也不知道，杨书记没有透露副书记的身份，说副书记也是禁毒志愿者。

贵宝：走，到镇团委里看看，副书记来了没有。

戈麻：走啰！

他们一路欢歌笑语地向镇团委里赶去。

2. 镇政府里　白天　晴朗

山嘎他们喘着粗气赶到镇政府里。

杨琪：这么早就赶来了？

山嘎：副书记来了没有？

杨琪：马上就到了。

禁毒志愿者们的脸上露出了笑容。

3. 镇政府大门口　白天　晴朗

镇团委禁毒志愿者们站在大门口迎接。

山嘎：副书记怎么还没到呀？

杨琪：快到了！

山嘎：大家做好准备，我喊一二三，你们就吹彝家的迎客调。

杨琪：副书记到了。

禁毒志愿者们的目光朝前方望去。

4. 山路上　白天　晴朗

某公安边防大队长李锋他们走在山路上。

马明：镇政府大门口有很多志愿者呢。

李锋：禁毒志愿者们在欢迎我们呢。

马明：禁毒志愿者们怎么知道我们要来呢？

李锋：一定是杨书记安排的。

马明：大队长呀，杨书记长得特漂亮的，你一定要依法拿下！

李锋：不要乱说呀！我是镇团委副书记，是一名普普通通的禁毒志愿者。

马明：书记和副书记一定会配合得好！她不仅是镇团委书记，也是一名普普通通的志愿者。你是镇团委副书记，也是一名普普通通的禁毒志愿者，你们一定有共同的心声，才会成为同样的志愿者。

李锋：我们不仅要守好国门，还要做好禁毒宣传教育工作，所以要通过镇团委的禁毒志愿者，深入山寨里宣传吸食大麻的危害性，这样更有利于我们开展禁毒工作。

马明：大队长，你这一招真行！这样的禁毒志愿者值得当！

李锋他们迈着大步向镇政府里走去。

5. 镇政府门口　白天　晴朗

禁毒志愿者们看着匆匆赶来的李锋他们议论纷纷。

山嘎：杨书记，那不是公安边防大队长吗？怎么成为镇团委副书记了？

杨琪：是呀。

戈麻：大队长转业到镇团委当副书记了？

杨琪：他没有转业，而是一名志愿者。

阿龙：他是镇团委副书记，具体分管哪方面工作呀？

杨琪：分管普法和禁毒方面的工作，以后他就是你们禁毒志愿者们的领导了。

贵宝：我们可以学习法律知识了？

杨琪：只有懂法，才是一名合格的禁毒志愿者。

山嘎：欢迎客调！

李锋他们走到镇政府大门口，欢乐的彝家迎客调升起来。

6. 会议里　白天　晴朗

志愿者们凝视着李锋他们。杨琪满面春风地走上讲台。

杨琪：他是镇团委副书记，是公安边防大队长李锋同志，以后他会给大家讲法律知识，也会指导我们如何当好一名禁毒志愿者。

李锋站起来向禁毒志愿者们行军礼。

杨琪：欢迎大队长给我们讲禁毒知识。

会议室里响起了热烈的掌声。

李锋走上讲台，在显示屏上点出几个字。

李锋：哪位志愿者读一读显示屏上的字。

山嘎：我读！

李锋：读吧！

山嘎：关爱生命，远离毒品！

李锋：读得很好！

戈麻：什么是毒品呢？我们山寨里没有人吸毒呀。

贵宝：就是嘛！我们禁毒志愿者不会干吸毒的事。

阿龙：毒品是指海洛因，山寨里没有这些东西！

杨琪：大家安静！让副书记讲毒品的来源。

会议室里安静了下来。

李锋：大家问得很好！你们山寨里没有人吸毒，你们山寨里没有海洛因，但你们知道毒品是怎么来的？国家禁止种植的植物是哪些？

山嘎：我们山寨里有国家禁止种植的植物？

李锋：有！

戈麻：真的？

李锋：嗯！

山嘎：哪些植物是国家禁止种植的？

李锋：比如大麻。

山嘎：大麻？

李锋：对，大麻！

山嘎：大麻算毒品？

李锋：对！

山嘎：我们山寨祖祖辈辈都种植大麻，没听说被大麻害死的人呀。

戈麻：大麻不是毒品！

李锋：经过提炼后的大麻，可以制成毒品。

山嘎：真的？

李锋：嗯！

戈麻：这么说大麻不能种植了？

李锋：你们都是山寨里的共青团员，又是一名禁毒志愿者，大家回到山寨里后，向父老乡亲们宣传种植大麻的危害性，你们能做到吗？

志愿者们齐声：能！

李锋：有少数人还种植罂粟花，那种植物对社会危害性更大。

志愿者们大吃一惊。

山嘎：我们一定要铲除大麻！

李锋：山嘎讲得好，作为一名禁毒志愿者，一定要投入铲除大麻的行动中。

会议室里又响起热烈的掌声。

杨琪：你们知道大麻是国家禁止种植的植物，大家回寨后看看自家地里种了没有？如果还种植着大麻，就动员自己的父母，把地里的大麻铲除，你们都是共青团员，又是一名禁毒志愿者，一定要把山寨里的大麻彻底铲除！

志愿者们满面春风地走出会议室里。

7. 小河边　黄昏　晴朗

夏天的太阳很辣，山嘎他们满头大汗地跑到小河边。

山嘎：洗澡啰！

山嘎他们跳进水里。

戈麻：山嘎哥，铲除大麻你阿爸会同意吗？

山嘎：不会同意的，你阿爸呢？

戈麻：也不会同意！

贵宝：阿爸也不会点头。

阿龙：铲除家里的大麻，阿爸会打我的。

戈麻：山嘎哥，怎么办呢？

山嘎从水里钻出来：我有办法了。

阿龙：说来听听。

贵宝：你快点说嘛！

山嘎：你们得听我指挥。

戈麻：你是我们山寨的团支部书记，又是禁毒志愿者组长，我们一定会听你指挥。

山嘎：老人是不会同意铲除大麻的，但作为一名禁毒志愿者，就该想办法去铲除，你们敢吗？

阿龙：敢！

山嘎：在铲除大麻行动中，要是被人发现就逃跑。

贵宝：这个办法好！

山嘎：要是被老人们抓住，就不能出卖其他人。

戈麻：对，不能出卖其他人！

山嘎：今晚天黑以后带上弯刀，在寨头的古栗树下会合，然后去铲除大麻！

贵宝：这个主意不错！

山嘎：回家啰！

禁毒志愿者们你追我赶地向山寨里跑去。

8. 堂屋里　黄昏　晴朗

山嘎低头吃饭，不时抬头望着阿爸。

查波：你看些哪样？没见过阿爸这张老脸？

山嘎：今年大麻长势不错。

查波：我家的大麻年年就这样，哪年长势不好？

山嘎：听说大麻是……

查波：听说什么了？

山嘎：听说大麻是……

查波：有话就说，有屁就放！

山嘎：国家禁止种植大麻，应该把它铲除！

查波：铲除大麻？！

山嘎：对，铲除大麻！

查波：大麻与国家有什么关系？

山嘎：关系大着呢！

查波：说来听听。

山嘎：大麻是毒品。

查波：哪个说是毒品？

山嘎：镇团委副书记。

查波：哪来的副书记？净说瞎话！

山嘎：今天到镇团委开会，副书记是这么说的。

查波：他从哪儿调来的呀？

山嘎：公安边防大队长，他是镇团委副书记，是一个普法和禁毒志愿者。

查波：你们要学习法律了？

山嘎：嗯！

查波：学点法律知识好，打官司不求人。

山嘎：法律有规定，禁止种植大麻。

查波：法律规定禁止种大麻？我才不信哩！

山嘎：不信就去问副书记。

查波：他凭什么说大麻是毒品？我们祖祖辈辈种植大麻，没有哪个被大麻害死嘛！

山嘎：阿爸，应该把地里的大麻铲除！以后不要种植了。

查波：大麻不是毒品，罂粟花才是毒品。

山嘎：阿爸，你不同意铲除大麻了？

查波：不同意！

山嘎：要是有人把地里的大麻铲除了。

查波：哪个敢铲除大麻，我就砍掉他的手！

查波把酒碗顿在八仙桌上，震得八仙桌上的菜碗抖动起来，山嘎看势头不妙，拔腿就往外跑去。

9. 古栗树下　夜晚　晴朗

月亮挂在古栗树梢头，星星在夜空中眨眼，山嘎他们聚在古栗树下。

山嘎：阿爸不同意铲除大麻。

戈麻：我阿爸也一样。

阿龙：阿爸不相信大麻是毒品。

贵宝：我说要铲除大麻，阿爸就大骂我了。

戈麻：我们怎么办？

阿龙：山嘎哥，你是团支部书记，又是禁毒志愿者组长，你说呢？

山嘎：你们带弯刀没有？

志愿者们齐声：带了！

山嘎：记得在河边说过的话？

戈麻：记得！

山嘎：记得就好！

阿龙：先砍哪家的大麻？

山嘎：砍我家的！

贵宝：要得，砍你家的大麻！

山嘎：走，砍大麻去！

他们向大麻地边走去。

10. 灌木林里　夜晚　晴朗

山嘎他们观察着大麻地里的动静。

戈麻：山嘎哥，你家地头边有人。

山嘎：是哪个？

阿龙：你阿爸。

山嘎：他喝了那么多酒，到地头边干什么？

贵宝：他一定察觉到了。

戈麻：你阿爸还在地头边转，我们怎么办？

山嘎脸上露出灿烂的笑容。

阿龙：有好办法就快说！

山嘎：把弯刀藏起来，先回家睡觉，阿爸睡后我来叫你们。

戈麻：好哩！

山嘎：听到猫叫的声音就出来。

贵宝：好哩！

山嘎他们向山寨里飞奔而去。

11. 木垛房里　夜晚　晴朗

山嘎躺在床上看书。查波醉醺醺地走进木垛房里。

山嘎：阿爸你喝醉了，怎么还没睡呀？

查波：阿爸没醉，明天起早点！

山嘎：好哩！

查波踩着醉步走出木垛房里。山嘎熄灯入睡。

12. 院子里　夜晚　晴朗

查波关好大门，踩着醉步站在厦坎上。

查波：睡觉啰！

查波反剪着手走进堂屋门里。

13. 木垛房里　夜晚　晴朗

山嘎轻手轻脚地走到窗口，看着院子里的动静。

山嘎：阿爸睡着了。

山嘎悄无声息地钻出木垛房。

14. 堂屋门口　夜晚　晴朗

山嘎幽灵般地飘到堂屋门口。堂屋里传来查波的鼾声。

15. 院子里　夜晚　晴朗。

山嘎走到院子里。堂屋里传来查波的咳嗽声。山嘎趴在厦坎下不敢动荡。

山嘎：阿爸没有睡着？

山嘎趴在青石板上一动不动。堂屋里又传来了鼾声。

山嘎一阵风飘到大门口，轻手轻脚地拉开大门，然后从门缝里钻了出去。

16. 核桃树下　夜晚　晴朗

山寨进入梦乡中。

山嘎站在核桃树下发出猫叫的声音。戈麻他们匆匆忙忙赶到。

山嘎：老人看到你们出门了吗？

戈麻：没有！

贵宝：阿爸早睡着了。

山嘎：走，砍大麻去！

山嘎他们向大麻地里赶去。

17. 灌木林里　夜晚　晴朗

山嘎他们找着弯刀。

山嘎：弯刀找到没有？

贵宝：找到了！

戈麻：我的弯刀不见了。

山嘎：大家帮他找一找。

贵宝蹲在草地上用手摸：不是你的弯刀吗？

戈麻：是哩。

山嘎：砍大麻去！

在朦胧的夜色中，他们飘到大麻地里。

18. 大麻地里　夜晚　晴朗

晚风吹来，大麻叶发出声音。

戈麻：山嘎哥，你家的大麻长得好哩！

山嘎：这是阿爸的劳动果实嘛！

贵宝：大麻砍掉确实可惜。

阿龙：山嘎哥，大麻还砍吗？

山嘎：砍！

山嘎挥起弯刀砍着大麻。

戈麻：砍完你家的大麻，就去砍我家的。

山嘎：时候不早了，回家睡觉。

贵宝：回家啰！

山嘎：回家时不要被老人看见。

戈麻：你阿爸知道怎么办？

山嘎：只要我们不说，他们怎么会知道呢？

贵宝：就是嘛，只要我们不说，他们是不会知道的。

在朦胧的夜色中，他们向寨子里赶去。

19. 院子里　早晨　晴朗

山嘎蹲在院子里洗着脸，查波打着哈欠站在厦坎上。

山嘎：阿爸，我去养殖场里了。

查波：去吧，早点回家吃饭。

山嘎：好哩！

山嘎走出院子。

20. 核桃树下　白天　晴朗

查波把大麻砸在青石板上，似头公牛样发怒。

查波：哪个狗日的！敢砍我的大麻！

核桃树下聚满了人群。

贵龙富：不知是哪个？把这么好的大麻砍了！

阿里宝：见人家的大麻长得好就搞破坏，抓到非砍掉他的手不可！

根上树：缺德！

从养殖场回来的山嘎他们走到核桃树下。

山嘎：阿爸，你怎么了？

查波：哪个杂种养的？砍了我家的大麻！

山嘎：全砍了？

查波：砍了！

戈麻：太不像话了，砍人家的大麻！

根上树：戈麻，不要多嘴！

贵宝：多好的大麻，砍了真可惜。

贵龙富：回家吃饭去！

山嘎：阿爸，回家吃饭了。

查波怒气冲冲地回家。山嘎乐呵呵地紧跟身后。

21. 院子里　白天　晴朗

查波坐在院子里抽闷烟。

都奶：缺德呀，缺德！

查波望眼山嘎，又继续吐着烟雾。

都奶：他爸呀，你说是哪个人砍的呢？

查波敲响烟锅头：知道是哪个人砍的，我就不会抽闷烟了！

都奶：他爸呀，不是欺人吗？你要找到砍大麻的人！

查波：叫我怎么找呀？

戈麻走进院子里：山嘎哥，到养殖场里看黑山羊去！

山嘎：阿爸，我去养殖场了！

查波有气无力地：去吧！

山嘎他们有说有笑地走出院子里。

22. 古栗树下　白天　晴朗

山嘎他们坐在古栗树下乘凉。

戈麻：你阿爸问你没有？

山嘎：没有。

贵宝：他会不会查出是我们砍的呢？

阿龙：只要我们不讲，凭什么说是我们干的？

山嘎：不管老人怎么问，决不能承认！

贵宝：哪个敢背叛，是狗！

阿龙：这事只有我们知道，要是哪个敢背叛，我的拳头就干哪个！

山嘎：大麻要彻底铲除！这样才是一个合格的禁毒志愿者！

他们相互击掌。

23. 养殖场里　白天　晴朗

杨琪他们到养殖场里参观。

杨琪：你们的养殖场干得不错！在全面建成小康社会的脱贫攻坚路上，希望你们再接再厉！

山嘎他们脸上挂满了笑容。

24. 山坡上　黄昏　晴朗

山嘎他们在山坡上玩乐。

山嘎：撵小兔去！

贵宝：山坡上哪来的小兔呀？

阿龙：有！

戈麻：你们看那边有一只小兔哩。

山嘎：我们从四面把小兔包围起来，就一定能抓住那只小兔！

他们轻手轻脚地向小兔走去，那只精灵的小兔竖直耳朵，然后蹦蹦跳跳地逃窜而去。

山嘎：小兔跑了！

阿龙：野兔精灵得很哩，怎么能抓得着它呢？

戈麻：山嘎哥，今晚还行动吗？

山嘎：行动！

贵宝：天黑就行动吗？

山嘎：对，天黑就行动！

阿龙：在哪里会合呢？

山嘎：在寨边。

戈麻：回家了！

山嘎他们一阵风似的冲回寨子里。

25. 寨边　夜晚　晴朗

山嘎他们聚到寨边。

阿龙：地里没有人。

山嘎：没有人就好了。

戈麻：今晚多砍一些大麻。

贵宝：从地头砍到地尾。

山嘎：大家动作快一点，争取今晚多铲除一些大麻。

他们钻进大麻地里。

26. 大麻地里　夜晚　晴朗

山嘎他们钻进大麻地里，挥起弯刀砍个不停，那一棵棵大麻纷纷倒地。

寨子里传来了鸡鸣狗叫声，一排排大麻顺风倒地。

山嘎：大家明早到养殖场上班不要迟到了！

戈麻：还有最后一块地里的大麻没有砍，把它砍完后再回家。

山嘎：那是哪家的大麻呢？

阿龙：莫罗霸家的。

山嘎：时候不早了，明晚再来砍吧。

他们拖着疲惫不堪的脚步回寨。

27. 寨道上　早晨　阴天

太阳被浓雾遮着笑脸。

山嘎：昨晚干得不错！

戈麻：会不会被人看见？

阿龙：不会！

贵宝：只要我们不说，哪个敢说是我们砍的呢？

山嘎：寨子里不论发生多大的风波，我们一定要沉住气。

戈麻：莫罗霸家的大麻还铲除吗？

山嘎：铲！在我们这方天地里决不能看到一棵大麻！

阿龙：后边来人了。

山嘎：这事千万不能跟其他人讲。

戈麻：好哩！

贵宝：我记住了。

山嘎他们向养殖场里走去。

28. 养殖场大门口　早晨　阴天

养殖场门卫山普达老人笑眯眯地站在大门口。

山嘎：阿普（彝语：老爹）早！

山普达：小伙子们早！

养殖场里笑声升起。

29. 古榕树上　白天　晴朗

山嘎爬在古榕树上玩乐。

阿龙：山嘎哥，你爬得那么高呀？！

山嘎：有胆量就上来吧！

阿龙：我不敢！

戈麻：我爬！

贵宝：山嘎哥，你头上有喜鹊窝哩。

阿龙：窝里一定有喜鹊蛋。

山嘎伸手摸喜鹊窝：真有喜鹊蛋哩！

阿龙：快把喜鹊蛋掏下来。

山嘎：我们要保护它们。

阿龙：它们偷我们的苞谷吃，破坏我们的农作物，所以一定要把它们消灭！

山嘎：鸟类是我们的朋友，特别是喜鹊的数量越来越少，如果我们不来保护它们，那么将会面临绝种的危险，所以我们不但要当一名禁毒志愿者，而且还要当一名保护野生动物的志愿者。

阿龙：好，我们一定要当一名保护野生动物的志愿者！

戈麻：山嘎哥，前几天镇团委书记说最近好人好事很多，是哪些人在做好事呀？

贵宝：我们不是在做好事吗？

戈麻：你做什么好事呀？

贵宝：铲除大麻嘛！

戈麻：铲除大麻也算做好事？！

山嘎：我们不仅是在做好事，而且是在做一件很有意义的好事，为人类消灭毒品而斗争，我们是光荣的禁毒志愿者！

戈麻：团委书记是在表扬我们了？

山嘎：对，在表扬我们。

戈麻：我们成为禁毒志愿者了？

山嘎：作为一名共青团员和禁毒志愿者，我们要做几件让他人敬佩的好事！

阿龙：铲除了大麻，还要做什么好事？

贵宝：你是团支部书记，要做什么好事就尽管说吧！

戈麻：山嘎哥，做什么好事快点说嘛！

山嘎：听说山寨里还有人种植罂粟，所以一定要找到种植罂粟的地方，然后彻底把它铲除！这是我们禁毒志愿者应该做的一件事。

阿龙：不可能吧？！

贵宝：你听哪个说？

山嘎：镇团委副书记。

戈麻：副书记？

山嘎：目前还没有找到种植罂粟的地方，所以不能把这些话传出去。

贵宝：我们一定会保密的！

山嘎：找到种植罂粟的地方后，公安边防大队会配合我们一起行动。

阿龙：那莫罗霸家的大麻还铲除吗？

山嘎：铲！

戈麻：晚上见。

山嘎他们从古榕树上滑下来，然后向山寨里飞奔而去。

30. 核桃树下　黄昏　晴朗

核桃树下聚满了人群，山嘎他们钻进人群里，看见一捆捆大麻堆在青石板上。

根上树：多好的大麻呀，却被哪个狗杂种给铲除了！

阿里宝：我家的大麻从来没有今年这么好过，但一夜间被铲除得干干净净！

贵龙富：是哪个砍了我家的大麻，有种的给我站出来！

山嘎他们相互眼神交流。

查波：寨主你得管一管呀，这到底是哪个在搞破坏？

达旺：我怎么管呀？就连我家的大麻都被铲除了。

根上树：有人搞破坏，我心中是有数的！

戈麻有些惊慌失措，山嘎把手搭在戈麻肩膀上，使戈麻稳住了情绪。

阿里宝：哪个在搞破坏？

根上树：还有哪家的大麻长在地里呢？

贵龙富：莫罗霸家的大麻，但他不可能干这种缺德的事吧？

阿里宝：我想莫罗霸不会干这种事！

根上树：大家都看见了，只有莫罗霸家的大麻还长在地里。

莫罗霸：你这老杂种！凭什么说是我铲除你们的大麻？

根上树：你这老狗日的！就是你干的好事。

莫罗霸抓住根上树的衣领，两人拉开了打架的阵势。

达旺的长烟锅头敲打莫罗霸的肩部：有话坐下来说！何必动脚动手

呢？

莫罗霸松开了手，根上树低着头。

莫罗霸：你凭什么说是我干的呢？

达旺的烟锅头敲在青石板上：有哪样话坐下来慢慢说嘛。

山嘎他们钻出人群，然后各自回家。

31. 堂屋里　夜晚　阴天

查波坐在火塘边喝着闷酒，山嘎转身走出堂屋。

查波敲响烟锅：回来！

山嘎：阿爸，有事吗？

查波：坐好！我有话问你。

山嘎坐在火塘边。

查波：大麻是不是被你们铲除的？

山嘎：阿爸，我们怎么会铲除大麻呢？

都奶：他爸你喝醉了，儿子不会干这种缺德事的。

查波：你真的没有去铲除大麻？

山嘎：没有！

查波：没有就好。

山嘎走出堂屋里，查波独自坐在火塘边叹着冷气。

32. 木垛房里　夜晚　阴天

山嘎躺在床上看书。

一个小纸团从后窗里飞了进来。

山嘎翻爬起来打开纸团。

山嘎走到后窗口：我来了。

山嘎穿上羊皮褂后钻出木垛房。

33. 竹林里　夜晚　雨天

细雨纷纷扬扬。

山嘎：戈麻还没有来？

阿龙：他不敢来了。

贵宝：他一定会来的。

山嘎：再等一会。

阿龙：他知道在竹林里会合吗？

贵宝：知道。

一条黑影向竹林里飘来。

山嘎：戈麻来了。

戈麻：我来迟了。

阿龙：走，铲大麻去！

山嘎：今晚是最后一次去铲除大麻，大家手脚麻利点。

他们向大麻地里走去。

34. 大麻地里　夜晚　雨天

弯刀似闪电般向大麻根上砍去，山嘎他们的脸上挂满了雨珠。

山嘎：大家动作快点，还有最后几棵大麻。

他们低头砍着大麻，一条黑影向大麻地边飘来。

莫罗霸冒着风雨跑到大麻地边：杂种！哪个在砍我家的大麻？

山嘎：快跑！

山嘎他们从不同的方向消失在夜色中。

莫罗霸：杂种！站住！

戈麻：我的刀掉了。

山嘎：快跑！

戈麻独自向山路上跑去。

35. 山路上　夜晚　雨天

莫罗霸似头疯牛样向戈麻追去，一脚踩在牛屎上滑倒。

莫罗霸：哎哟，我的屁股！

戈麻跑出不远滑倒在地上。

莫罗霸抓住戈麻的脚：看你往哪里跑？！

戈麻一脚踢在莫罗霸的脸上：放开！

莫罗霸松手：踢着我的脸了！

戈麻趁机往前跑。

莫罗霸：站住！

戈麻：来抓呀！

莫罗霸紧追：站住！

戈麻踩在牛屎上滑倒，莫罗霸一把抱住戈麻的腰：看你往哪里跑？

戈麻躺在泥水里喘着粗气。莫罗霸幸灾乐祸地笑开了。

36. 寨道上　早晨　晴朗

山嘎吹着口哨走在寨道上。

阿龙：等等我呀。

山嘎：快来呀。

贵宝：戈麻被莫罗霸抓去了。

阿龙：山嘎哥，怎么办呢？

山嘎：不要管他，我们去养殖场。

贵宝：戈麻会不会出卖我们呢？

山嘎：不会！

阿龙：要是他出卖我们，就惨了。

贵宝：他不会出卖我们的！

山嘎：就是嘛，他不会出卖我们的！

阿龙：要是他出卖我们，那怎么办？

山嘎：只要他敢出卖我们，就对他不客气！

他们谈笑风生地向养殖场里走去。

37. 戈麻家门口　早晨　晴朗

莫罗霸拖着戈麻怒嚎。

莫罗霸：根上树，你滚出来！

根上树打开大门：要打架吗？

莫罗霸：你家的杂种，干缺德事哩！

根上树：干什么缺德事了？你不要乱说嘛！

莫罗霸：问你的儿子吧！

根上树：你干什么缺德事呀？

戈麻没有回应。

莫罗霸：他铲我的大麻！

根上树：不会吧？！

莫罗霸：不会？！是被我当场抓住的！

根上树：你去铲他家的大麻了？

戈麻没有回应。

莫罗霸：还有几个跑了，也不知道是哪家的杂种！

戈麻没有出气。

莫罗霸：只有交给寨主去处罚了。

根上树气得直跺脚，莫罗霸却扬眉吐气。

38. 办公室里　白天　晴朗

杨琪坐在办公室里批阅文件，山嘎低着头走进办公室。

杨琪：请坐！

山嘎：好哩！

杨琪：你们团支部最近做的几件好事我都知道了。

山嘎：昨晚去铲除莫罗霸家的大麻时，戈麻被莫罗霸抓住了。

杨琪：戈麻被莫罗霸抓去了？

山嘎：嗯。

杨琪：原来是这样。

山嘎狼狈不堪地走出办公室。

39. 街道上　白天　晴朗

山嘎低着头在街道上。

阿龙：杨书记叫你干什么？

山嘎：唉，问戈麻的事呗。

贵宝：杨书记知道我们砍大麻的事了？

山嘎：早就知道了。

阿龙：她咋个会知道呢？

山嘎：我也纳闷哩。

贵宝：一定有叛徒告密！

山嘎：你们在杨书记面前没有漏过嘴吧？

阿龙：没有！

贵宝：难说是你告诉杨书记哩。

阿龙：我是那种人吗？

山嘎：不要闹了！

贵宝：唉，戈麻被当场抓着就不好说了。

阿龙：他不会出卖我们吧？

贵宝：我想他不会的。

山嘎他们拖着沉重的脚步回寨。

40. 场坝里　白天　晴朗

场坝里人群熙熙攘攘，山嘎他们钻进人群里看热闹。

戈麻被捆绑在人群中间，山嘎暗吃一惊。

阿龙对着山嘎耳朵：咋个整？

山嘎：作为一名共青团员，敢做敢当！

贵宝：就得承认了？

山嘎：寨主追问就得承认。

阿龙：不能承认，赶快走开吧。

贵宝：快跑！

山嘎：不能离开！

寨主达旺坐在一个搬来的大龙椅里，又威风又老道地抽着老草烟。

莫罗霸：把你的同伙说出来！

达旺：砍大麻不可能是你一个人，把你的同伙说出来吧！

根上树：儿子呀，把你的同伙说出来吧，你一个人是担当不起的呀！

达旺敲响烟锅头：快说！

戈麻：我……我说。

达旺：快说！

戈麻：山嘎、贵宝，还有阿龙……

达旺放开嗓门喊道：你们几个也出来认错吧！

山嘎：把戈麻放开，捆绑人是犯法的！

达旺：把他们几个也捆起来！

几个五大三粗的男人把山嘎他们捆绑起来。

山嘎：捆绑人是犯法的呀！

达旺：在寨子里我的话就是法！

山嘎：你这样做是违法的呀！

达旺：法大还是我大？！

山嘎：法大！

达旺：我大！

山嘎：法大！

达旺：我大！

山嘎：唉，法盲！

达旺：哪个叫你们砍寨子里的大麻呢？

山嘎：大麻是国家禁止种的植物，我们砍大麻是错了？

达旺：你们的娃娃砍了人家的大麻，这事该咋个办呢？

查波：我听寨主发话。

达旺：你们几家呢？

根上树：按山寨的规矩办吧。

达旺：你们几家听好了，按山寨老规矩，每家拉条黄牛来谢罪！

查波：我们照办就是了！

达旺：谢罪的黄牛明天交到我手里。

人群相继散去。

41. 院子里　黄昏　晴朗

查波把山嘎捆绑在厦柱边，然后坐在院子里抽着闷烟。

都奶：他爸你疯了嘎？把我的娃娃放开！

查波：叫个屁！滚开！

都奶：唉，死老官！

山嘎：阿爸呀，你咋个不懂法呢？

查波：学了几天法律常识，就吓唬起阿爸来了？

山嘎：镇团委副书记说了，大麻是国家禁种的植物，所以必须把大麻铲除！

查波：大麻不是罂粟，所以不是毒品，你们副书记说屁话！

山嘎无奈。查波冷笑。都奶发呆。

42. 堂屋里　黄昏　晴朗

根上树喝着闷酒，戈麻双手被反捆着跪在堂屋门口。

根上树：你做了缺德事，让我在莫罗霸面前亏理，以后咋个抬得起头呀？

戈麻：国家禁止种植大麻，我们去铲除大麻是做缺德事吗？

根上树：既然国家不准种植大麻，但铲除大麻也不是你们的事呀！

戈麻：我是一名共青团员，又是一名禁毒志愿者，铲除大麻是我们的分内事。

根上树：你做了缺德事还有理？给我跪着！

戈麻：阿爸，您这样做是违法的！

根上树：我一点都没有违法！寨主咋个说我就咋个办。

戈麻：寨主说的这些都是违法的，你们咋个还听寨主的话呢？

根上树：他是一寨之主，只能听他的话，他说的话就是法，他的话比法还大哩。

戈麻： 法盲！

根上树：放屁！

戈麻急得无奈。根上树一个劲地喝着闷酒。

43. 磨房里　夜晚　晴朗

阿里宝酒气加怒气，把阿龙推进磨房里，然后挂上一把大铁锁。

阿龙：阿爸，放我出去！

阿里宝：你就待在磨房里吧！

阿龙：阿爸，你关押我是犯法的呀！

阿里宝：老子关押自己的娃娃犯哪门子法？

阿龙：你限制我的人身自由权是犯法的！

阿里宝：犯法？放屁！

阿龙：唉，老法盲！

阿龙唉声叹气。阿里宝唱着彝家小调走开。

44. 桃树上　夜晚　晴朗

月亮升了起来，贵宝被吊在大门口的桃树上。

贵龙富：看你还去铲大麻？老子好好管教你！

贵宝：阿爸，我没有做错事呀。

贵龙富：砍人家的大麻不是做坏事？！

贵宝：大麻是国家禁止种植的，我们去铲除大麻不该吗？

贵龙富：你们砍人家的大麻还有理？

贵宝：大麻是应该铲除的！

贵龙富：家里的老黄牛拉去了谢罪，以后耕地咋个整呀？

贵宝：老黄牛不能拉去谢罪，寨主这样做是违法的！

贵龙富：违哪门子法？！

贵宝：放我下来！

贵龙富：没门！

贵宝额头上的汗珠像雨点般散落在地上。贵龙富坐在一边跷起二郎腿唱起彝家酒歌。

45. 院子里　黄昏　晴朗

山嘎坐在院子里发呆。查波蹲在一旁迷醉在草烟雾中。

杨琪走进院子里：山嘎同志！

山嘎惊醒：啊，杨书记来了？

查波从草烟雾中回过神来：杨书记，请坐！

杨琪：山嘎同志，你们团支部最近没有开展活动？

山嘎：我……我……

查波：活动？再活动就要天塌下来了！

杨琪：大叔，你怎么不支持山嘎他们活动呢？

查波：活动？活动哪样？

杨琪：山嘎同志，你也不想活动了？

山嘎：想活动，但阿爸不让我去。

杨琪：大叔，你不支持山嘎他们开展禁毒志愿者活动是不对的呀。

查波：唉！

山嘎：阿爸，我想继续开展禁毒志愿者活动！

查波：不行！

杨琪：大叔，你一定要支持山嘎他们开展禁毒志愿者活动。

查波：唉，虽然我支持山嘎他们开展铲除大麻禁毒活动，但寨主也不会点头哩。

杨琪：寨主的思想工作我去做。

山嘎脸上挂满了甜甜的笑容。

46. 核桃树下　白天　晴朗

达旺坐在龙椅里威风而老道地吐着草烟雾。

达旺：你们几家听到没有？明早必须把钱交清。

查波：唉，到哪里去拿钱呀？

根上树：就是嘛，到哪点去找钱呀？

阿里宝：我昨天卖了一只山羊才有2000元。

贵龙富：寨主，不能再宽限几天吗？

达旺：山寨的规矩，你们敢违抗吗？！

查波：不敢，不敢！但实在是没有钱呀。

达旺：让大家来评评理吧。

莫罗霸：该尽快把赔偿的钱交上来，你们养的种真丢人。

根上树：莫罗霸，你说话不要欺人！

莫罗霸：我就是要欺你！

根上树：老子跟你拼了！

莫罗霸：来吧，老子有的是钱，还怕你不成？

根上树：你吃的是黑心钱，老天爷迟早会报应你的！

莫罗霸：今天整死你！

达旺：大家都是一个山寨里的人，不要伤和气哩！

根上树和莫罗霸恼羞成怒地注视着对方。人群不欢而散，莫罗霸抬着龙椅紧跟在达旺身后离去。

47. 堂屋里　夜晚　晴朗

达旺坐在火塘边抽着老草烟，堂屋里烟雾很浓，杨琪不时发出咳嗽声。

奶琪：娃娃他爸呀，你那老草烟不要吃了，你看杨书记受不了哩。

达旺：我吃完这锅烟就不吃了。

奶琪：娃娃他爸一辈子就爱吃这锅老草烟，一天不吃几锅老草烟就要命一样。

达旺：杨书记有哪样事吗？

杨琪：我今晚是为你们山寨团支部开展禁毒志愿者活动的事。

达旺：小伙子们不是开展着禁毒活动的嘛，你还有哪样事要说呢？

杨琪：听说你不支持团支部开展禁毒活动，确有此事吗？

达旺：唉，都怪他们犯了山寨的规矩。

杨琪：山寨的规矩里有不准开展禁毒活动这条吗？

达旺：凡是做坏事的我坚决不支持！

杨琪：他们没有做坏事呀。

达旺：你没听说他们砍了人家的大麻吗？

杨琪：听说了。”

达旺：这不是做坏事吗？”

杨琪：因为大麻是国家禁止种植的植物，所以砍大麻不是做坏事。

达旺：你这个团委书记就支持这些禁毒志愿者干坏事？

杨琪：他们没有干坏事，你们山寨里的这些禁毒志愿者铲除大麻是应该支持的！

达旺：山寨的规矩是没法改变的，你走吧！

杨琪：难道这些规矩就不能废除吗？

达旺：不能！坚决不能！不要在我们山寨里蛊惑人心，你给我滚！

奶琪：娃娃他爸哟，你不能这样跟杨书记说话呀！

达旺：你这死老奶，这里没有你说话的份！

奶琪鸦雀无声。杨琪失望地走出了堂屋。

48. 山路上　早晨　晴朗

查波他们牵着耕牛向那条通往山外的茶马古道上走去。

查波：唉，娃娃把我老倌害得连耕牛都养不成了！

根上树：莫罗霸在寨主那里说我们的娃娃不是，所以才逼得我们几家卖耕牛哩。

阿里宝：山寨老规矩那个也不敢不听，就怪我们养着不听话的娃娃哟。

贵龙富：娃娃们违反山寨规矩，让老子去卖耕牛。

李锋从山路上迎面走来。

查波：李副书记，你这个普法志愿者，又要到我们山寨里普法？

李锋：今天要召开户长会，你们几个一大早牵着耕牛去哪里呀？

查波：唉，都怪娃娃违反了山寨规矩，我们的耕牛养不成哩。

李锋：你们不养耕牛，以后种地怎么办呀？

查波：唉，快到耕种的时节了，没有耕牛往后的日子就难过了。

李锋：种地的人没有耕牛是不行的呀，你们还是把耕牛牵回家去吧。

根上树：不卖耕牛，那里有罚金交呀？

李锋：谁叫你们交罚金呢？

根上树：娃娃们砍了人家的大麻，寨主叫我们每家交一万元的罚金，明天一大早就得把罚金交到寨主的手里，所以只得把自家的耕牛拉去卖了。

李锋：你们的耕牛不能卖，罚金一分都不能交！

查波：李副书记，你是普法志愿者，你懂的法律知识比我们吃过的饭还多，你要给我们做主呀。

李锋：走，开户长会去，这事我一定为你们做主！

查波他们牵着耕牛紧跟在李锋后边，然后匆忙地向山寨里赶去。

49. 文化活动室门口　白天　晴朗

在一棵古老的大榕树下，查波把耕牛拴在树根上，便坐在一个石头上抽着闷烟。

达旺和莫罗霸也匆匆赶到大榕树下。

达旺：哎哟哟，开户长会，你们比我还早哩。

查波：啊哟，寨主你也来了？

达旺：你们不去卖牛？还赶什么热闹？

查波：不是要开户长会吗？

达旺：哪个叫你们来开户长会呢？

查波：李副书记，就是那个普法志愿者呗。

莫罗霸：李副书记来了？他这个普法志愿者，不知又要搞什么鬼？

根上树：你害怕普法志愿者？

莫罗霸：我又不做亏心事，怕他干什么？

达旺：你们的罚金找够了？

阿里宝：没有！

莫罗霸：罚金都交不起，还不去卖牛哩，开什么户长会！

根上树：你管不着！

莫罗霸：你那个鸭子嘴巴不要叫了！

贵龙富：耕牛卖了咋个种地呀？

莫罗霸：把牛卖给我吧，每条二千元。

查波：我的牛只值二千元吗？

莫罗霸：你要多少元?

查波：二万元，少一分都不卖。

根上树：我的牛要一万八千元。

莫罗霸：一万八千元?

根上树：嗯。

莫罗霸：八千元卖不卖?

根上树：买我的鸡巴!

莫罗霸：你割下来我就买!

达旺：你们这两头牛，不要再斗哩!

山嘎他们欢歌笑语地走到文化活动室大门口。

山嘎：阿爸，你不去卖牛了?

查波：牛不卖了，我要开户长会哩。

山嘎：罚金不交了?

查波：不交!

山嘎：阿爸，走，开会去!

查波反剪着手走进文化活动室。

50. 文化活动室里　白天　晴朗

户长们纷纷入座。

杨琪：山嘎同志，升旗!

国歌声响起来，国旗冉冉升起。李锋和马明面向国旗行军礼。

杨琪：今天请户长们开一个会，下面请普法志愿者，也就是我们镇的团委副书记讲话，大家欢迎!

热烈地鼓掌声。

查波：镇团委还有一个副书记?

阿里宝：镇团委书记是来自上海那座大城市里的志愿者呢。

查波：镇团委书记是女的，而副书记是男的，不是女人骑在男人头上了？

贵龙富：在山外女人骑在男人头上的多着哩。

阿里宝：听说副书记还没有婆娘呢。

查波：书记和副书记是天生的一对，两个都是志愿者。

根上树：反正杨书记还没有男人，还不如做副书记的老婆呢。

贵龙富：老哥，你就当现成的媒人吧。

查波：我不行。

阿里宝：你一定行！

李锋走上讲台，人群静了下来。

李锋：国家法律明确规定不准种大麻，山嘎他们几位共青团员去铲除大麻的活动是正义的，所以你们山寨应该支持他们这种正义行动，同时他们也是你们山寨里的禁毒志愿者。

达旺：不行！这是我们山寨的规矩。

李锋：你这种行为是违法的！

达旺：国有国法是吧？

李锋：对呀！

达旺：山寨也有山寨的规矩！

李锋：你们山寨的规矩是违背国家法规的，不能再执行了，应该彻底废除。

达旺：山寨的规矩大？还是国家的法规大？

李锋：当然是国家的法规大。

莫罗霸：山寨的规矩比国家的法规大。

山嘎：必须破除山寨的老规矩！

达旺：山嘎你不要乱说，你是我们山寨里的人，我是一寨之主，我说的话你得听！

山嘎：我是山寨的团支部书记，山寨的这种老规矩我不能听！

戈麻：山嘎说得对，山寨的老规矩应该破除！

达旺似条斗败的老公牛，垂头丧气地独自抽起闷烟。

李锋：大麻是国家禁止种植的植物，希望你们不要再种植了，根据你们这里的气候条件，必须得调整产业结构，应该种植一些中药材或者火草，我们一定会请专业技术人员来指导你们种植中药材，这样一定会让你们尽快脱贫致富奔小康，在脱贫路上决不能让一个兄弟民族掉队。

莫罗霸：大麻在我们山寨里祖祖辈辈都种植，不种大麻就是违背了山寨的老规矩，寨主你就拿主意吧。

达旺：唉，既然国家不准种，那么就不要种了，我们这里的气候条件得天独厚，刚才这位普法志愿者说的也是有道理的，在他们的技术指导下就种植中药材吧，这样我们也可以尽快脱贫致富奔小康。

李锋：目前还有少数人在偷种罂粟，这种植物一旦被查出来要追究法律责任的，请你们不要再种了。

查波：哪有人种罂粟呀？”

根上树：那些吃着豹子胆的人才种罂粟哩！

莫罗霸：你见哪家种罂粟了？

根上树：纸总是包不住火的，狐狸的尾巴总是藏不住的！

达旺：罂粟是制作鸦片烟的东西，我们山寨里的人是不会种植罂粟的。

李锋：在封建社会里我们吃尽了鸦片烟的苦头，很多人因吸食鸦片烟而家破人亡，但现在还有少数人偷种罂粟，这种行为是触犯国家法律的！

山嘎：我们山寨里的共青团员都是禁毒志愿者，应该珍重生命，远离毒品！我们一定会打赢这场禁毒战争！

热烈的掌声。

51. 古树下　白天　晴朗

马明与山嘎他们谈笑风生。

马明：你们几个禁毒志愿者做了一件很有意义的好事。

山嘎：我们是共青团员，又是禁毒志愿者，以后在我们的家园里见不到一棵大麻。

马明：作为一名共青团员，又是一名禁毒志愿者，要团结一切可以团结的力量，要同那些坏人坏事做斗争！

贵宝：我们一定会的。

山嘎他们几双手紧紧地拉握在一起。

52. 寨道上　黄昏　晴朗

戈麻背着猪草回家，阿龙堵住路口不让。

戈麻：你要干什么呀？怎么堵住我的路呢？

贵宝：我们想跟你比武，你赢了就可以加入禁毒志愿者队伍，山嘎哥这样好吗？

山嘎：行！就这样定了，戈麻你说呢？

戈麻：好！我先把猪草背回家就来。

阿龙：我也想跟你比试呢！

戈麻：比就比！

山嘎：反正你是干不赢我的，我只有当裁判员，我们在寨头的草坪上等你。

戈麻：我一定来！

阿龙：好，我们等着你！

戈麻：我才不怕你呢，你就等着吧！

阿龙：我一定等着你。

山嘎：阿龙你不要啰嗦，我们到寨头的草坪上等他去。

贵宝：走吧！

山嘎他们你追我赶地向寨头的草坪上跑去。

53. 院子里　黄昏　晴朗

戈麻把猪草往院子里的青石板上一放，而后拔腿就往外面跑去。

根上树：你要去哪里？吃饭了！

戈麻：你们先吃吧。

根上树站在厦坎上望着戈麻跑出大门。

54. 草坪上　黄昏　晴朗

山嘎他们躺在绿油油的草坪上玩耍。

阿龙：戈麻不会哄我们吧？

山嘎：不会。

贵宝：他不来就是狗！

山嘎：他一定会来的。

戈麻气喘吁吁地赶来：我来了。

贵宝：说话还算数哩！

山嘎：我当裁判员，三打两胜就赢，阿龙你们哪个先上？

戈麻：你们哪个先上？

贵宝：我先上！

戈麻：来呀！

山嘎：开始！

一阵较量后，戈麻被摔倒在草坪上。

山嘎：第一局贵宝胜！第二局开始！

又一阵激烈地搏斗，贵宝被摔倒在草坪上。

山嘎：第二局戈麻胜！第三局开始！你们的输赢就看这局了。

戈麻和贵宝抓住对方的腰杆不松手，经过一阵激烈地拼搏，贵宝被戈麻摔倒在草坪上。

山嘎：戈麻获胜！

戈麻高兴地跳起来，贵宝恼羞成怒地躺在草坪上喘气。

阿龙：戈麻你不要高兴得太早哩，还有我呢，看我怎么来收拾你！

山嘎：开始！

阿龙抓住戈麻的腰杆，却被戈麻摔倒在草坪上。

山嘎：阿龙输，戈麻赢！

贵宝：阿龙，加油！

山嘎：第二局开始！

阿龙又一次被戈麻摔倒在草坪上。

山嘎：戈麻获胜！

阿龙咬住戈麻的手。

戈麻：你这个小狗！

阿龙：唉！

山嘎：阿龙你这个不要脸的狗东西，自己输了还不服气吗？怎么咬人家的手呢？！

阿龙：我不服气！

戈麻：不服气就来嘛！你敢吗？

山嘎：既然自己输了就得服输，以后戈麻就是禁毒志愿者了。

贵宝：好哩。

山嘎：阿龙，你呢？

阿龙：我听山嘎哥的！

一群喜鹊落在草坪上唱起了欢快的歌谣。

54. 松树林里　夜晚　晴朗

圆圆的月亮颤巍巍地挂在松树枝头，杨琪和李锋坐在松树下谈笑风生。

李锋：你们镇的共青团员们都成为缉毒志愿者了。

杨琪：还不是被你这个普法志愿者的英雄事迹感化的呗。

李锋：这些禁毒志愿者聪明、机智、勇敢，几天就把寨里的大麻都铲除了。

杨琪：这些禁毒志愿者为铲除大麻而被寨规处罚。

李锋：这些老规矩也太霸道了！

杨琪：这些老规矩是寨子里的一种古风古俗，谁违背老规矩都会受到惩罚。

李锋：山寨的怪事太多了！

杨琪：我们作为一个志愿者，应该把这些怪事破除。

李锋：这项工作由我这个普法志愿者来负责。

杨琪：我想组织禁毒志愿者们去参观禁毒展览馆，让他们更加了解毒品的危害性。

李锋：什么时候呢？

杨琪：明天。

李锋：好！

杨琪：你们这些公安边防军人太伟大了，为了国家的安宁和千千万万家庭的幸福生活，把自己的青春默默地奉献在边防线上，我很敬佩你们公安边防军人！

李锋：我也很敬佩你们这些来自大城市的志愿者！

杨琪：文采不错！

李锋：谢谢夸奖！

杨琪：谢什么？

李锋：虽然你我来自不同地方，但我们的心灵是相通的，因为你我都是志愿者。

杨琪：你是最可爱的人。

李锋：是你的心里话？

杨琪：嗯！

月亮在群山中慢慢地走，月光下两颗志愿者的心拉得更近。

55. 展览馆里　白天　晴朗

禁毒志愿者们在展览馆里看着一幅幅禁毒宣传图片。

马明：同志们，过去多少人因为吸食鸦片烟而导致家破人亡，而今也有少部分人吸食毒品，使一个个美满幸福的家庭妻离子散，所以全社会共同起来打击吸毒、制毒、贩毒行为，才能保住一方社会的平安，作为一名共青团员更应该远离毒品，更应该珍重自己的生命。

戈麻：既然大麻也算毒品，那么罂粟更是毒品了？

马明：罂粟就是当地人说的大烟，用罂粟可以提炼出毒品，因此，罂粟是毒品之一，我们必须要远离它！

阿龙：罂粟是一种毒品，这么说就更不能种植了？

李锋：对，罂粟是一种毒品，在国家的法律上是禁止种植的！

山嘎：我们成为一名光荣的禁毒志愿者，一定会全身心地投入到这场禁毒战争中！

马明：据说你们山寨里至今还有人种植罂粟，你们都是禁毒志愿者，回家后要宣传好禁毒政策，让你们的父老乡亲们不再种植罂粟。

山嘎：罂粟这种植物我们从来没有见过。

戈麻：就是嘛！即使在大山里遇到罂粟也不知道哩。

阿龙：听说罂粟花开出来很好看。

贵宝：在我们大山里到处是野花，哪个会分得清是罂粟花呢？

马明：同志们，请你们看宣传图片，这张图片就是罂粟花，而这张是罂粟果的图片。

山嘎：这就是罂粟花？！

戈麻：这种植物我好像在哪儿见过。

阿龙：你不要乱说呀，在我们大山里不会有罂粟花的。

贵宝：难怪说有人会偷种哩。

山嘎：大家进山时多留点神，现在我们不仅是一名共青团员，而且是一名光荣的禁毒志愿者，只要在我们那方净土上长有罂粟花，就必须把它彻底铲除，你们敢吗？

戈麻：敢！

马明：同志们，大家继续往前看。

山嘎：这照片上的人不就是我们的副书记吗？

贵宝：不会吧？！

阿龙：就是副书记哩。

戈麻：缉毒英雄！

马明：这是你们的副书记，也是你们镇的普法志愿者，是我们公安边防大队长。

赞叹声此起彼伏。

56. 小河里　白天　晴朗

山嘎他们在小河里洗澡嬉闹。

山嘎：我们的副书记真了不起，他是我们镇的普法志愿者，又是一名缉毒大英雄哩！你们想不想当一名缉毒英雄呢？

阿龙：怎么当缉毒英雄呀？我们打得过大坏蛋吗？

山嘎：与大坏蛋斗智斗勇呗！

贵宝：种罂粟花的人算不算是大坏蛋？

戈麻：哪还要问吗？一定是大坏蛋！

阿龙：原来是这样？！

山嘎：与大坏蛋斗智斗勇才是上策，懂吗？

他们一头扎进深水潭里，水面扬起一道道迷人的浪花。

57. 密林里　白天　晴朗

戈麻在密林里放牛。

一只野兔在草坪上吃着青草；戈麻用弹弓瞄着野兔；一颗小石子飞去打中野兔的头，野兔蹬蹬脚躺在草坪上。

戈麻：打中了，打中了！

山嘎：打中什么呀？

戈麻：野兔呗！

山嘎：野兔？！

戈麻：嗯！

山嘎：不错！你打弹弓的技术有进步！

戈麻：比起你还差得远哩。

山嘎：用自己手中的弹弓打坏蛋才过瘾哩！

戈麻：我认为莫罗霸一定在偷偷种植罂粟花哩。

山嘎：你听哪个说呀？他不是在种中药材吗？

戈麻：既然是种中药材，为什么不准外人进老鹰山里呢？

山嘎：得想办法到老鹰山里走一走。

戈麻：进老鹰山里难着哩，听说寨主都不准进老鹰山里，我们怎么能进得去呢？

山嘎：走，看看去！

戈麻：白天到老鹰山附近周旋，会引起他们的防范，我想晚上去更好。

山嘎：好，今晚行动！

戈麻：老鹰山里我没有去过，你对那个地方的地形熟悉吗？

山嘎：我跟阿爸到老鹰山里打过三次猎，那里山高坡陡，你敢去吗？

戈麻：敢！

山嘎：今晚我们两个去探路。

戈麻：阿龙他们不去吗？

山嘎：人多行动不方便，我们两个去就行了。

戈麻：好哩！

山嘎提着野兔冲进密林里，戈麻穷追不舍。

58. 寨道上　黄昏　晴朗

山嘎腰挂弯刀，身披蓑衣走在前边；戈麻脖上挂着弹弓，手里提着铁猫夹，穿着一件羊皮褂紧跟身后，匆匆忙忙地走出山寨。

59. 羊肠小道上　夜晚　晴朗

半弯月亮颤巍巍地挂在东边的山头，朦胧的月光洒落在羊肠小道上，山嘎和戈麻踩着月色匆忙赶路。

山嘎：小心点，不要摔到岩子下面去了。

戈麻：不用担心，走夜路我行。

山嘎：跟上我的脚步走。

戈麻：好哩！

山嘎：这路白天走都危险，晚上就该小心点。

戈麻：黄牛摔下去就会变成肉酱哩。

山嘎用弯刀砍着羊肠小道边的藤条，戈麻抓住藤条艰难地爬行。

60. 山谷里　夜晚　晴朗

草木茂密，藤条飞舞。

戈麻：还有多远？

山嘎：快到了。

戈麻：有狗吗？

山嘎：有！

他们在山谷里隐隐约约地行走。

61. 悬崖边　夜晚　晴朗

山嘎拉着戈麻艰难地爬上一道悬崖。

戈麻：听说寨主都只到过这道悬崖边，再往前走就会被莫罗霸家的狗群发现哩。

山嘎：老鹰山三面是悬崖峭壁，只有山猴子才爬得上去。

戈麻：莫罗霸家的人只要守住路口，就连野兔都进不去，我们怎么进去呢?

山嘎：一定要想办法进老鹰山里，搞清楚莫罗霸种些什么中草药。

戈麻：我们能变成鸟就好了，张开翅膀就飞进老鹰山里。

山嘎：猴子爬得上去的地方，我们也得去试一试。

戈麻：从悬崖上爬进老鹰山里?

山嘎：是啊，从悬崖上想办法呗。

戈麻：爬悬崖峭壁还是贵宝厉害，明天把他带上再爬悬崖峭壁好吗?

山嘎：好!

山嘎他们躲在齐腰深的杂草窝里，目光久久地注视着老鹰山。

62. 老鹰山里　夜晚　晴朗

三面悬崖峭壁，似刀削一样。

四个草棚里，马灯像鬼火样跳动着微弱的亮光。

63. 杂草窝里　夜晚　晴朗

一轮月亮挂在西边的山峰顶，夜鸟在森林里不甘寂寞地举办着音乐会。

山嘎他们躲在杂草窝里观察着地形。

戈麻：我们从正面爬进去。

山嘎：不行!

戈麻：草棚里的人早就睡了，怎么不能从正面进去呢?

山嘎：草棚里的人睡着了，但那几条狗还醒着哩。

戈麻：那怎么办?

山嘎：回家!

戈麻：回家?

山嘎：嗯。

戈麻：好哩。

山嘎：老鹰山不容易进去的，明天来看看地形，然后再想办法呗。

戈麻：这样也好，明天我带上望远镜。

山嘎：你有望远镜？

戈麻：有。

山嘎：太好了，明天把望远镜带上。

戈麻：好，我一定把望远镜带上。

山嘎：回家！

戈麻：回家！

山嘎他们钻出杂草窝里，消失在夜色中。

64. 山峰顶上　白天　晴朗

山嘎他们把牛赶到山坡上吃草，而后跑到老鹰山对面的那座山峰上。

阿龙：山嘎哥，你看什么呀？

山嘎：老鹰山！

贵宝：老鹰山是莫罗霸的中药材基地，那些中药材有什么可看的呢？

戈麻：你知道他种什么药材？

贵宝：听说种板蓝根。

阿龙：他很有钱哩，还养着很多帮工呢。

山嘎：那种植物不像板蓝根。

戈麻：我来看。

阿龙：不是板蓝根？

戈麻：你自己看呗！

阿龙：我说不准是哪样东西。

贵宝：我来看！

山嘎：是哪样东西？

贵宝：有点像罂粟花。

戈麻：我看也像罂粟花哩。

阿龙：你们昨晚是来看这些东西吗？

山嘎：嗯！

贵宝：咦，你们想当缉毒英雄了？为什么不要我们参加呢？

戈麻：今天你们不是参加了吗？

阿龙：昨晚你们没有进老鹰山里？

山嘎：老鹰山能随便进得去的吗？

贵宝：我想进老鹰山里，只有从悬崖峭壁上爬进去了。

戈麻：那么高的悬崖峭壁怎么爬上去呢？

阿龙：再高的悬崖峭壁贵宝一样爬得上去。

贵宝：老鹰山三面是悬崖峭壁，我想从左边爬上去更好，因为左边的悬崖峭壁上长着藤条，可以顺着藤条往上攀登。

山嘎：贵宝说得对，今晚一起行动，看看莫罗霸到底种什么中药材！

阿龙：我要参加！

戈麻：山嘎哥说了一起行动，你耳朵没有听到吗？

贵宝：爬悬崖峭壁就看我的了。”

山嘎：回家啰！

美丽的夕阳洒落在连绵的群山间，吃饱的牛儿在山坡上悠闲自得地摇甩着尾巴，山嘎他们赶着牛群回家。

65. 老鹰山里　黄昏　晴朗

莫罗霸看着风中摇摆的罂粟花，那张狡诈的脸庞上露出了得意的笑容。

莫罗霸：要严防死守，不能让外人走进老鹰山里半步！

山猫王：是！

莫罗霸：要防范寨子里的那帮禁毒志愿者，一旦发现他们在附近山头上转悠，就用火药枪轰走！

山猫王：是！

莫罗霸：山嘎的鬼主意多着哩，千万不要上那帮志愿者们的当。

山猫王：这里三面是悬崖峭壁，连猴子都难爬得上来，只要我们看好这边的路口，不要说那帮禁毒志愿者们进来，就连山猴子都进不来哩。

莫罗霸：好好干，我不会亏待你们的。”

山猫王：是！

莫罗霸哼着山歌小调走在前边，山猫王似条狗样紧跟在身后。

66. 灌木林里　黄昏　晴朗

山嘎他们向老鹰山脚的悬崖峭壁边赶去。

阿龙：走慢点嘛，我追不上你们了。

贵宝：快点！

阿龙：我走不动了。

戈麻：走不动了？哪个叫你来呀？

阿龙：哎哟，我的脚被刺扎了。

山嘎：滚回去！

阿龙：不去！

山嘎：狼来了！

阿龙：哪儿？

戈麻：你身后！

阿龙：等我呀。

阿龙穷追不舍，山嘎他们捧腹大笑。

67. 草棚边　黄昏　晴朗

山猫王倒挂着火枪走到草棚边。

山猫王：老板发话了，大家好好干，他不会亏待我们的。

山猴子：我们什么时候不好好干呢？他妈的一天到晚不敢闭一下眼睛。

山猫王：寨里的那帮禁毒志愿者尽干缺德事，几个晚上就把全寨的大麻都砍倒了。

山猴子：你就放心吧，我们防守得这么严，不要说几个志愿者进老鹰山里，就连老鹰也飞不进来哩！

山猫王：晚上要多留点神，要是那帮志愿者进来把情况捅出去，我们都不会有好果子吃。

山猴子：我们跟你多年了，还信不过我们？

山猫王：我不是信不过你们，弟兄们要把门看好！

山猴子：我们的眼睛像夜猫子一样精灵哩。

山猫王哼着山歌摇头晃脑地走去。

68. 悬崖下　夜晚　晴朗

山嘎他们坐在悬崖峭壁下的石头上，抬头望着似瀑布般洒落下来的藤条。

贵宝：从那地方爬上去更好。

阿龙：怎么爬上去呀？

山嘎：抓住藤条爬上去呗。

戈麻：藤条会不会被扯断？

贵宝：不会！

山嘎：阿龙你爬得上去吗？

阿龙：你们爬得上去，我也爬得上去！

贵宝：我先爬上去看看，你们听到画眉鸟叫声就上来。

山嘎：上面情况不妙，你就顺着藤条滑下来。

贵宝：好哩！

山嘎：小心点。

贵宝：放心吧。

贵宝抓住藤条，似猴子样爬上去。

69. 悬崖峭壁顶　夜晚　阴天

贵宝爬到悬崖峭壁顶，抬头望了一阵老鹰山里那坡种植药材的地，却没有发现什么异常，便顺手采来一片叶子，吹响画眉鸟叫的声音。

70. 悬崖峭壁下　夜晚　阴天

听到画眉鸟叫的声音，山嘎他们脸上露出了笑容。

山嘎：快上！

阿龙：好哩！

他们抓住藤条在悬崖峭壁上攀登。

71. 悬崖峭壁顶　夜晚　阴天

贵宝躲在悬崖峭壁顶，向下望着山嘎他们。

山嘎：贵宝，你在哪里呀？

贵宝：快点上来吧！

山嘎：他们发现你没有？

贵宝：没有！

山嘎他们爬到了贵宝旁边。

山嘎：有人来了。

贵宝：向我们这边走来的。

阿龙：用弩箭射他的狗眼！

山嘎：不行！

戈麻：怎么办？

山嘎：躲起来！

他们躲进茂密的杂草窝里。

72. 杂草窝旁　夜晚　阴天

山猫王醉醺醺地走到杂草窝旁，不慌不忙地扯起水裤头，然后向杂草窝里撒尿，嘴里还不停地哼着只有他自己听得懂的小调，待撒完尿后摇头晃脑地向草棚走去。

山嘎：人走了。

阿龙：老天没下雨呀，怎么我的头发都湿了？

贵宝：那不是雨，是尿！

阿龙：呸！敢在我的头上撒尿？你就等着吃我的屎吧。

戈麻：不要出声！

山嘎：过去看看，是不是罂粟花。

阿龙：好哩！

山嘎他们低头弯腰向那片种植药材的坡地爬去。

73. 山坡地里　夜晚　阴天

月亮被乌云遮住，大地一片漆黑，人影向坡地里移动。

山嘎：罂粟花！

贵宝：我看有点像哩。

戈麻：是罂粟花！

阿龙：把它铲除算了！

山嘎：不行！

贵宝：怎么办？

戈麻：我们在地里会被狗发现的。

山嘎：向公安边防大队举报！

阿龙：有人来了。

贵宝：来不及跑了。

山嘎：躲在地里。

他们趴在罂粟花地里不敢喘气。

山猴子：只要我们守住那边的路口，还怕有人会长翅膀飞进来？

狗熊：哎呀，还怕那几个禁毒志愿者？再说这么高的悬崖峭壁爬不上来。

山猴子：睡觉！

狗熊：好哩！

狗熊拉着山猴子向草棚边摇摇晃晃地走去。

74. 草棚边　夜晚　阴天

四盏马灯挂在四个草棚里，那跳动的火花似鬼火一样在风中摇晃，四条凶恶的狗睡在草棚门口。

山猫王：金钱豹，发现异常没有？

金钱豹：没有！一切正常！

山猫王：山中虎，你那边怎么样？

山中虎：不要说那几个志愿者想进来？就是连野鸡也飞不进来。

山猫王：山猴子，你那边发现异常没有？

山猴子：风平浪静，万事大吉！

山猫王：有情况就鸣枪。

山猴子：是！

山猫王哼着小调一步一回头地走去。

75. 罂粟花地里　夜晚　阴天

山嘎抬头扫视着周围的动静。

戈麻：还有人吗？

山嘎：没有了。

阿龙：现在怎么办？

山嘎：四个草棚里有四个人和四条狗，旁边那间茅草房里有几个人不清楚，一定要摸清楚才行哩。

贵宝：好哩！

戈麻：走！

山嘎：脚步轻点。

山嘎他们向茅草房边轻手轻脚地摸去。

76. 茅草房边　夜晚　阴天

山嘎他们轻手轻脚地走到茅草房边，一条大黑狗“汪汪汪”地叫了起来。

阿龙：有狗！

戈麻：不要出声气！

茅草房里传来山猫王的声音：哪个呀？

贵宝：怎么办？

山嘎：快跑！

山猫王提着火枪冲出来：站住！

山嘎他们向悬崖峭壁边跑去。

山猫王鸣枪：有情况！

山猴子打着哈欠走来：哪儿呀？

山猫王：往那边跑了。

山猴子：有几个人？

山猫王：四条黑影，快追呀！

山猴子：是！

山猫王他们向悬崖峭壁边包抄而去。

77. 悬崖峭壁边　夜晚　阴天

山嘎他们跑到悬崖峭壁边，抓住在晚风中飞舞的藤条滑下悬崖峭壁。

山猴子喘着粗气追到悬崖峭壁边：怎么不见人呢？你是不是在做梦呀？

山猫王：怎么是做梦呀？确实有人来过。

金钱豹：不会是鬼吧？人怎么从悬崖峭壁上飞下去呢？

山猫王：活见鬼了！

山猴子：我想不可能是人，要是人从哪儿进来的呀？

山猫王：哎呀，我也说不清楚，反正我是见到人影了。

山猴子：你喝醉了，回屋躺着去，除有翅膀的鸟儿飞进来外，人是进不来的。

山猫王：拜托各位兄弟，辛苦了！

金钱豹：大哥，你放心去睡吧，要是人一定能抓到，要是鬼就没办法了。

山猫王一路哼着山歌走去。

78. 茅草房里　白天　晴朗

莫罗霸靠在竹椅里吃着老草烟，山猫王恭恭敬敬地点燃着烟火。

莫罗霸：你们折腾了一夜，人抓到没有？

山猫王：没有。

莫罗霸：真的有人进来过？

山猫王：我确实看见人影了，但追到悬崖峭壁边，人影却不见了。

莫罗霸：莫非跳岩子不成？

山猫王：我也纳闷着哩，要是人不可能跳岩子，要是鬼就说不清了。

莫罗霸：人是从哪儿进来的呢？

山猫王：人是进不来的！

莫罗霸：一定要好好查查！

山猫王：是，一定会查个水落石出！

莫罗霸陶醉在烟雾中，山猫王退出茅草房。

79. 山峰顶上　白天　晴朗

山嘎他们坐在山峰顶上远眺着老鹰山。

阿龙：昨晚太危险了。

贵宝：在原始森林里他们是抓不到我们的！

山嘎：人虽然有闭眼的时候，但狗的眼睛亮着哩，这样不利于我们铲除罂粟花。

戈麻：怎么办？

阿龙：把草棚里的人和狗收拾掉！

贵宝：用什么办法呢？

阿龙：把他们引出草棚里后收拾。

山嘎：这办法倒是不错，我们在路口上支铁猫夹，然后引他们进入陷阱里。

戈麻：就按山嘎哥说的办法去做吧。

山嘎：今晚继续行动，好好整治那些坏蛋！

阿龙：还要走悬崖峭壁？

贵宝：你害怕了？！

阿龙：不怕！

山嘎：今晚从正面进攻！先制服草棚里的人和狗。

一群乌鸦在山峰顶盘旋一阵后飞向老鹰山里。

80. 草棚边　黄昏　晴朗

莫罗霸站在草棚边比手画脚。

莫罗霸：昨晚山猫王看见人了，你们几个看见没有？

金钱豹：我们连人影都没见到。

莫罗霸：你们说是不是人？人又从哪儿进来的呢？真奇怪！

山猴子：不可能是人。

莫罗霸：我也这么想哩。

山中虎：只要我们守住路口，不要说是那几个志愿者进来，就是禁毒警察都进不来。

莫罗霸：那几个志愿者诡计多端，你们几个要多留点神哩。

狗熊：老板，你放心吧，我们一定会守住老鹰山！

莫罗霸：山猫王！

山猫王：老板，有事吗？

莫罗霸：我要回寨一趟，这里的事就交给你了，千万不要出差错！

莫罗霸大摇大摆地走出老鹰山，然后钻进那条被藤条遮蔽的羊肠小道赶路。

81. 山坡上　黄昏　晴朗

山嘎他们坐在山坡上望着通往老鹰山的那条羊肠小道。

戈麻：莫罗霸！

山嘎：在哪儿呀？

戈麻：小道上呗！

山嘎：他可能要回寨里了。

阿龙：我去支铁猫夹，看他往哪儿跑？

山嘎：不要惊动他。

阿龙：他跑了怎么办？

贵宝：他怎么会跑呢？

山嘎：不要啰嗦了，快点躲起来！

阿龙：好哩！

山嘎他们钻进齐腰深的竹林里，莫罗霸哼着山歌从旁边摇摇晃晃地走过。

82. 山谷里　黄昏　晴朗

山嘎他们钻进山谷里。

山嘎：今晚从正面进老鹰山里。

戈麻：必须干掉那几条狗！

山嘎：用什么办法干掉狗呢？

贵宝：毒药！

山嘎：哪儿找毒药呀？

阿龙：用弩箭射狗，我保证一箭毙命！

戈麻：这个办法好！但你有把握吗？

山嘎：干掉四条狗的任务交给你了。

阿龙：我保证完成任务！

山嘎：天黑后行动，把四条狗干掉后再说。

他们向老鹰山挺进。

83. 草丛里　夜晚　阴天

山嘎他们躲进草丛里观察着草棚，一道亮光划破了漆黑的天空，瞬间打起了闷雷。

阿龙：要下雨了。

山嘎：下雨对我们有利了，他们一定会睡得更死。

戈麻：要是失手怎么办？

山嘎：阿龙，你有把握干掉狗吗？

阿龙：有！

贵宝：要是射不死狗，惊动他们就麻烦了。

山嘎：真的这样就撤退。

阿龙：不跟他们拼？

山嘎：硬拼对我们不利。

阿龙：我们不是白辛苦了？

戈麻：阿龙你不要嘴硬了，今晚能否顺利进老鹰山里，就看你的了。

山嘎：阿龙，快上！

阿龙：是！

阿龙钻到草棚前边的灌木林里，顺手取下一支竹箭放在弩上，而后抬起弩箭瞄准射击，竹箭飞去打中狗的耳朵：“哎呀，完了！”

阿龙一溜烟回到山嘎旁边。

山嘎：狗射死没有？

阿龙：没有，打中狗的耳朵。

山嘎：快撤！

阿龙：我再去射一次。

戈麻：不行！

山嘎：今晚不能再进攻了，回寨！

阿龙：唉，怪我！

山嘎他们在羊肠小道上飞奔而去。

84. 草棚前　夜晚　雨天

山猴子打着哈欠钻出草棚里，看见一根竹箭插在狗耳朵上，他惊慌失措地朝天鸣枪。

金钱豹：有什么情况？

山猴子：你看狗耳朵。

山中虎：箭？！

狗熊：什么人射的弩箭呀？

山猴子：不知道呀，狗惊叫我就跑出来了，但没见到人呀。

山猫王披着蓑衣喘着粗气跑来：什么情况？

金钱豹：狗耳朵上有箭。

山猫王拔下竹箭：一定是山寨里的那群志愿者干的，快去找呀！

狗群叫得更慌，山猫王的怒吼声回荡在老鹰山的夜空中。

85. 山峰顶上　夜晚　雨天

山嘎他们披着蓑衣坐在山峰顶上乐开了。

戈麻：让他们找去吧！

贵宝：他们连我的屁都闻不到。

阿龙：唉，对不起大家了，没有射死狗。

山嘎：不要说这些话了，今晚我们没有得手，也够他们喝一壶的了！

戈麻：他们不敢合眼了，明晚才有机会进老鹰山里。

山嘎：几个晚上不给他们安宁，等下次行动时，他们一定会睡得像猪一样的哩！

阿龙：下次行动，我保证完成任务！

四双手紧紧相握，四张脸笑得灿烂。

86. 文化活动室里　白天　晴朗

李锋给禁毒志愿者们讲着鸦片战争的历史故事。

李锋：同志们，你们知道林则徐吗？

山嘎：知道！

李锋：山嘎同志，你说一说。

山嘎：他是我国历史上的禁毒英雄！

李锋：对！他是我国历史上的禁毒英雄！他为什么把查到的鸦片烟当众烧毁呢？

戈麻：为了千家万户的幸福生活，为了中国人民的身心健康！

李锋：是啊，鸦片是一种毒品，当众烧毁是因为林则徐看到大批的鸦片烟流入我们国家境内，有千千万万的中国人吸食鸦片烟，使千千万万美满幸福的中国家庭家破人亡。因此，为了我们的身心健康，我们要远离毒品，作为一名共青团员和禁毒志愿者，要争当远离毒品的先锋队员！一定要跟那些种植罂粟花的人做斗争，使那些毒品在我们美丽的家园里没有立足之地！

热烈的掌声响起来。

87. 达旺家里　白天　晴朗

达旺坐在火塘边吐着草烟雾。山嘎和李锋走进达旺家里。

山嘎：阿普（彝语：老爹），在家吗？

达旺：噢，山嘎呀？

山嘎和李锋坐在火塘边。

山嘎：李副书记来你家串门哩。

达旺：欢迎！欢迎！

李锋：寨主，我想问你一件事。

达旺：问什么你就说吧。

李锋：莫罗霸在老鹰山里种什么药材你知道吗？

达旺：不是种板蓝根嘛？

李锋：你看见他种的是板蓝根？

达旺：我也听莫罗霸说的。

李锋：你到过老鹰山里没有？

达旺：唉，不要说了，一提老鹰山，我就冒气哩，前几天我想到老鹰山里走一走，看他种植的板蓝根长得怎么样，但守山的人不让我靠近老鹰山里半步，我心里也纳闷不解哩，不知道他种些什么中药材。

山嘎：一定是罂粟花！

达旺：不会吧？

山嘎：不种罂粟花，为什么不让外人进老鹰山里呢？

达旺：这几天他在家里呢，我去问问他。

李锋：寨主，不要去问他了，我们会想办法到老鹰山里看的。

达旺：如果他种植罂粟花，那么山寨的老规矩会处罚他哩，老天爷也绕不过他！

山嘎和李锋向达旺告辞而去。

88. 小河边　白天　晴朗

山嘎他们坐在河边打着水漂。

李锋：你们到老鹰山里了？

山嘎：到了！

杨琪：莫罗霸种植的是罂粟花吗？

山嘎：是哩！

李锋：那地方三面是悬崖峭壁，一面他的人防守得严，你们怎么进去的呢？

山嘎：从悬崖峭壁上爬上去呗。

杨琪：太危险了。

山嘎：我们自有办法。

李锋：用绳子往上爬？

山嘎：不是。

李锋：用什么呢？

山嘎：悬崖峭壁上不是长着藤条吗？

李锋：顺着藤条爬？

山嘎：对。

李锋：他们没有发现你们？

山嘎：发现了，但没有看清是我们。

李锋：你们独走老鹰山，太危险了。

山嘎：他们是抓不到我们的。

李锋：既然种植的是罂粟花，那么还是由我们负责去铲除吧。

山嘎：我们是禁毒志愿者，你不相信我们能完成任务吗？

李锋：相信你们一定能完成任务，但太危险了。

杨琪：哪几个志愿者一起去的？

山嘎：戈麻、阿龙、贵宝呗。

李锋：我们会配合你们行动的。

山嘎：保证完成任务！

李锋连连点头。杨琪脸上露出笑容。

89. 山寨边　黄昏　晴朗

山嘎他们站在寨边的一棵大树下焦急地等待，阿龙穿着羊皮褂飞奔而来。

山嘎：你怎么现在才来呀？

阿龙：阿爸不让我出门。

山嘎：东西带上没有？

阿龙：带上了。

山嘎：今晚跟他们玩个够！

贵宝：让他们尝尝铁猫夹的滋味！

戈麻：我的弹弓枪也够他们受的了。

阿龙：今晚我保证把狗干掉！

山嘎：出发！

他们向那条通往寨外的茶马古道上赶去。

90. 草棚边　黄昏　晴朗

山猫王站在草棚边发号施令。

山猫王：那几个禁毒志愿者白天没有出现，晚上大家要多加小心哩！

狗熊：他们不敢到老鹰山里来了。

山猴子：好几个晚上不得睡个安稳觉，困死了。

山中虎：害怕那几个禁毒志愿者不成？

金钱豹：他们到老鹰山里不是来送死的吗？

山猫王：老板外出了，一定要看好山门哩！

狗熊：几个禁毒志愿者敢跟我们斗？

山猴子：你看清楚是那几个禁毒志愿者了？

山猫王：我听莫老板说，只有那几个禁毒志愿者才会来骚扰。

山中虎：哼！害怕几个禁毒志愿者？

山猫王：你们一定要看好山门，要是出了半点差错，不要怪我不讲兄弟之情！

金钱豹：大哥，你就放心吧，只要有兄弟们在，不要说那几个禁毒志愿者，就是公安边防缉毒人员也进不到老鹰山里。

山猫王反剪着手向茅草房边走去。

91. 山峰顶上　黄昏　晴朗

山嘎他们躲在山峰上观察着老鹰山里的情况。

山嘎：莫罗霸不在老鹰山里时，是那个叫山猫王的人负责。

阿龙：山猫王住在那间茅草房里，而旁边的一间是莫罗霸的狗窝。

贵宝：我们怎么进攻呢？

山嘎：阿龙收拾那几条狗；戈麻用弹弓枪打他们的眼睛；贵宝支铁猫夹；你们听清楚了没有？

戈麻：听清楚了！

山嘎：行动！

他们穿过原始森林，然后向老鹰山走去。

92. 竹林里　夜晚　晴朗

朦胧的月亮挂在群山中，山嘎他们隐蔽在草棚边的竹林里。

山嘎：看来他们睡着了，那些狗也没有动静。

戈麻：他们有几个晚上不得安宁，也够累的了。

山嘎：阿龙，你先去把狗干掉。

阿龙：是！

山嘎：今晚不能失手了！

阿龙提着弩箭轻手轻脚地钻出竹林。

93. 杂草窝里　夜晚　晴朗

阿龙趴在草棚前边的杂草窝里观察着动静，他刚抬起弩箭正要射狗，山猴子打着哈欠从草棚里钻了出来，而后大摇大摆地走到阿龙隐蔽的杂草窝前扯起水裤头撒尿，撒完尿后又大摇大摆地走进草棚里。

阿龙抖去羊皮褂上的尿：老杂种，等会让你吃我的屎吧！

阿龙钻到草棚前，那四条狗没有发现他的身影，他抬起弩箭射向拴在草棚旁边的狗，那一根根利剑直插狗的喉咙，狗来不及惊叫一声就蹬脚断气。

94. 竹林里　夜晚　晴朗

阿龙得意扬扬地回到竹林里。

山嘎：干得漂亮！

阿龙：草棚里的人睡死了。

贵宝：表现不错！

戈麻：干得好！

阿龙嘿嘿地乐开了。

山嘎：现在就看你的了，快到山猫王门口支铁猫夹。

贵宝：山猫王门口还有狗吗？

阿龙：没有。

贵宝：没有狗就好，我去支铁猫夹。

贵宝背着铁猫夹一溜烟钻出竹林里。

95. 茅草房门口　夜晚　晴朗

贵宝用尖刀挖着土坑，把铁猫夹熟练地埋进土坑里。

贵宝爬到窗口前：让你尝尝我铁猫夹的厉害！

茅草房里传来咳嗽声，贵宝从窗口跳下后拔腿就跑。

96. 竹林里　夜晚　晴朗

贵宝上气不接下气地跑到竹林里。

山嘎：铁猫夹支好了没有？

贵宝：支好了。

山嘎：他们的火枪都挂在草棚门口，先进攻那四个草棚，把火枪摔下悬崖峭壁，联系暗号是画眉鸟的声音，你们记住了没有?

戈麻：记住了!

山嘎：大家动作要神速，每人进攻一个草棚。

阿龙：是!

山嘎他们钻出竹林里，分头向草棚边赶去。

97. 草棚边　夜晚　晴朗

山风轻轻扬起，草棚里的火光在跳动。

山嘎他们闪电般地飘到草棚边。

山嘎、阿龙、贵宝抬着火枪向悬崖峭壁边跑去。

戈麻把火枪挂在脖子上，正想跑时踢翻了一口铜锅，铜锅的声音惊醒了熟睡中的人。

山猴子疯狂般冲出来：有人!

戈麻的弹弓打中了山猴子的眼睛。

山猴子：哎哟，我的眼睛。

戈麻拔腿就跑。

山中虎：人在哪儿呀?

山猴子：往对面的山坡上跑了。

狗熊：火枪呢?

金钱豹：火枪被他们抬跑了。

山猴子：唉!

山中虎：怎么办?

山猴子：追呀!

四条黑影似幽灵般追出老鹰山。

98. 山坡上　夜晚　晴朗

山嘎他们坐在山坡上喘着粗气。

阿龙：他们追来了！

贵宝：怎么对付他们呢？

山嘎：终于把他们引出狗窝里了，贵宝快去支铁猫夹！

贵宝：好哩！

戈麻：火枪还要吗？

山嘎：把火枪摔下悬崖峭壁！

四支火枪飞下了悬崖峭壁。

99. 茅草房门口　夜晚　晴朗

山猫王打着哈欠拉开茅草房的门。

山猫王：有情况吗？

山猫王走到门口，踩中铁猫夹：快救命呀！

没人回应。

山猫王：都睡死了吗？

山坡上传来山中虎的回应声：我们抓禁毒志愿者呢。

山猫王：用火枪往死里打！

狗熊的声音：火枪被他们抬跑了。

山猫王：饭桶！连几个禁毒愿者都对付不了，唉，完了！

山猫王坐在地上呻吟不停。

100. 灌木林里　夜晚　晴朗

山嘎他们躲进灌木林里。

戈麻：他们追来了。

山嘎：我们分头去对付他们。

阿龙：好！

山嘎：铁猫夹支好了吗?

贵宝：支好了!

贵宝钻出灌木林里，然后向羊肠小道上飞奔而去。

101. 羊肠小道上　夜晚　晴朗

贵宝站在羊肠小道上大声喊道：快来抓我呀!

102. 灌木林里　夜晚　晴朗

山嘎站在灌木林里喊道：你们不怕死就来呀!

103. 山坡上　夜晚　晴朗

阿龙蹲在山坡上拉屎：快来吃我的屎呀!

104. 古树上　夜晚　晴朗

戈麻爬在一棵古树上喊道：我在树上哩!

105. 山脚　夜晚　晴朗

山猴子他们气喘吁吁地跑到山脚。

狗熊：禁毒志愿者，共有四个人哩。

山中虎：四个人各在一边怎么抓呀?

山猴子：分头去抓。

金钱豹：好吧。

四个人向四个方向追去。

106. 羊肠小道上　夜晚　晴朗

贵宝在羊肠小道上蹦蹦跳跳。

狗熊：站住！

贵宝：来抓呀！

狗熊：老子捅死你！

贵宝：你有本事就来呀！

狗熊穷追不舍。

贵宝：让你尝尝铁猫夹的厉害！

狗熊恼羞成怒，似条疯狗一样扑去：哎哟，疼死我了。

贵宝：活该！

狗熊：兄弟，把铁猫夹打开！

贵宝：你喊声大哥，就把你打开。

狗熊：大哥！把铁猫夹打开吧。

贵宝：你喊什么都没用！

狗熊疼得在地上打滚。

贵宝用藤条：把魔鬼捆起来！

狗熊：你要干什么？

贵宝骑在狗熊的背上，把狗熊的双手反剪捆绑起来。

107. 山坡上　夜晚　晴朗

阿龙拉完屎后系着裤带。

山猴子：咦，刚才还在这里的呀，怎么一下子就不见了呢？

阿龙：狗眼瞎了吗？我在这里呢。

山猴子：老子搞死你！

阿龙：来呀！

山猴子一脚踩中牛屎，双脚一滑摔在草坪上，那嘴不偏不正趴在阿龙的屎堆里。

阿龙乐开了：刚才你在我的羊皮褂上撒尿，现在让你吃我的屎吧！

山猴子：什么东西这么臭？

阿龙：屎呗！

山猴子：屎？

阿龙：是啊，屎！

山猴子：啊，你的屎？

阿龙：味道不错吧？

山猴子：老子搞死你！

阿龙拔腿就跑，山猴子穷追不舍。

阿龙把山猴子引到一堆牛屎旁边：来抓呀！

山猴子一头扑去，踩着牛屎而滑到坎下，他刚爬起来，又重重地摔倒在草坪上：哎哟，我的腿站不稳了。

阿龙：狗腿断了呗！

山猴子坐在草坪上嚎叫，阿龙一头扑去把山猴子按倒，而后用绳子把他的大拇指反剪起来。

108. 大树上　夜晚　晴朗

戈麻骑在一棵古树枝上，山中虎追到古树下四处寻找。

山中虎：出来！

戈麻：哎，在你头上哩！

山中虎：老子把你拖下来砸死！

戈麻：你就上来吧！

山中虎：你等着！

戈麻：来呀！

山中虎抓住古树根吃力地往上爬，戈麻拉出“鸡鸡”往下使力地撒尿。

山中虎：老天爷怎么又下雨了？

戈麻：不是老天爷下雨，是我的尿。

山中虎：敢在我头上撒尿？

戈麻：不要说在你头上撒尿，你早就喝着我的尿哩，味道不错吧？

山中虎惊慌失措中失控，似面粉袋一样砸在古树下，戈麻站在古树枝上笑弯了腰。

山中虎：老子搞死你！

戈麻：你敢爬上来，老子打瞎你的眼睛！

恼羞成怒的山中虎又一次吃力地爬着古树。

戈麻对着山中虎打弹弓：打断你的狗爪子！

山中虎：哎哟，你敢打我的手？

戈麻：再爬上来就打烂你的狗头！

山中虎：下来呀！

戈麻：打你的狗头！

一颗小石子飞向山中虎的头上。

山中虎：哎哟，你敢打老子的头？

又一颗小石子打中山中虎的眼睛，山中虎顿时天旋地转，跌落到古树下失去知觉。戈麻一溜烟滑到古树下，顺手拔起一根藤条，把山中虎捆绑起来。

108. 灌木林里　夜晚　晴朗

山嘎在灌木林里与金钱豹玩捉迷藏。

山嘎：来呀！

金钱豹：站住！

山嘎：你是抓不到我的。

金钱豹：你等着！

山嘎一头钻进一棵低矮的灌木丛里，顺手拉住一棵刺枝，当金钱豹追到刺枝前时，他一松手刺枝扎在金钱豹的脸上，疼得金钱豹满地打滚。

金钱豹：哎哟，扎着我的眼睛了。

山嘎吹着画眉鸟的欢叫声，不远处也传来了画眉鸟的回应声。

山嘎：抓到坏蛋没有？

贵宝的声音：铁猫夹威力大着哩，这大坏蛋动不了哩！

戈麻的声音：我的弹弓把大坏蛋打得鼻青脸肿了！

阿龙的声音：大坏蛋吃着我的屎了，你制服大坏蛋没有？

山嘎：这个老坏蛋还垂死挣扎着哩，快过来一起抓老坏蛋吧！

贵宝他们匆匆赶来。

戈麻：老坏蛋在哪里呀？

山嘎：在哪里呢！

金钱豹拔出匕首四处乱刺。阿龙的弩箭射中了金钱豹的手腕。金钱豹的匕首哐当一声落地。山嘎把落地的匕首踢飞到山谷里。

贵宝：用我的裤带把他捆绑起来！

戈麻：好哩！

阿龙高兴地蹦跳起来，那裤子很不体面地落地。

109. 草棚边　早晨　晴朗

太阳从东边的山头冉冉升起，山嘎他们把山猴子等押到草棚边的场坝里。

阿龙：怎么处置？

山嘎：押到草棚里，堵住他们的嘴。

戈麻：用什么堵嘴呀？

阿龙：臭袜子呗！

山嘎：就是嘛，用臭袜子！

贵宝：好哩！

山嘎他们用袜子堵住山猴子他们的嘴，然后把他们拖进草棚里。

110. 茅草房门口　白天　晴朗

山嘎他们跑到茅草房门口，山猫王的脚被铁猫夹扎得痛苦地呻吟。

山猫王：把铁猫夹打开，我给你们钱。

山嘎：哪个要你的赃钱？

贵宝：铁猫夹好玩吗？

山猫王：不好玩，不好玩，我口渴得难受，给我一点水喝。

阿龙：撒泡尿给你喝。

山猫王：不要！不要！

阿龙扯起大裤管朝着山猫王冲去，山猫王脸上挂满了尿。

山嘎：把他的手反剪起来！

贵宝：好哩！

戈麻解开山猫王的鞋带递给贵宝，贵宝把山猫王的手捆绑起来。

山嘎：用他的裤带捆绑他的脚，然后把铁猫夹打开！

阿龙用山猫王的裤带捆绑他的脚。贵宝熟练地把铁猫夹打开。

山猫王：哎哟，这东西厉害着哩，把我的脚都咬肿了。

山嘎：把他抬进茅草房里！

阿龙和贵宝似抬猪样把山猫王抬进茅草房里。

111. 茅草房里　白天　晴朗

阿龙他们把山猫王重重地砸在地上。

山嘎：我问你一件事，你一定要老实回答！

山猫王：只要我知道的事，一定会如实回答。

山嘎：莫罗霸干什么去了？

山猫王：回寨里去了。

山嘎：回寨里去了？

山猫王：回寨里去了。

山嘎：寨子里怎么不见他的影子呢？

山猫王：他不在寨子里，我就不知道了。

山嘎：真的不知道？

山猫王：嗯。

山嘎：用铁猫夹来问话吧！

山猫王：那东西不好玩哩。

山嘎：那东西不好玩，你就说实话吧。

山猫王：找客户去了。

山嘎：什么时候回来？

山猫王：今晚可能回来。

山嘎：把他的嘴堵住！

阿龙：用草堵住他的嘴怎么样？

山嘎：好！

阿龙抓把干草堵住山猫王的嘴。

112. 山峰丫口　白天　晴朗

山嘎他们躲在山峰丫口，炯炯有神的眼睛望着那条通往老鹰山里的羊肠小道上。

阿龙：怎么还不见莫罗霸回来呀？

戈麻：山猫王会不会骗我们呢？

贵宝：敢骗我们，就让他尝尝铁猫夹的滋味。

山嘎：耐心等吧，他会回来的。

戈麻：莫罗霸来了。

山嘎：怎么收拾莫罗霸呢？

贵宝：用铁猫夹！

戈麻：用弹弓！

阿龙：用弩箭。

山嘎：活捉他！你们敢吗？

贵宝：敢！

戈麻：对，活捉！

山嘎：阿龙，你敢吗？

阿龙：敢！

山嘎：在罂粟花地里活捉莫罗霸！

戈麻：好！

山嘎他们向罂粟地里跑去。

113. 羊肠小道上　白天　晴朗

莫罗霸满面春风地走在羊肠小道上。

莫罗霸：今年有个好收成，客户一到钱飞来！

莫罗霸哼着山歌小调匆忙地赶路。

114. 草棚边　白天　晴朗

走到草棚边莫罗霸的山歌小调也落了。

莫罗霸：有情况吗？

没人回应。

莫罗霸：死猪！

莫罗霸望着风中摇摆的罂粟花，然后向罂粟花地边走去。

115. 罂粟花地里　白天　晴朗

山嘎他们趴在罂粟花地里。

戈麻：莫罗霸来了。

山嘎：走到地边动手！

阿龙：要是他不来地边，去找山猫王怎么办？

山嘎：用弩箭射他的狗腿！

贵宝：他向山猫王那边走去了。

山嘎：准备弩箭，他在往前走一步，就射他的狗腿！

戈麻：他又回来了。

山嘎：大家注意隐蔽，不能让他发现我们。

莫罗霸反剪着手走到罂粟花地边，那双猫眼望着风中摇摆的罂粟花笑眯了。

山嘎：莫罗霸，大坏蛋！

莫罗霸吓得一屁股坐在地上：你们来找死呀？

山嘎：您种植罂粟花，铁证如山！

莫罗霸连滚带爬：来抓人呀！

没人回应。

山嘎：活捉大坏蛋！

戈麻他们从罂粟花地里冲出来。

莫罗霸：你们要干什么？

贵宝：要你的狗头！

莫罗霸连滚带爬地逃窜：来人呀！

戈麻：你的人早被我们收拾了。

莫罗霸：你们睡死了吗？

戈麻：打狗屁股！

莫罗霸：哎哟，我的屁股。

戈麻：再敢往前走一步，打烂你的狗头！

莫罗霸：不要打了，不要打了，都是一个寨里的人，有话好好说嘛！

山嘎：你这个大坏蛋，该打！

莫罗霸：我种的是中药材，与你们有什么关系？你们管得太宽了吧！

山嘎：全球都在开展禁毒战，你为什么要种罂粟花？我们禁毒志愿者就是要管！

莫罗霸：你们敢铲除罂粟花，我就翻脸不认人了。

阿龙：您的手再动一下，就用弩箭打。

莫罗霸转身拔出腰刀。戈麻的弹弓打中了莫罗霸的脸。

阿龙：把刀放下！

莫罗霸：砍死你们！

阿龙的弩箭射中了莫罗霸握刀的手腕，哐当一声腰刀落在了地上，山嘎一把抢过腰刀后摔下悬崖峭壁。

山嘎：把他捆绑起来！

贵宝的飞毛腿把莫罗霸踢个狗吃屎；山嘎骑在他的虎背熊腰上；戈麻把他的裤带扯了出来；阿龙把他的双手捆绑起来。

莫罗霸：你们要玩真的吗？

山嘎：让他尝尝铁猫夹的滋味！

贵宝：好哩！

莫罗霸：哎哟，疼死我了。

山嘎：把山猫王押出来！

贵宝：我们去押山猫王。

戈麻：好哩！

贵宝他们把山猫王拖到罂粟花地边。

山嘎：把大坏蛋们都押过来！

阿龙他们跑到草棚边把山猴子他们押来。

山嘎：把他们的狗嘴打开！

山猫王他们垂头丧气地相互望了一眼，而后痛痛快快地喘出了一口闷气。

莫罗霸有气无力地骂道：饭桶！连几个志愿者都对付不了？

山猫王：老板，事到如今还要怪我们？你也不是尝到了志愿者们的厉害吗？

莫罗霸：老子要砍你们的头！

山猫王：想砍我们的头？做梦去吧！

莫罗霸：完啦！完啦！

达旺带着李锋他们赶到了老鹰山里。

李锋：你们的战果不错！

山嘎他们乐开了。

达旺：唉，哪个叫你种罂粟花呢？你给我们山寨脸上抹黑了！

莫罗霸：寨主！我……我……

达旺：你不是说种板蓝根的吗？你违背了山寨的老规矩，老规矩不会宽恕你的呀！

李锋：把他们几个押走！莫老板带到茅草房里审讯。

禁毒干警们把山猫王他们押走。

116. 茅草房里　白天　晴朗

莫罗霸被山嘎他们抬进茅草房里。

李锋：把他脚上的铁猫夹打开。

贵宝：好哩！

莫罗霸：疼死我了。

达旺：我们彝人不讲谎言，你不是说种植板蓝根吗？怎么种罂粟花呢？

莫罗霸：寨主，你要保我呀。

达旺：你也知道种罂粟花的后果，不要说国家的法律饶恕不了你，山寨的规矩也会惩罚你的，以前我们的老祖宗们种罂粟花，使多少幸福的家庭妻离子散，山寨里没有一天平安的日子，而今连大麻都不允许种植了，你怎么还要种罂粟花呢？

莫罗霸：唉，完啦。

李锋：你的罂粟花卖给什么人？

莫罗霸：自己用呗。

山嘎：你还顽抗？

莫罗霸：山嘎，你不要多话！

山嘎：把铁猫夹用上吧，看他还敢嘴硬？

贵宝：好哩！

莫罗霸：那东西不好玩，我老实交代就是了。

李锋：说吧！

莫罗霸：卖给一个叫过江龙的客商。

李锋：过江龙的真实姓名呢？

莫罗霸：我也不知道他的真实姓名，道上的人都叫他过江龙。

山嘎：货你自己送去？还是过江龙来接？

莫罗霸：他自己来接。

李锋：过江龙什么时候来接货呢？

莫罗霸：这……这……

达旺：你就老老实实地交代吧。

莫罗霸：今晚过江龙就要来看货了。

李锋：把他带走！

禁毒干警们把莫罗霸带出茅草房。

117. 悬崖峭壁边　黄昏　晴朗

山嘎他们坐在悬崖峭壁边望着远方的山岭。

李锋：今晚过江龙要来看货，你们说该怎么办？

山嘎：设小陷阱，一网打尽！

李锋：你们几个也说说想法。

贵宝：用铁猫夹夹他们的狗脚！

戈麻：用弹弓打他们的狗眼！

阿龙：不要小看我这把弩箭！

达旺：我也知道你们几个都是共青团员，又是禁毒志愿者，你们砍山寨里的大麻，发现种植罂粟花的窝点，做了一件很有意义的好事哩。

李锋：虽然你们抓几个大坏蛋不成问题，但今晚的行动就不要参加了。

山嘎：我们一定要参加！

戈麻：你信不过我们？

阿龙：我要参加！

贵宝：我也要参加！

李锋：好，同意你们参加行动，但一切行动要听从指挥！

山嘎：是！

李锋：今晚过江龙要来，我们要做好迎客的准备。

山嘎：我们隐蔽在罂粟花地里，过江龙来时就可以活捉了！

李锋：这样太危险了！我不同意你们的想法。

贵宝：用铁猫夹夹大坏蛋！

戈麻：用弹弓打大坏蛋！

达旺：你们几个就跟我行动吧，我们堵住他们的退路。

山嘎：听寨主的不会错。

李锋：你们就负责抓漏网的大坏蛋吧！

戈麻：好哩！

达旺带着山嘎他们向那条羊肠小道上走去。

118. 密林里　夜晚　晴朗

达旺他们躲在羊肠小道旁边的密林里。

阿龙：怎么还没来呀？

达旺：进老鹰山里只有这条小道，耐心等吧。

山嘎远眺着前方：小道上有亮光。

达旺：人来了！

戈麻：弹弓派上用场了！

贵宝：我去支铁猫夹！

山嘎：听寨主的！

达旺：大家不要惊动他们，让他们顺利地进老鹰山里去吧。

阿龙：为什么不能惊动他们呢？

达旺：让他们钻进口袋里，然后扎住袋口不是更好吗？

阿龙：奥，原来是这样！

戈麻：来了！

山嘎：不要出声音！

一群黑影倒挂着火枪，匆忙地向老鹰山里赶去。

119. 茅草房里　夜晚　晴朗

部署警力。

李锋：你们几个隐蔽在草棚附近的杂草窝里，一定要抓住逃窜的贩毒分子！

马明：是！

黑影们喘着粗气赶到茅草房门口。

飞鹰：莫老板，我们来看货了。

李锋：自己到地里看去吧，看上货色后来谈价。

地瓜：莫老板，你也太不够朋友了吧！我们大老远来看货，也不出来迎接我们？

李锋：如果你们诚心想做生意，那么先去地边看货色，要是没诚心做生意，请快点滚出老鹰山，不要让我生气哩，怎么过江龙没有来呢？

飞鹰：好！我们先去看货色，我们的老板有事外出了。

李锋：不要啰唆了，要看货色就快点去！

地瓜：还有这么做生意的人？

飞鹰：莫老板只看得起过江龙，弟兄们看货去！

地瓜：走吧！

飞鹰他们向罂粟花地边走去。

120. 密林里　夜晚　晴朗

山嘎钻到达旺旁边。

达旺：你快去支铁猫夹吧！

贵宝：好哩！

达旺：你跟他一起去支铁猫夹，动作一定要快！

山嘎：是！

山嘎和贵宝向羊肠小道上走去。

阿龙：我呢？

达旺：多备些竹箭。

阿龙：早备好了！

戈麻：哪我呢？

达旺：你不是会打弹弓吗？

戈麻：是呢！

达旺：小石子准备得怎么样？

戈麻：一兜了。

达旺：你就打坏蛋们的眼睛吧。

戈麻：好哩！

山嘎和贵宝气喘吁吁地赶回密林里。

达旺：支好了吗？

山嘎：支好了。

达旺摸着山羊胡乐开了。

121. 茅草房门口　夜晚　晴朗

茅草房的门没有打开，黑影们焦急地在门口等待。

飞鹰：莫老板，货色不错，开门谈价吧。

李锋：好，我马上开门，但允许进来两个人。

地瓜：莫老板呀，你怎么这样啰唆？

李锋：道上的规矩，你们不懂吗？

飞鹰：好，我们进去两个人。

哐当一声茅草房的门打开了。

李锋：进来吧！

飞鹰：咦，听嗓音不对劲呀！

地瓜：莫老板的嗓音，怎么变成这样呢？

飞鹰：可能是感冒了吧？弟兄们看好门，地瓜跟我一起进去。

李锋：你们不是诚心做生意的，给我立即滚开！

飞鹰和地瓜神情慌张地走进茅草房里。

122. 茅草房里　夜晚　晴朗

茅草房里一片漆黑。

飞鹰：怎么连盏灯都没有？

哐当一声，茅草房的门被关上。

地瓜：什么意思？

李锋：别动！

飞鹰：莫老板，不要开玩笑，开个价吧，回去好跟过江龙有个交代。

李锋：我们是禁毒大队的！

地瓜：禁毒大队？

飞鹰：逃命呀，我们中计了！

李锋一个飞毛腿就把飞鹰踢倒。

123. 草棚边　夜晚　晴朗

黑影们拼命地四处逃窜，马明他们堵住了黑影们的退路。

马明：站住！

地瓜：逃命呀，落到他们手里是死路一条！

马明一个饿狼扑食般的动作就制服了地瓜，其他黑影疯狂地四处逃窜。

李锋押着飞鹰到草棚边。

马明：报告大队长，逃窜了四个，是否去追？

李锋：留给志愿者们吧！

马明：他们手里有火枪的呀。

李锋：志愿者们会有办法制服的。

马明望着黑夜中隐隐约约的羊肠小道。

124. 羊肠小道上　夜晚　晴朗

山嘎他们炯炯有神的眼睛盯着羊肠小道。

阿龙：有四条黑影！

山嘎：大坏蛋们在逃窜！

贵宝：让他们尝尝铁猫夹的厉害吧！

戈麻：捉坏蛋！

达旺摸着山羊胡乐开了。

125. 羊肠小道上　夜晚　晴朗

黑影们气喘吁吁地逃窜。

一个黑影：唉哟，我的脚！

另一个黑影：脚怎么了？

一个黑影：唉哟，脚被什么东西咬住了。

另一个黑影：铁猫夹！

一个黑影：刚才来的时候没有铁猫夹呀，一定是打猎的彝民们干的。

另一个黑影往前逃窜：唉哟，我的脚也中了铁猫夹啰！

又一条黑影惊慌失措地往前逃窜而去。

126. 密林里　夜晚　晴朗

山嘎他们在密林里飞跑，一条黑影在前边拼命地逃窜。

阿龙：看你在往哪儿跑？

阿龙抬起弩箭一扣扳机，一根竹箭射中黑影的小腿。

黑影：唉哟，我的腿被什么东西扎了。

另一黑影：箭！

黑影：箭？

另一黑影：是哩！

黑影：完了！

戈麻：看我的！

一颗小石子飞向另一条黑影。

另一条黑影：唉哟，我的眼睛瞎了。

山嘎扑向黑影。

黑影：是几个彝家青年，开枪打死他们！

山嘎：放下枪！

黑影抬起火枪。阿龙的弩箭射中了黑影的手腕。黑影的枪落地。山嘎一个飞腿把落地的火枪踢下悬崖峭壁。另一个黑影又抬起火枪。戈麻的弹弓打中了黑影眼睛。贵宝似老虎一样扑向黑影。

127. 老鹰山里　早晨　晴朗

红彤彤的太阳升起来了。

李锋：你们几个禁毒志愿者任务完成得不错！

山嘎：他们怎么处理？

李锋：现在全球都在开展禁毒战争，他们还敢在我们这片神奇美丽的边境线上制毒贩毒，他们将会受到国家法律的制裁！

山嘎：敢在我们美丽的家园里做坏事，我们禁毒志愿者们不会袖手旁观！

戈麻：我们禁毒志愿者，一定会投入这场禁毒斗争！

李锋：感谢彝家山寨的禁毒志愿者，为我们缉毒战争做出的贡献！

山嘎：这是每一个禁毒志愿者应该做的事。

公安边防禁毒大队的官兵们押着莫罗霸他们走出老鹰山。

山嘎他们唱着《志愿者之歌》向山寨飞奔而去。

（剧终）

妈妈，我的影子在奔跑

毛蕾

背景

我接触公益活动三年以来，一共接触到一百多个3—12岁的自闭症儿童。他们被称为“星星的孩子”，喜欢自言自语，拒绝和他人交流，不与人对视，动作迟缓。志愿者费了很多功夫才能和他们说上一句话，让志愿者心疼无比。由于机构里老师人手不足，不能保证每个孩子的安全，孩子们常常一整天只能待在教室里，不能外出玩耍，而且两星期才能见一次父母；学习数字和字母对他们也异常困难，一个数字“3”，需要两三个月才能记住；渴了不会和老师说，而是偷偷地去卫生间喝凉水……儿童自闭症并不会随着年龄的增长而有所减轻或好转，他们，需要更多人的关爱。

情景一：

一个天气晴朗的春日下午，幼儿园里充满了天真活泼的笑声。一个行色匆匆的年轻妈妈走进了幼儿园的大门。她径直走到小（2）班的教室门口，周老师已经站在门口满脸愁容地等着她。这位年轻妈妈一边鞠躬一边向老师道歉，两鬓的头发已经被汗湿透。

妈妈：周老师，实在对不起，给您添麻烦了。

周老师：先别道歉了，赶紧把皓轩带出来吧，我实在是没有办法了。

妈妈走进教室，在角落的桌子下发现了瑟瑟发抖的男孩。她蹲下，向桌子下面呼唤着“皓轩”，拉出孩子，抱住孩子，流泪。

妈妈：皓轩啊，妈妈来了，出来，快出来。

情景二：

妈妈带着皓轩站在周老师的办公室里，一个劲儿向张老师道歉。

王院长：我们学校真的没办法收留皓轩了，皓轩上课不听老师讲课，躁动不安，注意力分散，在座位上连几分钟都坐不住。今天还把书从教室往外扔，居然砸到了张老师。这样接二连三的状况我们真不知道怎么应对了，真不知道哪天他又会造成什么状况，您还是带他去其他学校吧。

母子二人带着皓轩的书本走出了学校。

情景三：

妈妈带着皓轩回到家，酩酊大醉的皓轩爸爸下班回到家，知道被退学后非常生气。

爸爸：这到底是怎么回事啊？别人家的孩子不都好好上着学吗？皓轩都六岁了……我说，文丽，要不带皓轩去医院检查一下吧？

妈妈满脸愁容，无奈地点了点头。

在医院诊室。

医生：可以确定是自闭症了，反应迟缓，表情漠然，不愿意与人交流，身体协调性也很差，建议你们多抽出时间陪陪孩子。

情景四：

妈妈呆坐在沙发上，眼眶里噙满了泪水，皓轩在地板上玩着积木，爸爸和妈妈吵架后站在厨房门口。

妈妈：我只是停薪留职又不是辞职，你要走就走，我不需要别人照顾皓轩，我自己可以照顾好我的孩子。但你记住，皓轩没有你这样的爸爸。

情景五：

皓轩一个人坐在地上看电视，电视上播放的是一个运动员在赛场上奔跑的片段，皓轩看得出神。妈妈将饭菜端上桌。

妈妈：皓轩，我们开饭啦！

妈妈走了过来，蹲在皓轩旁边，抚摸着皓轩的头。

妈妈：我们皓轩也喜欢跑步是吗？

皓轩：跑……步……（缓慢地说出）

妈妈：对，等周末的早上，我们也公园跑步好不好呀，皓轩？

皓轩：跑……步.……跑……步……（兴奋地说出）

电话铃声响起，妈妈起身走到桌前接电话。

妈妈：喂，郑叔叔。实在不好意思，早上给您打电话打扰到您开会了。哦……我，我想麻烦您……能不能麻烦您帮我们皓轩联系一所幼儿园，我……（话被打断，对方不高兴。）郑叔叔，实在不好意思三番五次麻烦您帮我们皓轩联系幼儿园，这次我一定会好好教皓轩，您放心……

情景六：

皓轩背上书包，妈妈牵着他乘坐公交车去幼儿园，走到教室门口。

妈妈：王老师，以后要劳您费心照顾了。每天放学就让皓轩待在教室里就行，我会按时来接他的。

王老师：好的，我知道了，你可要按时来接他啊。

妈妈：好的，谢谢您啊。皓轩啊，要听老师的话，不要和其他小朋友打架，妈妈会按时来接你的。

皓轩没有回答，老师牵着他走进了教室，他不停回头看妈妈。

情景七：

皓轩放学后一个人坐在教室里，妈妈没有按时来接他，老师陪了他一会儿就被园长叫出去询问工作了。他向教室外张望着，站起身来，走出了教室。出了校门，他沿着路边不知所措地走着，突然，他看到路边的座椅上有一个印成斑马斑纹的背包，他笑了起来，指着那个背包说“斑马，是斑马”，走上前去抓住那个背包，拿了起来，并向前走去。蹲在座椅旁看蚂蚁的小男孩受到了惊吓叫了起来：“你干什么，小偷，抓小偷啊！爸爸，有人偷我书包……”小男孩的爸爸在旁边和熟人说话，听到孩子的声音后跑了过来。

小男孩的爸爸：你要干什么？这么小就开始偷东西了，你爸妈是怎么教你的？

伸手想拿回背包，皓轩向后一趔趄，抱着那个背包向前快步走去。

小男孩的爸爸：好啊，你还想抢东西吗？站住！走，送你去警察局。

派出所里，皓轩满眼泪水地坐在椅子上，小男孩的爸爸满脸怒气，朝着皓轩妈妈发火。

小男孩的爸爸：你不用道歉了，他这种人就应该送进看守所或者精神病院，干嘛一个人在街上乱跑，幸好没伤着我儿子，否则我和你没完！真是的！

妈妈：看守所？精神病院？他既不是罪犯，也不是疯子。请你尊重人！

小男孩的爸爸：呦呵，你这是道歉的态度吗？我说……

警察上前劝阻，将男子劝走。

情景八：

周六的早上，妈妈带皓轩去公园跑步。

妈妈：皓轩啊，你还记得上次在电视上看到那个穿着红色衣服跑步的哥哥吗？你想不想跑步呢？妈妈和你一起跑好不好！

皓轩：跑步，我要跑步！（看着妈妈，双手挥动）

妈妈拉着皓轩的手，指着地上的影子给皓轩看。

妈妈：皓轩，你看，地上这个黑色的东西就是影子，这个大的是妈妈的影子，这个小的是皓轩的影子，你一动，你的影子也就动了，你看……

皓轩：影子！影子在动。皓轩的影子，妈妈的影子！

两人在阳光下快乐地跑着。

情景九：

十年后，皓轩在妈妈的陪伴下已经长到了16岁，也学会了很多数学、古诗，并且画画也非常棒。妈妈一边干着会计工作，一边照顾他，已经苍老了许多。十年来，皓轩慢慢爱上了跑步。每天早上，他都会和妈妈一起去公园跑步。沉默寡言的他在跑步的时候总会露出笑容，不时看一眼地上自己和妈妈的影子。

情景十：

这一年，皓轩所在的城市举行了20公里的马拉松长跑比赛。下班回家的妈妈看到皓轩在电视机前目不转睛地看着电视里的宣传新闻。

妈妈：皓轩啊，你想不想参加这个马拉松比赛呢？

皓轩：（迟疑）我吗？我，我跑不快。（低头）

妈妈：没关系，要对自己有信心。要不，妈妈和你一起参加，好不好！你忘了吗？你的影子也会和你一起奔跑的！

皓轩：（开心地笑了）可以吗？妈妈会和我一起跑吗？

妈妈：当然了，无论皓轩做什么，妈妈都会陪你一起的。（拥抱）

接下来的半个月里，每个晚上，妈妈都会和皓轩一起跑步备战。马拉松比赛到来了，皓轩和妈妈穿着一样的运动服，走上了赛道。

妈妈：皓轩，加油，妈妈和你一起跑到终点！我们一定能赢！

皓轩：嗯！我们一起加油，冲到终点。

两人齐肩并进，风从耳边簌簌而过。到中后段，妈妈有些体力不支了，开始慢了下来。皓轩也放慢脚步搀着妈妈。

妈妈：皓轩啊，你别等妈妈，快，接着跑！（气喘吁吁）

皓轩：我不，我们说好了一起跑到终点的，我要陪你。

妈妈：妈妈没有忘记啊，不过你不跑，妈妈就要超过你了哦。（做出加速的动作小跑）快，快跑吧！

皓轩看妈妈跑了起来就开始加速，他一鼓作气，冲过了红线。一旁的裁判吹响口哨，观众都为他欢呼起来。他转过身寻找妈妈，妈妈虽然筋疲力尽，还是坚持到了终点。

皓轩得了冠军，妈妈非常高兴，晚上两人一起去餐馆吃了炸鸡。

皓轩戴着心爱的奖章和妈妈在餐馆看着电视上的转播，看到自己和妈妈的身影，“妈妈，你看，我的影子在奔跑！”两人相视一笑。

雪 愿

张倩

主要人物：

姜映雪：美术专业大学生，家境优越，名字取自“对檐疑燕起，映雪似花飞”，喜欢雪。以前十分任性，后来到西部山区，在与孩子们的接触中，因一个关于雪的约定慢慢变得成熟、懂事。

许怀阳：大学生，阳光开朗，擅长体育，因参加“西部计划”与姜映雪相识，转变了对志愿者的认识。

李俊豪：和许怀阳、姜映雪一起参加“西部计划”的同学，擅长数学。

颜艺：西部山区的小孩子，10岁。

序幕：教室，日，内

远景拉近景。镜头从天空缓缓下移，穿过西部山区学校的校门，来到一间破旧的教室。

姜映雪身边围着一群小孩子，正一边看着一幅画一边议论，声音传出，由小变大。

孩子：姜姐姐，你画得真好！雪真有这么美吗？

姜映雪：当然啦！姐姐去北方看过一次后，就再也忘不了。

孩子：哇！（眼睛一亮）姐姐，那……以后你带我们去看看……好不好？

姜映雪停下笔，看他们期待的眼神，会心一笑，坚定地点头。

淡入本片名：雪愿

第一幕：后山凉亭，日，外

六月初，山上美景迷人，姜映雪独自坐在学校后山凉亭内的桌边，专心作画。许怀阳上山转悠，看见凉亭有人，走过去。

姜映雪抬头一看，赶紧把素描本“唰”的一声藏到包里。

许怀阳（尴尬地笑）：打扰了，你刚才在……画画？

姜映雪：嗯。许、许怀阳同学（紧张），你怎么来这了？

许怀阳：哎，你竟然认识我？

姜映雪：经常听孩子们提起你。

许怀阳（恍然大悟）：那你是……

姜映雪：姜映雪。

许怀阳：喔，你分在哪一组？

姜映雪刚想回答，李俊豪远远走来。

李俊豪：怀阳，原来你在这！我找了半天，快上体育课了，孩子们在找你呢。

许怀阳：（挥手）我就来。

许怀阳转头对姜映雪笑笑，匆匆离开。

第二幕：学校宿舍，夜，内

许怀阳走进破旧的屋子，李俊豪正借着昏暗的灯光备课。

许怀阳：俊豪，你认识姜映雪吗？

李俊豪：大名鼎鼎的富家才女，绘画天赋特别高，听说她爸还为她开过画展呢。你今天不是见过她吗？

许怀阳走到对面坐下。

许怀阳：原来她是美术生啊……（好奇）为什么她来参加“西部计划”？（愁眉苦脸）这里条件恶劣，别说女生了，我也很难适应。

李俊豪：听说是和家里赌气什么的吧，这种大小姐的事，谁知道呢。

许怀阳把手撑在桌子上做沉思状。

许怀阳：赌气？（笑）不过我真没看出她是大小姐。

李俊豪：那是你不了解她！刚来那会她可骄纵了，孩子们都怕她怕得要命。

许怀阳：那现在呢？

李俊豪停下笔，拍了许怀阳肩膀一下。

李俊豪：你怎么问那么多关于她的事？

许怀阳：我……我就是问问，快回答！

李俊豪：现在啊，时间一长，她性格变好了许多。好像还和学生有个……雪的约定，现在孩子们可喜欢她了。

许怀阳把李俊豪手里的笔抽走。

许怀阳：别写啦，快说，什么雪的约定？

李俊豪（不耐烦地抢回笔）：我怎么知道？你这么关心，改天自己去问呗。

李俊豪继续备课，许怀阳走到墙边，认真看墙上贴的课表。

第三幕：教室，日，内

上课铃声响起，姜映雪走进教室。

姜映雪：孩子们，已经六月了，今天我们就来学习画六月雪。

孩子（激动）：它就是雪吗？不是冬天才会下雪？

姜映雪（笑）：六月雪是一种植物，六月会开花，细白细白的，就像雪花一样。

孩子：哇！像雪一样的花？（迫不及待）姐姐你快教我们画。

姜映雪给每人发了纸笔和颜料，回到小黑板前开始示范。

姜映雪：首先呀，我们要画枝叶……然后才能画小花……

切换镜头：教室窗外，日，外

许怀阳从上课前就一直悄悄站在窗外看。

许怀阳（内心）：六月雪？还是第一次听说这种花呢。

镜头转回

临近下课，颜艺无意中发现了许怀阳。

颜艺（指着窗外）：快看，是许哥哥！

所有人都看向窗外，许怀阳挠挠头走进来。

许怀阳：对不起，打扰了。（转向颜艺，故作严肃）小艺！上课不要说话！

姜映雪：没关系，快下课了。有事？

许怀阳：我、我就是路过，（憨笑）顺便看看你们画些什么。

颜艺：哥哥，是六月雪！像雪一样的小花！姐姐说下个冬天带我们去北方看雪，你要不要一起去？

许怀阳（犹豫）：这个……

颜艺抓住两人的手不停摇晃。

颜艺：姐姐，带哥哥、带哥哥一起去嘛，好不好？

姜映雪没说话，看着许怀阳笑了。

那天之后，许怀阳经常站在窗外看孩子们上美术课，有时还会拿出纸笔跟着一起画，姜映雪和许怀阳渐渐熟悉起来。

第四幕：后山凉亭，傍晚，外

姜映雪刚把速描本藏起，许怀阳就走过来。

许怀阳：在画什么？

姜映雪：没……（转移话题）你这是？

许怀阳：吃完饭散散步，不知不觉就到这啦。对了，一直想问你，你真要去北方？

姜映雪（毫不犹豫）：当然啦，我打算下个冬天回去一趟，带孩子们去。

许怀阳震惊地往前走了几步。

许怀阳：你还要回去？听说你是和家里赌气……

姜映雪：毕竟是孩子们的心愿，我不能食言。（沉默，再低语）和家里赌气这理由，现在看来真是幼稚，忘了它吧。

许怀阳的手握紧，又松开。

许怀阳：映雪，你和传闻中很不一样。

姜映雪（陷入回忆）：人总会成长的，谁会总在原地踏步呢？

切换回忆镜头：姜映雪家，夜，内

姜映雪把沙发上一个抱枕扔到地上。

姜映雪（激动）：去北方上大学有错吗？

姜爸爸：爸妈也是担心你，你一个女孩子，自己跑那么远，多不安全啊。

姜映雪：我已经成年了，可以照顾好自己了！

姜妈妈抬手指着姜映雪。

姜妈妈（暴躁）：你照顾自己？你洗过衣服吗？做过饭吗？到时候哭哭啼啼回家来，谁给你收拾烂摊子？

姜映雪：不要你们管！我就是要去北方上学，去北方看雪！

姜爸爸：乖女儿，听话，我们也是为你好，（安慰）你不是去看过雪了吗？还想看的话，咱们再去旅行好不好？

姜映雪：那不一样！我……

姜妈妈（打断）：有什么不一样？就这样定了，你必须留在南方上学！

姜映雪（吼）：四年后，我会证明给你们看，我能照顾自己！

姜映雪跑进房间，“砰”一声砸上了门。

镜头转回

姜映雪（内心）：爸、妈，你们还好吗？

许怀阳伸手在姜映雪眼前晃了晃。

许怀阳：映雪，你怎么了？

姜映雪（回神）：没……不早了，我们回去吧。

二人一起下山，背影慢慢消失。

第五幕：学校操场，日，外

许怀阳打完篮球，刚坐场边休息，李俊豪拿水瓶走来。

李俊豪：奇怪了，这么勤奋？

许怀阳接过水喝了几口。

许怀阳：我自己也得琢磨怎么教才能教得更好啊。

李俊豪：真的，我发现你最近上课都认真了不少，受什么影响了？

许怀阳：哪有？

李俊豪：肯定有！让我猜猜，（偷笑）是不是姜映雪……

许怀阳拿篮球扔过去。

李俊豪（接住球）：哎哟！说中了吧？

许怀阳：说正经的，（正色）我觉得我跟她是同类人。

李俊豪：什么意思？

许怀阳：看着孩子们慢慢长大，（想）自己好像也越加成熟了。

李俊豪：我倒觉得你变得莫名其妙了。

许怀阳仰头望天。

许怀阳：就是突然觉得……孩子们挺可爱，有些舍不得走了。

镜头拉远，姜映雪站在教室门口，遥遥望向操场。

第六幕：山间小路，日，外

六月底，“西部计划”接近尾声，志愿者们都被派去家访。姜映雪也让颜艺带路，走在去家访的路上。

颜艺：姐姐，再走半个钟就到我家啦！

姜映雪：小艺，咱们得走快点，（仰视）看这天色，大雨要来了。

天阴沉沉的，突然一道闪电，响雷轰轰。

颜艺（着急）：糟了，一下雨这路就很难走。

哗啦——，倾盆大雨。

姜映雪急忙撑开伞，把颜艺拉到身边，小心地走着，忽地，颜艺脚下一滑，向左前方快速倒去。

姜艺（用力拉住）：小艺！

姜映雪把颜艺拉回来，却被撞得往后退了几步，一脚踩空，她赶紧推开颜艺。

颜艺（大叫）：姐姐小心！

颜艺去抓姜映雪的手，但没抓住，姜映雪摔到了路旁的一个小坡下。

颜艺：姐姐！（喊）你怎么样？

姜映雪：我……没事，（极力忍痛）你别下来，回学校找人帮忙，我好像摔到腿了。

颜艺（哭）：都怪我……呜呜，姐姐你等我，我找人来救你！

颜艺没顾得上拾伞，淋着雨飞快跑向学校。

切换镜头：教室，日，内

许怀阳在打扫卫生，颜艺冲进教室。

颜艺（喘气）：不……不好了，哥哥！快，快去救姜姐姐！

许怀阳（丢开扫把）：发生什么事了？

颜艺拽住许怀阳就往外跑。

颜艺：快，姐姐摔到小坡下了！

镜头转回

到了路旁，许怀阳跳下小坡，拼命把姜映雪背上来，一路小跑朝医院奔去。

姜映雪：我……我的画，会湿的……

许怀阳：画？

姜映雪：包……（说不上话）速描……本……

许怀阳：别担心，小艺帮你拿着。

姜映雪：嗯……

许怀阳：你先忍忍，马上就到医院了。

姜映雪意识渐渐模糊。

第七幕：医院，夜，内

姜映雪左腿粉碎性骨折，被送到城里的医院。

颜艺（跑过来）：哥哥，这是姐姐的包！

许怀阳：嘘——姐姐睡了，把包给我，小艺你先出去吧。

颜艺出去后，许怀阳打开湿透的包想晾晾，突然，一本素描本掉出来。

许怀阳（内心）：这是……映雪的画？

拉近景，素描本翻开，上面画的是许怀阳站在窗外听美术课的场景，还有他给孩子们上体育课的场景……

许怀阳（内心）：原来，之前一直不让我看，是因为……

许怀阳看着病床上的姜映雪，弯腰轻轻亲了一下她的额头。

许怀阳（内心）：映雪，谢谢你，是你和孩子们让我看到了这段支教时光的意义。下个冬天，我会和你，嗯，和你一起带孩子们去看雪，你要快点好起来。

许怀阳拿出手机。

镜头特写：屏保是姜映雪画的那幅六月雪。

姜映雪缓缓睁眼，嘴角上扬。

拉远景，荧幕变暗

画外音（姜映雪）：

我相信，孩子们那些关于雪的小小心愿，终有一天会实现。

——剧终

牵挂

习志淦

主要人物：

张福禹：男，外号张乐呵。应届大学毕业生。开朗，有理想。

许思婷：女，张福禹同班同学。美丽，纯洁，浪漫。

向幺妹：女，山区代课教师。单纯，泼辣。

洪校长：男，凤凰岭小学校长。

许文澜：退休教授。许思婷的爷爷。

向前进：农民。向幺妹的哥哥。

孟天翔：张福禹同班同学，班上公认的“高富帅”。

上官卓君：许思婷之母。

龚大有：龚二狗之父，农民。

龚奶奶：龚二狗的奶奶。

龚二狗：山区小学生。

宋菊花：山区小学生。

江大雄：山区小学生。

红　儿：山区小学生。

小叶子：山区小学生。

（一）

【幕启：校园一侧，可见张之洞塑像。

【向前进一瘸一拐，挂一个“爱心碗”，弹着吉他，唱《毕业歌》。

【匆匆路过的同学中有不屑一顾者，有看热闹者，有低声议论者。

向前进：毕业之际，唱歌献艺，有钱的捧个钱场，没钱的拍个巴掌。积德积善，菩萨心肠，工作如愿，前程辉煌！

路人甲：借你的吉言哈。（掏钱）

向前进：阿弥陀佛！

路人乙：（拦）哎，你不是答应给我买个包的吗！

路人甲：哟，忘了。对不起，拜拜！（搂乙下）

向前进：你调戏人……哼！

【向前进与匆匆而来的孟天翔撞个满怀。

孟天翔：这人怎么走路的，往人身上撞？哟，我的衣服……

向前进：弄脏了？对不起啊，对不起……（欲为他揩）

孟天翔：哎哎哎，卖唱的怎么跑校园来啦？哎，我要喊保安啦！

向前进：哥哥，别，别，残疾人不容易呀！

孟天翔：（看钱盒）不容易？一上午就捞这么多，教授都不如你呢。知道吗，破坏校园环境是要罚款的。保安，保安！

【张福禹上。

张福禹：孟天翔。

孟天翔：张乐呵。

张福禹：算了，别难为人家。

孟天翔：怎么，他是你大爷？

张福禹：呃……是表哥。表哥，这儿不是卖唱的地方，咱们别处去！（掏钱，把向前进推下）

孟天翔：张乐呵，不是我没同情心，这校园都快成菜市场了。

张福禹：你这是……

孟天翔：有好事，回头我再跟你说。（下）

【向前进复上。

向前进：表弟，表弟！

张福禹：哎，你怎么还没走呀？

向前进：你给了我十块钱，还没听我唱呢。

张福禹：赶紧走，再不走就真要被罚款了。学校门口有个车站，那儿人更多。

向前进：啊，你是好人。表弟，回头见！（下）

张福禹：这人可真逗！

许思婷：（突然冒出）张福禹。

张福禹：许思婷？！

许思婷：又跟人攀亲戚啦！

张福禹：刚认了个表哥。

许思婷：你，想做慈善家呀？

张福禹：十块钱的慈善家……哈哈哈！

许思婷：别笑了，我正有事要找你呢。

张福禹：啊，我也有事正要找你呢。

许思婷：我有件事情要告诉你。

张福禹：我也有件事情要告诉你！

二　人：（同）那你先说……

许思婷：（笑）咱俩还真是太有默契。好，你说吧。

张福禹：我……（欲言又止）

许思婷：你这乐呵包里又装什么宝贝啦？

张福禹：（犹豫，拿出一本书）毕业了，要分开了，留个纪念。

许思婷：《泰戈尔诗集》！（朗诵）我要塑造你，从我生命中塑一个意象，来供世人崇拜，这时，我带来了我的尘土和愿望，以及我五彩缤纷的梦境和幻想。

【张福禹呆呆地看思婷。

许思婷：怎不说话，哑巴啦？

张福禹：你念诗的时候，真是光彩照人。

许思婷：你的意思是说，我不念诗，就没光彩啦？

张福禹：不，你念诗的时候光彩照人，不念诗的时候人照光彩……

许思婷：张乐呵！你该不是对每个女孩子都这样献殷勤吧？

张福禹：对天发誓，头一回。（感慨）毕业了，要各奔东西了。

许思婷：那可不一定。我不也听了你的话，考上研究生了吗？

张福禹：可是……

许思婷：我们之间没有可是。

张福禹：你说什么？

许思婷：今天，我要宣布一件大事。

张福禹：大事？

许思婷：说起来，话可就长了……哎哟，怎么天旋地转……（摇晃要倒）

张福禹：（忙扶住她）你怎么啦，怎么啦？

【许思婷趁势在张福禹脸上亲了一口。

张福禹：（惊）啊、啊、啊……

许思婷：（笑）哈哈哈，这就是我要说的——大事！

张福禹：你……

许思婷：还在装！

张福禹：我……

许思婷：老实交代，你是不是一直在暗恋着我？

张福禹：呃……你是班花，暗恋你的岂止我一个。不过，大家都说你和孟天翔……我们都只是打酱油的。

许思婷：我跟孟天翔，我们接触多是学生会工作需要，你不会连这种谣传也信吧？

张福禹：谣传？今天该不是愚人节吧！

许思婷：人家说正经的。

张福禹：真的？

许思婷：（深情）真的。从大一去孤儿院那次活动开始，我就注意你了。你知道吗，我考研就是为能跟你在一起，永远在一起！

张福禹：真像是做梦呀。

许思婷：张乐呵，今天是爷爷的生日，我答应要送他一件大礼。

张福禹：大礼？

许思婷：男朋友！

张福禹：男朋友？

许思婷：就是你呀。（拉他就跑）走！

张福禹：慢点，我的鞋带，鞋带开了。

【切光。

（二）

【许思婷家。

【上官卓君在整理房间。许文澜哼着歌，对着镜子在打领带。

许文澜：卓君，这条蓝色怎么样？不行不行，把那条黄的递给我，那条橘黄的。

上官卓君：爸，这领带折腾有一个多钟头了吧？别忘了您的岁数。

许文澜：怎么？八十岁老头就不能打扮了吗？今儿可是我孙女的男友上门。

上官卓君：您这隔代亲也太露骨了。真后悔把她的秘密告诉你。

许文澜：那男孩家里是干什么的，再给我透点风好不好？

上官卓君：那男孩嘛……

【孟天翔上：上官阿姨，上官阿姨。

上官卓君：说曹操曹操到。

孟天翔：阿姨好！

上官卓君：天翔，快进来快进来。不用脱鞋。思婷呢，没和你一起啊？

孟天翔：她不在家吗？

许文澜：你就是……

孟天翔：爷爷好！爷爷，我叫孟天翔。听思婷说，您有一肚子故事呢。这是给您和上官阿姨的一点心意。

上官卓君：哎呀呀，韩国的化妆品，还有冬虫夏草……天翔你这是干什么啊！

孟天翔：阿姨，我妈妈公司经营这个，顺手拎了两提。

上官卓君：这孩子就是懂事。天翔你坐，我给你泡参茶。

孟天翔：阿姨，许叔叔的事，我爸妈说了，没有问题。

上官卓君：哎哟，那可就帮大忙了！

许文澜：帮什么忙？

上官卓君：思婷爸爸调工作的事呀。天翔爸爸是厅长，妈妈是企业家，可都是手眼通天的成功人士呀。

许文澜：按时髦话说，你是官二代加富二代哟。

孟天翔：爷爷，我呀，靠自己。

上官卓君：天翔成绩好，学生会副主席。这回和思婷一起考了研究生咧。

许文澜：嗯……

上官卓君：思婷这丫头怎么还不回来？（拨电话）

许文澜：是呀，一早上怎没见人哪？

【许思婷一边接手机，一边拖张福禹上。

上官卓君：喂，思婷，到哪了？

许思婷：妈，回来了，到家门口了。张福禹，快一点呀。

张福禹：我心跳加速了。

许思婷：（递生日蛋糕）镇静剂！

【许思婷将张福禹推到门前。

上官卓君：（开门）哎哟！

张福禹：上官阿姨，您好！

上官卓君：张福禹？！

张福禹：呃，我……

许思婷：妈，张福禹给爷爷祝寿，堵在门口干吗？

【张福禹进门。

孟天翔：张乐呵？

张福禹：孟天翔？

许思婷：孟天翔，你怎么来啦？

许文澜：婷婷，你不是说过，爷爷生日要送我一件大礼的吗？

许思婷：爷爷的礼物在这儿呢。

张福禹：爷爷，生日快乐！

许思婷：我的男朋友呀！

许文澜：男朋友？

张福禹：我叫张福禹。

许思婷：外号张乐呵。

许文澜：张乐呵……

许思婷：全校十名保送研究生之一。

上官卓君：思婷，不是都说你跟天翔是一对的吗，怎么变乐呵啦……

许思婷：妈，谣传你也信呀？

上官卓君：谣传？

许文澜：哈哈哈，你妈妈是乱点鸳鸯谱呀！

孟天翔：哎，思婷，昨天我问你，你还说没有男朋友呢？

许思婷：昨天是昨天，今天是今天……

孟天翔：张乐呵，你的保密工作可真是做到家了。

张福禹：呵呵。天翔，这叫我怎么说呢……

许思婷：哈哈哈！孟天翔，这事你真的冤枉他了。

孟天翔：冤枉，别忙别忙，张福禹我问你，你真打算跟思婷好啦？

张福禹：不敢吗？

孟天翔：你保证永远不离开她？

张福禹：我会牵着她的手走完一辈子。

许思婷：天翔，这些话不该你来问吧？

孟天翔：思婷，我听到一个消息，是关于张福禹的。

许思婷：什么消息？

孟天翔：张福禹，看起来这事你还瞒着思婷？

张福禹：呃，我……

许思婷：什么事？哎呀，你急死人了。

上官卓君：什么见不得人的事开不了口呀？

孟天翔：听辅导员说，张福禹递了申请，要去山区支教。

众：山区支教？！

许思婷：福禹，是真的吗？

张福禹：嗯。上午在校园就想告诉你的。

许思婷：你要去哪儿？

张福禹：还是那儿。

许思婷：你、你不保研了吗，打算放弃呀？

张福禹：呵呵，思婷，先前我还犹豫着能不能给你最好的生活，可既然今天把话挑开了，就请你相信，我会为我们的未来去努力打拼的。这次放弃不算什么！

许思婷：（爆发地）不算什么？不算什么？这不是开了个国际玩笑吗！你既然打算去支教，为什么还假惺惺地支持我考研呢，这不是戏弄人吗？嘿嘿，这下好，我听了你的话，考上了研究生。而你却放弃了，一个人远走啦！我真是自作多情……我、我就是只孔雀！（哭下）

张福禹：思婷……

孟天翔：你这人呀，不懂得珍惜！

上官卓君：天翔别跟他说，去劝劝思婷。

孟天翔：哦。思婷，思婷。（进屋）

【张福禹茫然站立。许文澜走近张福禹，用审视的眼光盯着他。

张福禹：（不知所措）爷爷……

许文澜：你是出于什么动机，做的这个决定？

张福禹：我……

许文澜：为什么要这样伤害她？告诉你，我孙女儿可是一个把感情看得比生命还重的人哪。你、你！咳咳咳……

上官卓君：爸，别生气，血压升高啦。张福禹你走，这事回头再说。

许文澜：别走！今天不说出个子丑寅卯来，我饶不了他。

张福禹：爷爷您消消气。去年暑假，我去恩施搞过一次调研。

许文澜：哪儿，哪儿呀？

张福禹：恩施。

许文澜：恩施，你上恩施去啦？

张福禹：恩施凤凰岭。

许文澜：凤凰岭，那不是我当年读书的地方吗？

张福禹：爷爷，您在凤凰岭读过书？呵呵，真是太巧啦！

许文澜：别打岔，现在是你交代问题。

张福禹：是，是我交代问题。凤凰岭有个小学，我在那代了半个月的课。

许文澜：嗯，凤凰岭该有小学了。

张福禹：可那个小学条件太差，老师又少，孩子们大多是留守儿童。走的时候孩子们问我，老师还会回来吗？我顺口说，会回来的。

许文澜：啊，什么？

张福禹：没想到，孩子们把这话装到心里了。一个同学写信来说，张老师，我每夜都梦见你回来了，跟我们解难题，做游戏，梦醒来只剩我一个人，只能独自偷偷流泪呀……

许文澜：你，你这不是伤了孩子的心吗？

张福禹：是呀，我点燃了孩子们的希望，却又粉碎了他们的梦想。如果我不去，对不起他们对我的信赖呀。

【许思婷和孟天翔从内室出，默默听着。

许文澜：（对上官）看来，他对农村的孩子是有感情的。

上官卓君：张福禹家在农村，父母本来就是农民嘛。

许文澜：既然保了研，拿到学位再去也不算迟呀。

张福禹：想做不做，机会错过。

许文澜：机会错过？

张福禹：记得小学三年级有一天，家里什么吃的都没了。邻居大婶送来一碗白米饭和几根泡菜，那是我吃得最香的一顿饭呀。当时没来得及道谢。我想，等大婶过生日的时候再说吧。可一场突如其来的意外让我永久地失去了对她说声谢谢的机会……这一次，我不想重蹈覆辙，不想再后悔了。

许文澜：（品味他的话）想做不做，机会错过……年纪轻轻，对人生倒有如此感悟。

上官卓君：什么感悟不感悟，他是没把思婷放在眼里。

张福禹：阿姨，四年来我一直偷偷爱着思婷，爱她的纯真，爱她的简单，爱她的风风火火，可又不敢告诉她。我这人嘴巴乐呵，脑子迟钝……直到今天上午她向我表白，我都不敢相信是真的。

上官卓君：你们那层窗户纸，今天才捅破？

孟天翔：什么，是她追的你？我不信，打死我都不信！

许思婷：天翔，你是说我许思婷没这个胆量？

孟天翔：你，他？唉！

许文澜：搞突然袭击，倒真是婷婷的个性啊，哈哈哈！

许思婷：本想给大家来个惊喜，没想到弄巧成拙了。张福禹，你的小算盘我现在才看明白，你劝我报考研究生，是想让我在学校等着你支教回来，放长线钓大鱼，是不是？

张福禹：知我者，思婷也。

许思婷：你真坏！

孟天翔：（沮丧）这都是怎么一回事啊！

上官卓君：天翔，你就认输啦？

孟天翔：不！我会用我的真诚，等待思婷回心转意。

许思婷：张乐呵，那你呢？

张福禹：呵呵……是我不对，应该提前告诉你的。

许思婷：既然认了错，就把申请撤回来吧。

张福禹：你是说……

许思婷：咱俩一起读研究生，再一起去支教不是更好吗？

张福禹：这！？

孟天翔：思婷，福禹不是那种出尔反尔的人。

许思婷：你别插嘴！

上官卓君：天翔说的没错，张福禹不会听你的。

许思婷：你怎么知道，我要他自己说。

张福禹：我、我……

上官卓君：你这是强人所难。

许思婷：这是对他的考验。

孟天翔：他可是个牛脾气。

许思婷：要你别插嘴，别插嘴。

上官卓君：你怎么对天翔这种态度？

许思婷：（跺脚）我的事你们别管了，好不好！

许文澜：吵什么，吵什么，你们就是这样给我过生日的吗？

【外传来向前进的歌声。

上官卓君：卖唱跑小区来了，添乱！喂，远点，远点。

向前进：我在外面唱歌，没碍着你呀。

孟天翔：老爷子寿辰够晦气的，一百元拿了快走。

向前进：好大方呀老哥，既然老先生做寿，我献唱一首。

张福禹：快走吧，今儿这场合不合适。

向前进：嗯？我走，走。

孟天翔：回来！

向前进：我就说嘛，这收了钱不唱说咱服务不到家。

孟天翔：你走过来。

向前进：啊！？

孟天翔：再走过去。

向前进：一百块钱，瞧我瘸子走路也不值呀。

孟天翔：我说，你早上瘸的不是右脚么，怎么现在变左脚了。

向前进：啊？（赶紧换脚）没有呀，我这是右脚是右脚呀。

许思婷：怎么，你这瘸子是装的？

向前进：呃，我、我……

上官卓君：不得了咧，连残疾人都有山寨版的啦！

孟天翔：走，跟我上派出所！

向前进：哥哥，饶了我吧，我们农民不容易呀。

许思婷：农民，农民会这样装瘸子行骗吗？

上官卓君：不知廉耻。

孟天翔：不知廉耻。

向前进：廉耻，我不知廉耻？老太太，廉耻两个字太贵了，咱呀买不起。（声泪俱下）知不知道，我十四岁出来打工赚钱，不过是为还老爹欠的那一屁股债呀，我怎么就不知道廉耻了，八年了，离乡背井，风餐露宿……赚的那点钱又被老板赖了账，这才装残疾来卖唱，遭白眼，被人唾弃，还得赔着笑脸去讨……有泪，有泪也只敢往肚里流呀……（方言）命不好，生在那个穷沟沟里咧……

上官卓君：编故事倒是一套一套的。

许思婷：妈！（掏钱）这有200元，拿去，别向命运低头。

向前进：（方言）两百块？姐姐，不好意思哒……

许文澜：收下吧。听口音是恩施的？

向前进：老先生耳聪，恩施凤凰岭。

许文澜：凤凰岭？

张福禹：你是凤凰岭的？

向前进：是呀。

张福禹：凤凰岭有个凤凰小学知道吗？

向前进：知道。

张福禹：那就是我要去的地方。

向前进：什么，你要去凤凰岭？傻哥哥咧，那鬼都不生蛋的地方，有本事的都跑光啦……

许文澜：他是去支教，教你们的孩子读书。

许思婷：爷爷，您……您同意张福禹去啦？

许文澜：应该去，不能让凤凰岭的孩子再像他这样苦了！

众：爷爷！？

【主题歌起：

牵挂，一双双求知的眼睛，

牵挂，狮山的露雨滋润。

牵挂，像蓝天白云的宁静，

倾心浇灌，期待花开人间……

【歌声中，许文澜亲切地将张福禹拉到身边坐下，细细交谈。

【光渐暗。许思婷出。

许思婷：（写信独白）张乐呵，你真的是很坏很坏很坏呀。你究竟用什么魔法把爷爷给迷住了？你知道吗，为咱俩的事我们家分成了两派：爸妈支持孟天翔，爷爷站在咱们这边。我其实很矛盾，你的选择有你的道理，可两年的时间怎么熬呀；还有研究生学籍说放弃就放弃，究竟值不值？现在唯一能说服我的，就是你提到的那些孩子。你这人天生是有悲悯之心的，我也受到了传染。谁叫我选择了你呢。那么就让我的心陪着你吧，你知道吗，昨天晚上我梦到了你，梦见你在连绵起伏的大山深处，在那个四面透风的教室里，挥舞着教鞭给孩子们上课，那神采奕奕的模样，像个指挥千军万马的将军啊……

（三）

【凤凰岭小学教室一角。

【张福禹拿着树枝当教鞭在上课。向幺妹坐在一旁聆听。

张福禹：学弈。

众学生：学弈。

张福禹：学弈。

众学生：学弈。

张福禹：大家知道学弈是什么意思吗？（指）

【红儿：学习下围棋。

张福禹：回答对了。古人把围棋叫作弈。学弈就是学习下围棋。这是小学第一篇文言文，一开始觉得难，读着读着就感觉有味道了。现在，大家把自己想象成一个进京赶考的书生，跟着老师一起朗读好不好呀？

众学生：好！

张福禹：开始（放音乐）弈秋，通国之善弈者也。

众学生：弈秋，通国之善弈者也。

张福禹：使弈秋诲二人弈，

众学生：使弈秋诲二人弈，

张福禹：其一人专心致志，

众学生：其一人专心致志。

张福禹：惟弈秋之为听……

【忽然，下面哭叫打闹声起，张福禹无措。

【向幺妹合上书，走到前面。

向幺妹：怎么一回事，怎么一回事，搞得跟鸦雀窝一样？还让不让老师上课啦？龚二狗，又是你。还有江大雄，你俩个上来。宋菊花，你哭什么，上来，都到讲台上来！

【龚二狗江大雄互相拉扯上。宋菊花抽泣上。

向幺妹：还揪着做什么呀？放手，放手哇！这是课堂，当少林寺比武啦？张老师大老远从武汉来我们恩施辛辛苦苦传授知识，老师的课讲得多么好，你们怎么就不知道珍惜咧！

宋菊花：（哭）老师……龚二狗揪我头发，呜呜呜……

江大雄：我保护宋菊花，他打我，还扭我胳膊。

龚二狗：我没扭，我就没扭。

张福禹：龚二狗，你扭江大雄，大家都看见了的。

龚二狗：老师，菊花头上有"狐狸"，我是抓"狐狸"……

张福禹：胡说！狐狸怎么能跑到人头上呢？

龚二狗：就有，你看。

张福禹：蝴蝶结！？

红儿："狐狸"和"蝴蝶"都说不清呢，嘻嘻嘻！

【大家哄笑。

张福禹：龚二狗，不好好说普通话，闹笑话了吧。

龚二狗：我偏不说。

向幺妹：龚二狗，你怎么对张老师这种态度？

龚二狗：我的态度怎么了？

张福禹：龚二狗，你以前不这样啊。

龚二狗：以前，以前我咋样？

张福禹：你写给老师信里的那些梦想跟约定都是假的吗？（取信）

龚二狗：我没写信。

张福禹：这有你的名字呀，龚二狗。

江大雄：撒谎不打稿子。（众哄笑）

龚二狗：（撕信）逗你玩的。

张福禹：你！？

向幺妹：龚二狗，我罚你站，站一天！

龚二狗：最好，开除我，把我开除！（头一甩，跑下）

向幺妹：龚二狗，你跑。（追下）

张福禹：（茫然）他怎么变了，变得都叫人不认识了。

江大雄：老师你别生气，龚二狗是坏种！

张福禹：坏种？

宋菊花：他妈妈跟人跑了，爸爸犯了大事，公安局满世界在抓他呢。

张福禹：公安局在满世界抓他！

【洪校长敲钟上：下课哒，都下课哒！

张福禹：好，今天的课就上到这里，明天接着讲。下课。

【下课的哄闹声。孩子们争先恐后地上。红儿背着孩子。

洪校长：（方言）慢倒点江大雄，跑弄么快搞么子！宋菊花，上学扎个花蝴蝶不是在招风吗，扯啊它！红儿，你妹娃儿今儿郭没在上课的时候瞎搞吧？

红儿：没有，不信您问张老师。

张福禹：是的，小妹妹一声都没哭。

小孩哭声。

红儿：校长你看啦，小妹妹乖哟，憋到下课才哭。校长再见！（下）

洪校长：（方言）父母不在屋里头，大娃儿就是小娃儿滴妈！

【小叶子赶牛过场。

小叶子：吁——

洪校长：（方言）小叶子，牛绳拉紧点，莫半路把别个的菜啃哒！

小叶子：我知道。校长，老师再见。（拉牛动作下）

【向幺妹返上。

向幺妹：狗腿真快，一下跑得没影了。

张福禹：向老师，龚二狗究竟怎么啦?

向幺妹：那孩子跟他爹一样，泻黄的鸡蛋——没治了。

洪校长：（方言）上梁不正下梁歪。

张福禹：不，今天是我太急躁了。如果我的态度好一些，他也不会……

向幺妹：您的态度够好啦。像您这样的老师，打着灯笼也难找呢。您讲课深入浅出，读古文放音乐，感觉就是不一样，别说学生，我都听得入迷了。

洪校长：（方言）向老师，张老师这才来几天呐，你就成啊他滴粉丝咧!

向幺妹：张老师的课就是比你讲得好。

洪校长：（方言）当然，名牌大学生嘛。

张福禹：向老师，龚二狗什么时候开始变的?

向幺妹：你还在为他纠结呀?

张福禹：从这封信中，我感觉到他对知识的渴望……

洪校长：（方言）张老师我跟你说，这娃儿跟他老头子一个样，天生爱日白，莫被几句假话糊弄倒哒！（夺过信甩到地上）

张福禹：你……

向幺妹：张老师，洪校长说得没错。把您的精力放到江大雄、宋菊花这些表现好的同学身上，或许有成效。凤凰岭只要出一个大学生，您张老师就是头号功臣啦!

洪校长：（方言）向幺妹，你以为张老师会在凤凰岭待一辈子啊!

向幺妹：啊！？

【小叶子哭叫声：“牛发颠了，拦一下呀！”

向幺妹：小叶子，老师来了，老师来了！（急下）

洪校长：（方言）山里娃儿，有几个能安心读书哟。来了，来了！（下）

【幕后出现洪校长向幺妹拦牛的身影。张福禹呆立。

【主题歌《牵挂》起：

牵挂，一双双求知的眼睛，
牵挂，狮山的露雨滋润。
牵挂，像蓝天白云的宁静，
倾心浇灌，期待花开人间。
牵挂，南湖的情谊，谁的情，
牵挂，一生努力只为它开花。
牵挂，不管走到哪里我都牵挂，
孩子的眼眸，纯净的，支教的心。

【张福禹捡起那封被撕的信，慢慢粘好。

【向幺妹和洪校长在远处，不解地望着他。

张福禹：（写信独白）思婷，每收到你的信，心中的孤独和寂寞就会一扫而光，你已经成为我支教的精神支柱啦。当然，这也更勾起了我对你的思念和愧疚。凤凰岭还没网络，手机只有在升旗台上才有信号。你说得很形象，我就像一个将军，不过不是指挥千军万马，而是负责三年级、五年级六十多个学生。教他们语文、数学、英语、体育，还有音乐。你别说，我这个五音不全的人唱的歌，孩子们听得津津有味呢。唉，是他们见识太少了。这一次的作文题目是《我心中的北京》，一个学生写道："将来长大了我一定要去一趟北京，去看一看那里的平房，要是能在北京的平房住一晚该多好呀……"这篇作文我给了满分，因为它让我流泪了。山里孩子连县城都没去过，又怎么知道北京是什么样子呢？将来有机会我一定要带他们去一趟大城市，看看那里的大楼房。思婷，我们一起去！记得我想你，不离不弃。

（四）

【野外，风景如画，鸟唱枝头。

【龚二狗拿网子蹑手蹑脚在捕捉什么。

【江大雄打拳。宋菊花、小叶子等女孩子拍手叫好随上。

众：大雄哥，加油，大雄哥，加油！

龚二狗：江大雄！

众：龚二狗？！

宋菊花：大雄哥表演，你搞破坏？

龚二狗：他破坏我，我就破坏他！

江大雄：我破坏你什么呀？

龚二狗：我逮田鼠，都被你吓跑啦。

宋菊花：你逮田鼠干什么？

龚二狗：我搞试验。

江大雄：他还想当科学家，架梯子上天呀。哈哈哈！

众：哈哈哈！

龚二狗：你们，你们，骨头发痒啦！

【龚二狗挥棍，女孩子都往后躲。张福禹、向幺妹上。

向幺妹：龚二狗，又在打架？

龚二狗：（把棍子藏到身后）我没有，没有。

张福禹：没有？！（夺过棍子）这是什么？！

学生甲：他是个撒谎大王！

众：（笑）哈哈哈！

【洪校长上。

洪校长：（方言）搞邪哒，不克（到）教室上课，跑到野外打架来哒？

张福禹：洪校长，今天我给同学们讲讲太阳。

洪校长：（方言）张老师，山里娃见识再浅，太阳月亮还是晓得滴，莫搞那些日白扯淡滴。

向幺妹：洪校长，张老师的教案前天就交给你了，没看呀？

洪校长：（方言）啊，我忙得很。

张福禹：洪校长，今天我想给同学们讲点地理知识。

向幺妹：张老师的设想很有创意。

洪校长：（方言）你俩个一唱一和，秤不离砣了。

张福禹：这叫配合默契！

洪校长：呃……（对向幺妹）提醒点，莫把伢们心讲野哒，到时候收不回来喽！

张福禹：洪校长，凤凰岭要飞出几只金凤凰，你洪校长的脸上也有光啊！

洪校长：我讲不过你，上课去哒。（下）

众：哈哈哈哈！

张福禹：好了，同学们，你们每天早上几点起床啊？

众：我六点。四点半。五点半。

张福禹：我知道你们几个要起早赶山路上学。

宋菊花：农忙啦，要给菜地施了肥才能来上学呢。

学生乙：我要给妹妹和奶奶做饭。

江大雄：我要来学校补补作业咧……

张福禹：哦……那你们起床的时候看到太阳了吗？

众：哎呀……（挠后脑勺），忘记了。

龚二狗：我家住山顶，我最先看到太阳。

张福禹：为什么呢？

龚二狗：站得高看得远嘛。

张福禹：呵呵，龚二狗的回答很棒呀！

红儿：张老师，龚二狗还抓田鼠搞试验咧。

张福禹：二狗，怎么，你对小动物感兴趣吗？

江大雄：他是嘴馋，想吃老鼠肉！

众：（笑）哈哈哈哈！

龚二狗：（恼羞）我吃老鼠肉，又没吃你的肉！

向幺妹：龚二狗，你怎么对同学这样凶？！

龚二狗：你管我，怎么不管他？

张福禹：龚二狗，刚刚表扬你，就翘尾巴啦。

龚二狗：哼！

张福禹：好了，好了。龚二狗家在山顶上，所以比别人先看到太阳，那大家 再想想，我们家乡以外的人，是不是能和我们一起看日出呢？

小叶子：家乡以外，那是哪里啊？

张福禹：就是大山外面的世界啊。

学生乙：嘻，一看老师你就没爬过山，大山外面还是大山呢！

张福禹：呵呵，大山外面可不止都是山呢。向老师……

向幺妹：来来来，大家看地图！（打开地图）找一找，我们恩施在哪儿呢？

众：在哪儿？在哪儿？

向幺妹：鄂西南，就湖北省的西南边呀，在这儿呢！

众：哦，这么一小点呀？！

向幺妹：这才是中国地图。在世界地图上，连小点都找不到呢。

众：啊！？

张福禹：同学们，再找一找我们的首都北京。

红儿：就是有天安门的地方吗？

小叶子：在这儿。

张福禹：你们说，是北京的小朋友先看到日出，还是我们先看到呢？

众：这个……好难呀……

张福禹：呵呵，今天我们玩个游戏，你们就知道了。选三个同学出来，一个同学演北京，一个同学演恩施，一个同学演太阳。

众：（争先恐后）我来，我来！

宋菊花：（突然哭）哎哟，嗯嗯嗯……

向幺妹：宋菊花，你怎么又哭啦？

宋菊花：龚二狗他……他……

张福禹：他怎么啦？

江大雄：龚二狗揪宋菊花的屁股！

向幺妹：龚二狗？！

龚二狗：没，我没揪她屁股。

小叶子：揪了的。我看见了。

学生甲：我也看见了。

张福禹：龚二狗？！（怒不可遏，一巴掌）欺负女同学，流氓！

众：流氓，流氓！

龚二狗：我恨你，我恨你！（哭着跑下）

张福禹：（眩晕）啊……

向幺妹：（急扶）张老师，你怎么啦？

张福禹：没什么，没什么……

向幺妹：张老师，我说过，为他那样的学生操心是石板上栽葱——白费功！

【几个同学窃窃私语。

张福禹：（略有觉察）石头，小叶子，你俩过来。

二学生：老师……

张福禹：刚才你们有认真听老师讲课吗？

二学生：当然。

张福禹：那怎么能看到龚二狗揪宋菊花呢？

学生乙：呃，我……

小叶子：我是听江大雄说的。

江大雄：龚二狗耍流氓，我亲眼看见的。

张福禹：宋菊花，你过来……

宋菊花：老师……

江大雄：菊花……

张福禹：江大雄你别动，菊花先过来。今天你们谁要是不说实话，我就罚他抄作业，二十遍。

众：啊，二十遍！

张福禹：不，三十遍！

众：啊？！

【音乐起，光渐暗。

【追光：许思婷笑出。

许思婷：（写信独白）嘻嘻嘻！福禹，没想到支教的生活这么有趣，我可以想象你在学生面前吹胡子瞪眼的模样儿。凭你的智商，征服那些调皮的山娃子是绰绰有余的。你太有才了。那个叫月老的哥们对我不错，让我们相遇，相知，相爱，我该知足啦。你知道吗？每次收到你的来信都叫我心花儿怒放呀……然而现实是残酷的，一到周末，看到寝室的梦瑶和林燕跟男朋友在一起，我就感到一种莫名的孤独和寂寞。抱着回忆醒来，无论时间空间，处处都是你的影子……福禹，我不想独饮忧伤了。你能不能为我着想，早一点回到我身边来呢……

【许文澜上。

许文澜：思婷，又给福禹写信啦？

许思婷：（叹气）爷爷，没想到我的初恋，苦涩多过甜蜜呀！

许文澜：孩子，人生本来就是五味杂陈，需要细细品尝的。你还记不记得，当初，你为什么你选择了福禹，而不是天翔呢？

许思婷：张福禹与众不同。他除了聪明，有上进心外，对人生还常常有一种独到的见解和感悟。他的世界无比丰富，跟他在一起既充实又快乐。这种感觉比其他的什么条件都更叫人动心呢！

许文澜：嗯！你想不想知道，爷爷为什么支持福禹去恩施呢？

许思婷：想呀，这一直是我心中的疑问。

许文澜：张福禹去凤凰岭，也是替爷爷还了当年的一段心愿啊！

许思婷：爷爷的心愿？

许文澜：抗战那年，学校从武汉迁到恩施。我住户家里有个叫凤儿的小姑娘，天天缠着我教她认字，那时我手边正好有一本《幼学琼林》。

许思婷：《幼学琼林》？！

许文澜：那是古代学者为孩子启蒙写的一本书啊……

【优美的恩施民歌响起：

柑子树来哟哟柑子叶

【柑子树下，青年许文澜拿着《幼学琼林》，教凤儿认字读书；凤儿如影随形，雀跃欣喜；许文澜让她背书，凤儿背着手，摇头晃脑地背诵书文；二人拿着书欣喜若狂，欢舞不止。

【凤儿：文澜大哥，我要读书，带我去汉口读书好吗？

【许文澜：凤儿，等大哥哥明年毕业了，就来接你！

【凤儿：明年，明年是什么时候？

【许文澜：明年，就是柑橘又熟了的时候呀。

【凤儿：明年，那我就等明年，明年你一定要来，一定要来哟……

【音乐声中，二人隐去。

许思婷：爷爷，第二年你回去接凤儿了吗？

许文澜：回去了。可她爸妈因为欠土司的钱，把她嫁人顶了债。那年她才刚满十四岁呀！

许思婷：可怜的凤儿姑娘……

许文澜：福禹说得好，想做不做，机会错过。爷爷愧对那方土地和她家对我的恩情呀……

【音乐如泣如诉。

（五）

【灯亮：张福禹宿舍。

【江大雄在门外探头探脑。

【远处传来“柑子树”的歌声。江大雄躲。

【向幺妹哼着歌，兴致勃勃地上。

向幺妹：张老师，张老师……哎呀，怎么满屋子烟？张老师，张老师？

【张福禹咳嗽着从炉灶后出。

【向幺妹掏手绢帮他擦脸，张福禹不好意思，接过自己擦。

向幺妹：烟囱堵了，你出去，我来。

【向幺妹驱赶烟雾。又从烟囱里掏出一大卷草把。

张福禹：快瞧瞧，到底怎么了？

向幺妹：瞧，烟囱塞了个大草把，这烟还不倒灌呀！

张福禹：哦？！

向幺妹：这草把是有人故意塞的。

张福禹：你是说……

向幺妹：龚二狗，除了他没别人！

张福禹：（悔恨地）都怪我，那天不该对他动手。

【江大雄溜下。

向幺妹：张老师，打是亲骂是爱，还在自责呀？

【张福禹一个踉跄。

向幺妹：张老师，你怎么啦？

张福禹：没什么。

向幺妹：瞧你，天天吃苞谷土豆，比来的时候瘦多啦。今天是个特别的日子，我给你改善伙食来了。（拿）

张福禹：特别的日子……

向幺妹：土家特产，酱香粑粑。

张福禹：哇，好香——

向幺妹：（掏出鸡蛋放到桌上）还有五香茶叶蛋，煮熟了的。

张福禹：（掏钱）呵呵，你家也不宽裕。

向幺妹：（推）张老师，你为我们山区做了那么多，这算什么呀！

哟。照片，是谁的？

张福禹：我女朋友。

向幺妹：女朋友，我看看，好漂亮啊……前些时候怎么没见你摆出来？

张福禹：它在日记本里憋得慌，出来透透气。

向幺妹：你是故意拿出来让我看的，是吗？

张福禹：是，不不不，不是不是……

向幺妹：我说呢，你这么优秀的大学生，怎么会没有女朋友呢。

张福禹：她是我大学同学，叫许思婷。

向幺妹：许—思—婷，人漂亮，名儿也好听。（掩饰心中失望）张老师，你放弃学业，离开女朋友来支教，好高尚啊！

张福禹：哈哈，得你这样夸奖，我双颊绯红钻地洞呐。

【宋菊花、红儿、小叶子在门外探头探脑。

向幺妹：谁，谁在那？进来。

【孩子们挨个进门。

张福禹：是你们呀，你们怎么来了，坐，坐呀。

红儿：（拿出画）老师，礼物。

向幺妹：红儿，你画的谁呀？

宋菊花：她画的张老师。

向幺妹：不像不像，把张老师都画成熊猫眼了。

张福禹：哈哈，像，就是这对眼睛传神咧。

【红儿羞涩地低头嬉笑。

宋菊花：张老师请坐，闭上眼睛。

张福禹：（闭眼）又有什么好事？

【宋菊花和小叶子给张福禹戴花环。

孩子们：好，现在可以睁开了。

张福禹：啊，这么大的项链啊，还有草帽。

向幺妹：（乐不可支）张老师，这是幸运花环，老人们说呀，戴上孩子们编的幸运花环，就交上好运啦！

众：张老师，生日快乐！

张福禹：生日，我的吗？真忘了。哎，你们怎么知道的？

红儿：是在向老师的本子里发现的。

向幺妹：（尴尬）呃，你们，你们怎么能偷看张老师的本子呢！不应该，不应该啊。

众：呃？！

张福禹：（替她解围）是我的本本，是我的本本喽。张冠李戴，罚你们一人一颗五香茶叶蛋，拿着！

孩子们：不要。

张福禹：这可是向老师煮的咧。

向幺妹：张老师发了话，就接着吧。

【张福禹给孩子们鸡蛋。

【宋菊花跟大家做了个眼色。

红儿：张老师，窗台上有蛇！

张福禹：（顺势把学生拨到身后，操扁担）哪儿，哪儿？

【孩子们把鸡蛋一齐放回碗中，跑下。

张福禹：哎，你们……

向幺妹：（笑）聪明人，被孩子耍了。

张福禹：跟他们在一起，心就纯净了。（把花环挂好）

向幺妹：真舍不得呀……唉。

张福禹：舍不得什么？

向幺妹：学生呀。代课老师要被清退了……

张福禹：哎，不是能考试的吗？

向幺妹：难，考不上的。

张福禹：你年轻好学，人又聪明。再说，还有我帮你呀。对了，我去县里给你弄了一套复习资料。

向幺妹：复习资料？

张福禹：我给你当后盾，你一定可以的。

向幺妹：可以吗？（看到张福禹坚定的眼神）那我就试试。

张福禹：我先给你讲解一遍。天黑了，要点灯了……

向幺妹：油瓶呢，我来……

【门外响起洪校长的声音（方言）：张老师，张福禹！

张福禹：洪校长，开完会回来了？

【洪校长进门（方言）：大晚上滴，纳门（怎么）不点个灯呀？

向幺妹：正要点呢 。

洪校长：（方言）向幺妹？！黑灯瞎火，你俩个关在屋里头搞么子哟？

张福禹：停电了，正在点灯。

洪校长：（方言）张老师，没坏你的好事吧？看，哪个来哒。

【许思婷满身泥泞，狼狈不堪地在门前出现。

张福禹：（惊喜）思婷！？

许思婷：福禹……

张福禹：你怎么来啦？

【许思婷百感交集，扑到墙边哭起来。

张福禹：别哭，你这是怎么啦？

洪校长：（方言）也真是巧哒，我开完会正好碰到她来找你。张老师，许老师对你真是一往情深。下这么大滴雨，偏要连夜赶着进山，路上答阿几高（跌了好几跤）……

张福禹：没事吧？没事吧？

许思婷：那哪能叫路呀……

向幺妹：这里有热水，快洗洗。

许思婷：她是？

张福禹：她是向幺妹，学校的代课老师。

许思婷：代课老师？！

向幺妹：张老师在给我补功课。

洪校长：（方言）张老师，武汉有个漂亮姑娘想着，恩施有个山里妹子陪倒，你艳福不浅咧！

张福禹：洪校长，开这种玩笑有失身份呀。

许思婷：她不是老师吗，怎么还要补课？

张福禹：上级规定，代课老师要考试才能上岗。

向幺妹：多亏张老师的帮助，我才有了信心。（拿出资料）

洪校长：（方言）复习资料？哦，我想起来哒，张老师为给你弄资料跑了县里三回，教委的人都以为他在和你谈朋友咧。

张福禹：洪校长，你……

洪校长：（方言）机关的人爱捕风捉影，许老师，你莫当真了咧。

许思婷：（故作轻松）我才不是那种小心眼的人呢。

向幺妹：洪校长外号洪大嘴，爱乱放炮。

许思婷：这不是有电灯吗，怎么还用油灯呢？

张福禹：停电，电灯就是摆饰。

【电灯亮。

向幺妹：咦，电来了。

张福禹：哈哈，思婷，你一来电就来了。

洪校长：（大拇指）许老师，光明女神！

【宋菊花从内喊上。

宋菊花：向老师，向老师。

向幺妹：宋菊花，你怎么来了？

宋菊花：前进哥从城里回来了，有事找你呢。

向幺妹：啊，你们忙，我先回去了。

洪校长：（方言）等我一齐走嘛。

张福禹：那你们慢些走。

洪校长：俗话说久别胜新婚，你们两个只管随意，随意！（坏笑着离去）

张福禹：（摇头笑）嗨，服了。

许思婷：这人说话怎么这样?

张福禹：他是洪大嘴呀。思婷，怎么不打声招呼就来了?

许思婷：给你一个惊喜呗。

【二人欲相拥，却又腼腆分开。

许思婷：照片，谁的?

许思婷：给我。

张福禹：不给。

许思婷：给我。

张福禹：保密——

张福禹：给你就是了，你看嘛。

许思婷：（一把抢过看）是我呀，你真坏!

张福禹：（憨笑）每天有她陪着，就不寂寞了。

许思婷：（抱住张福禹）福禹，我那么恳切地要你回去，你非说这里离不开。所以我偏要来亲眼看看，回去再想你的时候，好知道你在哪棵树下看书，在哪个山头想我。

张福禹：每个山头每棵树，都是我思念你的港湾咧。

许思婷： 嘴甜。我还送书来了。

张福禹：送书，什么书?

许思婷：每次来信你都说，这儿的孩子太苦啦，课外书籍太少啦……我就联系咱附小。小朋友们听说后，捐了好多课外书籍和文具让我带来……

张福禹：啊，书在哪儿，哪儿?

许思婷：一听说书，连女朋友都不要了!

张福禹：你不就为送书的吗?

许思婷：我就为送书来的?

张福禹：为我，为我。

许思婷：送书来的。

【许思婷打开箱子，拿书。

许思婷：这鬼地方快递都不送，还有好多衣服物品我扛不动。

张福禹：等放寒假我回去背，不让你累着。

许思婷：还有，你说有个学生兴趣特别广泛，我就专门买了一套少年百科全书。

张福禹：呵呵，你真是雪中送炭呀。太好了，太好了！

许思婷：瞧这高兴劲，我要吃醋了哦。

张福禹：思婷，你知道吗，凤凰岭的孩子真的好可爱好可爱呀。你瞧，他们为我画的画，还有幸运花环。

许思婷：幸运花环？

张福禹：普通的草三片叶，这种草是四片叶，村里的人都叫它幸运草……今天，孩子们刚送来幸运草，你就从天而降。来，戴上。（打扮思婷）哇，美呆啦！

许思婷：幸运草，幸运草……（偎进张福禹怀里）福禹，你知道吗，你到恩施支教，把我的心，还有爷爷的心，都牵到这里来了呀。

张福禹：爷爷的心？

许思婷：恩施凤凰岭，有爷爷六十年的牵挂啊！

【二人沉入遐想，光渐暗。

（六）

【山路边。向前进追向幺妹上。

向前进：幺妹，你听哥说呀……

向幺妹：哥，我离不开学校那些学生呀。

向前进：你初中生没毕业，本来就不够格当老师的。

向幺妹：张老师说我有基础，通得过考试。

向前进：哪个张老师？

向幺妹：就是武汉来的张福禹呀。

向前进：张福禹？！张福禹的话是圣旨呀？爹那年治病借的钱，靠老哥我一个人还不完呀。别人不讲诚信，我老向家可不背那赖账的名。不管怎么说，你都得跟我走。城里一个月赚的钱，可抵得上你学校一年的工资呀。你就帮哥一把好不好？哥求你了……哎，人呢？幺妹，幺妹……（转头不见人，怒火中烧）你跑，今儿就是跑到天边，我也要把你找回来！

【向前进追下。

（七）

【宿舍。张福禹在收拾屋子。

【向幺妹哭着跑进来。

向幺妹：张老师，张老师……

张福禹：向幺妹，出了什么事？

向幺妹：张老师，劝劝我哥，告诉他我能通过，我能成为正式的老师。（哭）

张福禹：别哭，别哭，到底怎么了？

向幺妹：我不想离开学校，不想离开讲台呀。

张福禹：怎么回事，慢慢说。

向幺妹：初二那年，爹得了场大病不能起床，我和哥带着爹四处求医，从县到州再到汉口大医院，爹还是死了，欠下一大笔债，哥进城打工，想要我帮他一把……可我舍不得那些学生，还有张老师你……我怎么办，怎么办……（泣不成声）

张福禹：别哭，别哭呀。（思考）我把你家的事放到网上，在网上发起一个募捐。现在愿意伸出援手的人有很多咧。

向幺妹：真的吗？

张福禹：真的，我的一个同学就是这样摆脱了困境。

向幺妹：（感激地扑进张福禹怀中）张老师，你救了我啦！

【许思婷端着脸盆进。

许思婷：山里的月亮真是又大又圆……

张福禹：思婷……

许思婷：（见状惊）你，还有你，你们在干什么？

【许思婷捂脸哭着跑下。

张福禹：（追出）思婷，你听我说……思婷！

向幺妹：思婷姐姐，你误会了，你误会了。

【向幺妹亦追下。切光。

（八）

【山路上。

【向前进打电筒寻找妹妹。

【受了刺激的许思婷，毫无目的地在山路上奔跑。

【张福禹呼喊："思婷，思婷，你在哪里，快出来啊！"

【向幺妹跟在张福禹后面追赶。

【许思婷听到喊声，悲伤地躲到树后。

【向前进与张福禹狭路相逢。

张福禹：哎，你是谁？

向前进：怎么，不认识我啦？

张福禹：啊，原来是你……

向前进：你就是武汉来的那个张老师吧？

张福禹：我是张福禹。思婷，思婷。

向前进：我妹子呢？

张福禹：你妹子？

向前进：向幺妹呀，你是不是把她藏起来啦？

张福禹：你是向幺妹的哥哥？向幺妹能当个好老师！

向前进：（火冒三丈）她是为了你才神魂颠倒的吧？

张福禹：别误会，你妹妹聪明好学，有上进心，孩子们都离不开她……

向前进：是你离不开她吧！（抽出柴刀）姓张的，城里那么多姑娘你不追，偏要来勾引山里妹子？我妹以前对我的话说一不二，现在鬼迷心窍。你给她下了什么药，说，你是不是把她给睡啦，你是不是把她睡啦？！

向幺妹：（上）哥，你胡说！

向前进：臭小子，老子跟你拼啦！

向幺妹：（护张福禹）哥，你别干蠢事！

向前进：你护着他？姓张的，你还我的妹子呀！（挥柴刀）

向幺妹：（拦）要砍先砍我吧！

向前进：为了他，你连命都不要了，还说你们没事？

向幺妹：（哭叫）张老师是好人！

向前进：再喊，连你一起砍！

【三人扭打在一起。

【许思婷在树后目睹着这场争吵，伤心欲绝。手机响。

【上官卓君声：思婷，爷爷病危，快回来呀！

许思婷：妈——我马上回去，马上。爷爷……（哭下）

【向前进与张福禹扭打，向幺妹护住张福禹。

张福禹：向大哥，你误会了。

向幺妹：张老师，你没事吧？

向前进：幺妹，哥求你了，哥给你跪下啦。这些年哥真的好累呀。咱人穷志不能穷。欠人的钱要还，要还，要还啊……哥不活了，哥撞死算了！（以头撞石）

向幺妹：（抱住向前进哭喊）哥——你别这样，别这样！幺妹听你的，我不当老师了……我跟你进城，我跟你走就是啊……（痛哭失声）

张福禹：向幺妹，你……

【向幺妹没再理张福禹，扶向前进离去。

张福禹：向幺妹……

【思婷从大路边出现，洪校长拖着旅行箱随上。

洪校长：张老师……

张福禹：思婷，你听我解释……

许思婷：（冷若冰霜）张福禹，想要我再相信你一次。可以，马上回武汉。我……走了。（下）

张福禹：思婷……

洪校长：（方言）张老师，你也算支教过了，回去吧……哎，许老师，山路不好走，慢倒点呀。（急下）

【张福禹孤独地望着许思婷离去的背影，呆若木鸡。

【《不能分离》歌声响起：

甜蜜不多时，却要离别，
长久的等待换来牵念，
红色的姻缘线，雨中不定停滞不前，
与君离别多意，辗转反侧的明天。

刚刚走到一起，却又要分离。
留我一个人怎么办，
怎么忍受孤单？
手心的暖，一段段渐渐冰乱，
留我一人，在山的那端。

你若像风筝一样，断了线，飘很远。
我也要追着你，到你落的地点。
丝丝挂念，海边缘，天的尽头之间。
我陪着你，到幸福的彼岸，

让我们去看花开的烂漫。

（九）

【歌声中，张福禹踉跄进屋，面对空荡的房屋，看到许思婷留下的书籍和文具，默默抽泣。

张福禹：（跳起）回去，回去！

【张福禹抹干泪，毅然地收拾东西。

【一个粗鲁的声音：“张老师，张老师！”

【龚大有衣衫褴褛，手拿粗棍上。

龚大有：你就是武汉来的张老师？

张福禹：是，我是张福禹。

龚大有：可算找到你啦，走！（将被捆的龚二狗拉进门）。

张福禹：龚二狗，怎么回事？

龚大有：（吼）跪下！

【龚二狗不跪。

龚大有：跪下！（一脚将其踢倒）

张福禹：哎，你怎么踢人？

龚大有：我是他老子，踢死他。张老师，我今天是专门带这狗东西来赔罪的！

张福禹：赔罪，赔什么罪？

龚大有：二狗，你是不是一上课就闹堂，是不是揪了宋菊花的屁股，还用草把塞了张老师的烟筒，你是不是又逃学了？

龚二狗：（倔强起身）我没有，没有……

龚大有：（又一脚踢去）嘴巴硬，揍死你！

龚二狗：我，我……爹，别打了，我改我改呀。

龚大有：改？好，你当着张老师的面，跟老子发誓。

张福禹：让他起来说嘛。

龚大有：（不理会）发誓。再不好好上学，天打五雷轰；一辈子吃不上肉，一辈子找不到老婆，打光棍！

龚二狗：我，我……

龚大有：说！

龚二狗：（哭）再不好好上学，天打五雷轰，一辈子吃不上肉，找不到老婆，打光、光……

张福禹：好了好了，让他起来吧。

【龚二狗欲起。

龚大有：别动！张老师，我龚家这个丧门星就交给你啦，只要他不听话，就用这棍子给我往死里头打。

张福禹：好了好了，你的意思我懂了，瞧，孩子手都捆肿了。（把龚二狗解开，心疼地帮他揉手）

龚大有：（感动，悲从中来）你不争气的东西呀，遇上这么好的老师，你怎么就不晓得金贵咧！（大哭）

【远处传来狗叫和人声、急促的脚步声。

【龚大有欲逃无门，站立不动。

【人声嘈杂，警察甲乙上。

警察：龚大有就在里面，你上前我殿后，这回可别让他跑了。

警察甲：龚大有，不许动！（给龚大有上铐）

张福禹：出了什么事？他是我学生的家长呀……

警察乙：他是在逃通缉犯！

张福禹：通缉犯？

警察甲：龚大有参加了一个重大犯罪集团，潜逃了半年。

警察乙：就算你逃到天边，也逃不出人民的法网。

龚大有：后事交代好了，我不想逃了。

警察甲：走！

【警察押龚大有出门。

龚二狗：爹——（抱住龚大有号啕大哭）

龚大有：可怜的儿呀，你爹这辈子就是吃了不识字的亏，才上了贼船，把自己给毁了的呀……你千万别学老子，要好好读书，好好学好呀……（哭叫）张老师，我这不争气的儿子就托付给你啦！（哭喊着跑下）

【警察追下。众人议论着也纷纷离去。

龚二狗：爹——（大声）爹……没有爹了，我没有爹了呀，爹……（号啕大哭，撕心裂肺）

张福禹：（百感交集）二狗，二狗，别哭，别哭了……有老师在，今后老师就是你的哥，我来照顾你，还有奶奶……

【龚二狗蓦地站起来，瞪了张福禹一眼，跑出屋去。

龚二狗：不，我不要你管——

张福禹：二狗——

【张福禹欲追龚二狗，一阵眩晕。他茫然不知所措，突然看见龚大有留下的棒子，百感交集。

【音乐灯光变幻，许文澜来到张福禹的身边。

许文澜：福禹……福禹……福禹……

张福禹：（一惊）爷爷，许老教授……

许文澜：张大乐呵，怎么满面愁容呀？

张福禹：爷爷……我满怀激情来支教，可为什么遇到这么多的难题？思婷走了，我的心也空了，我好孤独，好无助呀……

许文澜：孩子，人的理想与社会现实往往是有距离的，但它却是人生最宝贵的东西啊。还记得校史馆里，张之洞给朝廷上的那个折子吗？

张福禹：张之洞的折子？！

【张之洞：（显影）臣，湖广总督张之洞奏：窃惟富国之道，不外农、工、商三事，而农务尤为中国之根本……

张福禹：而农务尤为中国之根本……

许文澜：百年之前，张之洞兴实业，办学堂，从自强学堂、两湖书院、到农务学堂……然而，这位“第一通晓学务之人”最终却因“心病”而亡啊！

【张之洞：弊政败亡，国运尽衰，无力回天，壮志空怀呀！

张福禹：张老前辈……

许文澜：历史局限成为他个人的悲剧，但他却奠定了中国现代教育的基础呀。人类社会，不就是靠着一代又一代人对理想的追逐而进步的吗？

张福禹：一代又一代人对理想的追逐……

【张福禹正思考，突然眼前显现许多人影。

许思婷：张福禹，你到恩施支教，我理解你，支持你，可你为什么要这样薄情，一个承诺真的比爱情还重要吗？你要真心爱我，就马上回来！你回来呀！

洪校长：（方言）张老师，你也支教过哒，回去吧。莫要再折磨自己了！

向幺妹：张老师，我离开凤凰岭是迫不得已，可张老师你不能走，凤凰岭的孩子对你的感情是真的，你千万别伤了孩子们的心啊！

众孩子：张老师，张老师，我们离不开你，我们离不开你啊……

龚二狗：张老师，我爸妈的错不是我的错，为什么坏事都赖我头上？我恨你，我恨你！

龚大友：张老师，二狗不到三岁妈就跟人跑了，我这不争气的儿子就托付给你啦！

【众人的声音在空中回荡。

张福禹：爷爷，张老前辈。我来这儿不久，听到见到了那么多那么多的不幸，更感到了自己肩上的责任。张福禹自小家境贫寒，是一个匿名好心人每月寄来生活费，才使我从小学读到了高中。后来我才知道，他是一个捡垃圾的大爷，靠着捡塑料瓶和易拉罐，资助了五个学生上学……今天我的处境和他老人家比起来要好得太多了。他一定希望我把这份爱传递下去。我愿是一滴水，当爱的阳光照射到我身上的时候，我愿意毫无保留地再反射给别人！

【主题歌起。张福禹精神抖擞，站起身来。

【孩子们跑上。

宋菊花：张老师……

【宋菊花把一个篮子塞到张福禹手上。

张福禹：这是什么？

江大雄：猕猴桃。

宋菊花：今天教师节，江大雄专门给老师摘的。

红儿：我们和老师一起过教师节。

张福禹：好呀。哎，龚二狗呢？

江大雄：他是坏孩子，大家都不和他玩。

众：我们不和坏孩子玩。

张福禹：啊……大家先坐下吧。

【众人围拢坐下。

张福禹：江大雄，为什么要给老师摘猕猴桃呢？

江大雄：因为你人好，学问又高。

宋菊花：听你的话，将来就可以考上大学，做个城里人。

张福禹：你们知不知道，张老师小时候也是一个坏孩子呀。

众：啊？！

张福禹：我小时候比龚二狗还皮呢。成绩差，爱打架。大家都不喜欢我，坏事都赖我头上。我就破罐子破摔，故意不好好学习，成了全班倒数第一。

众：怎么可能啊？

张福禹：后来大家改变了对我的态度，看我家穷，就捐衣服给我穿，买本子给我用，我感到集体的温暖，才改掉了坏习惯，有了现在的张老师。

宋菊花：张老师……我……（哭）

张福禹：宋菊花，你怎么又哭了？

宋菊花：张老师，我早想跟你说的，上次龚二狗没揪我屁股，只是，只是顶了我胳膊……

江大雄：宋菊花！

宋菊花：江大雄，老师这么好，咱们别再骗他了。

江大雄：我……（低头）

张福禹：好了好了。过去的事情让它过去吧。但我们应该改变对龚二狗的态度，对不对？

小叶子：把他叫来一起吃猕猴桃？

张福禹：小叶子说得对吗？

众：对！

红儿：我刚才看见龚二狗在苞谷地里一晃。

宋菊花：他是在躲我们。

江大雄：我去找他！

张福禹：咱们分头去找。告诉龚二狗，请他跟大家一起——

众：吃猕猴桃！龚二狗……龚二狗……

【大家分头喊下。

【龚二狗从石头后探出头，看着大家的背影，溜走。

（十）

【豪华酒店大堂一角。

【上官卓君满面春风上。

妇女甲：（急上）上官主任，上官主任！

上官卓君：陈姐，思婷的爷爷接来了吗？

妇女甲：哎呀，他说什么老年合唱团要排练，死活不肯来咧。

上官卓君：老糊涂了吧？这不是故意给我难堪吗。思婷跟天翔订婚，他当爷爷的怎么能不出席呢。陈姐，帮个忙，多带两个人去，抬也要把老头子抬到这儿来!

【妇女甲耸肩摇头下。

上官卓君：唉，小的刚回心转意，老的又赌气犯倔了。磨人呀！（坐下休息）

【孟天翔拿车钥匙上。

孟天翔：阿姨，我妈妈为思婷挑了一辆宝马318i，这是最适合女士的车型了。至于房子嘛，订了几处临江别墅，等着您拍板呢。

上官卓君：（接钥匙）哎哟天翔呀，你爸妈真是细心周到呀，把思婷托付给你，我算放一百二十个心了。

孟天翔：可我心里还在嘀咕，这幸福来得太突然啦。

上官卓君：思婷从小就爱使性子，你担待点哈。

孟天翔：阿姨放心，同学四年我已经适应了。

女秘书：（上）孟总，您订的戒指项链到了，每样十克拉，纯正南非货。

孟天翔：夫人在化妆室（示意）。

上官卓君：我去吧。这丫头化妆化了两个多钟头，真是皇帝不急太监急。（下）

女秘书：孟总，您点名要的两个歌手也到了。

【向前进兄妹上。

向前进：孟总……

孟天翔：你们就是那对兄妹组合?

向前进：是。幺妹，叫孟总。

向幺妹：孟总…

孟天翔：妹妹身上穿的，是土家族的服饰吧?

向前进：对。这是最有代表性的土家服装。

孟天翔：嗯，哥哥看着好眼熟呀?

向前进：你贵人多忘事，去年在农大校园……

孟天翔：啊，想起来了。你就是那个卖唱的假瘸子？这一年不到，你混出来啦？

向前进：阿里巴巴上市了，马云赚翻了，这您不也成了老总了吗！

孟天翔：说得好！知道今天为什么请你们来吗？

【向前进摇头。

孟天翔：我老丈人爸爸，就是我夫人的爷爷，最喜欢听你们土家民歌了，有首歌叫《柑子树》，会唱吗？

向前进：会，会呀。那可是我妹子最拿手的！

孟天翔：好，只要老爷子今天听得高兴，我的公司就来包装你们，保证你们兄妹组合在全国一炮走红。

二人：谢谢孟总，谢谢孟总了！

女秘书：孟总，台商协会黄先生来了。

孟天翔：我马上来。（下）

【上官卓君拉身着晚礼服的许思婷上。

上官卓君：哎哟哟，你们看你们看，到底是世界名牌，质地款式就是不一样。我女儿天生丽质，这一打扮呀，连那些欧美影星也都逊色三分呢！

向前进：（迎和）是呀，我还以为是范冰冰呢。

向幺妹：哥。

许思婷：（冷漠）妈，这么多人，收敛一点好不好。

上官卓君：妈这不是高兴吗？

向前进：幺妹，看场地去。（拉向幺妹下）

上官卓君：走，那边见客人去，天翔爸妈急着要看漂亮儿媳呢。

许思婷：我想一个人先静一静。

上官卓君：又哪根筋搭错啦？

【内：上官主任，恭喜恭喜呀！

上官卓君：哎哟，马秘书长，魏总，你们都来啦，真是给面子呀！请

请请，都那边请……思婷，你快点啊。（下）

【向幺妹返上，走近许思婷。

向幺妹：你……你不是许思婷吗？

许诗媛：嗯？你是……

向幺妹：我是向幺妹呀。

许思婷：向幺妹？

向幺妹：恩施凤凰岭，咱们在张福禹那儿见过。

许思婷：代课老师？！你怎么到武汉来了？

向幺妹：来半年多了。

许思婷：那张福禹呢，你们俩不是好的吗？怎么，他把你也甩了？

向幺妹：没有呀。他的女朋友不一直是你吗？

许思婷：什么什么，那天晚上我明明看见你俩在一起，明明看见你为了他跟你哥哥拼命！

向幺妹：许思婷，你还在误解张老师。

许思婷：误解？

向幺妹：我哥逼我进城赚钱，张福禹是想劝劝他。我跟张福禹之间什么事都没有。

许思婷：什么事都没有？

向幺妹：骗你干吗，当天晚上我就离开凤凰岭了。

许思婷：什么？

向幺妹：他回武汉找过你，你不知道吗？

许思婷：不，他没回来！

向幺妹：听洪校长说，他专门为你回了一趟武汉……

许思婷：（急切）什么时候？

向幺妹：今年元旦呀。

许思婷：元旦？我跟导师去了甘肃……

向幺妹：洪校长说，张福禹见过你妈妈，还托她转给你一封信。

许思婷：我妈妈？还有信？我一点都不知道呀！

向幺妹：许思婷呀许思婷，这个时候你否认什么都可以。可不该否认张福禹对你的感情呀。早知道你是这种人，我一定不会离开他！（下）

许思婷：莫非，真是我误会他了？

【上官卓君上。

上官卓君：思婷，还磨蹭什么，大家都在等你呢。

许思婷：妈，张福禹来过吗？

上官卓君：什么？

许思婷：元旦我去甘肃调研，他来找过我，是不是？

上官卓君：（轻蔑，又带点掩饰）他？！

许思婷：还有一封信？

上官卓君：呃……过了好久啦，记不清记不清了。

许思婷：妈，这么重要的事，你为什么瞒着我？

上官卓君：瞒你什么了？那个张福禹本来就配不上你。欺骗你的感情，还想吃回头草……

许思婷：信呢？

上官卓君：烧了。

许思婷：烧了？！

上官卓君：烧了，我不能让自己的女儿再次受到伤害。

许思婷：妈，你有什么权力这么做？

上官卓君：权力？问问你自己吧。从恩施回来，邮箱地址改了，手机号码换了，你不是发誓不见他了吗。

许思婷：我、我那是赌气等他回来道歉，你明明知道的呀。不行，他现在一定很孤独，我要去找他！

上官卓君：你疯啦？今天你和天翔订婚，这么多的来宾，这、这可不是闹着玩的……妈求你了。

许思婷：妈，我理解你的苦心……可我……既然知道了真相，就不能一错再错了。

上官卓君：你……

【孟天翔手拿酒杯，兴致勃勃上。众宾客随上。

孟天翔：思婷，客人都到齐了，我们给大家敬酒去。

许思婷：天翔……对不起，各位，我敬大家。谢谢大家来参加为我和孟天翔的这场订婚礼。我要告诉大家，天翔对我的情意，是值得我许思婷铭记一生的。这杯酒是赔罪酒，我先干了！（喝酒）因为一个误会，我将一个我深爱着的人丢在了恩施的大山里，他为了山区的孩子、为了农村的未来，放弃自己的前程去那里支教。而我的眼睛却被妒忌灼伤，放不下自己所谓的高贵的矜持，却看不见他真正高贵而又纯粹的灵魂。所以请各位原谅我，我要去那里找回我丢失掉的纯净。天翔，你是懂我的。请接受我深深的歉意吧。（拥抱天翔）也祝你早日找到真正属于自己的幸福。（转身下）

【众人惊呆。

上官卓君：死丫头，又心血来潮了！（晕倒）

众：上官主任！

【切光。

【歌声：

你若像风筝一样，断了线，飘很远。

我也要追着你，到你落的地点。

丝丝挂念，海边缘，天的尽头之间。

我陪着你，到幸福的彼岸，

让我们去看花开的烂漫。

（十一）

【龚二狗家。家徒四壁。

【张福禹背龚奶奶上。红儿，小叶子随上。

龚奶奶：文澜大哥，我要读书，文澜大哥……

红儿：奶奶，他是张老师，是张老师呀。

龚奶奶：啊，张老师，把二狗找回来吧……

张福禹：二狗会回来的，龚奶奶，您先吃药。（喂药）

红儿：二狗哥一去十几天，真叫人担心。

小叶子：他说给奶奶弄钱看病，也不知道上哪儿啦。

张福禹：龚奶奶您放心，二狗一定会回来的。

【江大雄、宋菊花上。

江大雄：张老师。

张福禹：江大雄，宋菊花，你们怎么来啦？

江大雄：我们送钱给龚奶奶治病。

宋菊花：两百二十三块。

张福禹：哪儿来的这么多钱？

宋菊花：同学捐的呀，有的五毛，有的一两块……江大雄捐得最多，他上山挖天麻，卖了八十二块。

张福禹：（感动）小小年纪，真难为你们了。

江大雄：张老师，你搬到鸦雀岭照顾龚奶奶，每天要走十几里路回去上课，你更难呢。

小叶子：今天看病，又是张老师花的钱……

宋菊花：张老师，这钱给你。

张福禹：宋菊花，你这个数学课代表把这笔钱管起来，谁捐了多少做个账。

宋菊花：好，就当我们班的爱心基金吧。

小叶子：宋菊花，我这里有五毛钱。

红儿：我爸昨天回家了，我捐五块。

宋菊花：好，我给你们记上。

江大雄：龚奶奶，我会按摩，给你捶一捶，腿就不会疼了。

龚奶奶：真懂事，二狗像你就好了……

【江大雄给龚奶奶捶腿；宋菊花和小叶子、红儿算账。张福禹慰藉地看着他们，追光。

张福禹：（写信独白）思婷，咱们半年多没联系了，可我还是忍不住要给你写这封信。你知道吗，这可是一群自己的温饱没完全解决的穷孩子呀。他们刚得到别人的馈赠和帮助，马上就伸出援手救济他人。孩子们的这种感恩之心和反哺情结，是我张福禹支教以来最感欣慰的……唉，这些天让我不能释怀的还是龚二狗，当初那一巴掌，使我至今都不能原谅自己，我搬到鸦雀岭来，也是想以此来赎过。思婷，我真想马上回到你的身边，向你倾诉心头这些苦闷和愧疚，可眼下实在走不开呀。我像那久旋于外的风筝，当我把线的那一头递给了你，相信爱我的人一定会牢牢攥在手里，不管绕多少弯，遇多少阻隔，她依然会牵挂于我，找到我……（隐去）

【摩托车声，洪校长引许思婷上。

洪校长：（方言）许老师，许老师，你真是来支教的，没跟我开玩笑吧？

许思婷：我行李都搬来了，这学期就在这里度过。（递信）

洪校长：（看信）爱情的力量，伟大呀。你晓不晓得，学校几个代课老师都走了，张老师就是我的顶梁柱咧。他要晓得你来哦，会喜疯了的，会喜疯了的咧！

许思婷：我……早就应该来陪他的。

洪校长：（方言）是呀，张老师是个好人呀，为山区的娃儿们，心都操尽了。这些天龚二狗又跑了，为给龚奶奶治病，张老师硬要搬到鸦雀岭亲自照顾她，拦都拦不住咧。啊，这就是。

【许思婷示意不出声，轻轻走进屋，观察打量，满面惊诧。身后的猪哄声，又把她吓了一跳。

许思婷：怎么，他住这儿呀？

洪校长：（方言）穷人家。烧饭，睡瞌睡，喂牲口都在一间屋里。

许思婷：啊？！

【张福禹端碗上。

张福禹：龚奶奶，红儿的妈给你煮了碗合渣，趁热吃。

洪校长：（方言）龚奶奶睡哒……

张福禹：洪校长，你怎么来了？

洪校长：嘻嘻，我给你带贵客来啦。

许思婷：福禹……

张福禹：思婷……

洪校长：（方言）张老师你猜，许老师到恩施做么事来了？

张福禹：（学方言）做么事？

洪校长：（方言）亲上第一线，支教来了！

张福禹：支教？！

洪校长：（方言）我嘴巴大可从不说瞎话。你看，县教委开的介绍信咧。哎，刚接到通知，乡里又到了一批捐献物资，我得赶快去领。张老师，这回你要把许老师招呼好，莫又把人气起跑哒，莫又把人气起跑哒！

【洪校长下，摩托车远去。

张福禹：思婷……

许思婷：（百感交集）我从一开始就是信任你的，就是耍小性子。可我没有收到你的信，没有见到你的人，我以为你真的不在乎……

张福禹：（止住她）我都明白，我都明白……

【二人拥抱。

张福禹：真是支教来了？

许思婷：不相信？

张福禹：不，我是说你的课程……

许思婷：导师让我把课题带到恩施来做，起码能陪你半年。

张福禹：（喜不自胜）呵呵呵，苦尽甘来呀！

龚奶奶：张老师，有客来了！

张福禹：龚奶奶，她是我女朋友。

龚奶奶：啊，姑娘，请坐，请坐呀。

许思婷：（发现龚奶奶手上的书）这是什么，《幼学琼林》？！

张福禹：这书可是龚奶奶的宝贝啊。

许思婷：哎，书的封面怎么写着我爷爷的名字？

张福禹：对呀，你爷爷不就叫许文澜吗，我早该想到的。

许思婷：龚奶奶，给我看看，好吗？

龚奶奶：书！？我的，我的。

张福禹：龚奶奶，许老师的爷爷就叫许文澜，跟上面写的一字不差。

龚奶奶：啊？！（递过）

许思婷：（激动）许文澜，是的，是的，是爷爷的笔迹呀。爷爷说过，当年他把这本书送给，送给一个叫凤儿的小姑娘了。

张福禹：凤儿？

龚奶奶：谁在叫我，谁在叫凤儿？

许思婷：是你吗？！奶奶，当年农学院在恩施的时候，一个叫许文澜的学生，教凤儿认字，临走前送了她一本《幼学琼林》……

龚奶奶：文澜大哥，我要读书，带我去汉口读书啊……

许思婷：啊，她在叫爷爷的名字？她记起来了，记起来了！

张福禹：难怪老人说，龚奶奶那年高烧不退，神智忽好忽坏，只有捧着这本书，才能安静下来。

龚奶奶：（抱住张福禹）文澜大哥，文澜大哥……

张福禹：奶奶，我是张老师，是张老师……（忙把书塞到她手里）

龚奶奶：（安静）哦，张老师……你是好人，帮我把二狗找回来，孩子得上学呀。

张福禹：龚奶奶您放心，已经托人打听去了，二狗会回来的。

龚奶奶：这我就放心了，放心了。（把书抱在胸前，脸上充满幸福）

许思婷：（看着龚奶奶百感交集）可怜的奶奶呀，爷爷一辈子牵挂的人就是您啊。当年他想做却没做的那个事，一直压在他的心头上呀。福禹，我代爷爷谢你了。从昨天到今天，我经历了两个完全不同的世界啊。你知道我此刻的感受吗？都现在了，真没想到农村还有这么穷的地方，城乡差距还这样大……如果当年龚奶奶跟爷爷进城读了书，她的命运肯定是另一个样子！从龚奶奶一家的遭遇中，我看到了今天的农村仍然那么需要知识，需要像你这样的老师啊。福禹……当你在这里坚守的时候，我却离开了，让你一个人忍受孤独和精神上的折磨……与你相比，我真是太任性，太自私，太……（泣不成声）

张福禹：思婷，别哭鼻子呀！我张乐呵可没你说的那么高尚，我也是在感受生活呀。这些天我心里老琢磨着，一个人到世间几十年，究竟图什么。最后我悟出了两个字：快乐。人活着不就是让自己快乐吗？有人把物质享受当成快乐，其实不然。真正的快乐是属于精神的。世界上有一样东西，你给予得越多，得到的回报会更多，那就是爱。一个有能力给予、抚慰、关怀他人的人，才是世界上最幸福最富有的人。这种精神的快乐，是再多的金钱都买不来的呀！

许思婷：你总是这么乐呵，把终身托付给你，是我这辈子最正确的选择！

【宋菊花喊上。

宋菊花：张老师，龚二狗回来啦！

张福禹：龚二狗？

宋菊花：是红儿她们找回来的。

【龚二狗跑上，众学生随上。

龚二狗：奶奶——奶奶——

龚奶奶：二狗，是你吗，二狗？

龚奶奶：二狗，这些天，你究竟上哪儿去啦，上哪儿去啦？

龚二狗：我、我到矿上打工，想赚钱跟你治病呀，你的腿还在疼吗？

又有哪儿不舒服了？奶奶……（哭）

张福禹：二狗，奶奶的病已经好多了。

龚二狗：（发现张福禹）你……

张福禹：奶奶每天都在盼着你回来呢。

龚二狗：我的事不用你管，你走开，走开。

龚奶奶：二狗，你怎么这样对张老师！？

龚二狗：我退学了，跟他没关系了！

龚奶奶：二狗！你不讲良心呀！你走的这些天，知道是谁在照顾奶奶吗？

龚二狗：谁？

龚奶奶：是张老师呀。这些日子，张老师搬到家里来陪我，每天端茶送水做饭，还带我去看医生，你、你怎么能这样对他呢！

龚二狗：啊？！

红儿：二狗哥，张老师每天都背着龚奶奶去打针呢。

小叶子：看病的钱都是张老师自己出的。

宋菊花：张老师要照顾龚奶奶，又要回学校上课，一天要走十几里山路呀！

龚奶奶：张老师是好人，你不能这么对他呀……

龚二狗：啊，我……

宋菊花：二狗，这是班上同学为龚奶奶捐的钱，收下吧。

江大雄：是张老师要我们关心你的。

龚二狗：啊……

张福禹：二狗，你为了给奶奶治病出去打工，这种孝心很难得。可你年纪太小了，还没到工作的时候。瞧，你并不是孤零零的一个人。你有学校，有班级，同学们都真心诚意地等着你回来上课呢……

众：龚二狗，回来吧，大家都等着你呢……

龚二狗：张老师……

张福禹：（语重心长）二狗，你爸爸临走的时候把你托付给了老师，可老师没能把你照顾好……让你一个人出去受苦，你知道老师心里什么滋味吗？你是一个有自尊，能自强的孩子。我知道，你是对老师有成见，才不想去上课的。是老师对不起你……张老师这辈子从来没有打过人，可没想到那天这一巴掌偏偏打在一个最不该被打的学生身上……今天，老师向你道歉，请你原谅我，好吗？

龚二狗：（大哭）张老师，是我错，我对不起你呀！

张福禹：（扶起龚二狗）男儿有泪不轻弹。咱不哭了，啊！

【摩托车声。洪校长喊："张老师，张老师！"背仪器等物上。

张福禹：洪校长，什么事？

洪校长：（方言）张老师呀张老师，你真是凤凰岭的大恩人呐，许老师你看，我带了好多宝贝回来！电脑、打印机，还有好多仪器都还没有搬回来。都是那些爱心人士在网上看到张老师你的帖子，给凤凰小学捐献滴。这是清单。

张福禹：好呀……

洪校长：（方言）张老师，你坐直哒。（把张福禹按住，深深鞠躬）

许思婷：（笑）洪校长，你这是在干什么？

洪校长：（方言）向张老师赔礼道歉呀。张老师，过去我以为，大学生来支教，不过是给自己贴金，捞个好名声，拍拍屁股就走哒。可凤凰岭的娃儿们单纯重感情呀，我怕他们受欺负，就故意跟你找碴，没有少为难你。我鞠躬、我道歉、我对不起你、我心里也不是滋味……这么长时间以来，我算看明白了，你张老师来凤凰岭不是随便晃一圈，你是把咱农民的娃儿都当成自己的亲弟妹咧。对了，我还忘记告诉你你一个好消息，县里通知说，你已经被纳入国家"青年志愿者扶贫接力计划"中了，真光荣咧！……哎，我说了半天，你纳门不搭白啊？

宋菊花：张老师这些天照顾龚奶奶，又要赶回学校上课，他是累了！

许思婷：不对！（上前）福禹，福禹！

洪校长：（方言）张老师，我在跟你说话，你怎么不搭白，怎么不回答呀？

龚二狗：张老师……

【许思婷缓缓伸出手试探张福禹呼吸，全场肃静……

许思婷：（哭叫）洪校长——

洪校长：（蓦地跪下）张老师，你莫嚇我呀！张老师，你答应一声，答应我一声呀！

众：（扑上大哭）张老师，你醒醒呀……

许思婷：（悲痛欲绝）我的福禹啊……

洪校长：（哭叫）快，给县医院打电话，救护车，叫救护车呀！

众：（痛哭失声）张老师……

【切光。

【救护车呼啸声震人心魄，舞台归于沉寂。

（十二）

【字幕：十年之后。

【农大校园，张之洞塑像栩栩如生。

【学子们各自忙碌，匆匆过场。

【一个油漆工正在给张之洞塑像补刷金粉。

【龚二狗背着行李跑上，差点绊倒油漆桶。

油漆工：（护住油漆桶）你，你这人走路不长眼睛？

龚二狗：啊，对不起，师傅。

油漆工：油漆打翻了，是你赔我还是我赔你。

龚二狗：哎，你？！（辨认）你不是江大雄吗？

油漆工：（辨认）你是……龚二狗。

龚二狗：不是我，还会是谁呀。

【宋菊花从内喊上：“龚二狗，许老师找你。”

龚二狗：宋菊花，你看谁来了。

江大雄：宋菊花——

宋菊花：你是……江大雄！

江大雄：宋菊花，你不是读的武大吗，怎么到农大来了？

宋菊花：龚二狗要去支教，我来送送他。

江大雄：啊，你，你，嗯。

【许思婷上。

许思婷：龚二狗，宋菊花，遇上老同学啦？

宋菊花：许老师，江大雄……

许思婷：江大雄，长这么高了？

江大雄：许老师，我来农大打工，没想到他乡遇故知呀。

许思婷：二狗，你要走了，老师有件礼物给你。（打开）

众：乐呵包！

许思婷：这是张老师生前用过的书包，带上它做个纪念吧。

龚二狗：（百感交集）张老师……我好想你呀。

宋菊花：张老师离开我们十年了，我们也长大了。（抹泪）

许思婷：你们能有今天，张老师可以安心了。

江大雄：张老师，要不是家里变故，我不会中途辍学的……（哭）

宋菊花：江大雄，别难过，你的遭遇大家都知道。

龚二狗：今天的农村，还有好多坎得我们去跨呀。

许思婷：只要大家都像张老师那样，心系农村，农民的命运就一定会改变！

【内：龚二狗，支教团要出发了。

龚二狗：哦，来啦来啦！

【主题歌起。

【“研究生支教团”旗帜迎风飘扬。一队打着背包的支教队伍雄赳赳气昂昂地从台上穿过。

【众人走上高处，挥手送别。

【画外音："本剧主人公张福禹，取材于华中农业大学三个学生原型：张瑜，2010年救人牺牲，时年20岁；赵福兵，2005年病逝在支教讲台，时年22岁；徐本禹，毕业后弃研支教，2004年当选中央电视台'感动中国'年度人物。十年来，'本禹志愿服务队'的1200名莘莘学子，以持续扎实的行动深入到贫困山区支教。2013年12月5日，习近平总书记在给志愿者的回信中勉励青年与祖国同行，为人民奉献，以青春梦想，用实际行动实现中国梦做出新的更大贡献。"

【歌声不断。幕徐落。

——剧终

梦在星火

钱艺兵

全国盲友烟花三月下扬州公益志愿服务活动纪实

（配音解说词）扬州，国务院首批公布的历史文化名城。西辞黄鹤，南下扬州，李白的“烟花三月下扬州”，不知唤起了多少人对于扬州的向往。

在烟花三月，草长莺飞的美好季节，应扬州市星火志愿者协会的邀请，来自北京、四川、浙江、广西、云南、山西等全国20多个省区市50多名盲人来到扬州旅游，领略这座古老而美丽的城市风采，感受扬州志愿者们的大爱相随。

【字幕：梦在星火——全国盲友烟花三月下扬州公益志愿服务活动纪实】

（配音解说词）这是一座和谐发展的文明城，也是一座洒满阳光的爱心城。在这里，水是清的，天是蓝的。梦想也是蓝的。

为了接待这批远道而来的特殊客人，扬州的志愿者们做了大量的准备工作。接站的当天，扬州公交公司派出两辆公交车，还有一些志愿者开着私家车，前往汽车站、火车站及南京禄口机场，迎接全国盲友。

（镜头：盲人客人们兴高采烈地乘坐由扬州好人朱爱东驾驶的26路公交车的画面）

（配音解说词）心灵无障碍，道路有通途。负责这次活动的志愿者是优秀共产党员、扬州好人朱爱东，一名26路公交车的普通司机，他在二三十平方米的公交车车厢里做了很多好事，还成立了扬州市星火志愿者协会，多年来一直帮助残疾人，给他们送去温暖。

（镜头：朱爱东驾驶26路公交车，在公交车车厢里做好事的画面）

（配音解说词）这次活动，他们组织了导游小组、生活小组、交通小组，以安全接送并接待好这一群特殊客人。志愿者几乎是一对一地照料他们，让盲人客人们十分感动。

（镜头：在扬州志愿者们帮助下，盲人客人们高兴地从旅游观光车走下的画面）

（配音解说词）扬州的园林、厚重的文化像流水一样悠长，璀璨的文明像时空一般深邃。在扬州志愿者的齐心协力下，盲人客人们来到著名的游览胜地瘦西湖。

（镜头：盲人客人们游览瘦西湖景点的画面）

（镜头： 在扬州志愿者们的帮助下，盲人客人们兴奋地登上瘦西湖游船的画面）

（配音解说词）瘦西湖的美丽景致，很早就为人们所向往。清人刘大观言：“杭州以湖山胜，苏州以市肆胜，扬州以园亭胜。”另一位清人沈复在《浮生六记》中赞道：“奇思幻想，点缀天然，即阆苑瑶池，琼楼玉宇，谅不过此。其妙处在十余家之园亭合而为一，联络至山，气势俱贯。”

历史上李白、刘禹锡、白居易、杜牧、欧阳修、苏轼、王渔洋、蒲松龄、孔尚任、吴敬梓、郁达夫、朱自清等文化名人都在这一带留下或深或浅的足迹和众多脍炙人口的篇章。“烟花三月下扬州”“园林多是宅，车马少于船”“二十四桥明月夜，玉人何处教吹箫”“珠帘十里卷春风”“绿杨城郭是扬州”等数不清的名言佳句，流传千古，为瘦西湖增添了无限魅力。

盲人客人们游览瘦西湖，逐次经过五亭桥、白塔、小李将军画本、二十四桥等景点。

（镜头： 在扬州志愿者们帮助下，盲人客人们如愿体验了唐代诗人杜牧诗里的二十四桥的画面）

（配音解说词）在市导游协会导游李宏九的贴心服务下，盲人用自己的方式“看”到了瘦西湖等景点。盲人游园更多的是用心聆听、用手触摸，李宏九为了让这批特殊的客人能够真正感受到扬州的美景，每到一个景点，他都会用生动的语言描绘一番，引导大家用摸、听、嗅等方式欣赏。

（镜头：盲人客人们游览瘦西湖，用手触摸百年根雕的画面）

（配音解说词）个园，是扬州现存历史最悠久、保存最完好的盐商园林，南临中国十大历史文化名街东关街，是清嘉庆二十三年（1818）两淮盐商商总黄至筠在明代寿芝园的基础上扩建而成的。1988年被国务院公布为“全国重点文物保护单位”，与北京颐和园、承德避暑山庄和苏州拙政园并称为中国四大名园。全园占地30余亩，整体布局采用古典园林前宅后园的传统形式。

（镜头：盲人客人们游览个园时，神思飞扬、十分向往的画面）

（配音解说词）为什么黄家的园子不叫黄园，偏叫“个园”？

“个园”得名缘于园主人生性好竹子；而竹叶三片形似中国汉字“个”字；中国汉字“竹”字一半亦为“个”。清代大才子袁枚就有“月映竹成千个字”的诗句，我们可以想象，繁茂的竹林在月光的映照下，地上仿佛出现了成千的“个”字。这一奇思妙想，可以看成是“个园”名称的形象化图解。

“竹”历来为中国文人所爱，不仅是因为竹子姿态清雅，色如碧玉，更主要的因为它“正直，虚心，有气节”的品格。宋代大诗人苏东坡说过“宁可食无肉，不可居无竹，无肉使人瘦，无竹使人俗”。

（配音解说词）何园位于扬州古运河畔的徐凝门街，是清光绪年间任过湖北汉黄德道台的何芷舠辞官归隐后建造，是扬州大型私家园林中最后问世的一件压轴之作。因主人附庸风雅，从陶渊明“倚南窗以寄傲，登东皋以舒啸”取意，为“寄啸山庄”。但人们习惯因园主人姓何而称何园。

何园一改我国私家园林前宅后园的传统，把住宅融入叠石理水的花园之中，力求人居环境的最大美化，被我国文史专家罗哲文题为“晚清第一园”，它也是扬州现存规模最大的官邸园林。

（镜头：盲人客人们游览何园，用手触摸何园百年牡丹的画面）

（配音解说词）牡丹是何园的园花。西屋山墙顶上刻有砖雕“风吹牡丹”，这是晚清扬州砖雕中的精品。

烟花三月正是牡丹盛开时，盲人客人们用手触摸何园的百年牡丹，用心感受其雍容华贵、国色天香的真实风韵。

“造园当随时代，建园当为百姓。”近年来，扬州市坚持“健康快乐是民生的本质追求”，鲜明地提出打造“健康中国的扬州样本”，把全力推进生态体育公园建设作为具体实践。其中，宋夹城就是按照体育与生态结合、办会与惠民结合的要求，现代生活与园林艺术相融合的生态体育公园。

（镜头：盲人客人们游览宋夹城的画面）

（配音解说词）唐代，扬州赢得了“东南第一商埠”的美誉，有天下“扬一益二”之称；而利津古渡（即今天的东关古渡）是当时扬州最繁华的交通要冲。有了码头就有街市，舟楫的便利和漕运的繁忙，催化出一条外依运河、内连城区、商贸密集、人气兴旺，堪称中国大运河沿线城市中保存最为完好的商业繁华古街——东关街。

（镜头：盲人客人们游览AAAA级旅游景区、中国历史文化街区——双东老街的画面）

（配音解说词）盲人客人们还走进人文荟萃、风物繁华的宋夹城、双东老街，用手触摸扬州漆器等传统工艺品，用脚丈量着这方钟灵毓秀的土地，感受着深厚的文化底蕴。

（配音解说词）在誉为“百姓的舞台，文化的乐园”的市文化馆多功能演艺厅，盲人客人们与扬州的志愿者们欢聚一堂，这是热心的志愿者为盲人客人们组织的一台名为《用星点亮心灯，感触扬州美景》的具有地方特色的综艺节目。

演艺厅背景屏幕醒目地写着：全国盲友烟花三月下扬州公益志愿服务活动。

（镜头： 市文化馆多功能演艺厅，盲人客人们开心地收到扬州志愿者们赠送的扬州漆器工艺品的画面）

（配音解说词）14 岁的盲女张文静是扬州特殊教育学校的学生，她曾在扬州市音乐厅举行古筝音乐会，有古筝十级的基础。张文静的古筝演出让盲人朋友沉浸其中，如痴如醉。

著名扬剧演员葛瑞莲一亮嗓，就让盲人朋友感受到原汁原味的扬剧韵味。

当天的专场文艺演出持续了一个多小时，参与演出的演员不少是扬州的盲人，他们的演出没有太多的技巧，但他们站在舞台中间，用最真诚的声音向大家表达了他们积极乐观的生活态度，让来扬州的盲人朋友学会了如何正确面对生活中的挫折与困难。

（镜头：盲人客人们饶有兴趣地欣赏具有扬州特色的说唱节目，感受扬州的文化韵味，并与扬州的志愿者们热情互动的画面）

（配音解说词）有媒体问，朱会长，为什么要举办全国盲友烟花三月下扬州公益志愿服务活动？

（朱爱东原声）“作为一名扬州市公交车的司机，去年10月25日，为外地来扬的8名视力障碍的残疾人提供服务。那次“陪伴”之旅，让我百感交集，深知盲人朋友想要看世界的渴望！”

（配音解说词）今年，朱爱东萌生了组织更多外地盲人朋友来扬州看一看的想法。他将活动日期定在了今年 4 月份，此时正是烟花三月扬州最美的时节。并把活动主题定为“用星点亮心灯，感触扬州美景”。

为了让更多盲人朋友参与进来，朱爱东将征集盲友游览扬州的信息，通过盲人朋友的圈子传播，很快得到了全国40名盲友的积极响应。

（朱爱东原声）“这是扬州志愿者开展的一项别开生面的公益活动，让外地盲人感受扬州美景，尽展扬州人热情好客的精神风貌。”

（配音解说词）盲友来扬吃住行都需要花钱，钱从何来？

得知朱爱东组织盲人游扬州是爱心之举，扬州方萍婚介、兴化商会等多家单位给予了资金支持。同时，扬州导游协会派出导游讲解、东方医院派出医生全程陪护盲人游园等，社会各界的支持给了朱爱东办好活动的信心。

（朱爱东原声）“许多事情只凭我一个人很难办成，但是有社会上热心公益的单位和个人帮助我支持我，这让我很感动！”

（配音解说词）活动结束后，盲人朋友在车站和朱爱东道别时，很多人流下了感动的泪水。来自浙江的盲人宗春芳拉着朱爱东的手说：“谢谢你为我们忙前忙后！我感觉比我结婚办喜事还开心！”

（来自北京的盲人韩春玲）“通过讲解和触摸，我感到扬州的景色有文化有内涵，扬州景美人更美，扬州之行我一辈子难忘。”

（镜头：朱爱东与来自北京的盲人韩春玲）

（朱爱东原声）“陪盲人游玩，就是丰富盲人的娱乐生活，拓宽他们的视野，今后我还会组织更多这样的活动，帮助残疾人朋友增强战胜困难的信心。”

（配音解说词）阳光洒满爱心城，扶残助残情更浓。爱是什么？爱是新春最温暖的气息。连日来，扬州志愿者的名字，伴着温暖和煦的春风，吹进了全国盲人朋友的心田，让全国盲人朋友们感受到了春的温暖！

（镜头：盲人朋友在车站和朱爱东及扬州志愿者们依依道别）

（配音解说词）爱是什么？爱是人间最伟大的力量。几天中，扬州志愿者的故事，如同迎风播撒的种子，将大爱在城市传递，让真情在古城的上空激荡。星星之火，可以燎原！